에듀윌과 함께 시작하면,
당신도 합격할 수 있습니다!

오랜 직장 생활을 마감하며 찾아온 앞날에 대현
에듀윌만 믿고 공부해 합격의 길에 올라선 50대

출석한지 얼마 안돼 독박 육아를 하며 시작한 도전!
새벽 2~3시까지 공부해 8개월 만에 동차 합격한 아기엄마

만년 가구기사 보조로 5년 넘게 일하다, 달리는 차 안에서도
포기하지 않고 공부해 이제는 새로운 일을 찾게 된 합격생

누구나 합격할 수 있습니다.
시작하겠다는 '다짐' 하나면 충분합니다.

마지막 페이지를 덮으면,

에듀윌과 함께
공인중개사 합격이 시작됩니다.

6년간 아무도 깨지 못한 기록

합격자 수 1위
에듀윌

KRI 한국기록원 2016, 2017, 2019년 공인중개사 최다 합격자 배출 공식 인증 (2022년 현재까지 업계 최고 기록)

합격자 수가 많은 이유는 분명합니다

6년간 합격자 수

1위

에듀윌 합격생 10명 중 9명

1년 내 합격

베스트셀러 1위

12년간

합격률

4.5배

에듀윌 공인중개사를 선택하면
합격은 현실이 됩니다.

• KRI 한국기록원 2016, 2017, 2019년 공인중개사 최다 합격자 배출 공식 인증 (2022년 현재까지 업계 최고 기록)
• 2020년 에듀윌 공인중개사 연간반 수강생 중 최종합격자 기준
• YES24 수험서 자격증 공인중개사 베스트셀러 1위 (2011년 12월, 2012년 1월, 12월, 2013년 1월~5월, 8월~12월, 2014년 1월~5월, 7월~8월, 12월, 2015년 2월~4월, 2016년 2월, 4월, 6월, 12월, 2017년 1월~12월, 2018년 1월~12월, 2019년 1월~12월, 2020년 1월~12월, 2021년 1월~12월, 2022년 1월~3월 월별 베스트, 매월 1위 교재는 다름)
• YES24 국내도서 해당분야 월별, 주별 베스트 기준
• 2020년 공인중개사 접수인원 대비 합격률 한국산업인력공단 12.8%, 에듀윌 57.8% (에듀윌 직영학원 2차 합격생 기준)

6년간 아무도 깨지 못한 기록
합격자 수 1위 에듀윌

업계최초, 업계유일!
KRI 한국기록원 공식 인증

합격자 수 최고 기록
KRI 한국기록원 공식 인증

12년간 *
베스트셀러 1위

| 기초서 | 기본서 | 기출문제집 | 핵심요약집 | 문제집 | 실전모의고사 |

베스트셀러 1위 교재로
따라만 하면 합격하는 커리큘럼

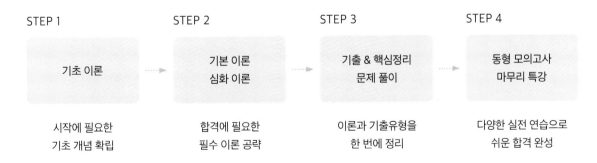

STEP 1

기초 이론

시작에 필요한
기초 개념 확립

STEP 2

기본 이론
심화 이론

합격에 필요한
필수 이론 공략

STEP 3

기출 & 핵심정리
문제 풀이

이론과 기출유형을
한 번에 정리

STEP 4

동형 모의고사
마무리 특강

다양한 실전 연습으로
쉬운 합격 완성

합격 후 성공까지!
최대 규모의 동문회

그 해 합격자로 가득 찬 인맥북을
매년 발행합니다!

전담 부서가 1만 8천* 명 규모의
동문회를 운영합니다!

합격자 수 1위 에듀윌
4만* 건이 넘는 후기

부알못, 육아맘도 딱 1년 만에 합격했어요.

고○희 합격생

저는 부동산에 관심이 전혀 없는 '부알못'이었는데, 부동산에 관심이 많은 남편의 권유로 공부를 시작했습니다. 남편 지인들이 에듀윌을 통해 많이 합격했고, '합격자 수 1위'라는 광고가 좋아 에듀윌을 선택하게 되었습니다. 교수님들이 커리큘럼대로만 하면 된다고 해서 믿고 따라갔는데 정말 반복 학습이 되더라고요. 아이 둘을 키우다 보니 낮에는 시간을 낼 수 없어서 밤에만 공부하는 게 쉽지 않아 포기하고 싶을 때도 있었지만 '에듀윌 지식인'을 통해 합격하신 선배님들과 함께 공부하는 동기들의 위로가 큰 힘이 되었습니다.

유튜브 보듯 강의 보고 직장 생활하며 합격했어요.

박○훈 합격생

공부를 시작하려고 서점에 가서 공인중개사 섹션을 둘러보니 온통 에듀윌의 노란색 책이었습니다. 이렇게 에듀윌 책이 많이 놓여 있는 이유는 베스트셀러가 많기 때문일 거고, 그렇다면 믿을 수 있겠다 싶어 에듀윌을 선택하게 되었습니다. 저는 직장 생활로 바빠서 틈나는 대로 공부하였습니다. 교수님들이 워낙 재미있게 수업 하셔서 설거지할 때, 청소할 때, 점심시간에 유튜브를 보듯이 공부해서 지루하지 않았습니다.

5개월 만에 동차 합격, 낸 돈 그대로 돌려받았죠!

안○원 합격생

저는 야쿠르트 프레시매니저를 하다 60세에 도전하여 합격했습니다. 심화 과정부터 시작하다 보니 기본이 부족했는데, 교수님들이 하라는 대로 기본 과정과 책을 더 보면서 정리하며 따라갔던 게 주효했던 것 같습니다. 합격 후 100만 원 가까이 되는 큰 돈을 환급받아 남편이 주택관리사 공부를 한다고 해서 뒷받침해 줄 생각입니다. 저는 소공(소속 공인중개사)으로 활동을 하고 싶은 포부가 있어 최대 규모의 에듀윌 동문회 활동도 기대가 됩니다.

다음 합격의 주인공은 당신입니다!

더 많은
합격 비법

회원 가입하고
100% 무료 혜택 받기

가입 즉시, 공인중개사 공부에 필요한 모든 걸 드립니다!

무료 혜택 1	무료 혜택 2	무료 혜택 3	무료 혜택 4	무료 혜택 5
공인중개사 초보 수험가이드	공인중개사 초보 필독서	전과목 기초강의 0원	테마별 핵심특강	파이널 학습자료

시험개요, 과목별 학습 포인트 등 합격생들의 진짜 공부 노하우	지금 나에게 꼭 필요한 필수교재 선착순 100% 무료	2022년 시험대비 전과목 기초강의 무료 수강(7일)	출제위원급 교수진의 합격에 꼭 필요한 필수 테마 무료 특강	시험 직전, 점수를 올려줄 핵심요약 자료와 파이널 모의고사 무료

* 조기 소진 시 다른 자료로 대체 제공될 수 있습니다.   * 서비스 개선을 위해 제공되는 자료의 세부 내용은 변경될 수 있습니다.

신규 회원 가입하면
5,000원 쿠폰 바로 지급

* 해당 이벤트는 예고 없이 변경되거나 종료될 수 있습니다.

무료 회원 가입

친구 추천하고
한 달 만에 920만원 받았어요

2021년 2월 1달간 실제로 리워드 금액을 받아가신
*a*o*h**** 고객님의 실제사례입니다.

에듀윌 직영학원에서 합격을 수강하세요

서울 강남	02)6338-0600	강남역 1번 출구	
서울 노량진	02)815-0600	대방역 2번 출구	
서울 노원	02)3391-5600	노원역 9번 출구	
서울 종로	02)6367-0600	동묘앞역 7번 출구	
서울 천호	02)6314-0600	천호역 6번 출구	
서울 신림	02)6269-0600	신림역 7번 출구	
서울 홍대	02)6749-0600	홍대입구역 4번 출구	
서울 발산	02)6091-0600	발산역 4번 출구	
인천 부평	032)523-0500	부평역 지하상가 31번 출구	
경기 부천	032)326-0100	상동역 3번 출구	
경기 수원	031)813-0600	수원역 지하상가 13번 출구	

경기 성남	031)602-0300	모란역 2번 출구	
경기 평촌	031)346-0600	범계역 3번 출구	
경기 일산	031)817-0600	마두역 1번 출구	
경기 안산	031)505-0200	한대앞역 2번 출구	
경기 김포LIVE	031)991-0600	사우역(골드라인) 3번 출구	
대전	042)331-0700	서대전네거리역 4번 출구	
광주	062)453-0600	상무역 5번 출구	
대구	053)216-0600	반월당역 12번 출구	
부산 서면	051)923-0600	전포역 7번 출구	
부산 해운대	051)925-0600	장산역 4번 출구	

에듀윌의 상징 노란색의 환한 학원 입구

언제나 전문 학습 매니저와 상담이 가능한 안내데스크

고품질 영상 및 음향 장비를 갖춘 최고의 강의실

재충전을 위한 카페 분위기의 아늑한 휴게실

넉넉한 수납 공간의 개인사물함

민법 빈출판례집 셀프 회독 플래너

판례를 반복할수록 민법이 쉬워진다!

※ 1회독 완료: ____월 ____일까지　　　2회독 완료: ____월 ____일까지　　　3회독 완료: ____월 ____일까지

단 원		1회독	2회독	3회독
PART 1 민법총칙	CHAPTER 01 권리변동 일반	☑	☐	☐
	CHAPTER 02 법률행위	☐	☐	☐
	CHAPTER 03 의사표시	☐	☐	☐
	CHAPTER 04 법률행위의 대리	☐	☐	☐
	CHAPTER 05 무효와 취소	☐	☐	☐
	CHAPTER 06 조건과 기한	☐	☐	☐
PART 2 물권법	CHAPTER 01 물권법 일반	☐	☐	☐
	CHAPTER 02 물권의 변동	☐	☐	☐
	CHAPTER 03 점유권	☐	☐	☐
	CHAPTER 04 소유권	☐	☐	☐
	CHAPTER 05 용익물권	☐	☐	☐
	CHAPTER 06 담보물권	☐	☐	☐
PART 3 계약법	CHAPTER 01 계약법 총론	☐	☐	☐
	CHAPTER 02 매 매	☐	☐	☐
	CHAPTER 03 교 환	☐	☐	☐
	CHAPTER 04 임대차	☐	☐	☐

빈출판례집 3회독을 달성하였다면,
실제 시험장에서 판례지문이 낯설지 않을 것입니다.

마지막까지 기본서와 빈출판례집을 반복 학습하여
민법을 정복하시기 바랍니다.

시작하는 방법은
말을 멈추고
즉시 행동하는 것이다.

– 월트 디즈니(Walt Disney)

2022

에듀윌 공인중개사

민법 빈출판례집

판례와 사례가 시험 합격의 관건입니다

민법공부의 꽃은 판례공부입니다.

전체 40문제 중 약 35문제 정도가 판례를 물어보는 문제로,

압도적으로 많은 비중을 차지하고 있기 때문입니다.

판례문제를 많이 출제하는 이유는 일단 출제의 오류를 줄이고,

판례를 물어봄으로써 법이 실제 생활에 어떻게 적용되고 있는가를 알게 하기 위해서입니다.

판례문제 중에는 단순히 판례의 결론을 물어보는 문제가 약 26~28문제 정도 출제됩니다.

이 교재에 수록되어 있는 판례를 많이 반복해서 보십시오.

실제 시험장에서 큰 효과를 보실 겁니다.

한편, 최근에는 판례를 사례화하여 출제하는 문제들이 점점 늘어가고 있습니다.

10문제에서 많게는 14문제 정도가 출제되는데,

단순단답형 문제보다는 시간이 더 많이 소요되므로 준비를 잘 해두어야 합니다.

사례형 문제는 일단 그림을 통하여 법률관계의 논점을 파악하는 것이 급선무입니다.

이 교재로 진행할 판례특강 시간에 다루어드리는 사례내용들을 판례집 여백에

잘 정리해 두시길 바랍니다.

시험은 포기하지 않는 자가 합격합니다. 정말 그렇습니다.

이 책이 여러분의 시험 합격에 큰 보탬이 되길 바랍니다.

저자 심정욱

약 력

• 現 에듀윌 민법 및 민사특별법 전임 교수
• 前 EBS 민법 및 민사특별법 강사
• 前 주요 공인중개사 학원 민법 및 민사특별법 강사

저 서

에듀윌 공인중개사 민법 및 민사특별법 기초서, 기본서,
단원별/회차별 기출문제집, 핵심요약집, 출제예상문제집+필수기출,
실전모의고사, 민법 빈출판례집, 우선끝장 민개공, 한손끝장 집필

왜 민법 빈출판례집을 봐야할까요?

민법 시험의 약 85% 이상은 판례문제!

공인중개사 제32회 '민법 및 민사특별법' 시험에서
40문제 중, 판례 관련 문제가 36문제 출제되었습니다.

시험에 자주 출제되는 판례는 정해져 있다!

모든 판례를 암기할 수는 없습니다.
시험에 자주 출제되는 빈출판례 위주로 학습하는 것이 효율적입니다.

최근 늘어나는 사례형 문제, 판례가 필수다!

최근 판례를 사례화한 문제가 많이 출제되고 있습니다.
사례형 문제는 조문과 판례를 정확히 이해하여야만 풀 수 있습니다.

누가 민법 빈출판례집을 봐야할까요?

판례와 민법 이론의
연결이 어려운
수험생

기억 속에 흩어져 있는
판례들을 정리하고 싶은
수험생

민법 과목에서
고득점을 노리는
수험생

합격생이 증명한 민법 빈출판례집

제목	강렬한 끌림에 홀린 것처럼 빠져드는 민법
별점	★★★★★

교수님의 명품강의로 인해
감출수 없는 끌림으로 민법에서 빠져 나오기 힘들정도입니다 ^^
종종 교수님의 브레인을 빌릴 수 있다면 얼마나 좋을까 하는 생각이 들 정도네요 ^^;
기본서 & 판례집 반복정독
핵심 이해 + 스스로 응용 + 사례 해설을 통한 개념 정립등...
끝까지 믿고 따르럽니다.
건강 각별히 유의하시구요,
마지막까지 무한 신뢰하고 있는 수강생들을 위해서라도 파이팅입니다 ^^v

기본서&판례집 반복 정독

제목	교수님이 문제출제한 줄 알았습니다.
별점	★★★★★

교수님 ~~정말 감사드립니다~

민법 문제풀면서 교수님이 문제출제하셨나 했습니다~~^^

판례특강이 정말 신의 한수였습니다~

판례집 3번 정독했네요~~

판례집 3번 정독했네요~

제목	심교수님이 민법의 대가입니다!!
별점	★★★★★

제 노트 교수님말만 싹 받아적은거로만 민법 기본서보다도 굵어요ㅎㅎㅎㅎ

인강만 듣기에 매달 모의고사 칠때만 서면에듀윌학원으로 갔었는데, 거기서 제가 민

진짜 저 기억력 붕어수준이거든요 ㅠㅠ 그래서 판례집 정독만 10번은 했을거에요

근데 문제풀때 교수님이 그림그리는 그대로 다그리고 포인트 다 잡고 그렇게만 하라

판례집 정독만 10번은 했을거예요

제목	심정욱 교수님..
별점	★★★★★

저도 동강으로 공부하면서 이래가 되겠나??하는 많은 불화실함 속에서 심교수님의
지막엔 합격하더란 한마디에 힘입어 여기까지 왔습니다.
어쩌면 심교수님때문에 평생회원으로 등록했구요..자신감도 생겨 할수 있을것도 같
그런데 수업을 들을땐 너무 재미있고 잘 알것같은 민법이 모의고사때마다 점수가 ㄴ
니다.
마지막까지 포기하지 않고 판례집 많이 읽고 마무리특강 여러번 반복한 덕분에
시험장에서 실수도 많이 했지만 민법이 그리 어렵지 않았습니다.
덕분에 합격 할 것 같습니다.

판례집 많이 읽고 여러 번 반복

들어 활용하신 강의노트 2차 입법에서
저도 설 가서 심교수님과 꼭~!!!!!!한잔 하고 싶습니다.
응원해 주세요^^

판례집을 회독하라!

에듀윌 민법 빈출판례집, 단 한 권으로
모든 판례문제에 대비할 수 있습니다!

이 책의 강점

어떻게 출제되는지 알려준다!

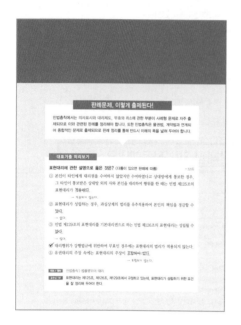

◀ 판례문제, 이렇게 출제된다!

해당 PART에서 판례문제가 어떻게 출제되는지 미리 파악하여 학습방향과 전략을 수립할 수 있습니다.

◀ 대표기출 미리보기

대표기출 문제를 제시하여 시험문제가 어떻게 출제되는지 미리 파악할 수 있습니다.

출제될 부분만 보여준다!

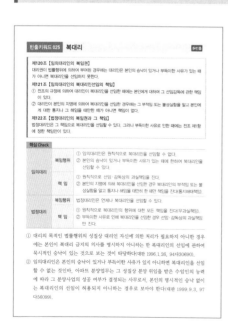

◀ 빈출키워드별 판례 배열로 학습 효율 UP!

판례를 빈출키워드별로 수록하여, 어떤 주제의 판례가 나오는지 파악하기 쉽도록 하였습니다.

◀ 빈출, 중요 판례만 엄선!

빈출판례와 출제가능성이 높은 중요 판례 위주로 수록하여 짧은 시간에 최대의 효과를 볼 수 있도록 하였습니다.

◀ 관련 조문으로 사례형 문제까지 대비!

판례 관련 조문을 수록하여 최근에 출제비중이 높아지고 있는 사례형 문제에 대비할 수 있도록 하였습니다.

이론부터 기출문제까지 한 번에 끝낼 수 있다!

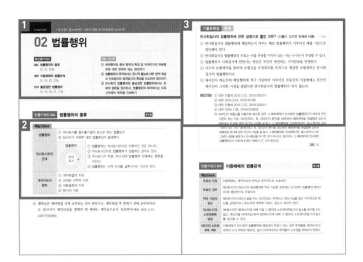

1 **多빈출키워드 & 학습 포인트** : CHAPTER마다 10개년(23~32회) 동안 가장 많이 출제된 빈출키워드 및 학습 포인트를 수록하여 출제 경향과 중요 이론을 확인할 수 있습니다.

2 **핵심 Check** : 판례와 관련된 이론의 핵심만 수록하였습니다.

3 **기출 & 예상문제** : 관련 이론 아래에 기출 & 예상문제를 수록하여 문제해결능력을 키울 수 있도록 하였습니다.

4 **빈출판례지문 OX** : 앞서 학습한 이론과 판례 중, 자주 출제되는 판례지문을 OX문제로 구성하여 PART가 끝날 때마다 수록하였습니다.

합격부록

최빈출 한장판례
가장 많이 출제된 판례들을 한장으로 정리하여 교재 앞 부록으로 제공합니다.
한눈에 판례를 정리해보세요!

셀프 회독 플래너
셀프 회독 플래너를 제공하여 회독 횟수와 취약 개념을 스스로 체크할 수 있도록 하였습니다.

차 례

PART

1

민법총칙

판례문제, 이렇게 출제된다!

민법총칙에서는 의사표시와 대리제도, 무효와 취소에 관한 부분이 사례형 문제로 자주 출제되므로 이와 관련된 판례를 정리해야 합니다. 또한 민법총칙은 물권법, 계약법과 연계되어 종합적인 문제로 출제되므로 판례 정리를 통해 반드시 이해의 폭을 넓혀 두어야 합니다.

대표기출 미리보기

표현대리에 관한 설명으로 옳은 것은? (다툼이 있으면 판례에 따름)   • 32회

① 본인이 타인에게 대리권을 수여하지 않았지만 수여하였다고 상대방에게 통보한 경우, 그 타인이 통보받은 상대방 외의 자와 본인을 대리하여 행위를 한 때는 민법 제125조의 표현대리가 ~~적용된다.~~
  → 적용되지 않는다.

② 표현대리가 성립하는 경우, 과실상계의 법리를 유추적용하여 본인의 책임을 경감할 수 ~~있다.~~
  → 없다.

③ 민법 제129조의 표현대리를 기본대리권으로 하는 민법 제126조의 표현대리는 성립될 수 ~~없다.~~
  → 있다.

④ 대리행위가 강행법규에 위반하여 무효인 경우에는 표현대리의 법리가 적용되지 않는다.

⑤ 유권대리의 주장 속에는 표현대리의 주장이 ~~포함되어 있다.~~
  → 포함되지 않는다.

파트 〉 챕터 민법총칙 〉 법률행위의 대리

교수님 TIP 표현대리는 제125조, 제126조, 제129조에서 규정하고 있는데, 표현대리가 성립하기 위한 요건을 잘 정리해 두어야 한다.

01 권리변동 일반

多빈출키워드
003 권리변동의 모습
26, 28회

학습 포인트
① 호의동승에 대한 판례의 태도 정리하기
② 권리변동에서는 원시취득에 해당하는 예를 정리하기
③ 법률사실 중 준법률행위에 해당하는 예를 정리하기

빈출키워드 001 호의동승

> **제750조 【불법행위의 내용】**
> 고의 또는 과실로 인한 위법행위로 타인에게 손해를 가한 자는 그 손해를 배상할 책임이 있다.

① 사고차량에 단순히 호의동승을 하였다는 사실만으로는 손해배상액의 감경사유로 삼을 수는 없다(대판 2012.4.26, 2010다60769).
② 호의동승의 경우 운행목적, 동승자와 운행자의 인적 관계, 그가 차에 동승한 경위, 특히 동승을 요구한 목적과 적극성 등 여러 사정에 비추어 가해자에게 일반 교통사고와 동일한 책임을 지우는 것이 신의칙이나 형평의 원칙으로 보아 매우 불합리하다고 인정될 때에는 그 배상액을 감경할 사유로 삼을 수 있다(대판 1990.4.25, 90다카3062).

빈출키워드 002 이름은 청구권이나 실질이 형성권인 것

① 공유물분할청구권은 형성권이다(대판 1981.3.24, 80다1888·1889).
② 토지임차인의 지상물매수청구권은 형성권이다(대판 전합체 1995.7.11, 94다34265).
③ 지상권자의 지상물매수청구권은 형성권이다(대판 1967.12.18, 67다2355).
④ 임차인의 차임감액청구권은 형성권이다(대판 1968.11.19, 68다1882).
⑤ 「집합건물의 소유 및 관리에 관한 법률」 제48조 제4항의 시가매도청구권은 형성권으로서 재건축참가자 다수의 의사에 의하여 재건축에 참가하지 아니한 구분소유자의 구분소유권에 관한 매매계약의 성립을 강제하는 것이다(대판 2002.9.24, 2000다22812).

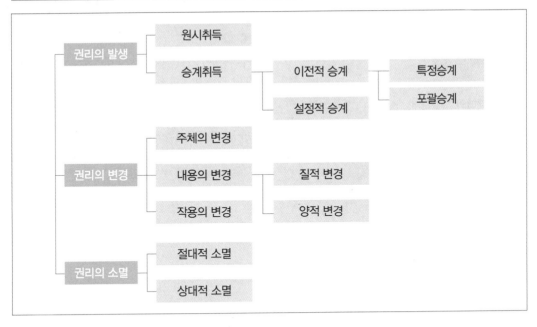

① 부동산점유취득시효완성으로 인한 소유권취득은 원시취득이다(대판 2004.9.24, 2004 다31463).

② 한번 포락(토지가 바닷물이나 적용 하천의 물에 개먹어 무너져 바다나 적용 하천에 떨어져 그 원상복구가 불가능한 상태에 이르렀을 때를 말함)되어 해면 아래에 잠김으로써 복구가 심히 곤란하여 토지로서의 효용을 상실하면 종전의 소유권이 영구히 소멸되고, 그 후 포락된 토지가 다시 성토되어도 종전의 소유자가 다시 소유권을 취득할 수는 없다 (대판 1992.9.25, 92다24677).

③ 채권양도의 통지는 양도인이 채무자에 대하여 당해 채권을 양수인에게 양도하였다는 사실을 알리는 관념의 통지이고, 법률행위의 대리에 관한 규정은 관념의 통지에도 유추 적용된다(대판 1997.6.27, 95다40977·40984).

02 법률행위

학습 포인트

① 채권행위와 종된 행위의 특징 및 무권리자의 처분행위에 대한 판례의 태도 정리하기
② 법률행위의 목적에서는 원시적 불능에 대한 법적 취급과 단속법규와 효력법규의 특징을 비교하여 정리하기
③ 반사회적 법률행위와 불공정한 법률행위에서는 판례의 결론을 정리하고, 법률행위의 해석에서는 오표시무해의 원칙을 이해하기

빈출키워드 004 법률행위의 종류   多빈출

핵심 Check

법률행위	① 의사표시를 필수불가결의 요소로 하는 법률요건 ② 당사자가 의욕한 대로 법률효과가 발생한다.	
의사표시와의 관계	법률행위 의사표시 α	① 법률행위는 의사표시만으로 이루어진 것은 아니다. ② 의사표시만으로 법률행위가 성립하는 경우도 있다. ③ 의사표시가 무효·취소되면 법률행위 전체에도 영향을 미친다. ④ 법률행위는 사적 자치를 실현시키는 수단이 된다.
계약자유의 원칙	① 계약체결의 자유 ② 상대방 선택의 자유 ③ 내용결정의 자유 ④ 방식의 자유	

① 타인의 소유에 속하는 목적물에 대한 매매계약도 계약당사자 간에는 유효하다(대판 1993.8.24, 93다24445).
② 계약금은 계약체결 시에 교부되는 것이 원칙이나, 계약체결 후 변제기 전에 교부되더라도 당사자가 계약금임을 명백히 한 때에는 계약금으로서 유효하다(대판 1955.3.10, 4287민상388).

③ 무권리자가 타인의 권리를 처분한 경우에는 특별한 사정이 없는 한 권리가 이전되지 않는다. 다만, 이러한 경우에 권리자가 무권리자의 처분을 추인하는 것도 사적 자치의 원칙에 따라 허용된다. 권리자가 무권리자의 처분행위를 추인하는 경우에는 무권대리의 추인규정이 유추적용된다. 따라서 무권리자의 처분이 계약으로 이루어진 경우에 권리자가 이를 추인하면 원칙적으로 계약의 효과는 계약을 체결했을 때에 소급하여 권리자에게 귀속된다(대판 2017.6.8, 2017다3499).

빈출키워드 005 　법률행위의 요건

핵심 Check

성립요건	일반적 성립요건	① 당사자 ② 법률행위의 목적(내용) ③ 의사표시
	특별 성립요건	① 법인설립행위에 있어서의 설립등기 ② 유언에 있어서의 일정한 방식 ③ 형성적 신분행위(혼인, 이혼, 인지, 입양 등)에 있어서의 신고 ④ 요물계약에 있어서의 물건의 인도와 지정행위의 완료 ⑤ 계약에 있어서 청약과 승낙의 의사표시의 합치
효력요건 (유효요건)	일반적 효력요건	① 당사자가 권리능력, 행위능력, 의사능력을 가져야 한다. ② 법률행위의 목적이 확정성, 가능성, 적법성, 사회적 타당성이 있어야 　한다. ③ 의사표시에 있어서 의사와 표시가 일치하고 하자가 없어야 한다.
	특별 효력요건	① 대리에 있어서의 대리권의 존재 ② 조건부·기한부 법률행위에 있어서의 조건의 성취·기한의 도래 ③ 유언에 있어서의 유언자의 사망 ④ 물권변동에 있어서의 등기(다수설) ⑤ 「부동산 거래신고 등에 관한 법률」상의 토지거래허가구역 내의 토지 　거래계약에 있어서 관할관청의 허가 ⑥ 학교법인의 기본재산 처분 시 관할관청의 허가

① 「농지법」상 농지취득자격증명은 농지취득의 원인이 되는 법률행위의 효력발생요건이 아니므로 농지에 관한 소유권이전등기청구소송에서 농지취득자격증명이 없다는 이유로 그 청구를 거부할 수 없다(대판 2006.1.27, 2005다59871).

② 「부동산 거래신고 등에 관한 법률」상의 토지거래허가구역 내의 토지에 대하여 허가받을 것을 전제로 체결한 거래계약은 허가를 받기 전에는 유동적 무효이며, 일단 허가를 받으면 그 계약은 소급하여 유효하게 되고 이와 달리 불허가가 된 때에는 확정적으로 무효가 된다(대판 전합체 1991.12.24, 90다12243).

기출&예상 문제

법률행위의 효력이 발생하기 위한 요건이 <u>아닌</u> 것은? (다툼이 있으면 판례에 따름) · 24회

① 대리행위에서 대리권의 존재
② 정지조건부 법률행위에서 조건의 성취
③ 농지거래계약에서 농지취득자격증명
④ 법률행위 내용의 적법성
⑤ 토지거래허가구역 내의 토지거래계약에 관한 관할관청의 허가

> **해설** 농지취득자격증명은 농지를 취득하는 자에게 농지취득의 자격이 있다는 것을 증명한 것일 뿐 효력발생요건이 아니라는 것이 판례의 태도이다(대판 2006.1.27, 2005다59871).
>
> 정답 ③

빈출키워드 006 법률행위의 목적 – 확정성과 가능성

① 매매계약에 있어서 그 목적물과 대금은 반드시 계약체결 당시에 구체적으로 확정될 필요는 없고 이를 사후에라도 구체적으로 확정할 수 있는 방법과 기준이 정해져 있으면 족하다(대판 1996.4.26, 94다34432). 다만, 약정된 기준에 따른 대금액의 산정에 관하여 당사자 간에 다툼이 있는 경우에는 법원이 이를 정할 수밖에 없다(대판 2002.7.12, 2001다7940).
② 원시적 불능을 목적으로 하는 법률행위는 무효이나 계약체결상의 과실책임이 문제되는 바, 판례는 원시적 불능의 경우에만 계약체결상의 과실책임을 인정하고 있다(대판 1975.2.10, 74다584).

빈출키워드 007 법률행위의 목적 – 적법성

① 강행법규에 위반되는 행위가 반드시 반사회적 법률행위(불법원인급여)에 해당하는 것은 아니다(대판 2001.5.29, 2001다1782).

② 「부동산등기 특별조치법」상 조세포탈과 부동산투기 등을 방지하기 위하여 위 법률 제2조 제2항 및 제8조 제1호에서 등기하지 아니하고 제3자에게 전매하는 행위를 일정 목적범위 내에서 형사처벌하도록 되어 있으나, 이로써 순차매도한 당사자 사이의 중간생략등기합의에 관한 사법상 효력까지 무효로 한다는 취지는 아니다(대판 1993.1.26, 92다39112).

③ 「부동산 거래신고 등에 관한 법률」상 토지거래허가규정은 효력법규에 해당하므로 이에 위반하여 최초양도인으로부터 최종양수인 앞으로 경료된 소유권이전등기는 무효이다(대판 1997.3.14, 96다22464).

④ 「자본시장과 금융투자업에 관한 법률」 규정에 위반한 투자수익보장약정은 무효이다(대판 1997.2.14, 95다19140).

⑤ 증권회사 또는 그 임직원이 고객에 대하여 증권거래와 관련하여 발생한 손실을 보전하여 주기로 하는 약속이나 그 손실보전행위의 효력은 무효이다(대판 2001.4.24, 99다30718).

⑥ 「자본시장과 금융투자업에 관한 법률」 규정에 위반한 투자일임매매약정은 유효하다(대판 1996.8.23, 94다38199).

⑦ 「주택법」상의 전매금지규정에 위반한 국민주택 전매계약의 사법상 효력은 유효이다(대판 1991.9.10, 91다21992).

⑧ 「민간임대주택에 관한 특별법」 규정에 위반하여 임대의무기간 경과 전에 임대주택을 매각하는 행위의 사법상의 효력은 무효이다(대판 2005.6.9, 2005다11046).

⑨ 광업권자 아닌 자에게 채굴권을 대여하는 덕대계약은 무효이다(대판 1962.2.22, 4294민상168).

⑩ 건설업면허의 명의대여에 따른 명의대여료나 소개수수료 지급약정은 모두 무효이다(대판 1988.12.27, 86다카2452).

⑪ 의료인이나 의료법인 등 비영리법인이 아닌 자의 의료기관 개설을 원칙적으로 금지하고 있는 「의료법」 제30조 제2항은 강행법규에 속하는 것으로서 이에 위반하여 이루어진 약정은 무효이다(대판 2003.4.22, 2003다2390).

⑫ 개업공인중개사가 중개의뢰인과 직접 거래를 하는 행위를 금지하는 「공인중개사법」 관련 규정은 단속법규이므로 이에 위반하여 이루어진 거래행위는 유효하다(대판 2017.2.3, 2016다259677).

⑬ 「공인중개사법」 및 동법 시행규칙 소정의 상한을 초과하는 부동산중개보수약정은 강행법규에 속하는 것으로서 그 한도액을 초과하는 부분은 무효이다(대판 2002.9.4, 2000다54406).

⑭ 공인중개사 자격이 없는 자가 우연한 기회에 단 1회 타인 간의 거래행위를 중개한 경우 등과 같이 '중개를 업으로 한' 것이 아니라면 그에 따른 중개수수료 지급약정이 강행법규에 위배되어 무효라고 할 것은 아니다. 다만, 이 경우 중개수수료 약정이 부당하게 과다하여 민법상 신의성실원칙이나 형평의 원칙에 반한다고 볼 만한 사정이 있는 경우에는 상당하다고 인정되는 범위 내로 감액된 보수액만을 청구할 수 있다(대판 2012.6.14, 2010다86525).

⑮ 「이자제한법」상의 최고 이자율을 초과하는 부분은 무효로 한다(대판 2017.11.29, 2016다259769).

⑯ 법령에 위반되어 무효임을 알고서도 그 법률행위를 한 자가 강행법규 위반을 이유로 무효를 주장하더라도 신의칙 또는 금반언의 원칙에 반하거나 권리남용에 해당한다고 볼 수는 없다(대판 2003.4.22, 2003다2390).

⑰ 국유재산에 관한 사무에 종사하는 직원이 타인의 명의로 국유재산을 취득하는 행위는 강행법규인 같은 법 규정들의 적용을 잠탈하기 위한 탈법행위로서 무효이고, 나아가 같은 법이 거래안전보호 등을 위하여 그 무효를 주장할 수 있는 상대방을 제한하는 규정을 따로 두고 있지 아니한 이상 그 무효는 원칙적으로 누구에 대하여서나 주장할 수 있으므로, 그 규정들에 위반하여 취득한 국유재산을 제3자가 전득하는 행위 또한 당연 무효이다(대판 1996.4.26, 94다43207).

기출&예상 문제

다음 중 효력규정이 아닌 것은? (다툼이 있으면 판례에 의함)   • 21회

① 「부동산등기 특별조치법」상 중간생략등기를 금지하는 규정
② 「이자제한법」상 최고이자율을 초과하는 부분을 규율하는 규정
③ 「공익법인의 설립·운영에 관한 법률」상 공익법인이 하는 기본재산의 처분에 주무관청의 허가를 요하는 규정
④ 「부동산 실권리자명의 등기에 관한 법률」상 명의신탁약정에 기초한 물권변동에 관한 규정
⑤ 「부동산 거래신고 등에 관한 법률」상 일정한 구역 내의 토지매매에 대하여 허가를 요하는 규정

해설   「부동산등기 특별조치법」상 조세포탈과 부동산투기 등을 방지하기 위하여 위 법률 제2조 제2항 및 제8조 제1호에서 등기하지 아니하고 제3자에게 전매하는 행위를 일정 목적범위 내에서 형사 처벌하도록 되어 있으나, 이로써 순차매도한 당사자 사이의 중간생략등기합의에 관한 사법상 효력까지 무효로 한다는 취지는 아니다(대판 1993.1.26, 92다39112).

정답 ①

빈출키워드 008 **법률행위의 목적 – 사회적 타당성**

> **제103조【반사회질서의 법률행위】**
> 선량한 풍속 기타 사회질서에 위반한 사항을 내용으로 하는 법률행위는 무효로 한다.

핵심 Check	
실질적 분류방법 (통설)	① 정의관념에 반하는 행위 ② 인륜에 반하는 행위 ③ 개인의 자유를 심히 제한하는 행위 ④ 생존의 기초가 되는 재산의 처분행위 ⑤ 지나치게 사행적인 행위 ⑥ 불공정한 법률행위(폭리행위) ⑦ 기타의 행위
행태적 분류방법 (판례)	① 법률행위의 목적인 권리·의무의 내용이 선량한 풍속 기타 사회질서에 위반되는 경우 ② 그 내용 자체는 반사회질서적인 것이 아니라 하여도 법률적으로 이를 강제함으로써 반사회질서적 성질을 띠게 되는 경우 ③ 그 내용 자체는 반사회질서적인 것이 아니라 하여도 법률행위에 반사회질서적인 조건 또는 금전적 대가가 결부됨으로써 반사회질서적 성질을 띠게 되는 경우 ④ 표시되거나 상대방에게 알려진 법률행위의 동기가 반사회질서적인 경우

1. 반사회적 법률행위에 해당하는 경우

① 반사회적 법률행위에 해당하는지 여부는 해당 법률행위가 이루어진 때를 기준으로 판단하여야 한다(대판 전합체 2015.7.23, 2015다200111).

② 제103조에 의하여 무효로 되는 반사회적 법률행위는 법률행위의 목적인 권리의무의 내용이 선량한 풍속 기타 사회질서에 위반되는 경우뿐만 아니라, 그 내용 자체는 사회질서에 반하는 것이 아니라고 하여도 법률적으로 이를 강제하거나 그 법률행위에 사회질서에 반하는 조건 또는 금전적 대가가 결부됨으로써 반사회질서적 성격을 띠는 경우 및 표시되거나 상대방에게 알려진 법률행위의 동기가 반사회질서적인 경우를 포함한다(대판 2002.9.10, 2002다21509).

③ 도박자금에 제공할 목적으로 한 대차계약은 반사회질서적 법률행위이므로 무효이다(대판 1973.5.22, 72다2249, 동기가 표시된 사안).

④ 밀수자금에 사용될 줄 알면서 금원을 대출해 주기로 한 약정은 무효이다(대판 1956. 1.26, 4288민상96).

⑤ 첩계약은 처의 동의 유무를 불문하고 공서양속에 반하므로 무효이다(대판 1960. 9.29, 4293민상302).

⑥ 부첩관계의 종료를 해제조건으로 하는 증여계약은 조건뿐만 아니라 증여계약 자체가 무효이다(대판 1966.6.21, 66다530).

⑦ 당사자 일방이 상대방에게 공무원의 직무에 관한 사항에 관하여 특별한 청탁을 하게 하고 그에 대한 보수로 돈을 지급할 것을 내용으로 한 약정은 사회질서에 반하는 무효의 계약이라고 할 것이다(대판 1971.10.11, 71다1645).

⑧ 변호사 아닌 자가 승소를 조건으로 그 대가로 소송당사자로부터 소송물 일부를 양도받기로 한 약정은 반사회적 법률행위로서 무효이다(대판 1990.5.11, 89다카10514).

⑨ 형사사건에 관하여 체결된 성공보수약정은 수사·재판의 결과를 금전적인 대가와 결부시킴으로써 기본적 인권의 옹호와 사회정의의 실현을 사명으로 하는 변호사 직무의 공공성을 저해하고, 의뢰인과 일반 국민의 사법제도에 대한 신뢰를 현저히 떨어뜨릴 위험이 있으므로 선량한 풍속 기타 사회질서에 위배되는 것으로 평가할 수 있다(대판 전합체 2015.7.23, 2015다200111).

⑩ 변호사의 소송위임사무에 관한 약정 보수액이 부당하게 과다하여 신의성실의 원칙이나 형평의 관념에 반한다고 볼 만한 특별한 사정이 있는 경우에는 보수청구가 적당하다고 인정되는 범위 내의 보수액만을 청구할 수 있다(대판 전합체 2018. 5.17, 2016다35833).

⑪ 금전소비대차계약의 당사자 사이의 경제력 차이로 인하여 이율이 사회통념상 허용되는 한도를 초과하여 현저하게 고율로 정해진 경우, 그 초과부분의 이자약정은 무효이고, 무효인 부분의 이자약정을 원인으로 차주가 대주에게 임의로 이자를 지급한 경우, 차주는 그 이자의 반환을 청구할 수 있다(대판 전합체 2007.2.15, 2004다50426).

⑫ 소송사건에서 증언의 대가로 금전을 지급하기로 약정한 경우, 그것이 통상적으로 용인될 수 있는 수준(여비, 일실손해 등)을 초과하는 경우에는 무효이다(대판 1994. 3.11, 93다40522).

⑬ 도박채무를 변제하기 위해 채무자로부터 부동산의 처분을 위임받은 채권자가 그 부동산을 제3자에게 매도한 경우, 도박채무부담행위와 그 변제의 약정 및 변제 약정의 이행행위(부동산처분대금으로 도박채무의 변제에 충당하는 것)는 무효이나, 부동산처분에 관한 대리권을 도박채권자에게 수여한 행위는 유효하다. 따라서 도박채권자로부터 부동산을 매수한 제3자는 유효하게 소유권을 취득할 수 있다(대판 1995.7.14, 94다40147).

⑭ '어떠한 일이 있어도 이혼하지 않겠다.'는 의사표시는 무효이다(대판 1969.8.19, 69 므18).

⑮ 사찰이 그 존립에 필요불가결한 재산인 임야를 증여하는 행위는 무효이다(대판 1970. 3.31, 69다2293).

⑯ 당초부터 오로지 보험사고를 가장하여 보험금을 탈 목적으로 생명보험계약을 체결 하는 경우는 무효이며(대판 2000.2.11, 99다49064), 보험계약자가 다수의 보험계 약을 통하여 보험금을 부정취득할 목적으로 보험계약을 체결하는 경우 역시 무효 이다(대판 2005.7.28, 2005다23858).

⑰ 수사기관에서 참고인으로 자신이 잘 알지 못하는 내용에 대하여 허위의 진술을 하고 그 대가로 일정한 급부를 받기로 하는 약정은 무효이다(대판 2001.4.24, 2000 다71999).

⑱ 대출금채무의 담보를 위하여 제공한 주식을 보관하는 자가 별도의 차명 대출을 받 으면서 위 주식을 주주들의 동의 없이 무단으로 담보에 제공한 경우, 그와 같은 사 정을 잘 알면서 위 주식을 담보로 제공받은 행위는 반사회적인 법률행위로서 무효 이다(대판 2005.11.10, 2005다38089).

⑲ 도급인이 일방적으로 공사의 완공이 불가능할 정도의 공기단축을 요구하여 수급인 으로 하여금 부득이 이에 응하게 한 경우, 그 단축된 준공기한 위반을 이유로 지체 상금을 물게 하는 것은 선량한 풍속 기타 사회질서 위반이 될 수 있다(대판 1997. 6.24, 97다2221).

⑳ 일반적으로 부녀와의 성행위 자체는 경제적으로 평가할 수 없고, 부녀가 상대방 으로부터 금품이나 재산상 이익을 받을 것을 약속하고 성행위를 하는 약속 자체는 선량한 풍속 기타 사회질서에 위반한 사항을 내용으로 하는 법률행위로서 무효 이다(대판 2001.10.23, 2001도2991).

2. 반사회적 법률행위에 해당하지 않는 경우

① 부첩관계를 해소하면서 그동안의 첩의 희생에 대하여 배상하고 또 첩의 장래 생활 대책을 위하여 금전을 지급하기로 한 약정은 사회질서에 반하지 않는다(대판 1980. 6.24, 80다458).

② 강제집행을 면할 목적으로 부동산을 명의신탁하는 것은 반사회적 법률행위(불법 원인급여)에 해당하지 않는다(대판 1994.4.15, 93다61307).

③ 강제집행을 면할 목적으로 부동산에 허위의 근저당권설정등기를 경료하는 행위는 반사회적 법률행위에 해당하지 않는다(대판 2004.5.28, 2003다70041).

④ 국가기관이 「헌법」상 보장된 국민의 기본권을 침해하는 위헌적인 공권력을 행사한 결과 국민이 그 공권력의 행사에 의해 외포(畏怖)되어 자유롭지 못한 상태에서 의사표시를 하였더라도 그 의사표시의 효력은 의사표시의 하자에 관한 민법의 일반원리에 의하여 판단되어야 하고 그 강박에 의한 의사표시가 항상 반사회성을 띠게 되어 무효로 된다고는 볼 수 없다(대판 1996.12.23, 95다40038).

⑤ 단지 법률행위의 성립과정에서 강박이라는 불법적인 방법이 사용된 데 불과한 경우에는 강박에 의한 의사표시의 하자나 의사의 흠결을 이유로 효력을 논할 수는 있을지언정 반사회적 법률행위로서 무효라고 할 수는 없다(대판 1992.11.27, 92다7719).

⑥ 해외연수 후 일정기간 회사에 근무하지 않으면 해외파견 소요경비를 배상한다는 약정은 근로계약기간이 아니라 경비반환의 면제기간을 정한 것이므로 유효하다(대판 1982.6.22, 82다카90).

⑦ 양도소득세를 회피할 목적으로 한 매매계약은 반사회적 법률행위에 해당하지 않으며(대판 1981.11.10, 80다2475), 상속세를 면탈할 목적으로 피상속인의 명의에서 타인 명의로 직접 소유권이전등기를 한 경우라 하더라도 반사회적 법률행위에 해당하지 않는다(대판 1964.7.22, 64다554).

⑧ 양도소득세의 일부를 회피할 목적으로 매매계약서에 실제로 거래한 가액보다 낮은 금액을 매매대금으로 기재한 경우라 하더라도 반사회적 법률행위로서 무효라고 할 수는 없다(대판 2007.6.14, 2007다3285).

⑨ 전통사찰의 주지직을 거액의 금품을 대가로 양도·양수하기로 하는 약정이 있음을 알고도 이를 묵인 또는 방조한 상태에서 한 종교법인의 주지임명행위는 반사회적 법률행위에 해당되지 않는다(대판 2001.2.9, 99다38613).

⑩ 부정행위를 용서받는 대가로 손해배상을 함과 아울러 가정에 충실하겠다는 서약의 취지에서 처에게 부동산을 양도하되, 부부관계가 유지되는 동안에 처가 임의로 처분할 수 없다는 제한을 붙인 약정은 유효하다(대판 1992.10.27, 92므204).

⑪ 매매계약체결 후 그 목적물이 범죄행위로 취득된 것을 알게 된 경우에 그 계약의 이행을 구하는 것은 원칙적으로 선량한 풍속 기타 사회질서에 반하지 않는다(대판 2001.11.9, 2001다44987).

⑫ 비자금을 소극적으로 은닉하기 위하여 임치한 것은 반사회적 법률행위에 해당하지 않는다(대판 2001.4.10, 2000다49343).

⑬ 백화점 수수료위탁판매 매장계약에서 임차인이 매출신고를 누락하는 경우 판매수수료의 100배에 해당하고 매출신고누락분의 10배에 해당하는 벌칙금을 임대인에게 배상하기로 한 위약벌의 약정은 공서양속에 반하지 않는다(대판 1993.3.23, 92다46905).

3. 반사회적 법률행위의 효과

① 반사회적 법률행위의 무효는 이를 주장할 이익이 있는 자는 누구든지 주장할 수 있다(대판 2016.3.24, 2015다11281).

② 제746조가 규정하는 불법원인급여란 그 원인되는 행위가 선량한 풍속 기타 사회질서에 위반하는 경우를 말하고, 불법원인급여를 한 자는 그 원인행위가 법률상 무효라 하여 상대방에게 부당이득반환청구를 할 수 없다(대판 2004.9.3, 2004다27488).

③ 반사회적 법률행위에 대해서는 무효행위의 추인이 인정되지 않는다(대판 1973. 5.22, 72다2249).

④ 불법의 원인으로 재산을 급여한 사람은 상대방 수령자가 그 '불법의 원인'에 가공하였다고 하더라도 원칙적으로 상대방의 불법행위를 이유로 그 재산의 급여로 말미암아 발생한 자신의 손해를 배상할 것을 주장할 수 없다(대판 2013.8.22, 2013다35412).

반사회질서의 법률행위에 관한 설명으로 틀린 것은? (다툼이 있으면 판례에 따름) •30회

① 반사회질서의 법률행위에 해당하는지 여부는 해당 법률행위가 이루어진 때를 기준으로 판단해야 한다.

② 반사회질서의 법률행위의 무효는 이를 주장할 이익이 있는 자는 누구든지 주장할 수 있다.

③ 법률행위가 사회질서에 반한다는 판단은 부단히 변천하는 가치관념을 반영한다.

④ 다수의 보험계약을 통하여 보험금을 부정취득할 목적으로 체결한 보험계약은 반사회질서의 법률행위이다.

⑤ 대리인이 매도인의 배임행위에 적극 가담하여 이루어진 부동산의 이중매매는 본인인 매수인이 그러한 사정을 몰랐다면 반사회질서의 법률행위가 되지 않는다.

> **해설**
> ① 대판 전합체 2015.7.23, 2015다200111
> ② 대판 2016.3.24, 2015다11281
> ③ 대판 전합체 2015.7.23, 2015다200111
> ④ 대판 2005.7.28, 2005다23858
> ⑤ 대리인이 부동산을 이중으로 매수한 경우 그 매매계약이 반사회적 법률행위인지 여부의 판단 기준이 되는 자는 대리인이다. 즉, 대리인이 본인을 대리하여 매매계약을 체결함에 있어서 매매대상 토지에 관한 저간의 사정을 잘 알고 그 배임행위에 가담하였다면, 설사 본인이 미리 그러한 사정을 몰랐거나 반사회성을 야기한 것이 아니라고 할지라도 그 매매계약은 반사회적 법률행위로서 무효이다(대판 1998.2.27, 97다45532).
>
> 정답 ⑤

빈출키워드 009 ## 이중매매의 법률관계 多빈출

핵심 Check

유효성 인정	이중매매는 계약자유의 원칙상 원칙적으로 유효하다.
무효인 경우	제2매수인이 매도인의 배임행위에 적극 가담한 경우에는 반사회적 법률행위(제103조)에 해당하므로 무효이다.
적극 가담의 정도	제2매수인이 매도사실을 아는 것만으로는 부족하고 매도사실을 알고 적극적으로 매도를 요청하거나 유도하여 계약에 이르는 정도가 되어야 한다.
제1매수인의 소유권회복 방법	제1매수인은 제2매수인에 대해 직접 그 명의의 소유권이전등기의 말소를 청구할 수는 없고, 매도인을 대위(代位)하여 제2매수인에 대해 그 명의의 소유권이전등기의 말소를 청구할 수 있다.
제3자의 소유권 취득 여부	이중매매가 반사회적 법률행위에 해당되어 무효가 되는 경우 목적물을 제2매수인으로부터 다시 취득한 제3자는 설사 선의이더라도 목적물의 소유권을 취득하지 못한다.

① 부동산 이중매매가 무효가 되기 위해서는 제2매수인이 매도사실을 아는 것만으로는 부족하고, 매도사실을 알고 적극적으로 매도를 요청하거나 유도하여 계약에 이르는 정도가 되어야 한다(대판 1997.7.25, 97다362).

② 이중매매가 반사회적 법률행위로 되는 경우 제1매수인은 제2매수인에 대해 직접 그 명의의 소유권이전등기의 말소를 청구할 수는 없고, 매도인을 대위(代位)하여 제2매수인에 대해 그 명의의 소유권이전등기의 말소를 청구할 수 있다(대판 1983.4.26, 83다카57).

③ 채권자취소권을 특정물에 대한 소유권이전등기청구권을 보전하기 위하여 행사하는 것은 허용되지 않으며, 매도인의 소유권이전등기의무가 이행불능으로 됨으로써 제1매수인이 취득한 손해배상청구권은 사해행위가 있은 후에 취득한 것이므로 부동산의 제1양수인은 자신의 소유권이전등기청구권 보전을 위하여 양도인과 제3자 사이에서 이루어진 이중양도행위에 대하여 채권자취소권을 행사할 수 없다(대판 1999.4.27, 98다56690).

④ 이중매매가 반사회적 법률행위에 해당되어 무효가 되는 경우 그 무효는 절대적 무효로써 선의의 제3자에게도 대항할 수 있으므로, 당해 부동산을 제2매수인으로부터 다시 취득한 제3자는 설사 제2매수인이 당해 부동산의 소유권을 유효하게 취득한 것으로 믿었다고 하더라도 부동산의 소유권을 취득하지 못한다(대판 1996.10.25, 96다29151).

⑤ 부동산이중매매의 법리는 이중으로 부동산임대차계약을 체결한 경우에도 그대로 적용된다(대판 2013.6.27, 2011다5813).

⑥ 제3자가 피상속인으로부터 토지를 전전매수하였다는 사실을 알면서도 그 정을 모르는 상속인을 기망하여 결과적으로 그로 하여금 토지를 이중매도하게 하였다면, 그 매수인과 상속인 사이의 토지매매계약은 반사회적 법률행위에 해당한다(대판 1994.11.18, 94다37349).

⑦ 양도담보권자의 배임행위에 매수인이 적극 가담한 매매계약은 반사회적인 법률행위로서 무효이다(대판 1984.6.12, 82다카672).

⑧ 타인으로부터 신탁받은 재산을 매각·횡령한다는 정을 알면서 그 수탁자로부터 이를 아주 싸게 매수하여 폭리를 취득한 행위는 반사회성이 있다(대판 1963.3.28, 62다862).

⑨ 주권발행 전 주식의 양도인이 회사에 대한 양도통지 전에 제3자에게 주식을 이중으로 양도한 후 확정일자 있는 양도통지를 하는 등 대항요건을 갖추어 주어 양수인이 그 제3자에게 대항할 수 없게 되었고, 이러한 배임행위에 제3자가 적극 가담한 경우 제3자에 대한 양도행위는 무효이다(대판 2006.9.14, 2005다45537).

⑩ 이미 매도된 부동산에 관하여 체결한 근저당권설정계약이 반사회적 법률행위로 무효가 되기 위하여는 매도인의 배임행위와 근저당권자가 매도인의 배임행위에 적극 가담한 행위로 이루어진 것으로서 그 적극 가담하는 행위는 근저당권자가 다른 사람에게 그 목적물이 매도된 것을 알고도 근저당권설정을 요청하거나 유도하여 계약에 이르는 정도가 되어야 한다고 할 것이다(대판 2002.9.6, 2000다41820).

기출&예상 문제

甲은 자신의 X부동산을 乙에게 매도하고 계약금과 중도금을 지급받았다. 그 후 丙이 甲의 배임행위에 적극 가담하여 甲과 X부동산에 대한 매매계약을 체결하고 자신의 명의로 소유권이전등기를 마쳤다. 다음 설명으로 틀린 것은? (다툼이 있으면 판례에 따름) •28회

① 乙은 丙에게 소유권이전등기를 직접 청구할 수 없다.
② 乙은 丙에 대하여 불법행위를 이유로 손해배상을 청구할 수 있다.
③ 甲은 계약금의 배액을 상환하고 乙과 체결한 매매계약을 해제할 수 없다.
④ 丙 명의의 등기는 甲이 추인하더라도 유효가 될 수 없다.
⑤ 만약 선의의 丁이 X부동산을 丙으로부터 매수하여 이전등기를 받은 경우, 丁은 甲과 丙의 매매계약의 유효를 주장할 수 있다.

해설 이중매매가 반사회적 법률행위에 해당되어 무효가 되는 경우 그 무효는 절대적 무효로써 선의의 제3자에게도 대항할 수 있으므로, 당해 부동산을 제2매수인으로부터 다시 취득한 제3자는 설사 제2매수인이 당해 부동산의 소유권을 유효하게 취득한 것으로 믿었다고 하더라도 부동산의 소유권을 취득하지 못한다(대판 1996.10.25, 96다29151). 따라서 선의의 丁이 X부동산을 丙으로부터 매수하여 이전등기를 받았더라도 丁은 甲과 丙의 매매계약의 유효를 주장할 수 없다.

정답 ⑤

빈출키워드 010 불공정한 법률행위 多빈출

제104조 【불공정한 법률행위】
당사자의 궁박, 경솔 또는 무경험으로 인하여 현저하게 공정을 잃은 법률행위는 무효로 한다.

객관적 요건 —— 급부와 반대급부 사이의 현저한 불균형

주관적 요건 —— 피해자의 궁박, 경솔 또는 무경험한 사실의 존재
          └ 폭리자의 이용의사(악의)

1. 요 건

① 불공정한 법률행위에 관한 제104조는 반사회적 법률행위에 관한 제103조의 예시 규정이다(대판 1964.5.19, 63다821).

② 어떠한 법률행위가 불공정한 법률행위에 해당하는지는 법률행위 성립 당시를 기준으로 약속된 급부와 반대급부 사이의 객관적 가치를 비교 평가하여 판단하여야 하므로, 계약체결 당시를 기준으로 계약내용에 따른 권리의무관계를 종합적으로 고려한 결과 불공정한 것이 아니라면, 사후에 외부적 환경의 급격한 변화에 따라 계약당사자 일방에게 큰 손실이 발생하고 상대방에게는 그에 상응하는 큰 이익이 발생할 수 있는 구조라고 하여 그 계약이 당연히 불공정한 계약에 해당한다고 말할 수 없다(대판 2015.1.15, 2014다216072).

③ 환매권양도 약정이 불공정 법률행위에 해당하는지 여부는 약정 당시를 기준으로 판단하여야 할 것이다(대판 1984.4.10, 81다239).

④ 궁박이라 함은 '급박한 곤궁'을 의미하는 것으로서 경제적 원인에 기인할 수도 있고 정신적 또는 심리적 원인에 기인할 수도 있다(대판 2002.10.22, 2002다38927).

⑤ 무경험이란 특정거래 영역에서의 경험 부족이 아니라 일반적인 생활경험의 부족을 의미한다(대판 2002.10.22, 2002다38927).

⑥ 궁박, 경솔, 무경험은 모두 구비해야 하는 것은 아니고 세 가지 중 어느 하나만 갖추면 족하다(대판 1993.10.12, 93다19924).

⑦ 매도인의 대리인이 매매한 경우에 있어서 그 매매가 불공정한 법률행위인가를 판단함에는 매도인의 경솔, 무경험은 그 대리인을 기준으로 하여 판단하여야 하고, 궁박상태에 있었는지의 여부는 매도인 본인의 입장에서 판단되어야 한다(대판 1972. 4.25, 71다2255).

⑧ 피해 당사자가 궁박, 경솔 또는 무경험의 상태에 있었다고 하더라도 그 상대방 당사자에게 그와 같은 피해 당사자 측의 사정을 알면서 이를 이용하려는 의사, 즉 폭리행위의 악의가 없었다면 불공정한 법률행위는 성립하지 않는다(대판 2002. 10.22, 2002다38927).

⑨ 간통죄로 고소하지 않는 대가로 합의금을 받은 것은 피해자가 다소 궁박한 상태에서 약속어음 작성행위를 하였더라도 불공정한 법률행위라고 볼 수 없다(대판 1997. 3.25, 96다47951).

⑩ 불공정한 법률행위로서 매매계약의 무효를 주장하려면 주장자 측에서 대가가 시가에 비하여 헐값이어서 매매가격이 현저하게 불공정한 것, 매도인에게 궁박, 경솔, 무경험 등의 상태가 있었을 것, 매수인 측에서 위와 같은 사실을 인식하고 있었을 것을 주장·입증하여야 한다(대판 1970.11.24, 70다2065).

⑪ 불공정한 법률행위를 주장하는 자는 스스로 궁박, 경솔, 무경험으로 인하였음을 증명하여야 하고, 그 법률행위가 현저하게 공정을 잃었다 하여 곧 그것이 경솔하게 이루어졌다고 추정되거나 궁박한 사정이 인정되는 것이 아니다(대판 1969. 7.8, 69다594).

⑫ 교통사고로 피해자가 사망한 후 5일 만에 피해자의 처가 보험회사와 사이에 체결한 부제소 합의는 불공정한 법률행위에 해당한다(대판 1999.5.28, 98다58825).

⑬ 농촌에 거주하는 79세의 노인으로부터 감정가의 30%에도 못 미치는 가격으로 토지를 매수하고 계약금으로 매매대금의 3분의 1 이상을 지급하였으며 매매계약 다음 날 중도금을 지급하여 그 합계가 매매대금의 80%에 이르는 것은 불공정한 법률행위에 해당한다(대판 1992.2.25, 91다40351).

⑭ 공사도급계약을 체결하기로 하면서 예정 도급인이 이를 어길 경우 예정 공사금액의 10% 상당액을 위약금으로 지급하고, 다시 이 위약금 지급의무를 어길 경우 연 18% 상당의 지연손해금을 가산하여 지급하기로 위약금약정을 한 경우, 그 위약금약정은 공서양속에 반하거나 불공정한 법률행위에 해당하지 않는다(대판 2000. 7.28, 99다38637).

⑮ 하나의 계약서로 체결된 아파트 분양계약 속에 아파트 자체의 공급계약 및 별도의 비품 공급계약이 동시에 체결된 때에 그중 비품 공급계약이 쌍방의 급부 사이에 현저히 균형을 잃어 불공정한 법률행위인 경우에는 무효이다(대판 1995.12.5, 94다39451).

2. 효과와 적용범위

① 불공정한 법률행위로서 무효인 경우에는 추인에 의하여 무효인 법률행위가 유효로 될 수 없다(대판 1994.6.24, 94다10900).

② 매매계약이 약정된 매매대금의 과다로 말미암아 '불공정한 법률행위'에 해당하여 무효인 경우에도 무효행위의 전환에 관한 제138조가 적용될 수 있다(대판 2011. 4.28, 2010다106702).

③ 단독행위에 대해서도 제104조가 적용되므로 사회적 경험이 부족한 가정부인이 경제적·정신적 궁박상태하에서 구속된 남편을 구제하기 위하여 회사의 강압에 못 이겨 채무자인 회사에 대한 물품외상대금채권을 포기한 것은 불공정한 법률행위에 해당한다(대판 1975.5.13, 75다92).

④ 합동행위에도 제104조가 적용되므로 어업권 소멸로 인한 손실보상금의 분배에 관한 어촌계 총회의 결의가 현저하게 불공정한 경우 그 결의는 무효이다(대판 1997. 10.28, 97다27619).

⑤ 증여계약과 같이 아무런 대가관계 없이 당사자 일방이 상대방에게 일방적인 급부를 하는 법률행위는 불공정한 법률행위에 해당될 수 없다(대판 2000.2.11, 99다 56833).

⑥ 기부행위와 같이 아무런 대가관계 없이 당사자 일방이 상대방에게 일방적인 급부를 하는 법률행위는 그 공정성 여부를 논의할 수 있는 성질의 법률행위가 아니다 (대판 1997.3.11, 96다49650).

⑦ 경매에 있어서는 제104조가 적용될 여지가 없다(대결 1980.3.21, 80마77).

기출&예상 문제

불공정한 법률행위(민법 제104조)**에 관한 설명으로 틀린 것은?** (다툼이 있으면 판례에 따름)
• 28회

① 경매에는 적용되지 않는다.
② 무상계약에는 적용되지 않는다.
③ 불공정한 법률행위에 무효행위 전환의 법리가 적용될 수 있다.
④ 법률행위가 대리인에 의하여 행해진 경우, 궁박상태는 대리인을 기준으로 판단하여야 한다.
⑤ 매매계약이 불공정한 법률행위에 해당하는지는 계약체결 당시를 기준으로 판단하여야 한다.

해설 매도인의 대리인이 매매한 경우에 있어서 그 매매가 불공정한 법률행위인가를 판단함에는 매도인의 경솔, 무경험은 그 대리인을 기준으로 하여 판단하여야 하고, 궁박상태에 있었는지의 여부는 매도인 본인의 입장에서 판단되어야 한다(대판 1972.4.25, 71다2255).

정답 ④

핵심 Check

구 분	판단자	탐구대상	적용영역
자연적 해석	표의자의 입장	내심의 효과의사	상대방 없는 단독행위, 오표시무해의 원칙
규범적 해석	상대방의 입장	표시행위의 객관적 의미	상대방 있는 단독행위, 계약
보충적 해석	제3자의 입장	당사자의 가상적 의사	주로 계약

1. 해석방법

① 부동산매매계약에 있어 쌍방 당사자가 모두 특정의 甲토지를 계약의 목적물로
삼았으나 그 목적물의 지번 등에 관하여 착오를 일으켜 계약을 체결함에 있어
서는 계약서상 그 목적물을 甲토지와는 별개인 乙토지로 표시하였다 하여도 甲
토지에 관하여 이를 매매의 목적물로 한다는 쌍방 당사자의 의사합치가 있는 이상
위 매매계약은 甲토지에 관하여 성립한 것으로 보아야 할 것이고 乙토지에 관하여
매매계약이 체결된 것으로 보아서는 안 될 것이며, 만일 乙토지에 관하여 위 매매
계약을 원인으로 하여 매수인 명의로 소유권이전등기가 경료되었다면 이는 원인
이 없이 경료된 것으로서 무효이다(대판 1993.10.26, 93다2629·2636).

② 법률행위의 해석은 당사자가 그 표시행위에 부여한 객관적인 의미를 명백하게
확정하는 것으로서, 어디까지나 당사자의 내심의 의사가 어떤지에 관계없이 그
문언의 내용에 의하여 당사자가 그 표시행위에 부여한 객관적 의미를 합리적으로
해석하여야 하는 것이다(대판 2001.3.23, 2000다40858).

③ 임대차계약에 있어서 모든 경우의 화재에 대하여 임차인이 그 손해를 부담한다는
특약을 맺은 경우 '모든 경우의 화재'에는 불가항력에 의한 화재도 포함하는 것으로
보아야 한다(대판 1979.5.22, 79다508).

④ 더 받을 금액이 있는데도 불구하고 영수증에 '총완결'이라고 표시한 경우에는 더
받을 금액을 탕감한 것으로 보아야 한다(대판 1969.7.8, 69다563).

⑤ '최대한 노력하겠습니다.', '최대한 선처하겠습니다.', '책임지고 해결하겠으니 걱정
하지 말고 기다려라.', '대출관계서류에 책임지고 회수하겠다.'고 한 경우는 모두
특별한 사정이 없는 한 그러한 의무를 법적으로 부담한 것으로는 볼 수 없다
(대판 1994.3.25, 93다32668).

⑥ 임대인이 임대차계약서의 단서 조항에 권리금액의 기재 없이 단지 '모든 권리금을 인정함'이라는 기재를 하였다고 하여 임대차종료 시 임차인에게 권리금을 반환하겠다고 약정하였다고 볼 수는 없고, 단지 임차인이 나중에 임차권을 승계한 자로부터 권리금을 수수하는 것을 임대인이 용인하고, 나아가 임대인이 정당한 사유 없이 명도를 요구하거나 점포에 대한 임대차계약의 갱신을 거절하고 타에 처분하면서 권리금을 지급받지 못하도록 하는 등으로 임차인의 권리금 회수기회를 박탈하거나 권리금 회수를 방해하는 경우에 임대인이 임차인에게 직접 권리금 지급을 책임지겠다는 취지로 해석해야 할 것이다(대판 2000.4.11, 2000다4517·4524).

2. 계약당사자의 확정

① 계약을 체결하는 행위자가 타인의 이름으로 법률행위를 한 경우에 행위자 또는 명의인 가운데 누구를 계약의 당사자로 볼 것인가에 관하여는, 우선 행위자와 상대방의 의사가 일치한 경우에는 그 일치한 의사대로 행위자 또는 명의인을 계약의 당사자로 확정해야 하고, 행위자와 상대방의 의사가 일치하지 않는 경우에는 그 계약의 성질·내용·목적·체결 경위 등 그 계약체결 전후의 구체적인 제반 사정을 토대로 상대방이 합리적인 사람이라면 행위자와 명의자 중 누구를 계약당사자로 이해할 것인가에 의하여 당사자를 결정하여야 한다(대판 2003.12.12, 2003다44059).
② 일방 당사자가 대리인을 통하여 계약을 체결하는 경우에 있어서 계약의 상대방이 대리인을 통하여 본인과 사이에 계약을 체결하려는 데 의사가 일치하였다면 대리인의 대리권 존부 문제와는 무관하게 상대방과 본인이 그 계약의 당사자이다(대판 2003.12.12, 2003다44059).
③ 「금융실명거래 및 비밀보장에 관한 법률」에 따라 실명확인 절차를 거쳐 예금계약을 체결하고 그 실명확인 사실이 예금계약서 등에 명확히 기재되어 있는 경우에는, 일반적으로 그 예금계약서에 예금주로 기재된 예금명의자나 그를 대리한 행위자 및 금융기관의 의사는 예금명의자를 예금계약의 당사자로 보려는 것이라고 해석하는 것이 경험법칙에 합당하고, 예금계약의 당사자에 관한 법률관계를 명확히 할 수 있어 합리적이다. 그리고 이와 같은 예금계약당사자의 해석에 관한 법리는, 예금명의자 본인이 금융기관에 출석하여 예금계약을 체결한 경우나 예금명의자의 위임에 의하여 자금 출연자 등의 제3자(이하 '출연자 등'이라 한다)가 대리인으로서 예금계약을 체결한 경우 모두 마찬가지로 적용된다고 보아야 한다(대판 전합체 2009.3.19, 2008다45828).

A와 B는 토지의 매매계약을 체결하면서 당사자 쌍방이 모두 ○○시 XX동 969의 39에 있는 100m²의 甲토지를 계약의 목적물로 하기로 합의하였으나, 그 목적물의 지번 등에 관하여 착오를 일으켜 계약을 체결함에 있어서는 계약서상 매매목적물을 甲토지와는 별개인 ○○시 XX동 969의 36에 있는 100m²의 乙토지로 표시하였다. 판례에 의할 때 다음 설명 중 옳은 것은? (다툼이 있으면 판례에 따름)

① A와 B 사이의 매매계약은 甲토지에 관하여 성립하나, A·B는 착오를 이유로 매매계약을 취소할 수 있다.

② A와 B 사이의 매매계약은 계약서상 표시된 대로 乙토지에 관하여 성립한다.

③ A와 B 사이의 매매계약은 乙토지에 관하여 성립하나, A·B는 착오를 이유로 매매계약을 취소할 수 있다.

④ A와 B 사이의 매매계약은 실제로 의욕한 대로 甲토지에 관하여 성립하고, 乙토지에 관하여 매매계약을 원인으로 하여 매수인인 B의 명의로 경료된 소유권이전등기는 원인이 없이 경료된 등기로서 무효이다.

⑤ A와 B 사이의 매매계약은 무효로서 甲토지·乙토지의 어느 토지에 관하여도 매매계약이 성립하지 아니한다.

해설 ① 오표시무해의 원칙이 적용되는 경우 당초에 의도했던 대로 甲토지에 관해 매매계약이 성립하므로 A 또는 B에게는 착오 자체가 존재하지 않는다. 따라서 착오를 이유로 매매계약을 취소할 수 없다.
②③⑤ 오표시무해의 원칙에 따라 매매계약은 당사자가 의욕한 대로 甲토지에 관해 성립한다.
④ 乙토지에 대해서는 물권행위는 없고 등기만 존재하므로 이 등기는 원인무효의 등기이다.
정답 ④

> **제1조【법원】**
> 민사에 관하여 법률에 규정이 없으면 관습법에 의하고 관습법이 없으면 조리에 의한다.
>
> **제106조【사실인 관습】**
> 법령 중의 선량한 풍속 기타 사회질서에 관계없는 규정과 다른 관습이 있는 경우에 당사자의 의사가 명확하지 아니한 때에는 그 관습에 의한다.

① 관습법이란 사회의 거듭된 관행으로 생성한 사회생활규범이 사회의 법적 확신과 인식에 의하여 법적 규범으로 승인·강행되기에 이르른 것을 말하고, 사실인 관습은 사회의 관행에 의하여 발생한 사회생활규범인 점에서 관습법과 같으나 사회의 법적 확신이나 인식에 의하여 법적 규범으로서 승인된 정도에 이르지 않은 것을 말하는 바, 관습법은 바로 법원으로서 법령과 같은 효력을 갖는 관습으로서 법령에 저촉되지 않는 한 법칙으로서의 효력이 있는 것이며, 이에 반하여 사실인 관습은 법령으로서의 효력이 없는 단순한 관행으로서 법률행위의 당사자의 의사를 보충함에 그치는 것이다(대판 1983. 6.14, 80다3231).

② 법령과 같은 효력을 갖는 관습법은 당사자의 주장 입증을 기다림이 없이 법원이 직권으로 이를 확정하여야 하고 사실인 관습은 그 존재를 당사자가 주장·입증하여야 하나, 관습은 그 존부 자체도 명확하지 않을 뿐만 아니라 그 관습이 사회의 법적 확신이나 법적 인식에 의하여 법적 규범으로까지 승인되었는지의 여부를 가리기는 더욱 어려운 일이므로, 법원이 이를 알 수 없는 경우 결국은 당사자가 이를 주장·입증할 필요가 있다(대판 1983.6.14, 80다3231).

03 의사표시

학습 포인트

① 비진의표시에서는 진의의 의미를 이해하고, 통정허위표시에서는 효과와 제3자에 해당하는지를 구별하기
② 착오에서는 중요부분의 착오와 중대한 과실에 관한 판례의 결론을 정리하고, 사기와 강박에 의한 의사표시에서는 요건과 적용범위에 관한 판례의 태도를 점검하기
③ 의사표시의 효력발생에서는 도달과 관련된 판례사안을 정리하기

빈출키워드 013 비진의표시 多빈출

> **제107조 【진의 아닌 의사표시】**
> ① 의사표시는 표의자가 진의 아님을 알고 한 것이라도 그 효력이 있다. 그러나 상대방이 표의자의 진의 아님을 알았거나 이를 알 수 있었을 경우에는 무효로 한다.
> ② 전항의 의사표시의 무효는 선의의 제3자에게 대항하지 못한다.

1. 진의의 의미

① 진의란 특정한 내용의 의사표시를 하고자 하는 표의자의 생각을 말하는 것이지 표의자가 진정으로 마음속에서 바라는 사항을 뜻하는 것은 아니다(대판 2003. 4.25, 2002다11458).

② 표의자가 의사표시의 내용을 진정으로 마음속에서 바라지는 아니하였다고 하더라도 당시의 상황에서는 그것을 최선이라고 판단하여 그 의사표시를 하였을 경우에는 이를 내심의 효과의사가 결여된 진의 아닌 의사표시라고 할 수 없다(대판 2000. 4.25, 99다34475).

③ 비록 재산을 강제로 뺏긴다는 것이 표의자의 본심으로 잠재되어 있었다 하여도 표의자가 강박에 의하여서나마 증여를 하기로 하고 그에 따른 증여의 의사표시를 한 이상 증여의 내심의 효과의사가 결여된 것이라고 할 수는 없다(대판 2002. 12.27, 2000다47361).

④ 물의를 일으킨 사립대학교 조교수가 사직원이 수리되지 않을 것이라고 믿고 사태 수습의 방안으로 형식상 이사장 앞으로 사직원을 제출한 경우 이사회에서 그러한 사실을 알았거나 알 수 있었을 경우가 아니라면 그 의사표시에 따라 효력이 발생한다(대판 1980.10.14, 79다2168).

⑤ 근로자가 회사의 경영방침에 따라 사직원을 제출하고 회사가 이를 받아들여 퇴직처리를 하였다가 즉시 재입사하는 형식을 취한 경우, 사직원 제출은 근로자의 비진의표시에 해당하지만, 회사는 사직원 제출이 근로자의 진의 아님을 알고 있었다고 보아야 하므로 사직의 효과는 발생하지 않는다(대판 1988.5.10, 87다카2578).

⑥ 근로자가 사용자의 지시에 좇아 일괄하여 사직서를 작성하여 제출함에 있어 그 사직서에 기하여 의원면직처리될지 모른다는 점을 인식하였더라도 이는 비진의표시에 해당한다(대판 1991.7.12, 90다11554).

⑦ 근로자의 자유로운 의사에 의하여 중간퇴직의 의사를 표시하는 것은 비진의표시가 아니다(대판 1999.1.26, 98다46198).

⑧ 어떠한 의사표시가 비진의표시로서 무효라고 주장하는 경우에 그 입증책임은 그 주장자에게 있다(대판 1992.5.22, 92다2295).

2. 타인의 명의를 빌린 경우

① 학교법인이 「사립학교법」상의 제한규정 때문에 그 학교의 교직원의 명의를 빌려서 금원을 차용한 경우에 금원을 대여한 자가 그러한 사정을 알고 있었다고 하더라도 위 교직원의 의사는 위 금전의 대차에 관하여 그가 주채무자로서 채무를 부담하겠다는 뜻이라고 해석함이 상당하므로 이를 비진의표시라고 볼 수 없다(대판 1980.7.8, 80다639).

② 법률상 또는 사실상의 장애로 자기 명의로 대출받을 수 없는 자를 위하여 대출금채무자로서의 명의를 빌려준 자에게 그와 같은 채무부담의 의사가 없는 것이라고는 할 수 없으므로 그 의사표시를 비진의표시에 해당한다고 볼 수 없고, 설령 명의대여자의 의사표시가 비진의표시에 해당한다고 하더라도 그 의사표시의 상대방인 상호신용금고로서는 명의대여자가 전혀 채무를 부담할 의사 없이 진의에 반한 의사표시를 하였다는 것까지 알았다거나 알 수 있었다고 볼 수도 없으므로 명의대여자는 표시행위에 나타난 대로 대출금채무를 부담하여야 한다(대판 1996. 9.10, 96다18182).

3. 제107조의 적용범위

① 민법 제107조는 그 성질상 사인의 공법행위에는 준용되지 아니하므로, 공무원이 사직원을 제출하여 의원면직처분을 한 경우 비록 사직할 뜻이 아니었다고 하더라도 표시된 대로 효력을 발생한다(대판 1997.12.12, 97누13962).

② 소의 취하가 내심의 의사에 반한 것이라고 하더라도 이를 무효라고 볼 수는 없다(대판 1983.4.12, 80다3251).

③ 예금주가 예금에 대한 금융기관 임·직원의 비진의 내지 배임적 의사를 알았거나 알 수 있었던 경우 금융기관은 그 예금에 대한 반환책임을 지지 않는다(대판 2007. 4.12, 2004다51542).

기출&예상 문제

비진의표시에 관한 설명으로 옳지 않은 것은? (다툼이 있으면 판례에 따름)

① 비진의표시는 표시된 내용대로 효력이 발생함이 원칙이다.

② 비진의표시에 관한 규정은 대리인이 대리권을 남용한 경우 유추적용될 수 없다.

③ 자의로 사직서를 제출하여 한 중간퇴직의 의사표시는 비진의표시가 아니다.

④ 비진의표시는 상대방이 이를 비진의표시 당시 안 경우 통정허위표시와 마찬가지로 무효이다.

⑤ 은행대출한도를 넘은 甲을 위해 乙이 은행대출약정서에 주채무자로 서명날인한 경우 은행이 이런 사정을 알았더라도 乙은 원칙적으로 대출금반환채무를 진다.

해설 대리권이 남용된 경우 민법 제107조 제1항 단서를 유추적용하여 해결하는 것이 다수설의 태도이다. 판례도 진의 아닌 의사표시가 대리인에 의하여 이루어지고 그 대리인의 진의가 본인의 이익이나 의사에 반하여 자기 또는 제3자의 이익을 위한 배임적인 것임을 그 상대방이 알았거나 알 수 있었을 경우에는 민법 제107조 제1항 단서의 유추해석상 그 대리인의 행위에 대하여 본인은 아무런 책임을 지지 않는다고 보고 있다(대판 2001.1.19, 2000다20694).

정답 ②

> **제108조 【통정한 허위의 의사표시】**
> ① 상대방과 통정한 허위의 의사표시는 무효로 한다.
> ② 전항의 의사표시의 무효는 선의의 제3자에게 대항하지 못한다.

1. 통정의 의미

① 통정이 있다고 하기 위해서는 표의자가 진의 아닌 의사표시를 하는 것을 상대방이 알고 있는 것만으로는 부족하고 그에 관하여 상대방과의 사이에 합의 또는 양해(諒解)가 있어야 한다(대판 1996.8.23, 96다18076).

② 동일인에 대한 대출액 한도의 제한을 회피하기 위하여 실질적인 주채무자가 제3자를 형식상의 주채무자로 내세웠고 상호신용금고도 이를 양해하면서 제3자에 대하여는 채무자로서의 책임을 지우지 않을 의도하에 제3자 명의로 대출관계서류를 작성한 경우, 대출계약의 실질적인 당사자는 실질적 주채무자와 상호신용금고이며 제3자 명의로 되어 있는 대출약정은 통정허위표시에 해당하여 무효이다(대판 1996.8.23, 96다18076).

③ 은행이 동일인 여신한도의 제한을 회피하기 위하여 실질적 주채무자가 아닌 제3자와의 사이에 제3자를 주채무자로 하는 소비대차계약을 체결한 경우, 제3자가 금융기관을 직접 방문하여 금전소비대차약정서에 주채무자로서 서명·날인하였다면 제3자는 자신이 당해 소비대차계약의 주채무자임을 금융기관에 대하여 표시한 것이므로 특별한 사정이 없는 한 진의와 표시에 불일치가 있다고 보기 어렵다(대판 2003.6.24, 2003다7357).

④ 명의신탁부동산을 명의수탁자가 임의로 처분할 것에 대비하여 등기원인을 매매예약으로 한 가등기를 하기로 한 명의신탁자와 명의수탁자의 합의는 통정허위표시에 해당하지 않는다(대판 1997.9.30, 95다39526).

2. 효과와 적용범위

① 통정한 허위의 의사표시는 허위표시의 당사자와 포괄승계인 이외의 자로서 그 허위표시에 의하여 외형상 형성된 법률관계를 토대로 실질적으로 새로운 법률상 이해관계를 맺은 선의의 제3자를 제외한 누구에 대하여서나 무효이고, 또한 누구든지 그 무효를 주장할 수 있다(대판 2003.3.28, 2002다72125).

② 선의의 제3자에 대하여는 허위표시의 당사자뿐만 아니라 그 누구도 허위표시의 무효로 대항하지 못하고, 따라서 선의의 제3자에 대한 관계에 있어서는 허위표시도 그 표시된 대로 효력이 있다(대판 1996.4.26, 94다12074).

③ 제108조 제2항의 제3자로 보호받기 위해서는 선의이면 족하고 무과실은 요구되지 않는다(대판 2004.5.28, 2003다70041).

④ 통정허위표시의 경우 제3자는 특별한 사정이 없는 한 선의로 추정되므로 제3자가 악의라는 사실에 관한 주장·입증책임은 그 허위표시의 무효를 주장하는 자에게 있다(대판 2006.3.10, 2002다1321).

⑤ 허위의 근저당권에 대하여 배당이 이루어진 경우 배당채권자는 채권자취소의 소로써 통정허위표시를 취소하지 않고 무효를 주장하여 배당이의의 소를 제기할 수 있다(대판 2001.5.8, 2000다9611).

⑥ 특별한 사정없이 동거하는 부부 간에 있어 남편이 처에게 토지를 매도하고 그 소유권이전등기까지 경료하는 것은 이례에 속하는 일로서 가장매매로 추정된다(대판 1978.4.25, 78다226).

⑦ 어음행위에는 제108조가 적용된다(대판 2005.4.15, 2004다70024).

3. 관련문제

① 당사자가 통정하여 증여를 매매로 가장한 경우, 매매는 가장행위로서 무효이지만 증여는 은닉행위로서 유효하다(대판 1993.8.27, 93다12930).

② 증여에 의하여 부동산권리를 취득하였으나 등기원인을 매매로 기재하더라도 그 등기는 실체적 권리관계에 부합하므로 유효하다(대판 1980.7.22, 80다791).

③ 채무자의 법률행위가 통정허위표시인 경우에도 채권자취소권의 대상이 되고, 한편 채권자취소권의 대상으로 된 채무자의 법률행위라도 통정허위표시의 요건을 갖춘 경우에는 무효이다(대판 1998.2.27, 97다50985).

기출&예상 문제

통정허위표시에 관한 설명으로 틀린 것은? (다툼이 있으면 판례에 따름) • 30회

① 통정허위표시가 성립하기 위해서는 진의와 표시의 불일치에 관하여 상대방과 합의가 있어야 한다.

② 통정허위표시로서 무효인 법률행위라도 채권자취소권의 대상이 될 수 있다.

③ 당사자가 통정하여 증여를 매매로 가장한 경우, 증여와 매매 모두 무효이다.

④ 통정허위표시의 무효로 대항할 수 없는 제3자의 범위는 통정허위표시를 기초로 새로운 법률상 이해관계를 맺었는지 여부에 따라 실질적으로 파악해야 한다.

⑤ 통정허위표시의 무효로 대항할 수 없는 제3자에 해당하는지의 여부를 판단할 때, 파산 관재인은 파산채권자 모두가 악의로 되지 않는 한 선의로 다루어진다.

해설
① 대판 1996.8.23, 96다18076
② 대판 1998.2.27, 97다50985
③ 당사자가 통정하여 증여를 매매로 가장한 경우, 매매는 가장행위로서 무효이지만, 증여는 은닉행위로서 유효하다(대판 1980.7.22, 80다791).
④ 대판 2000.7.6, 99다51258
⑤ 대판 2010.4.29, 2009다96083

정답 ③

빈출키워드 015 **제108조 제2항의 제3자**

1. 제3자의 의미

통정허위표시의 무효로 대항할 수 없는 제3자란 허위표시의 당사자 및 그 포괄승계인을 제외하고 허위표시를 기초로 법률상 새로운 이해관계를 맺은 자를 말한다(대판 2000.7.6, 99다51258).

2. 제3자에 해당하는 경우

① 가장매매의 매수인으로부터 목적 부동산의 소유권을 취득한 자는 제3자에 해당한다(대판 1996.4.26, 94다12074).

② 가장전세권에 대하여 저당권을 취득한 자는 제3자에 해당한다(대판 1998.9.4, 98다20981).

③ 가장저당권설정행위에 기한 저당권실행에 의해 목적 부동산을 경락받은 자는 제3자에 해당한다(대판 1957.3.23, 4289민상580).

④ 가장매매의 매수인으로부터 매매계약에 기한 소유권이전등기청구권을 보전하기 위하여 가등기를 경료한 자는 제3자에 해당한다(대판 1970.9.29, 70다466).

⑤ 가장소비대차에 기한 대여금채권의 양수인은 제3자에 해당한다(대판 2004.1.15, 2002다31537).

⑥ 가장근저당권설정계약이 유효하다고 믿고 그 피담보채권에 대해 가압류한 자는 제3자에 해당한다(대판 2004.5.28, 2003다70041).

⑦ 파산자가 상대방과 통정한 허위의 의사표시에 의해 성립된 가장채권을 보유하고 있다가 파산선고가 된 경우의 파산관재인은 제3자에 해당한다. 또한 파산채권자 모두가 악의로 되지 않는 한 파산관재인은 선의의 제3자에 해당한다(대판 2003. 6.24, 2002다48214).

⑧ 통정허위표시에 의한 채권을 가압류한 자는 제3자에 해당한다(대판 2004.5.28, 2003다70041).

⑨ 가장채무를 보증하고 그 보증채무를 이행한 보증인은 제3자에 해당한다(대판 2000. 7.6, 99다51258).

3. 제3자에 해당하지 않는 경우

① 채권의 가장양도에 있어서의 채무자는 제108조 제2항의 제3자에 해당하지 않는다 (대판 1983.1.18, 82다594).

② 甲이 乙로부터 금전을 차용하고 그 담보로 자기 소유의 부동산에 가등기를 하기로 약정한 후, 채권자들의 강제집행을 회피하기 위하여 위 부동산을 丙에게 가장양도 한 경우에 丙으로부터 가등기를 경료받은 乙은 통정허위표시에서의 제3자에 해당 하지 않는다(대판 1982.5.25, 80다1403).

③ 가장소비대차에 있어서 대주의 지위를 이전받은 자(계약이전)는 제3자에 해당하지 않는다(대판 2004.1.15, 2002다31537).

통정허위표시를 기초로 새로운 법률상 이해관계를 맺은 제3자에 해당하지 <u>않는</u> 자는?

(다툼이 있으면 판례에 따름)   • 31회

① 가장채권을 가압류한 자

② 가장전세권에 저당권을 취득한 자

③ 채권의 가장양도에서 변제 전 채무자

④ 파산선고를 받은 가장채권자의 파산관재인

⑤ 가장채무를 보증하고 그 보증채무를 이행한 보증인

해설 ① 대판 2004.5.28, 2003다70041

② 대판 1998.9.4, 98다20981

③ 채권의 가장양도에 있어서의 채무자는 제108조 제2항의 제3자에 해당하지 않는다(대판 1983.1.18, 82다594).

④ 대판 2003.6.24, 2002다48214

⑤ 대판 2000.7.6, 99다51258

정답 ③

빈출키워드 016 **착오에 의한 의사표시** 多빈출

제109조 【착오로 인한 의사표시】

① 의사표시는 법률행위의 내용의 중요부분에 착오가 있는 때에는 취소할 수 있다. 그러나 그 착오가 표의자의 중대한 과실로 인한 때에는 취소하지 못한다.

② 전항의 의사표시의 취소는 선의의 제3자에게 대항하지 못한다.

법률행위 내용의 중요부분에 착오가 있을 것 ── 표의자가 입증

표의자에게 중대한 과실이 없을 것 ── 상대방이 입증

➕ 착오에 대한 상대방의 인식가능성은 요건이 아니다.

1. 중요부분의 착오에 해당하는 경우

① 甲이 채무자란이 백지로 된 근저당권설정계약서를 제시받고 그 채무자가 乙인 것으로 알고 근저당권설정자로 서명날인을 하였는데 그 후 채무자가 丙으로 되어 근저당권설정등기가 경료된 경우는 중요부분의 착오에 해당한다(대판 1995.12.22, 95다37087).

② 부동산중개업자가 다른 점포를 매매목적물로 잘못 소개하여 매수인이 매매목적 물에 관하여 착오를 일으킨 경우는 중요부분의 착오에 해당하고 또한 매수인에게 중대한 과실이 있다고 보기 어려우므로 매수인은 당해 계약을 취소할 수 있다(대판 1997.11.28, 97다32772).

③ 매매목적물 1,800평(약 5,950㎡)을 경작이 가능한 농지로 알고 매수하였으나 그중 1,355평(약 4,479㎡)이 하천부지인 경우(대판 1974.4.23, 74다54)와, 답(畓) 1,389 평(약 4,591㎡)을 전부 경작할 수 있는 농지인 줄 알고 매수하였는데 그중 약 600 평(약 1,983㎡)이 하천을 이루고 있는 경우는 성질의 착오로서 중요부분의 착오에 해당하므로 취소할 수 있다(대판 1968.3.26, 67다2160).

④ 주위토지통행권자가 인접대지 위의 담장이 그 대지의 경계선과 일치하는 것으로 잘못 알고 이 담장을 기준으로 통로폭을 정하여 주위토지소유자의 담장 설치에 합의한 경우는 중요부분의 착오에 해당한다(대판 1989.7.25, 88다카9364).

⑤ 매도인에 대한 양도소득세의 부과를 회피할 목적으로 매수인이 주택건설을 목적 으로 하는 주식회사를 설립하여 여기에 출자하는 형식을 취하면 양도소득세가 부과되지 않을 것이라고 말하면서 그러한 형식에 의한 매매를 제의하여 매도인이 이를 믿고 매매계약을 체결한 것은 중요부분의 착오에 해당한다(대판 1981.11.10, 80다2475).

⑥ 부동산의 양도에 부과될 세액의 착오도 제109조 소정의 착오에 해당한다(대판 1994. 6.10, 93다24810).

⑦ 재건축조합이 재건축아파트 설계용역계약을 체결함에 있어서 상대방의 건축사 자격 유무에 관한 착오는 중요부분의 착오에 해당하고, 건축사자격 유무를 조사 하지 않은 것은 중대한 과실에 해당하지 않는다(대판 2003.4.11, 2002다70884).

⑧ 기술신용보증기금이 잘못 작성된 거래상황확인서를 믿고 보증한 경우(대판 1996. 7.26, 94다25964)와 금융부실거래자인 기업경영주가 타인의 명의로 신용보증기금 의 신용보증을 받은 경우 신용보증기금의 보증행위는 중요부분의 착오에 해당한다 (대판 2005.5.12, 2005다6228).

2. 중요부분의 착오에 해당하지 않는 경우

① 자신의 제자 A와 B에 대해 신원보증을 약속했던 보증인이 형식상 채무자의 동일성에 대하여 착오를 일으켜 A를 B로 잘못 알고 보증계약을 체결한 경우에는 중요부분의 착오가 아니다(대판 1986.8.19, 86다카448).

② 매매 또는 임대차목적물이 타인에게 속하는 것을 모른 경우는 중요부분의 착오에 해당하지 않는다(대판 1959.9.24, 4290민상627 ; 대판 1975.1.28, 74다2069).

③ 부동산 매매에 있어서 시가에 관한 착오는 부동산을 매매하려는 의사를 결정함에 있어 동기의 착오에 불과할 뿐 법률행위의 중요부분에 관한 착오라고 할 수 없다(대판 1992.10.23, 92다29337).

④ 매매목적물에 관한 지분의 근소한 부족은 중요부분에 대한 착오에 해당하지 않는다(대판 1984.4.10, 83다카1328·1329).

⑤ 가압류등기가 없다고 믿고 보증하였더라도 그 가압류등기가 원인무효인 것으로 밝혀진 경우에는 표의자가 무슨 경제적 불이익을 입은 것이 아니므로 중요부분의 착오라고 할 수 없다(대판 1998.9.22, 98다23706).

⑥ 합의금을 약정함에 있어서 강제추행을 강간치상으로 오인한 경우는 중요부분의 착오에 해당하지 않는다(대판 1977.10.31, 77다1562).

⑦ 공(空)리스에 있어서 리스물건의 존재 여부에 대한 보증인의 착오는 원칙적으로 법률행위의 중요부분의 착오가 아니고 동기의 착오에 불과하다(대판 2001.2.23, 2000다48135).

⑧ 회사소속 차량에 사람이 치어 부상하였으나 사실은 회사차량 운전수에게는 아무런 과실이 없어 회사에 손해배상책임이 돌아올 수 없는 것임에도 불구하고 회사 사고 담당직원이 회사 운전수에게 잘못이 있는 것으로 착각하고 회사를 대리하여 병원 경영자와 환자의 입원치료비의 지급을 연대보증하기로 계약한 경우는, 동기의 착오에 불과하므로 특히 그 동기를 계약내용으로 하는 의사를 표시하지 아니한 이상 착오를 이유로 계약을 취소할 수 없다(대판 1979.3.27, 78다2493).

3. 중대한 과실에 해당하는 경우

① 공장을 경영하는 자가 공장이 협소하여 새로운 공장을 설립할 목적으로 토지를 매수함에 있어 토지 상에 공장을 건축할 수 있는지 여부를 관할관청에 알아보지 아니한 것은 중대한 과실에 해당한다(대판 1993.6.29, 92다38881).

② 공인중개사를 통하지 않고 개인적으로 토지거래를 하는 경우, 매매목적물의 동일성에 착오가 있더라도 토지대장 등을 확인하지 않은 것은 중대한 과실에 해당하므로 매수인은 착오를 이유로 매매계약을 취소할 수 없다(대판 2009.9.24, 2009다40356).

③ 신용보증기금의 신용보증서를 담보로 금융채권자금을 대출해 준 금융기관이 위 대출자금이 모두 상환되지 않았음에도 착오로 신용보증기금에게 신용보증서 담보 설정해지를 통지한 것은 중대한 과실에 해당한다(대판 2000.5.12, 99다64995).

4. 중대한 과실에 해당하지 않는 경우

고려청자로 알고 매수한 도자기가 진품이 아닌 것으로 밝혀진 경우, 매수인이 도자기를 매수하면서 자신의 골동품 식별능력과 매매를 소개한 자를 과신한 나머지 고려청자 진품이라고 믿고 소장자를 만나 그 출처를 물어 보지 아니하고 전문적 감정인의 감정을 거치지 아니한 채 그 도자기를 고가로 매수하고 만일 고려청자가 아닐 경우를 대비하여 필요한 조치를 강구하지 아니한 잘못이 있다고 하더라도, 그와 같은 사정만으로는 중대한 과실에 해당하지 않는다(대판 1997.8.22, 96다26657).

5. 관련문제

① 의사표시의 착오가 표의자의 중대한 과실로 발생하였으나 상대방이 표의자의 착오를 알고 이용한 경우에는 표의자는 의사표시를 취소할 수 있다(대판 2014.11.27, 2013다49794).

② 불법행위로 인한 손해배상책임이 성립하기 위하여는 가해자의 고의 또는 과실 이외에 행위의 위법성이 요구되므로 표의자에게 과실이 있다고 하더라도 민법 제109조에서 중과실이 없는 착오자의 착오를 이유로 한 의사표시의 취소를 허용하고 있는 이상, 착오를 이유로 법률행위를 취소하더라도 위법하다고 할 수는 없다(대판 1997.8.22, 97다13023).

착오에 관한 설명으로 옳은 것을 모두 고른 것은? (다툼이 있으면 판례에 따름)　•31회

> ㉠ 매도인의 하자담보책임이 성립하더라도 착오를 이유로 한 매수인의 취소권은 배제
>   되지 않는다.
> ㉡ 경과실로 인해 착오에 빠진 표의자가 착오를 이유로 의사표시를 취소한 경우, 상대방
>   에 대하여 불법행위로 인한 손해배상책임을 진다.
> ㉢ 상대방이 표의자의 착오를 알고 이용한 경우, 표의자는 착오가 중대한 과실로 인한 것
>   이더라도 의사표시를 취소할 수 있다.
> ㉣ 매도인이 매수인의 채무불이행을 이유로 계약을 적법하게 해제한 후에는 매수인은
>   착오를 이유로 취소권을 행사할 수 없다.

① ㉠, ㉡　　　　　　② ㉠, ㉢　　　　　　③ ㉠, ㉣
④ ㉡, ㉢　　　　　　⑤ ㉡, ㉣

해설　㉠ 대판 2018.9.13, 2015다78703
　　　㉡ 경과실로 인해 착오에 빠진 표의자가 착오를 이유로 의사표시를 취소하더라도, 상대방에 대
　　　　하여 불법행위로 인한 손해배상책임을 지지 않는다(대판 1997.8.22, 97다13023).
　　　㉢ 대판 2014.11.27, 2013다49794
　　　㉣ 매도인이 매매계약을 적법하게 해제한 후라도 매수인은 손해배상책임을 지거나 매매계약에
　　　　따른 계약금의 반환을 받을 수 없는 불이익을 면하기 위하여 착오를 이유로 매매계약을 취소
　　　　할 수 있다(대판 1996.12.6, 95다24982·24999).

정답　②

　동기의 착오

핵심 Check	
의 의	의사표시에는 착오가 없고 동기에만 착오가 있는 경우
법적 취급	① 동기는 의사표시의 내용이 아니므로 동기의 착오를 이유로 해서 원칙적으로 의사표시를 취소할 수 없다. ② 동기가 표시되고 제109조의 요건을 갖추는 경우에는 취소할 수 있다. ③ 동기가 표시되면 족하고 의사표시의 내용으로 삼기로 하는 합의까지 이루어질 필요는 없다.

1. 의의와 요건

① 착오란 의사표시의 내용과 내심의 의사가 일치하지 않는 것을 표의자가 모르는 것이므로 단순히 내심의 효과의사의 형성과정에 착오가 발생한 이른바 연유의 착오 또는 동기의 착오는 내심의 효과의사와 표시행위와의 사이에는 불일치가 없다. 따라서 동기의 착오는 원칙적으로 착오의 개념에 포함되지 않는다(대판 1985. 4.23, 84다카890).

② 동기의 착오가 법률행위 내용의 중요부분의 착오에 해당함을 이유로 표의자가 법률행위를 취소하려면 그 동기를 당해 의사표시의 내용으로 삼을 것을 상대방에게 표시하고 의사표시의 해석상 법률행위의 내용으로 되어 있다고 인정되면 충분하고, 당사자들 사이에 별도로 그 동기를 의사표시의 내용으로 삼기로 하는 합의까지 이루어질 필요는 없다(대판 1998.2.10, 97다44737).

③ 우사(牛舍)를 짓기 위해 토지를 매수하였으나 그 토지가 시설녹지, 자연녹지, 도로부지 등으로 편입되어 있어 우사를 지을 수 없는 경우는 동기의 착오에 불과하고 당해 동기가 표시되지 않았으므로 취소할 수 없다(대판 1984.10.23, 83다카1187).

④ 토지를 매수하였는데 법령상의 제한으로 인하여 그 토지를 의도한 목적대로 사용할 수 없게 된 경우는 동기의 착오에 불과하다(대판 1984.10.23, 83다카1187).

2. 상대방으로부터 유발된 동기의 착오

① 동기의 착오가 상대방에 의해 유발된 경우 동기가 표시되지 않았더라도 중요부분의 착오에 해당하면 취소할 수 있다(대판 1990.7.10, 90다카7460).

② 귀속재산이 아닌데도 공무원이 귀속재산이라고 하여 토지를 국가에 증여한 경우는 착오를 이유로 취소할 수 있다(대판 1978.7.11, 78다719).

③ 공무원의 법령오해에 터잡아 토지를 국가에 증여한 경우는 착오를 이유로 취소할 수 있다(대판 1990.7.10, 90다카7460).

④ 매매대상에 포함되었다는 시공무원의 말을 믿고 매매계약을 체결한 경우는 착오를 이유로 취소할 수 있다(대판 1991.3.27, 90다카27440).

⑤ 채무자가 과거 연체사실이 없었다는 채권자의 진술을 믿고 신용보증기금이 신용보증을 선 경우는 착오를 이유로 취소할 수 있다(대판 1992.2.25, 91다38419).

빈출키워드 018 착오규정의 적용범위와 타제도와의 경합

① 착오가 타인의 기망행위에 의해 발생한 경우 표의자는 각각 그 요건을 입증하여 주장할 수 있다(대판 1969.6.24, 68다1749).

② 제3자의 기망행위에 의하여 신원보증서류에 서명날인한다는 착각에 빠진 상태로 연대보증의 서면에 서명날인한 경우는 제110조 제2항에 정한 사기에 의한 의사표시의 법리가 적용되지 않는다(대판 2005.5.27, 2004다43824).

③ 매매계약 내용의 중요부분에 착오가 있는 경우, 매수인은 매도인의 하자담보책임이 성립하는지와 상관없이 착오를 이유로 매매계약을 취소할 수 있다(대판 2018.9.13, 2015다78703).

④ 소송상의 화해는 소송행위로서 사법상의 화해와는 달리 사기나 착오를 이유로 취소할 수는 없다(대판 1979.5.15, 78다1094).

⑤ 사기 또는 착오를 원인으로 하여 소취하 등 소송행위를 취소할 수 없다(대판 1964.9.15, 64다92).

빈출키워드 019 사기·강박에 의한 의사표시

제110조【사기, 강박에 의한 의사표시】
① 사기나 강박에 의한 의사표시는 취소할 수 있다.
② 상대방 있는 의사표시에 관하여 제3자가 사기나 강박을 행한 경우에는 상대방이 그 사실을 알았거나 알 수 있었을 경우에 한하여 그 의사표시를 취소할 수 있다.
③ 전2항의 의사표시의 취소는 선의의 제3자에게 대항하지 못한다.

핵심 Check

사기에 의한 의사표시	① **사기자의 고의** : 2단계 고의(과실에 의한 경우에는 사기가 성립 ×) ② **기망행위** : 침묵도 경우에 따라서는 기망행위가 된다. ③ **기망행위의 위법성** ④ **인과관계** : 2단계 인과관계(표의자의 주관적인 것이라도 무방)
강박에 의한 의사표시	① **강박자의 고의** : 2단계 고의 ② **강박행위** : 강박의 정도가 극심하면 무효 ③ **강박행위의 위법성** ④ **인과관계** : 2단계 인과관계(표의자의 주관적인 것이라도 무방)

1. 사기에 의한 의사표시

① 교환계약의 당사자가 목적물의 시가를 묵비하거나 허위로 시가보다 높은 가액을 시가라고 고지하였다 하더라도 기망행위에 해당하지 않는다(대판 2002.9.4, 2000다54406·54413).

② 임차권 양도에 관한 임대인의 동의 여부 및 임대차 재계약 여부에 대한 설명 없이 임차권을 양도한 것은 기망행위에 해당한다(대판 1996.6.14, 94다41003).

③ 아파트분양자가 아파트단지 인근에 공동묘지가 조성되어 있다는 사실을 분양계약자에게 고지하지 않은 경우에는 기망행위에 해당한다(대판 2007.6.1, 2005다5812).

④ 상가를 분양하면서 운영방법 및 수익보장에 대하여 다소의 과장허위광고를 한 경우는 사회적으로 용인될 수 있는 상술의 정도를 넘은 기망행위에 해당하지 않는다(대판 2001.5.29, 99다55601·55618).

⑤ 판매가격을 실제보다 높게 표시하고 할인판매를 가장한 대형백화점의 변칙세일 행위는 사회적으로 용인될 수 있는 상술의 정도를 넘은 것이어서 위법성이 있다(대판 1993.8.13, 92다52665).

2. 강박에 의한 의사표시

① 강박에 의한 의사표시라고 하려면 상대방이 불법으로 어떤 해악을 고지함으로 말미암아 공포를 느끼고 의사표시를 한 것이어야 한다(대판 2003.5.13, 2002다73708).

② 강박에 의한 법률행위가 하자 있는 의사표시로서 취소되는 것에 그치지 않고 나아가 무효로 되기 위하여는 강박의 정도가 단순한 불법적 해악의 고지로 상대방으로 하여금 공포를 느끼도록 하는 정도가 아니고, 의사표시자로 하여금 의사결정을 스스로 할 수 있는 여지를 완전히 박탈한 상태에서 의사표시가 이루어져 단지 법률행위의 외형만이 만들어진 것에 불과한 정도이어야 한다(대판 2003.5.13, 2002다73708·73715).

③ 부정행위에 대한 고소·고발이라도 부정한 이익의 취득을 목적으로 하는 경우(목적의 위법성)에는 위법한 강박행위가 될 수 있고, 목적이 정당하다 하더라도 행위나 수단 등이 부당한 때(수단의 위법성)에는 위법한 강박행위가 될 수 있다(대판 1992.12.24, 92다25120).

3. 적용범위와 관련문제

① 제3자의 사기로 인하여 매매계약을 체결하여 손해를 입은 자는 제3자에 대해 불법행위를 이유로 손해배상을 청구하기 위해서 먼저 상대방과의 매매계약을 취소할 필요는 없다(대판 1998.3.10, 97다55829).

② 상대방의 대리인 등 상대방과 동일시할 수 있는 자는 제110조 제2항의 제3자에 해당하지 않으나, 상대방의 피용자는 제110조 제2항의 제3자에 해당한다(대판 1998.1.23, 96다41496).

③ 법률행위가 사기에 의한 것으로서 취소되는 경우에 그 법률행위가 동시에 불법행위를 구성하는 때에는 취소의 효과로 생기는 부당이득반환청구권과 불법행위로 인한 손해배상청구권은 경합하여 병존하는 것이므로, 채권자는 어느 것이라도 선택하여 행사할 수 있지만 중첩적으로 행사할 수는 없다(대판 1993.4.27, 92다56087).

④ 기망에 의하여 하자 있는 물건을 매수한 경우 매수인은 담보책임과 사기에 의한 취소권을 각각 주장할 수 있다(대판 1973.10.23, 73다268).

⑤ 민법상의 법률행위에 관한 규정은 「민사소송법」상의 소송행위에는 특별한 규정 기타 특별한 사정이 없는 한 적용이 없는 것이므로 소송행위가 강박에 의하여 이루어진 것임을 이유로 취소할 수는 없다(대판 1997.10.10, 96다35484).

⑥ 이행인수계약에 있어서 채권자는 이행인수의 변제를 받는 것 외에는 그 계약에 기초하여 아무런 새로운 이해관계를 맺은 자가 아니므로 제110조 제3항의 제3자에 해당하지 않는다(대판 2005.1.13, 2004다54756).

사기에 의한 의사표시에 관한 설명으로 옳은 것은? (다툼이 있으면 판례에 따름)

① 표의자가 제3자의 사기로 의사표시를 한 경우 상대방이 그 사실을 과실없이 알지 못한 때에도 그 의사표시를 취소할 수 있다.

② 사기에 의한 의사표시의 상대방의 포괄승계인은 사기를 이유로 한 법률행위의 취소로써 대항할 수 없는 선의의 제3자에 포함된다.

③ 제3자의 기망행위로 신원보증서면에 서명한다는 착각에 빠져 연대보증서면에 서명한 경우 사기를 이유로 의사표시를 취소할 수 있다.

④ 교환계약의 당사자 일방이 상대방에게 그가 소유하는 목적물의 시가를 허위로 고지한 경우 원칙적으로 사기를 이유로 취소할 수 있다.

⑤ 甲의 대리인 乙의 사기로 乙에게 매수의사를 표시한 丙은 甲이 그 사실을 알지 못한 경우에도 사기를 이유로 법률행위를 취소할 수 있다.

해설
① 상대방이 선의·무과실이므로 취소할 수 없다(제110조 제2항).
② 상대방의 포괄승계인은 상대방과 동일시할 수 있는 자이므로 의사표시규정에서 말하는 제3자에 해당하지 않는다.
③ 제3자의 기망행위에 의하여 신원보증서류에 서명날인한다는 착각에 빠진 상태로 연대보증의 서면에 서명날인한 경우는 제110조 제2항에 정한 사기에 의한 의사표시의 법리가 적용되지 않는다(대판 2005.5.27, 2004다43824).
④ 교환계약의 당사자가 목적물의 시가를 묵비하거나 허위로 시가보다 높은 가액을 시가라고 고지하였다 하더라도 기망행위에 해당하지 않는다(대판 2002.9.4, 2000다54406·54413).
⑤ 대리인이 상대방에 대해 사기·강박을 한 경우 본인의 선의·악의 불문하고 상대방은 취소할 수 있다(제110조 제1항).

정답 ⑤

빈출키워드 020 의사표시의 효력발생

> ### 제111조 【의사표시의 효력발생시기】
> ① 상대방이 있는 의사표시는 상대방에게 도달한 때에 그 효력이 생긴다.
> ② 의사표시자가 그 통지를 발송한 후 사망하거나 제한능력자가 되어도 의사표시의 효력에 영향을 미치지 아니한다.
>
> ### 제112조 【제한능력자에 대한 의사표시의 효력】
> 의사표시의 상대방이 의사표시를 받은 때에 제한능력자인 경우에는 의사표시자는 그 의사표시로써 대항할 수 없다. 다만, 그 상대방의 법정대리인이 의사표시가 도달한 사실을 안 후에는 그러하지 아니하다.
>
> ### 제113조 【의사표시의 공시송달】
> 표의자가 과실없이 상대방을 알지 못하거나 상대방의 소재를 알지 못하는 경우에는 의사표시는 「민사소송법」 공시송달의 규정에 의하여 송달할 수 있다.

① 도달은 사회관념상 채무자가 통지의 내용을 알 수 있는 객관적 상태에 놓여졌을 때를 지칭하고 상대방이 이를 현실적으로 수령하였거나 그 통지의 내용을 알았을 것까지는 필요하지 않다(대판 1983.8.23, 82다카439).

② 매매계약을 해제하겠다는 내용증명우편이 상대방에게 도착하였으나, 상대방이 정당한 사유 없이 그 우편물의 수령을 거절한 경우에 해제의 의사표시가 도달한 것으로 볼 수 있다(대판 2008.6.12, 2008다19973).

③ 보통우편의 방법으로 발송되었다는 사실만으로는 그 우편물이 상당기간 내에 도달하였다고 추정할 수 없다(대판 2002.7.26, 2000다25002).

④ 「우편법」에 따라 우편물이 배달되었다고 하더라도 언제나 상대방에게 도달하였다고 볼 수는 없다(대판 1997.11.25, 97다31281).

⑤ 우편물이 내용증명우편이나 등기취급의 방법으로 발송되고 반송되지 않은 경우에는 그 무렵에 도달한 것으로 볼 수 있다(대판 1997.2.25, 96다38322 ; 대판 1992.3.27, 91누3819).

⑥ 아파트 경비원이 집배원으로부터 우편물을 수령한 후 이를 우편함에 넣어 둔 사실만으로 수취인이 그 우편물을 수취하였다고 볼 수 없다(대판 2006.3.24, 2005다66411).

⑦ 채권양도의 통지서를 가정부가 수령한 직후 한집에 사는 채권양도인이 우편물을 바로 회수한 경우에는 채권양도의 통지가 채무자에게 도달한 것으로 볼 수 없다(대판 1997.11.25, 97다31281).

⑧ 법원의 공시송달명령이 없는 한, 일간신문에 공고를 내었다 할지라도 공고를 통한 통지가 상대방에게 도달되었다는 입증이 없다면 상대방이 그 공고를 알았다고 인정할 수 없다(대판 1964.10.30, 64다65).

甲은 乙과 체결한 매매계약에 대한 적법한 해제의 의사표시를 내용증명우편을 통하여 乙에게 발송하였다. 다음 설명 중 옳은 것은? (다툼이 있으면 판례에 따름) •30회

① 甲이 그 후 사망하면 해제의 의사표시는 효력을 잃는다.

② 乙이 甲의 해제의 의사표시를 실제로 알아야 해제의 효력이 발생한다.

③ 甲은 내용증명우편이 乙에게 도달한 후에도 일방적 해제의 의사표시를 철회할 수 있다.

④ 甲의 내용증명우편이 반송되지 않았다면, 특별한 사정이 없는 한 그 무렵에 乙에게 송달되었다고 봄이 상당하다.

⑤ 甲의 내용증명우편이 乙에게 도달한 후 乙이 성년후견개시의 심판을 받은 경우, 甲의 해제의 의사표시는 효력을 잃는다.

해설
① 의사표시자가 그 통지를 발송한 후 사망하거나 제한능력자가 되어도 의사표시의 효력에 영향을 미치지 아니한다(제111조 제2항).

② 상대방이 있는 의사표시는 상대방에게 도달한 때에 그 효력이 생긴다(제111조 제1항). 도달이란 사회관념상 채무자가 통지의 내용을 알 수 있는 객관적 상태에 놓여졌을 때를 지칭하고 상대방이 이를 현실적으로 수령하였거나 그 통지의 내용을 알았을 것까지는 필요하지 않다(대판 1983.8.23, 82다카439).

③ 상대방 있는 의사표시의 경우, 그 의사표시가 상대방에게 도달한 후에는 철회할 수 없다. 민법도 "해제의 의사표시는 철회하지 못한다."고 규정하고 있다(제543조 제2항).

④ 대판 1997.2.25, 96다38322

⑤ 의사표시의 상대방이 의사표시를 '받은 때'에 제한능력자인 경우에는 의사표시자는 그 의사표시로써 대항할 수 없다(제112조 본문). 甲의 내용증명우편이 乙에게 '도달한 후' 乙이 성년후견개시의 심판을 받았으므로 甲의 해제의 의사표시는 효력을 발생하고 또 甲은 해제의 효과를 乙에게 주장할 수 있다.

정답 ④

04 법률행위의 대리

학습 포인트

① 대리권 : 수권행위의 해석에 관한 판례, 자기계약 및 쌍방대리가 금지되는 이유, 대리권이 남용되었을 때의 법적 처리를 점검하기
② 대리행위 : 현명 관련 판례사안 정리하기
   대리행위의 하자 : 하자 유무의 판단기준이 되는 자를 정리하기
③ 복대리 : 복임행위의 여부 이해하기
   협의의 무권대리 : 각 당사자에게 어떤 권리가 인정되는지를 정리하기
   표현대리 : 각각의 요건과 판례의 결론을 정리하기

빈출키워드 021   대리의 3면관계

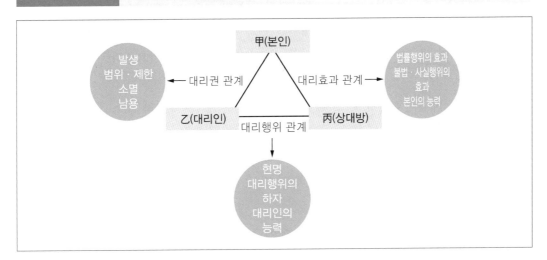

빈출키워드 022   대리권   多빈출

> **제118조 【대리권의 범위】**
> 권한을 정하지 아니한 대리인은 다음 각 호의 행위만을 할 수 있다.
> 1. 보존행위
> 2. 대리의 목적인 물건이나 권리의 성질을 변하지 아니하는 범위에서 그 이용 또는 개량하는 행위

1. 대리권의 범위

① 부동산의 소유자로부터 매매계약을 체결할 대리권을 수여받은 대리인은 특별한 사정이 없는 한 그 매매계약에서 약정한 바에 따라 중도금이나 잔금을 수령할 권한도 있다고 보아야 한다(대판 1994.2.8, 93다39379).

② 매매계약의 체결과 이행에 관하여 포괄적으로 대리권을 수여받은 대리인은 약정된 매매대금의 지급기일을 연기하여 줄 권한을 가진다(대판 1992.4.14, 91다43107).

③ 부동산에 관한 서류를 구비하여 타인에게 교부한 경우에 상대방을 특정하지 않은 때에는 타인에게 부동산처분에 관한 대리권을 수여한 것으로 볼 수 있다(대판 1959. 7.2, 4291민상329).

④ 부동산관리인에게 인감을 보관시킨 것은 처분권 부여행위가 아니다(대판 1973. 6.5, 72다2617).

⑤ 예금계약의 체결을 위임받은 자의 대리권에 그 예금을 담보로 하여 대출을 받거나 이를 처분할 수 있는 권한은 포함되지 않는다(대판 2002.6.14, 2000다38992).

⑥ 대여금의 영수권한에는 대여금채무의 면제에 관한 권한은 포함되지 않으므로 대여금채무의 일부를 면제하기 위해서는 본인의 특별수권이 필요하다(대판 1981.6.23, 80다3221).

⑦ 통상 사채알선업자가 전주(錢主)를 위하여 금전소비대차계약과 그 담보를 위한 담보권설정계약을 체결할 대리권을 수여받은 것으로 인정되는 경우라 하더라도 특별한 사정이 없는 한 일단 금전소비대차계약과 그 담보를 위한 담보권설정계약이 체결된 후에 이를 해제할 권한까지 당연히 가지고 있다고 볼 수는 없다(대판 1997.9.30, 97다23372).

⑧ 매매계약체결의 대리권에는 계약해제권 등의 처분권을 포함한다고 볼 수 없다(대판 1987.4.28, 85다카971).

⑨ 민법 제118조는 대리권은 있으나 그 범위가 분명하지 아니한 경우에 적용되는 보충적 규정이므로 대리권의 범위가 분명하거나 표현대리가 성립하는 경우에는 적용되지 않는다(대판 1964.12.8, 64다698).

2. 자기계약과 쌍방대리 및 대리권의 남용

① 부동산 입찰절차에서 동일한 물건에 관하여 1인이 이해관계가 다른 2인 이상의 대리인이 된 경우 그 대리인이 한 입찰행위의 효력은 무효이다(대결 2004.2.13, 2003마44).

② 진의 아닌 의사표시가 대리인에 의하여 이루어지고 그 대리인의 진의가 본인의 이익이나 의사에 반하여 자기 또는 제3자의 이익을 위한 배임적인 것임을 그 상대방이 알았거나 알 수 있었을 경우에는 민법 제107조 제1항 단서의 유추해석상 그 대리인의 행위에 대하여 본인은 아무런 책임을 지지 않는다(대판 2001.1.19, 2000다20694).

기출&예상 문제

甲은 자신의 X토지를 매도하기 위하여 乙에게 대리권을 수여하였다. 다음 설명 중 틀린 것은? (다툼이 있으면 판례에 따름) ・30회

① 乙이 한정후견개시의 심판을 받은 경우, 특별한 사정이 없는 한 乙의 대리권은 소멸한다.
② 乙은 甲의 허락이 있으면 甲을 대리하여 자신이 X토지를 매수하는 계약을 체결할 수 있다.
③ 甲은 특별한 사정이 없는 한 언제든지 乙에 대한 수권행위를 철회할 수 있다.
④ 甲의 수권행위는 불요식행위로서 묵시적인 방법에 의해서도 가능하다.
⑤ 乙은 특별한 사정이 없는 한 대리행위를 통하여 체결된 X토지 매매계약에 따른 잔금을 수령할 권한도 있다.

해설
① 대리인이 성년후견개시의 심판을 받은 때에는 대리권이 소멸한다(제127조). 따라서 乙이 한정후견개시의 심판을 받은 경우에는 乙의 대리권은 소멸하지 않는다.
② 제124조
③ 대리권의 원인이 된 법률관계가 종료되기 전이라도 본인이 수권행위를 철회(撤回)하면 임의대리권은 소멸한다(제128조 후단).
④ 수권행위는 불요식행위이며, 명시적 의사표시뿐만 아니라 묵시적 의사표시로도 할 수 있다.
⑤ 대판 1994.2.8, 93다39379

정답 ①

> **제114조【대리행위의 효력】**
> ① 대리인이 그 권한 내에서 본인을 위한 것임을 표시한 의사표시는 직접 본인에게 대하여 효력이 생긴다.
> ② 전항의 규정은 대리인에게 대한 제3자의 의사표시에 준용한다.
>
> **제115조【본인을 위한 것임을 표시하지 아니한 행위】**
> 대리인이 본인을 위한 것임을 표시하지 아니한 때에는 그 의사표시는 자기를 위한 것으로 본다. 그러나 상대방이 대리인으로서 한 것임을 알았거나 알 수 있었을 때에는 전조 제1항의 규정을 준용한다.
>
> **제116조【대리행위의 하자】**
> ① 의사표시의 효력이 의사의 흠결, 사기, 강박 또는 어느 사정을 알았거나 과실로 알지 못한 것으로 인하여 영향을 받을 경우에 그 사실의 유무는 대리인을 표준하여 결정한다.
> ② 특정한 법률행위를 위임한 경우에 대리인이 본인의 지시에 좇아 그 행위를 한 때에는 본인은 자기가 안 사정 또는 과실로 인하여 알지 못한 사정에 관하여 대리인의 부지를 주장하지 못한다.

① 매매위임장을 제시하고 매매계약서에 대리관계의 표시없이 그 자신의 이름을 기재하였더라도 특단의 사정이 없는 한 소유자를 대리하는 것으로 보아야 한다(대판 1982.5. 25, 81다1349).

② 대리인이 본인을 위하여 대리행위를 한다는 취지를 인식할 수 있을 정도의 표시만으로도 대리관계의 표시로 볼 수 있다(대판 1973.12.26, 73다1436).

③ 대리인이 부동산을 이중으로 매수한 경우 그 매매계약이 반사회적 법률행위인지 여부의 판단 기준이 되는 자는 대리인이다. 즉, 대리인이 본인을 대리하여 매매계약을 체결함에 있어서 매매대상 토지에 관한 저간의 사정을 잘 알고 그 배임행위에 가담하였다면, 설사 본인이 미리 그러한 사정을 몰랐거나 반사회성을 야기한 것이 아니라고 할지라도 그 매매계약은 반사회적 법률행위로서 무효이다(대판 1998.2.27, 97다45532).

기출&예상 문제

甲의 대리인 乙은 甲 소유의 부동산을 丙에게 매도하기로 약정하였다. 다음 설명 중 **틀린** 것은? (다툼이 있으면 판례에 따름) · 24회

① 乙은 특별한 사정이 없으면 丙으로부터 계약금을 수령할 권한이 있다.

② 乙이 丙의 기망행위로 매매계약을 체결한 경우, 甲은 이를 취소할 수 있다.

③ 乙이 매매계약서에 甲의 이름을 기재하고 甲의 인장을 날인한 때에도 유효한 대리행위가 될 수 있다.

④ 乙이 매매계약을 체결하면서 甲을 위한 것임을 표시하지 않은 경우, 특별한 사정이 없으면 그 의사표시는 자기를 위한 것으로 본다.

⑤ 만일 乙이 미성년자인 경우, 甲은 乙이 제한능력자임을 이유로 매매계약을 취소할 수 있다.

해설 대리인은 행위능력자임을 요하지 아니하므로(제117조), 甲은 乙이 제한능력자임을 이유로 매매계약을 취소할 수 없다.

정답 ⑤

빈출키워드 024 **대리효과**

제114조【대리행위의 효력】
① 대리인이 그 권한 내에서 본인을 위한 것임을 표시한 의사표시는 직접 본인에 대하여 효력이 생긴다.

계약이 적법한 대리인에 의하여 체결되었는데 상대방 당사자가 계약상 채무불이행을 이유로 계약을 해제한 경우, 해제로 인한 원상회복의무는 대리인이 아니라 본인이 부담한다(대판 2011.8.18, 2011다30871).

제120조【임의대리인의 복임권】
대리권이 법률행위에 의하여 부여된 경우에는 대리인은 본인의 승낙이 있거나 부득이한 사유가 있는 때가 아니면 복대리인을 선임하지 못한다.

제121조【임의대리인의 복대리인선임의 책임】
① 전조의 규정에 의하여 대리인이 복대리인을 선임한 때에는 본인에게 대하여 그 선임감독에 관한 책임이 있다.
② 대리인이 본인의 지명에 의하여 복대리인을 선임한 경우에는 그 부적임 또는 불성실함을 알고 본인에게 대한 통지나 그 해임을 태만한 때가 아니면 책임이 없다.

제122조【법정대리인의 복임권과 그 책임】
법정대리인은 그 책임으로 복대리인을 선임할 수 있다. 그러나 부득이한 사유로 인한 때에는 전조 제1항에 정한 책임만이 있다.

핵심 Check

임의대리	복임행위	① 임의대리인은 원칙적으로 복대리인을 선임할 수 없다. ② 본인의 승낙이 있거나 부득이한 사유가 있는 때에 한하여 복대리인을 선임할 수 있다.
	책 임	① 원칙적으로 선임·감독상의 과실책임을 진다. ② 본인의 지명에 의해 복대리인을 선임한 경우 복대리인의 부적임 또는 불성실함을 알고 통지나 해임을 태만히 한 때만 책임을 진다(통지해태책임).
법정대리	복임행위	법정대리인은 언제나 복대리인을 선임할 수 있다.
	책 임	① 원칙적으로 복대리인의 행위에 대한 모든 책임을 진다(무과실책임). ② 부득이한 사유로 인해 복대리인을 선임한 경우 선임·감독상의 과실책임만 진다.

① 대리의 목적인 법률행위의 성질상 대리인 자신에 의한 처리가 필요하지 아니한 경우에는 본인이 복대리 금지의 의사를 명시하지 아니하는 한 복대리인의 선임에 관하여 묵시적인 승낙이 있는 것으로 보는 것이 타당하다(대판 1996.1.26, 94다30690).
② 임의대리인은 본인의 승낙이 있거나 부득이한 사유가 있지 아니하면 복대리인을 선임할 수 없는 것인바, 아파트 분양업무는 그 성질상 분양 위임을 받은 수임인의 능력에 따라 그 분양사업의 성공 여부가 결정되는 사무로서, 본인의 명시적인 승낙 없이는 복대리인의 선임이 허용되지 아니하는 경우로 보아야 한다(대판 1999.9.3, 97다56099).

③ 제120조는 본인과 대리인과의 위임관계가 불명확한 경우에 있어서의 임의대리인의 복임권에 관한 보충규정일 뿐 복임권 없는 대리인에 의하여 선임된 복대리인의 대리행위는 어떠한 경우를 막론하고 권한을 넘는 표현대리가 될 수 없다는 취지까지 정한 것은 아니다(대판 1967.11.21, 66다2197).

④ 채권자를 특정하지 아니한 채 부동산을 담보로 제공하여 금원을 차용해 줄 것을 위임한 자의 의사에는 복대리인 선임에 관한 승낙이 포함되어 있다고 볼 수 있다(대판 1993. 8.27, 93다21156).

기출&예상 문제

복대리에 관한 설명으로 옳은 것은? (다툼이 있으면 판례에 따름)

① 복대리권은 대리권의 존재와 범위에 영향을 받지 않는다.

② 대리인이 대리권소멸 후 복대리인을 선임하였다면, 복대리인의 대리행위로는 표현대리가 성립할 수 없다.

③ 복대리인은 대리인의 대리행위에 의하여 선임되는 본인의 대리인이다.

④ 법정대리인이 부득이한 사유로 복대리인을 선임한 경우에는 본인에 대하여 선임·감독상의 책임만 있다.

⑤ 자신이 직접 처리할 필요가 없는 법률행위에 관하여 임의대리인은 본인의 명시적인 금지가 있더라도 복대리인을 선임할 수 있다.

해설
① 복대리권은 대리권에 종속한다. 따라서 복대리권은 대리권을 초과할 수 없고, 대리권이 소멸하면 복대리권도 같이 소멸한다.

② 대리인이 대리권소멸 후 직접 상대방과 사이에 대리행위를 하는 경우는 물론 대리인이 대리권소멸 후 복대리인을 선임하여 복대리인으로 하여금 상대방과 사이에 대리행위를 하도록 한 경우에도 제129조의 표현대리가 성립할 수 있다(대판 1998.5.29, 97다55317).

③ 복대리인 선임행위는 대리인이 자신의 이름으로 하므로 대리행위가 아니다.

④ 법정대리인은 원칙적으로 선임·감독상의 과실 유무에 관계없이 복대리인의 행위에 대한 모든 책임을 진다. 그러나 부득이한 사유로 인해 복대리인을 선임한 경우 선임·감독상의 과실 책임으로 경감된다(제122조 단서).

⑤ 임의대리인은 본인의 승낙이 있거나 부득이한 사유가 있는 때에 한하여 복대리인을 선임할 수 있다(제120조). 판례도 법률행위의 성질상 대리인 자신에 의한 처리가 필요하지 아니한 경우에 본인이 복대리 금지의 의사를 명시하지 않는 경우에 한하여 복대리인의 선임에 관하여 묵시적인 승낙이 있는 것으로 볼 수 있다고 한다(대판 1996.1.26, 94다30690).

정답 ④

제130조【무권대리】
대리권 없는 자가 타인의 대리인으로 한 계약은 본인이 이를 추인하지 아니하면 본인에 대하여 효력이 없다.

제131조【상대방의 최고권】
대리권 없는 자가 타인의 대리인으로 계약을 한 경우에 상대방은 상당한 기간을 정하여 본인에게 그 추인 여부의 확답을 최고할 수 있다. 본인이 그 기간 내에 확답을 발하지 아니한 때에는 추인을 거절한 것으로 본다.

제132조【추인, 거절의 상대방】
추인 또는 거절의 의사표시는 상대방에 대하여 하지 아니하면 그 상대방에 대항하지 못한다. 그러나 상대방이 그 사실을 안 때에는 그러하지 아니하다.

제134조【상대방의 철회권】
대리권 없는 자가 한 계약은 본인의 추인이 있을 때까지 상대방은 본인이나 그 대리인에 대하여 이를 철회할 수 있다. 그러나 계약 당시에 상대방이 대리권 없음을 안 때에는 그러하지 아니하다.

제135조【상대방에 대한 무권대리인의 책임】
① 다른 자의 대리인으로서 계약을 맺은 자가 그 대리권을 증명하지 못하고 또 본인의 추인을 받지 못한 경우에는 그는 상대방의 선택에 따라 계약을 이행할 책임 또는 손해를 배상할 책임이 있다.
② 대리인으로서 계약을 맺은 자에게 대리권이 없다는 사실을 상대방이 알았거나 알 수 있었을 때 또는 대리인으로서 계약을 맺은 사람이 제한능력자일 때에는 제1항을 적용하지 아니한다.

핵심 Check

의 의	① 무권대리란 대리권 없이 이루어진 대리행위를 말한다. ② 무권대리행위의 효력은 유동적 무효(불확정적 무효)이다.
종 류	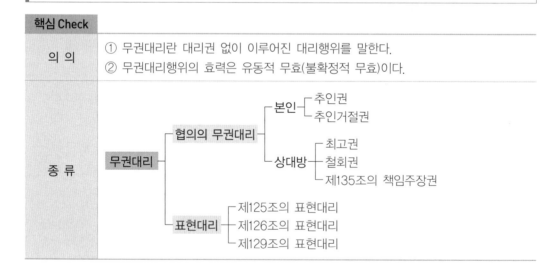

① 무권대리행위의 추인은 본인이 무권대리행위가 있음을 알고 그 행위의 효과를 자기에게 귀속시키도록 하는 단독행위이다(대판 2000.9.8, 99다58471).

② 무권대리행위의 추인은 무권대리인, 무권대리행위의 직접의 상대방 및 그 무권대리행위로 인한 권리 또는 법률관계의 승계인에 대하여도 할 수 있다(대판 1981.4.14, 80다2314).

③ 제132조는 본인이 무권대리인에게 무권대리행위를 추인한 경우에 상대방이 이를 알지 못하는 동안에는 본인은 상대방에게 추인의 효과를 주장하지 못한다는 취지이므로 상대방은 그때까지 무권대리행위를 철회할 수 있다(대판 1981.4.14, 80다2314).

④ 무권대리의 추인은 의사표시의 전부에 대하여 행하여져야 하고, 그 일부에 대하여 추인을 하거나 그 내용을 변경하여 추인한 경우에는 상대방의 동의를 얻지 못하는 한 무효이다(대판 1982.1.26, 81다카549).

⑤ 본인이 무권대리행위를 알고 상대방으로부터 매매대금의 전부 또는 일부를 수령한 것은 무권대리행위를 묵시적으로 추인한 것으로 볼 수 있다(대판 1963.4.11, 63다64).

⑥ 상대방 명의의 영수증을 받은 본인이 무권대리인이 체결한 임대차계약상의 차임의 일부를 지급한 것은 임대차계약을 추인한 것으로 볼 수 있다(대판 1984.12.11, 83다카1531).

⑦ 본인이 자신의 장남이 서류를 위조하여 매도한 부동산을 상대방에게 인도하고 10여 년간 아무런 이의를 제기하지 않았다면 장남의 무권대리행위를 묵시적으로 추인한 것으로 볼 수 있다(대판 1981.4.14, 81다151).

⑧ 무권대리인이 차용한 금원의 변제기일에 채권자가 본인에게 그 변제를 독촉하자 본인이 변제기간의 유예를 요청한 것은 무권대리행위를 묵시적으로 추인한 것으로 볼 수 있다(대판 1973.1.30, 72다2309 · 2310).

⑨ 모가 자의 부동산에 가등기 및 소유권이전등기를 하고 금원을 차용한 데 대하여 자가 차용금을 갚아주겠다고 하면서 등기말소를 요청하였다는 사실만으로는 묵시적 추인으로 볼 수 없다(대판 1974.5.14, 73다148).

⑩ 무권대리행위에 대하여 이의 제기 없이 장시간 방치하였다 하더라도 무권대리행위를 추인한 것으로 볼 수는 없다(대판 1990.3.27, 88다카181).

⑪ 대리권한 없이 타인의 부동산을 매도한 자가 그 부동산을 상속한 후 소유자의 지위에서 자신의 대리행위가 무권대리로 무효임을 주장하여 등기말소나 부당이득반환을 청구하는 것은 신의칙에 반하므로 허용될 수 없다(대판 1994.9.27, 94다20617).

⑫ 상대방이 유효한 철회를 한 경우 대리인에게 대리권이 없음을 알았다는 점에 대한 주장 · 입증책임은 철회의 효과를 다투는 본인에게 있다(대판 2017.6.29, 2017다213838).

⑬ 계약상 채무의 이행으로 당사자가 상대방에게 급부를 행하였는데 계약이 무효가 되거나 취소되는 등으로 효력을 가지지 못하는 경우, 각 당사자는 부당이득반환의무를 진다. 그러나 이득자에게 실질적으로 이득이 귀속된 바 없다면 부당이득반환의무를 부담시킬 수 없다(대판 2017.6.29, 2017다213838).

⑭ 무권대리인의 상대방에 대한 책임은 무과실책임이므로 무권대리행위가 무권대리인의 과실없이 제3자의 기망 등 위법행위로 야기되었더라도 특별한 사정이 없는 한 무권대리인은 상대방에 대해 책임을 진다(대판 2014.2.27, 2013다213038).

기출&예상 문제

무권대리인 乙이 甲을 대리하여 甲소유의 X부동산을 丙에게 매도하는 계약을 체결하였다. 이에 관한 설명으로 옳은 것을 모두 고른 것은? (다툼이 있으면 판례에 따름) •31회

> ㉠ 乙이 甲을 단독상속한 경우, 본인 甲의 지위에서 추인을 거절하는 것은 신의성실의 원칙에 반한다.
> ㉡ 丙이 상당한 기간을 정하여 甲에게 추인 여부의 확답을 최고한 경우, 甲이 그 기간 내에 확답을 발하지 않은 때에는 추인을 거절한 것으로 본다.
> ㉢ 丙이 甲을 상대로 제기한 매매계약의 이행청구 소송에서 丙이 乙의 유권대리를 주장한 경우, 그 주장 속에는 표현대리의 주장도 포함된다.
> ㉣ 매매계약을 원인으로 丙 명의로 소유권이전등기가 된 경우, 甲이 무권대리를 이유로 그 등기의 말소를 청구하는 때에는 丙은 乙의 대리권의 존재를 증명할 책임이 있다.

① ㉠, ㉡   ② ㉠, ㉢   ③ ㉢, ㉣
④ ㉠, ㉡, ㉣   ⑤ ㉡, ㉢, ㉣

해설
㉠ 대판 1994.9.27, 94다20617
㉡ 대리권 없는 자가 타인의 대리인으로 계약을 한 경우에 상대방은 상당한 기간을 정하여 본인에게 그 추인 여부의 확답을 최고할 수 있다. 본인이 그 기간 내에 확답을 발하지 아니한 때에는 추인을 거절한 것으로 본다(제131조).
㉢ 유권대리에 관한 주장 속에 무권대리에 속하는 표현대리의 주장이 포함되어 있다고 볼 수 없다(대판 전합체 1983.12.13, 83다카1489).
㉣ 소유권이전등기가 전등기명의인의 직접적인 처분행위에 의한 것이 아니라 제3자가 그 처분행위에 개입된 경우에도 현등기명의인의 등기는 적법하게 이루어진 것으로 추정된다. 따라서 그 등기가 원인무효임을 이유로 말소를 청구하는 전소유명의인은 그 제3자에게 전소유명의인을 대리할 권한이 없었다든가 또는 제3자가 전소유명의인의 등기서류를 위조하였다는 사실을 입증하여야 한다(대판 2009.9.24, 2009다37831).

정답 ①

빈출키워드 027 표현대리 일반

핵심 Check

의 의	대리권이 있는 것 같은 외관이 존재하고 외관발생에 대해 본인이 어느 정도 원인을 제공하여 상대방이 정당한 대리권이 있는 것으로 신뢰한 경우 무권대리행위에 의한 법률효과에 대해 본인이 책임을 지는 제도
취 지	상대방 보호가 취지이므로, 상대방만 표현대리를 주장할 수 있을 뿐 본인쪽에서 먼저 표현대리를 주장할 수는 없다.
성 질	법정무과실책임(본인의 귀책사유는 요건 ×)

① 표현대리가 성립하기 위해서는 대리행위 자체는 일단 유효하여야 하므로 대리행위가 강행법규에 위반되어 무효인 경우에는 표현대리의 법리가 준용될 여지가 없다(대판 1996.8.23, 94다38199).

② 표현대리가 성립된다고 하여 무권대리의 성질이 유권대리로 전환되는 것은 아니므로 유권대리에 관한 주장 속에 무권대리에 속하는 표현대리의 주장이 포함되어 있다고 볼 수 없다(대판 전합체 1983.12.13, 83다카1489).

③ 표현대리행위가 성립하는 경우에 본인은 표현대리행위에 기하여 전적인 책임을 져야 하는 것이고 상대방에게 과실이 있다고 하더라도 과실상계의 법리를 유추적용하여 본인의 책임을 감경할 수는 없다(대판 1994.12.22, 94다24985).

④ 표현대리가 성립하는 것은 표현대리행위의 직접 상대방에 한하고, 상대방으로부터 전득한 자는 이에 포함되지 않는다(대판 1994.5.27, 93다21521).

⑤ 소송행위에는 표현대리규정이 적용될 수 없으나(대판 1983.2.8, 81다카621), 지방자치단체가 사경제주체로서 법률행위를 한 경우에는 표현대리규정이 적용될 수 있다(대판 1961.12.28, 4294민상204).

빈출키워드 028 제125조의 표현대리(대리권수여의 표시에 의한 표현대리)

> **제125조 【대리권수여의 표시에 의한 표현대리】**
> 제3자에 대하여 타인에게 대리권을 수여함을 표시한 자는 그 대리권의 범위 내에서 행한 그 타인과 그 제3자 간의 법률행위에 대하여 책임이 있다. 그러나 제3자가 대리권 없음을 알았거나 알 수 있었을 때에는 그러하지 아니하다.

요건분석	① 대리권수여의 표시가 있을 것 ② 표시된 대리권의 범위 내에서 대리행위를 할 것 ③ 상대방이 선의·무과실일 것

① 대리권수여의 표시는 반드시 대리권 또는 대리인이라는 말을 사용하여야 하는 것이 아니라 사회통념상 대리권을 추단할 수 있는 직함이나 명칭 등의 사용을 승낙 또는 묵인한 경우에도 대리권수여의 표시가 있은 것으로 볼 수 있다(대판 1998.6.12, 97다53762).

② 제125조가 규정하는 대리권수여의 표시에 의한 표현대리는 본인과 대리행위를 한 자 사이의 기본적인 법률관계의 성질이나 그 효력의 유무와는 관계가 없이 어떤 자가 본인을 대리하여 제3자와 법률행위를 함에 있어 본인이 그 자에게 대리권을 수여하였다는 표시를 제3자에게 한 경우에 성립하는 것이다(대판 2001.8.21, 2001다31264).

③ 명의대여도 대리권수여의 표시로 볼 수 있다(대판 1987.3.24, 86다카1348).

④ 인감증명서의 교부만으로는 어떤 대리권을 수여하였다고 볼 수 없다(대판 1978.10.10, 78다75).

⑤ 제125조의 표현대리는 임의대리에만 적용되고 법정대리에는 적용되지 않는다(대판 1955.5.12, 4287민상208).

빈출키워드 029 제126조의 표현대리(권한을 넘은 표현대리)

제126조 【권한을 넘은 표현대리】
대리인이 그 권한 외의 법률행위를 한 경우에 제3자가 그 권한이 있다고 믿을 만한 정당한 이유가 있는 때에는 본인은 그 행위에 대하여 책임이 있다.

요건분석	① 기본대리권이 있을 것 ② 월권행위가 있을 것(기본대리권과 동종·유사할 필요 ×) ③ 상대방에게 정당한 이유(선의·무과실)가 있을 것

① 제126조의 표현대리가 성립하기 위해서는 적어도 무권대리인에게 법률행위에 관한 기본대리권이 있어야 한다(대판 1992.5.26, 91다32190).

② 기본대리권이 등기신청행위라 할지라도 표현대리인이 그 권한을 유월하여 대물변제라는 사법행위를 한 경우에는 표현대리의 법리가 적용된다(대판 1978.3.28, 78다282·283).

③ 부부 간의 일상가사대리권은 권한을 넘은 표현대리의 기본대리권이 될 수 있다(대판 1967.8.29, 67다1125).

④ 대리인이 사자 내지 임의로 선임한 복대리인을 통하여 권한 외의 법률행위를 한 경우, 상대방이 그 행위자를 대리권을 가진 대리인으로 믿었고 또한 그렇게 믿는 데에 정당한 이유가 있는 때에는 제126조의 표현대리가 성립한다(대판 1998.3.27, 97다48982).

⑤ 제129조의 대리권소멸 후의 표현대리로 인정되는 경우에, 그 표현대리의 권한을 넘는 대리행위가 있을 때에는 제126조의 표현대리가 성립될 수 있다(대판 1979.3.27, 79다234).

⑥ 대리인이 아니고 사실행위를 위한 사자라 하더라도 외견상 그에게 어떠한 권한이 있는 것의 표시 내지 행동이 있어 상대방이 그를 믿었고 또 그를 믿음에 있어 정당한 사유가 있다면 표현대리의 법리에 의하여 본인에게 책임이 있다(대판 1962.2.8, 4294민상192).

⑦ 건물의 관리권한을 위임받은 자가 부동산을 처분한 경우에도 제126조의 권한을 넘은 표현대리가 성립할 수 있다(대판 1993.2.23, 92다52436).

⑧ 부부 일방의 행위가 일상가사에 속하지 않더라도 그 행위에 특별수권이 주어졌다고 믿을 만한 정당한 이유가 있는 경우에는 제126조의 표현대리가 성립한다(대판 1981.6.23, 80다609).

⑨ 월권행위는 기본대리권의 행위와 동종·유사할 필요가 없고(대판 1963.8.31, 63다326), 문제된 법률행위와 수여받은 대리권 사이에 아무런 관계가 없는 경우에도 제126조가 적용된다(대판 1963.11.21, 63다418).

⑩ 대리인이 자기 앞으로 소유권이전등기를 경료한 후 자기 소유물이라 하여 매각한 경우에는 표현대리의 법리가 적용되지 않는다(대판 1972.12.12, 72다1530).

⑪ 대리인이 사술을 써서 대리행위의 표시를 하지 아니하고 단지 본인의 성명을 모용하여 자기가 마치 본인인 것처럼 기망하여 본인 명의로 직접 법률행위를 한 경우에는 특별한 사정이 없는 한 제126조의 표현대리는 성립할 수 없다(대판 2002.6.28, 2001다49814).

⑫ 정당한 이유가 있는지의 여부는 대리행위 당시 존재하는 제반 사정을 객관적으로 판단하여 결정하여야 하고, 대리행위 이후의 사정은 고려해서는 안 된다(대판 1989.4.11, 88다카13219).

⑬ 권한을 넘은 표현대리의 경우에는 상대방이 자신에게 정당한 이유가 있음을 입증하여야 한다(대판 1968.6.18, 68다694).

⑭ 제126조의 표현대리는 법정대리에도 적용된다(대판 1997.6.27, 97다3828).

권한을 넘은 표현대리에 관한 설명으로 틀린 것은? (다툼이 있으면 판례에 따름)   • 22회

① 복임권이 없는 대리인이 선임한 복대리인의 권한도 기본대리권이 될 수 있다.

② 정당한 이유의 유무는 대리행위 당시를 기준으로 하여 판단하는 것이 원칙이다.

③ 공법상의 행위 중 등기신청에 관한 대리권도 기본대리권이 될 수 있다.

④ 사원총회의 결의를 거쳐야 처분할 수 있는 비법인사단의 총유재산을 대표자가 임의로 처분한 경우에도 권한을 넘은 표현대리에 관한 규정이 준용될 수 있다.

⑤ 기본대리권의 내용과 대리행위가 동종이 아니더라도 상대방이 그 권한이 있다고 믿을 만한 정당한 이유가 있으면 표현대리가 성립할 수 있다.

> **해설** 주택조합의 대표자가 조합원 총회의 결의를 거치지 아니하고 건물을 처분한 행위에 관하여는 제126조 표현대리에 관한 규정을 준용할 수 없다(대판 2003.7.11, 2001다73626).
>
> 정답 ④

빈출키워드 030   제129조의 표현대리(대리권소멸 후의 표현대리)

> **제129조 【대리권소멸 후의 표현대리】**
> 대리권의 소멸은 선의의 제3자에게 대항하지 못한다. 그러나 제3자가 과실로 인하여 그 사실을 알지 못한 때에는 그러하지 아니하다.

핵심 Check

요건분석	① 존재하였던 대리권이 소멸할 것 ② 소멸한 대리권의 범위 내에서 대리행위를 할 것 ③ 상대방이 선의·무과실일 것

① 처음부터 대리권이 없는 경우에는 제129조의 표현대리가 성립할 여지가 없다(대판 1984. 10.10, 84다카780).

② 대리인이 대리권소멸 후 직접 상대방과 사이에 대리행위를 하는 경우는 물론 대리인이 대리권소멸 후 복대리인을 선임하여 복대리인으로 하여금 상대방과 사이에 대리행위를 하도록 한 경우에도 제129조의 표현대리가 성립할 수 있다(대판 1998.5.29, 97다55317).

③ 제129조의 표현대리는 법정대리에도 적용된다(대판 1975.1.28, 74다1199).

표현대리의 요건과 입증책임

제125조	제126조	제129조	입 증
① 대리권수여의 표시가 있을 것 ② 표시된 대리권의 범위 내에서 대리행위를 할 것	① 기본대리권이 존재할 것 ② 월권행위(권한을 넘는 행위)가 있을 것	① 존재하였던 대리권이 소멸할 것 ② 소멸한 대리권의 범위 내에서 대리행위를 할 것	상대방이 입증
③ 상대방이 선의·무과실일 것	③ 상대방에게 정당한 이유(선의·무과실)가 있을 것	③ 상대방이 선의·무과실일 것	① **다수설** : 모두 본인이 입증 ② **판례** : 제126조에서는 상대방이 입증

05 무효와 취소

학습 포인트

① 무효에서는 일부무효의 법리, 무효행위의 전환, 무효행위의 추인에 대한 판례의 결론을 정리하기
② 토지거래구역 내의 거래계약에서는 유동적 무효상태에서의 법적 논점을 판례의 결론 중심으로 이해하기
③ 취소에서는 취소의 효과에 주의하고, 취소추인과 법정추인의 차이점을 이해하기

빈출키워드 032   무효와 취소의 차이점   多빈출

핵심 Check

구 분	무 효	취 소
의 의	처음부터 당연히 아무런 효력이 생기지 않는 것	일응 유효한 법률행위를 소급적으로 소멸시키는 것
주장권자	누구든지 주장 가능	취소권자만 주장 가능
주장기간	제한이 없음	단기제척기간이 있음(3년, 10년)
각각의 사유	• 권리능력 흠결 • 의사무능력 • 법률행위의 목적을 확정할 수 없는 경우 • 원시적·객관적·전부불능 • 강행규정(효력법규) 위반 • 반사회적 법률행위(제103조) • 불공정한 법률행위(제104조) • 상대방이 표의자의 진의 아님을 알았거나 알 수 있었을 경우의 비진의표시(제107조 제1항 단서) • 통정허위표시(제108조 제1항) • 불법조건부 법률행위(제151조 제1항) • 기성조건이 해제조건인 법률행위(제151조 제2항 후단) • 불능조건이 정지조건인 법률행위(제151조 제3항 후단)	• 제한능력(제5조 제2항, 제10조, 제13조) • 착오(제109조 제1항) • 사기·강박(제110조 제1항)

빈출키워드 033 　무효 일반

① 쌍무계약이 무효로 되어 각 당사자가 서로 취득한 것을 반환하여야 하는 경우에도 동시이행관계가 있다(대판 1993.8.13, 93다5871).

② 불법원인급여의 경우 급여자는 부당이득반환을 청구할 수 없음은 물론 소유권에 기한 반환청구도 할 수 없다(대판 전합체 1979.11.13, 79다483).

③ 무효인 법률행위에 따른 법률효과를 침해하는 것처럼 보이는 위법행위나 채무불이행이 있더라도 법률효과의 침해에 따른 손해는 없는 것이므로 그 손해배상을 청구할 수는 없다(대판 2003.3.28, 2002다72125).

④ 쌍무계약이 취소된 경우 선의의 매도인은 대금의 운용이익 내지 법정이자를 반환할 필요가 없다(대판 1993.5.14, 92다45025).

빈출키워드 034 　일부무효의 법리

제137조 【법률행위의 일부무효】
법률행위의 일부분이 무효인 때에는 그 전부를 무효로 한다. 그러나 그 무효부분이 없더라도 법률행위를 하였을 것이라고 인정될 때에는 나머지 부분은 무효가 되지 아니한다.

핵심 Check

일부유효의 요건	① 가분성 : 유효한 부분과 무효인 부분으로 나눌 수 있어야 한다.
	② 가상적 의사 : 무효부분이 없더라도 법률행위를 하였을 것이라고 인정되어야 한다.

① 하나의 법률행위의 일부분에만 취소사유가 있다고 하더라도 그 법률행위가 가분적이거나 그 목적물의 일부가 특정될 수 있다면, 그 나머지 부분이라도 이를 유지하려는 당사자의 가상적 의사가 인정되는 경우 그 일부만의 취소도 가능하다고 할 것이고, 그 일부의 취소는 법률행위의 일부에 관하여 효력이 생긴다(대판 2002.9.10, 2002다21509).

② 매매계약체결 시 토지의 일정부분을 매매대상에서 제외시키는 특약을 한 경우, 이는 매매계약의 대상 토지를 특정하여 그 일정부분에 대하여는 매매계약이 체결되지 않았음을 분명히 한 것으로써 그 부분에 대한 어떠한 법률행위가 이루어진 것으로는 볼 수 없으므로 그 특약만을 기망에 의한 법률행위로서 취소할 수는 없다(대판 1999.3.26, 98다56607).

③ 기망에 의하여 금전소비대차계약을 체결하고 근저당권을 설정해 준 경우, 근저당권설정계약의 취소는 금전소비대차계약을 포함한 전체에 대하여 취소의 효력이 생긴다(대판 1994.9.9, 93다31191).

무효행위의 전환

제138조 【무효행위의 전환】
무효인 법률행위가 다른 법률행위의 요건을 구비하고 당사자가 그 무효를 알았더라면 다른 법률행위를 하는 것을 의욕하였으리라고 인정될 때에는 다른 법률행위로서 효력을 가진다.

핵심 Check

전환의 요건	① 다른 법률행위로서의 요건을 구비할 것 ② 다른 법률행위를 의욕하였을 것(가상적 의사)
전환에 있어서의 요식성 여부	① 불요식행위를 불요식행위로 전환하는 것은 가능하다. ② 불요식행위를 요식행위로 전환하는 것은 불가능하다. ③ 요식행위를 불요식행위로 전환하는 것은 가능하다. ④ 요식행위를 요식행위로 전환하는 것은 예외적으로만 가능하다.

① 타인의 자를 자기의 자로서 출생신고를 한 경우 입양의 요건을 갖추는 한 입양으로서의 효력이 있다(대판 전합체 1977.7.26, 77다492).

② 혼인 외의 출생자를 혼인 중의 출생자로 출생신고를 한 경우 인지의 요건을 갖추는 한 인지로서의 효력이 있다(대판 1971.11.15, 71다1983).

③ 무효인 광업권임대계약을 조광권설정계약으로 전환할 수 없다(대판 1981.7.28, 81다145).

무효행위의 추인 多빈출

제139조 【무효행위의 추인】
무효인 법률행위는 추인하여도 그 효력이 생기지 아니한다. 그러나 당사자가 그 무효임을 알고 추인한 때에는 새로운 법률행위로 본다.

핵심 Check

추인의 요건	① 당사자가 무효임을 알고 추인할 것(명시적 추인 + 묵시적 추인) ② 추인 시에 새로운 법률행위의 유효요건이 존재할 것
추인의 효과	① 추인한 때로부터 새로운 법률행위로 간주 ② 제139조는 임의규정이므로 당사자의 약정에 의한 소급적 추인은 가능

① 무효행위의 추인이란 법률행위로서의 효과가 '확정적으로 발생하지 않는' 무효행위를 뒤에 유효케 하는 의사표시를 말하는 것으로 무효인 행위를 사후에 유효로 하는 것이 아니라 새로운 의사표시에 의하여 새로운 행위가 있는 것으로 그때부터 유효하게 되는 것이다(대판 1983.9.27, 83므22).

② 무효행위의 추인은 그 무효원인이 소멸한 후에 하여야 그 효력이 있다. 따라서 반사회적 법률행위와 불공정한 법률행위는 무효행위의 추인이 인정되지 않는다(대판 1997.12.12, 95다38240). 또한 강행법규 위반으로 무효인 법률행위는 추인하더라도 효력이 생기지 않는다(대판 2016.6.9, 2014다64752).

③ 무효인 가등기를 유효한 등기로 전용키로 한 약정은 그때부터 유효하고 이로써 무효인 가등기가 소급하여 유효한 등기로 전환될 수 없다(대판 1992.5.12, 91다26546).

④ 무효인 채권행위에 대해 당사자의 약정에 의해 소급적으로 추인하는 것은 가능하다(대판 1949.3.22, 4281민상361).

⑤ 15세로 된 후 망인과 자신 사이에 친생자관계가 없는 등의 사유로 입양이 무효임을 알면서도 망인이 사망할 때까지 아무런 이의를 제기하지 않은 경우는 묵시적으로 입양을 추인한 것으로 볼 수 있다(대판 1990.3.9, 89므389).

⑥ 제139조는 재산법에 관한 총칙규정이며 가족법에 관하여는 그대로 적용될 수 없으므로 협의이혼을 한 후 배우자 일방이 일방적으로 다시 혼인신고를 한 경우 상대방이 그 사실을 알면서 혼인생활을 계속한 때에는 무효인 혼인을 추인한 것으로 볼 수 있다(대판 1965.12.28, 65므61).

⑦ 위조서류에 의한 혼인신고가 된 후 피위조자가 위조자와 몇 차례의 육체관계를 맺은 것만으로는 무효인 혼인을 추인한 것으로 볼 수 없다(대판 1993.9.14, 93므430).

⑧ 무효등기의 유용에 관한 합의 내지 추인은 묵시적으로도 이루어질 수 있으나, 묵시적 합의 내지 추인을 인정하려면 무효등기 사실을 알면서 장기간 이의를 제기하지 아니하고 방치한 것만으로는 부족하고 그 등기가 무효임을 알면서도 유효함을 전제로 기대되는 행위를 하거나 용태를 보이는 등 무효등기를 유용할 의사에서 비롯되어 장기간 방치된 것이라고 볼 수 있는 특별한 사정이 있어야 한다(대판 2007.1.11, 2006다50055).

법률행위의 무효에 관한 설명으로 틀린 것은? (다툼이 있으면 판례에 따름) • 29회

① 불공정한 법률행위로서 무효인 경우, 무효행위 전환의 법리가 적용될 수 있다.

② 토지거래허가구역 내의 토지매매계약은 관할관청의 불허가 처분이 있으면 확정적 무효이다.

③ 매도인이 통정한 허위의 매매를 추인한 경우, 다른 약정이 없으면 계약을 체결한 때로부터 유효로 된다.

④ 이미 매도된 부동산에 관하여, 매도인의 채권자가 매도인의 배임행위에 적극 가담하여 설정된 저당권은 무효이다.

⑤ 토지거래허가구역 내의 토지거래계약이 확정적으로 무효가 된 경우, 그 계약이 무효로 되는데 책임 있는 사유가 있는 자도 무효를 주장할 수 있다.

해설 ③ 무효행위의 추인이라 함은 법률행위로서의 효과가 확정적으로 발생하지 않는 무효행위를 뒤에 유효하게 하는 의사표시를 말하는 것으로, 무효인 행위를 사후에 유효로 하는 것이 아니라 새로운 의사표시에 의하여 새로운 행위가 있는 것으로 그때부터 유효하게 되는 것이므로 원칙적으로 소급효가 인정되지 않는 것이다(대판 1983.9.27, 83므22).
⑤ 대판 1997.7.25, 97다4357

정답 ③

유동적 무효의 법률관계

핵심 Check

의 의	① 유동적 무효란 현재로서는 법률행위의 효력이 발생하지 않지만 추후에 허가·인가·추인 등에 의해 유효로 확정될 수 있는 법적 상태 ② 「부동산 거래신고 등에 관한 법률」상 토지거래허가구역 내의 토지에 대해 허가를 전제로 체결한 계약이 관할관청의 허가를 받으면 소급해서 유효가 되므로 허가 후에 새로이 거래계약을 체결할 필요가 없다(판례).
유동적 무효의 예	① 무권대리행위 ② 무권한자의 처분행위 ③ 「부동산 거래신고 등에 관한 법률」상의 토지거래허가구역 내의 토지에 대해 허가를 받을 것을 전제로 체결된 매매계약 ④ 조건부·기한부 법률행위 등
확정적 무효로 되는 경우	① 처음부터 허가를 배제하거나 잠탈을 기도한 경우 ② 적법한 절차를 거쳐 이루어진 신청에 대해 관할관청의 불허가처분이 확정된 경우 ③ 당사자 쌍방이 허가신청협력의무 거절의사를 명백히 표시한 경우 ④ 허가 전의 토지거래계약이 정지조건부 계약인 경우 그 조건이 토지거래허가를 받기 전에 이미 불성취로 확정된 경우

① 토지거래계약허가제도는 토지의 투기적인 거래가 성행하거나 지가가 급격히 상승하는 지역 및 그러한 우려가 있는 지역에서의 투기적인 거래를 방지하기 위한 것으로서 (제117조 제1항), 제118조 제1항에서 명시하고 있는 것처럼 대가를 받고 소유권 또는 지상권을 이전 또는 설정하는 경우, 즉 유상계약에만 한정되어 적용되는 것이다(대판 2009.5.14, 2009도926).

② 관할관청의 '허가'의 법적 성질은 유동적 무효상태에 있는 법률행위의 효력을 완성시켜 주는 인가적 성질을 띤 것으로 보아야 한다(대판 전합체 1991.12.24, 90다12243).

③ 허가를 전제로 체결한 계약이 관할관청의 허가를 받으면 소급해서 유효가 되므로 허가 후에 새로이 거래계약을 체결할 필요가 없다(대판 전합체 1991.12.24, 90다12243).

④ 거래계약이 처음부터 허가를 배제하거나 잠탈하는 내용의 계약인 경우에는 허가 여부를 기다릴 필요도 없이 확정적으로 무효로 된다(대판 1996.6.28, 96다3982).

⑤ 당사자 쌍방이 허가신청 협력의무의 이행거절 의사를 명백히 표시한 경우 그 계약관계는 확정적으로 무효라고 인정되는 상태에 이른다(대판 1995.6.9, 95다2487).

⑥ 토지거래허가구역 내의 토지에 관하여 매매계약이 체결된 후 매도인이 매수인에게 채무불이행을 이유로 해약통지를 하자 매수인이 계약금 상당액을 청구금액으로 하여 토지에 대한 가압류를 경료한 경우, 위 매매계약은 가압류 당시 쌍방이 토지거래허가신청을 하지 않기로 하는 의사표시를 명백히 한 경우에 해당하므로 확정적 무효가 되었다고 볼 수 있다(대판 2000.6.9, 99다72460).

⑦ 토지거래허가구역 내의 토지에 대한 매매계약의 정지조건이 허가 전에 불성취로 확정된 경우 그 매매계약은 확정적 무효로 된다(대판 1998.3.27, 97다36996).

⑧ 토지거래의 허가를 요하는 규제구역 내의 토지에 대한 거래계약은 허가받기 전의 상태에서는 채권적 효력도 전혀 발생하지 아니하여 계약의 이행청구를 할 수 없다(대판 1997.7.25, 97다4357·4364).

⑨ 「부동산 거래신고 등에 관한 법률」상의 토지거래계약 허가구역 내의 토지에 관한 매매계약의 경우 소유권이전등기청구권 또는 토지거래계약에 관한 허가를 받을 것을 조건으로 한 소유권이전등기청구권을 피보전권리로 한 부동산처분금지가처분신청은 허용되지 않는다(대결 2010.8.26, 2010마818).

⑩ 유동적 무효상태에서는 거래계약의 당사자로서는 허가받기 전의 상태에서 상대방의 거래계약상 채무불이행을 이유로 거래계약을 해제하거나 그로 인한 손해배상을 청구할 수 없다(대판 1997.7.25, 97다4357·4364).

⑪ 토지거래허가구역 내의 토지에 대하여 거래계약이 체결된 경우 쌍방 당사자는 공동으로 관할관청의 허가를 신청할 의무가 있고, 허가신청절차에 협력하지 않는 상대방에 대하여 그 협력의무의 이행을 소송으로써 구할 이익이 있다(대판 전합체 1991.12.24, 90다12243).

⑫ 토지거래계약이 유동적 무효상태인 경우 매수인이 매도인에 대하여 가지는 토지거래허가신청절차의 협력의무의 이행청구권도 채권자대위권의 행사에 의하여 보전될 수 있는 채권에 해당한다(대판 1995.9.5, 95다22917).

⑬ 협력의무 불이행을 이유로 일방적으로 유동적 무효의 상태에 있는 거래계약을 해제할 수는 없다(대판 전합체 1999.6.17, 98다40459).

⑭ 유동적 무효상태에 있는 매매계약에 대하여 허가를 받을 수 있도록 허가신청을 하여야할 협력의무를 이행하지 아니하고 매수인이 그 매매계약을 일방적으로 철회함으로써 매도인이 손해를 입은 경우에 매수인은 이 협력의무 불이행과 인과관계가 있는 손해는 이를 배상하여야 할 의무가 있다(대판 1995.4.28, 93다26397).

⑮ 토지거래허가구역 내의 토지에 대한 매매계약체결 시 당사자 일방의 계약위반으로 인한 손해배상액의 약정을 한 경우 그 약정은 유효하다(대판 1998.3.27, 97다36996).

⑯ 매도인의 토지거래허가신청절차 협력의무와 매수인의 대금지급의무는 동시이행관계가 아니므로 매도인이 그 대금지급채무의 변제 시까지 협력의무의 이행을 거절할 수 있는 것은 아니다(대판 1993.8.27, 93다15366).

⑰ 「부동산 거래신고 등에 관한 법률」상의 토지거래허가를 받지 않아 유동적 무효 상태인 매매계약에 있어서 매도인은 계약금의 배액을 제공하고 계약을 해제할 수 있고, 이로써 계약은 적법하게 해제된다(대판 1997.6.27, 97다9369).

⑱ 토지거래허가를 받지 않아 유동적 무효상태에 있는 거래계약에 관하여도 사기 또는 강박에 의한 계약취소를 주장할 수 있다(대판 1997.11.14, 97다36118).

⑲ 「부동산 거래신고 등에 관한 법률」상의 거래허가를 받지 아니하여 매매계약이 유동적 무효상태에 있는 경우, 이미 지급한 계약금에 대하여 부당이득반환을 청구할 수 없다(대판 1993.7.27, 91다33766).

⑳ 「부동산 거래신고 등에 관한 법률」상 토지거래허가를 받지 아니한 매매계약의 효력은 유동적 무효이며, 그 계약에 의해 지급된 계약금 등의 부당이득반환청구가 허용되는 시기는 거래계약이 확정적으로 무효가 된 때이다(대판 1997.11.11, 97다36965·36972).

㉑ 중간생략등기의 합의하에 최종매수인과 최초매도인을 당사자로 하는 토지거래허가를 받아 최초매도인으로부터 최종매수인 앞으로 경료된 소유권이전등기의 효력은 무효이다(대판 1997.3.14, 96다22464).

㉒ 토지거래허가구역 내의 토지를 중간생략등기의 합의 아래 전매차익을 얻을 목적으로 전전매매한 경우 그 각 매매계약은 확정적 무효이다. 따라서 각 매수인은 각 매도인에 대하여 토지거래허가신청절차 협력의무의 이행청구권을 가지고 있다고 할 수 없으므로 최종양수인은 이들을 순차 대위하여 최초양도인에 대한 토지거래허가신청절차 협력의무의 이행청구권을 대위행사할 수도 없다(대판 1996.6.28, 96다3982).

㉓ 「부동산 거래신고 등에 관한 법률」상 토지거래허가구역으로 지정된 토지에 대한 거래계약이 유동적 무효인 상태에서 그 토지에 대한 토지거래허가구역 지정이 해제되거나 허가구역 지정기간이 만료되었음에도 허가구역 재지정을 하지 아니한 경우, 그 토지거래계약은 확정적으로 유효로 된다(대판 전합체 1999.6.17, 98다40459).

㉔ 처음부터 허가를 배제하거나 잠탈하는 내용의 계약이 체결된 후 허가구역 지정이 해제되거나 허가구역 지정기간 만료 이후 재지정을 하지 아니한 경우에는 이미 확정적으로 무효로 된 계약이 유효로 되는 것은 아니다(대판 2019.1.31, 2017다228618).

㉕ 유동적 무효상태에 있는 토지거래허가의 일방 당사자만이 임의로 토지거래허가신청에 대한 불허가처분을 유도할 의도로 허가신청서에 기재하도록 되어 있는 계약내용과 토지의 이용계획 등에 관하여 사실과 다르게 기재하여 이로 인해 실제로 토지거래허가 신청에 대한 불허가처분이 있었더라도 위 토지거래계약은 여전히 유동적 무효이다 (대판 1997.11.11, 97다36965).

㉖ 토지거래허가구역 내의 토지와 지상건물을 일괄하여 매매한 경우 특별한 사정이 없는 한 토지에 대한 매매거래허가 전에 건물만의 소유권이전등기를 청구할 수 없다(대판 1994.1.11, 93다22043).

㉗ 유동적 무효인 계약이 확정적으로 무효가 된 경우 그에 관해 귀책사유가 있는 당사자도 계약의 무효를 주장할 수 있다(대판 1997.7.25, 97다4357).

기출&예상 문제

甲은 토지거래허가구역 내에 있는 그 소유 X토지에 관하여 乙과 매매계약을 체결하였다. 비록 이 계약이 토지거래허가를 받지는 않았으나 확정적으로 무효가 아닌 경우, 다음 설명 중 **틀린** 것은? (다툼이 있으면 판례에 따름) • 30회

① 위 계약은 유동적 무효의 상태에 있다.

② 乙이 계약내용에 따른 채무를 이행하지 않더라도 甲은 이를 이유로 위 계약을 해제할 수 없다.

③ 甲은 乙의 매매대금 이행제공이 없음을 이유로 토지거래허가 신청에 대한 협력의무의 이행을 거절할 수 없다.

④ 토지거래허가구역 지정기간이 만료되었으나 재지정이 없는 경우, 위 계약은 확정적으로 유효로 된다.

⑤ 乙이 丙에게 X토지를 전매하고 丙이 자신과 甲을 매매당사자로 하는 허가를 받아 甲으로부터 곧바로 등기를 이전받았다면 그 등기는 유효하다.

해설 ① 대판 전합체 1991.12.24, 90다12243
② 대판 1997.7.25, 97다4357·4364
③ 대판 1993.8.27, 93다15366
④ 대판 전합체 1999.6.17, 98다40459
⑤ 중간생략등기의 합의하에 최종매수인과 최초매도인을 당사자로 하는 토지거래허가를 받아 최초매도인으로부터 최종매수인 앞으로 경료된 소유권이전등기의 효력은 무효이다(대판 1997.3.14, 96다22464).

정답 ⑤

빈출키워드 038 취소 일반

핵심 Check

취소권자	① 제한능력자 ② 착오로 인한 의사표시를 한 자 ③ 사기나 강박에 의한 의사표시를 한 자 ④ 대리인 ⑤ 승계인
취소의 상대방	당해 취소할 수 있는 법률행위의 직접 상대방
취소의 방법	불요식(서면 + 구두)
취소의 효과	법률행위 성립 당시에 소급하여 무효로 된다. ∴ 부당이득반환의무 발생

① 어떤 법률행위를 한 당사자 쌍방이 각기 그 법률행위를 취소하는 의사표시를 하였으나 그 취소사유가 없는 경우 그 법률행위의 효력은 상실되지 않는다(대판 1994.7.29, 93다58431).

② 매도인이 매매계약을 적법하게 해제한 후라도 매수인은 손해배상책임을 지거나 매매계약에 따른 계약금의 반환을 받을 수 없는 불이익을 면하기 위하여 착오를 이유로 매매계약을 취소할 수 있다(대판 1996.12.6, 95다24982·24999).

③ 강박을 이유로 증여의 의사표시를 취소함에 있어서는 그 상대방에 대하여 적어도 그 의사표시 자체에 하자가 있으므로 이를 취소한다거나 또는 강박에 의한 증여이니 그 목적물을 반환하라는 취지가 어느 정도 명확하게 표명되어야 한다(대판 2002.9.24, 2002다11847).

④ 미성년자가 신용카드거래 후 신용카드이용계약을 취소한 경우 현존이익 한도에서 상환할 책임이 있는바, 이 경우 현존이익이란 가맹점과의 매매계약을 통하여 얻은 물품이 아니라 가맹점에 대한 매매대금지급채무이다(대판 2005.4.15, 2003다60297).

⑤ 제146조 전단에서 취소권의 제척기간의 기산점으로 삼고 있는 '추인할 수 있는 날'이란 취소의 원인이 소멸되어 취소권행사에 관한 장애가 없어져서 취소권자가 취소의 대상인 법률행위를 추인할 수도 있고 취소할 수도 있는 상태가 된 때를 말한다(대판 1998. 11.27, 98다7421).

⑥ 제146조는 취소권은 추인할 수 있는 날로부터 3년 이내에 행사하여야 한다고 규정하고 있는바, 이때의 3년이라는 기간은 일반 소멸시효기간이 아니라 제척기간이다(대판 1996. 9.20, 96다25371).

취소할 수 있는 법률행위에 관한 설명으로 틀린 것은? (다툼이 있으면 판례에 따름)

① 어떤 법률행위를 한 당사자 쌍방이 각기 그 법률행위를 취소하는 의사표시를 하였다면 비록 그 취소사유가 없더라도 그 법률행위의 효력은 상실된다.

② 제한능력자는 취소할 수 있는 법률행위를 단독으로 취소할 수 있다.

③ 제한능력자의 법률행위에 대한 법정대리인의 추인은 취소의 원인이 소멸되기 전에 하여도 그 효력이 있다.

④ 제한능력자가 취소의 원인이 소멸된 후에 이의를 보류하지 않고 채무의 일부를 이행하면 추인한 것으로 본다.

⑤ 제146조 전단에서 취소권의 제척기간의 기산점으로 삼고 있는 '추인할 수 있는 날'이란 취소의 원인이 종료된 때를 말한다.

> **해설**
> ① 어떤 법률행위를 한 당사자 쌍방이 각기 그 법률행위를 취소하는 의사표시를 하였으나 그 취소사유가 없는 경우 그 법률행위의 효력은 상실되지 않는다(대판 1994.7.29, 93다58431).
> ② 제140조
> ③ 법정대리인은 취소의 원인이 종료하기 전이라도 취소할 수 있는 법률행위를 추인할 수 있다 (제144조 제2항).
> ④ 제145조 제1호
> ⑤ 대판 1998.11.27, 98다7421
>
> 정답 ①

빈출키워드 039 취소추인과 법정추인 多빈출

핵심 Check

취소추인	① 추인권자는 취소권자에 한할 것 ② 취소의 원인이 소멸될 것 ③ 취소할 수 있는 법률행위임을 알고 할 것
법정추인	① **시점** : 취소의 원인이 종료(소멸)될 것 ② **사유** : 이행청구와 양도는 취소권자가 한 경우에만 법정추인에 해당한다. 　㉠ 전부나 일부의 이행 　㉡ 이행청구 　㉢ 경개 　㉣ 담보제공 　㉤ 취소할 수 있는 행위로 취득한 권리의 전부나 일부의 양도 　㉥ 강제집행 ③ 이의를 보류하지 아니할 것

① 취소의 원인이 종료하기 전에 한 추인은 추인으로서 효력이 없다(대판 1982.6.8, 81다107).

② 추인은 취소권을 가지는 자가 취소의 원인이 종료한 후에 취소할 수 있는 행위임을 알고서 추인의 의사표시를 하거나 법정추인사유에 해당하는 행위를 행할 때에만 법률행위의 효력을 유효로 확정시키는 효력이 발생한다(대판 1997.5.30, 97다2986).

③ 취소할 수 있는 법률행위가 일단 취소된 이상 그 후에는 취소할 수 있는 법률행위의 추인에 의하여 다시 확정적으로 유효하게 할 수는 없고, 무효행위의 추인의 요건과 효력으로서 추인할 수는 있다(대판 1997.12.12, 95다38240).

기출&예상 문제

법정추인이 인정되는 경우가 <u>아닌</u> 것은? (단, 취소권자는 추인할 수 있는 상태이며, 행위자가 취소할 수 있는 법률행위에 관하여 이의보류 없이 한 행위임을 전제함)　　　　• 30회

① 취소권자가 상대방에게 채무를 이행한 경우

② 취소권자가 상대방에게 담보를 제공한 경우

③ 상대방이 취소권자에게 이행을 청구한 경우

④ 취소할 수 있는 행위로 취득한 권리를 취소권자가 타인에게 양도한 경우

⑤ 취소권자가 상대방과 경개계약을 체결한 경우

해설　취소권자가 상대방에게 이행을 청구한 경우만 법정추인에 해당한다(제145조). 따라서 상대방이 취소권자에게 이행을 청구한 경우는 법정추인에 해당하지 않는다.

정답 ③

06 조건과 기한

多빈출키워드

040 조건부 법률행위
25, 28, 29, 30, 31, 32회

학습 포인트

① 조건과 기한의 개념을 정리하기
② 정지조건과 해제조건에 관한 판례의 결론을 이해하고, 조건성취 시의 효력에 대한 판례의 태도를 점검하기
③ 기한에서는 조건과의 차이점을 구별하고, 기한이익 상실특약에 대해 알아두기

빈출키워드 040   조건부 법률행위

핵심 Check	
반신의금지	① 조건성취로 인하여 불이익을 받을 당사자가 신의성실에 반하여 조건의 성취를 방해한 경우 상대방은 조건이 성취한 것으로 주장할 수 있다. ② 조건성취로 인하여 이익을 받을 당사자가 신의성실에 반하여 조건을 성취시킨 경우 상대방은 조건이 성취하지 아니한 것으로 주장할 수 있다.
조건성취 전의 효력	① **조건부 권리의 침해금지** : 조건성취를 전제로 손해배상청구 가능 ② **조건부 권리의 실현** : 처분, 상속, 보존, 담보 가능
조건성취 후의 효력	① 정지조건부 법률행위는 조건이 성취되면 법률행위의 효력이 발생하고, 조건이 불성취되면 무효로 확정된다. ② 해제조건부 법률행위는 조건이 성취되면 법률행위의 효력이 소멸하고, 조건이 불성취되면 유효로 확정된다. ③ 조건부 법률행위는 조건이 성취한 때로부터 법률행위의 효력이 발생 또는 소멸한다 (장래효가 원칙). ④ 당사자의 약정에 의해 조건성취의 효력을 조건성취 전으로 소급하게 할 수 있다.

① 조건은 법률행위의 효력의 발생 또는 소멸을 장래의 불확실한 사실의 성부에 의존케 하는 법률행위의 부관으로서 당해 법률행위를 구성하는 의사표시의 일체적인 내용을 이루는 것이므로 의사표시의 일반원칙에 따라 조건을 붙이고자 하는 의사, 즉 조건의사와 그 표시가 필요하며, 조건의사가 있더라도 그것이 외부에 표시되지 않으면 법률행위의 동기에 불과할 뿐이고 그것만으로는 법률행위의 부관으로서의 조건이 되는 것은 아니다(대판 2003.5.13, 2003다10797).

② 귀속재산을 매수한 자가 그 소유권을 취득하기 전이라도 소유권취득을 정지조건으로 하여 이를 매매할 수 있다(대판 1969.12.9, 69다1785).

③ 약혼예물의 수수는 혼인불성립을 해제조건으로 하는 증여계약에 해당한다(대판 1996. 5.14, 96다5506).

④ 매매토지 중 공장부지로 편입되지 아니한 부분을 매도인에게 원가로 반환한다는 약정은 공장부지로 사용되지 아니하기로 확정된 때에는 그 부분토지에 관한 매매는 해제되어 원상태로 돌아간다는 해제조건부 매매계약에 해당한다(대판 1981.6.9, 80다3195).

⑤ 부첩관계의 종료를 해제조건으로 하는 증여계약은 조건뿐만 아니라 증여계약 자체가 무효이다(대판 1966.6.21, 66다530).

⑥ 할부매매와 같은 소유권유보부 매매는 대금완납을 정지조건으로 하는 매매이다(대판 1996.6.28, 96다14807).

⑦ 합의내용이 이행되지 않으면 합의를 무효로 하기로 한 경우, 계약당사자가 부도가 난 후 상대방에게 합의서상의 채무를 이행할 수 없다고 통고한 것은 합의서 내용이 불이행된 때라는 조건이 성취한 것으로 볼 수 있다(대판 1997.11.11, 96다36579).

⑧ 법률행위에 조건이 붙어 있는지 여부에 대한 입증책임은 사실인정의 문제이므로 조건의 존재를 주장하는 자에게 있다(대판 2006.11.24, 2006다35766).

⑨ 정지조건부 법률행위에 있어서 조건이 성취되었다는 사실은 이에 의하여 권리를 취득하고자 하는 측에서 그 입증책임이 있다(대판 1983.4.12, 81다카692).

⑩ 조건성취사실에 대한 입증책임은 조건성취로 인하여 이익을 얻는 자에게 있다. 따라서 정지조건의 경우에는 조건성취로 인하여 권리를 취득하고자 하는 자가 입증하여야 하고, 해제조건의 경우에는 조건성취로 인하여 의무를 면하게 되는 자가 입증하여야 한다(대판 1984.9.25, 84다카967).

⑪ 조건성취로 인하여 불이익을 받을 당사자가 신의성실에 반하여 조건성취를 방해한 경우 조건의 성취로 의제되는 시점은 방해한 시점이 아니라 신의성실에 반하는 행위가 없었다면 조건이 성취되었으리라고 추산되는 시점이다(대판 1998.12.22, 98다42356).

⑫ 도급공사의 완공을 정지조건으로 하여 공사대금채무를 부담한 경우 도급인이 수급인의 공사장 출입을 통제한 것은 신의성실에 반하여 조건성취를 방해한 경우에 해당한다(대판 1998.12.22, 98다42356).

핵심 Check

기한도래 전의 효력	① **기한부 권리의 침해금지** : 기한도래를 전제로 손해배상청구 가능 ② **기한부 권리의 실현** : 처분, 상속, 보존, 담보 가능
기한도래 후의 효력	① 시기부 법률행위는 기한이 도래하면 법률행위의 효력이 발생한다. ② 종기부 법률행위는 기한이 도래하면 법률행위의 효력이 소멸한다. ③ 기한부 법률행위는 기한이 도래한 때로부터 법률행위의 효력이 발생 또는 소멸한다 　(장래효). ④ 당사자의 약정에 의해 기한도래의 효력을 기한도래 전으로 소급하게 할 수 없다(조건 　과의 차이점).

① 법률행위의 부관이 조건인가 아니면 불확정기한인가 하는 것은 결국 법률행위의 해석 문제이다(대판 2006.12.21, 2005다40754).

② 부관이 붙은 법률행위에 있어서 부관에 표시된 사실이 발생하지 아니하면 채무를 이행하지 아니하여도 된다고 보는 것이 상당한 경우에는 조건으로 보아야 하고, 표시된 사실이 발생한 때에는 물론이고 반대로 발생하지 아니하는 것이 확정된 때에도 그 채무를 이행하여야 한다고 보는 것이 상당한 경우에는 표시된 사실의 발생 여부가 확정되는 것을 불확정기한으로 보아야 한다(대판 2003.8.19, 2003다24215).

③ 당사자가 불확정한 사실이 발생한 때를 이행기로 정한 경우에는 그 사실이 발생한 때는 물론 그 사실의 발생이 불가능하게 된 때에도 이행기는 도래한 것으로 보아야 한다(대판 2006.9.28, 2006다24353).

④ 임대차계약을 체결함에 있어서 임대기한을 '임차인에게 매도할 때까지'로 정하였다면 별다른 사정이 없는 한 기한을 정한 것이라고 볼 수 없으므로 위 임대차계약은 기간의 약정이 없는 것이라고 해석함이 상당하다(대판 1974.5.14, 73다631).

⑤ 상가분양계약에서 중도금지급기일을 '1층 골조공사 완료 시'로 정한 것은 불확정기한에 해당한다(대판 2005.10.7, 2005다38546).

⑥ 기한이익 상실특약은 정지조건부 기한이익 상실특약으로 볼 만한 특별한 사정이 없는 한 형성권적 기한이익 상실특약으로 추정된다(대판 2002.9.4, 2002다28340).

기출&예상 **문제**

조건과 기한에 관한 설명으로 옳은 것은? (다툼이 있으면 판례에 따름) • 30회

① 해제조건 있는 법률행위는 조건이 성취한 때로부터 그 효력이 발생한다.

② 기한이익 상실특약은 특별한 사정이 없는 한 정지조건부 기한이익 상실특약으로 추정한다.

③ 조건이 법률행위 당시에 이미 성취할 수 없는 것인 경우, 그 조건이 정지조건이면 그 법률행위는 무효로 한다.

④ 불확정한 사실의 발생시기를 이행기한으로 정한 경우, 그 사실의 발생이 불가능하게 되었다고 하여 이행기한이 도래한 것으로 볼 수는 없다.

⑤ 상계의 의사표시에는 시기(始期)를 붙일 수 있다.

해 설   ① 해제조건 있는 법률행위는 조건이 성취한 때로부터 그 효력을 잃는다(제147조 제2항).

② 기한이익 상실특약은 정지조건부 기한이익 상실특약으로 볼 만한 특별한 사정이 없는 한 형성권적 기한이익 상실특약으로 추정된다(대판 2002.9.4, 2002다28340).

③ 제151조 제3항

④ 당사자가 불확정한 사실이 발생한 때를 이행기로 정한 경우에는 그 사실이 발생한 때는 물론 그 사실의 발생이 불가능하게 된 때에도 이행기는 도래한 것으로 보아야 한다(대판 2006. 9.28, 2006다24353).

⑤ 상계와 같은 소급효가 있는 법률행위에 시기(始期)를 붙일 수 없다.

정답 ③

빈출판례지문 OX

01 「농지법」상 농지취득자격증명은 농지취득의 원인이 되는 법률행위의 효력발생요건이 아
니다. •24회 (O | X)

02 대리인이 매도인의 배임행위에 적극 가담하여 이루어진 부동산의 이중매매는 본인인 매수인
이 그러한 사정을 몰랐다면 반사회질서의 법률행위가 되지 않는다. •30회 (O | X)

03 어떠한 법률행위가 불공정한 법률행위에 해당하는지는 법률행위 성립 당시를 기준으로 약속
된 급부와 반대급부 사이의 객관적 가치를 비교 평가하여 판단하여야 한다. •29회
(O | X)

04 부동산매매계약에 있어 쌍방 당사자가 모두 특정의 甲토지를 계약의 목적물로 삼았으나 그
목적물의 지번 등에 관하여 착오를 일으켜 계약을 체결함에 있어서는 계약서상 그 목적물을
甲토지와는 별개인 乙토지로 표시하였다 하여도 위 매매계약은 甲토지에 관하여 성립한 것
으로 보아야 한다. •27회 (O | X)

05 비진의표시에 있어서 진의란 특정한 내용의 의사표시를 하고자 하는 표의자의 생각을 말하
는 것이지 표의자가 진정으로 마음속에서 바라는 사항을 뜻하는 것은 아니다. •27회
(O | X)

01 O	04 O
02 X, 대리인이 배임행위에 가담하면, 설사 본인	05 O
이 그러한 사정을 몰랐더라도 그 매매계약은	
반사회적 법률행위에 해당한다.	
03 O	

06 통정허위표시로서 무효인 법률행위라도 채권자취소권의 대상이 될 수 있다. •30회

(O | X)

07 부동산거래계약서에 서명·날인한다는 착각에 빠진 상태로 연대보증의 서면에 서명·날인한 경우에는 표시상의 착오에 해당한다. •28회 (O | X)

08 의사표시가 기재된 내용증명우편이 발송되고 달리 반송되지 않았다면 특별한 사정이 없는 한 그 의사표시는 도달된 것으로 본다. •27회 (O | X)

09 매매계약을 체결할 대리권을 수여받은 대리인은 특별한 사정이 없는 한 중도금과 잔금을 수령할 권한이 있다. •27회 (O | X)

10 대리에 있어서 상대방이 매매계약을 적법하게 해제한 경우, 상대방은 대리인에게 손해배상을 청구할 수 있다. •29회 (O | X)

11 甲은 자기 소유 X토지를 매도하기 위해 乙에게 대리권을 수여하였다. 이후 乙은 丙을 복대리인으로 선임하였고, 丙은 甲을 대리하여 X토지를 매도하였다. 이 경우 X토지의 매매계약이 갖는 성질상 乙에 의한 처리가 필요하지 않다면, 특별한 사정이 없는 한 丙의 선임에 관하여 묵시적 승낙이 있는 것으로 보는 것이 타당하다. •32회 (O | X)

정답과 해설
06 O
07 O
08 O
09 O

10 X, 계약상 채무의 불이행을 이유로 계약이 상대방 당사자에 의하여 유효하게 해제되었다면, 해제로 인한 원상회복의무는 대리인이 아니라 계약의 당사자인 본인이 부담한다. 또한, 해제 이후 손해배상청구도 대리인이 아닌 본인에게 하여야 한다.

11 O

빈출판례지문 OX

12 무권대리행위의 일부에 대한 추인은 상대방의 동의를 얻지 못하는 한 효력이 없다. •26회
(O | X)

13 대리행위가 강행법규에 위반하여 무효가 된 경우에는 표현대리가 적용되지 않는다. •28회
(O | X)

14 상대방의 유권대리 주장에는 표현대리의 주장도 포함된다. •26회　　　　　　(O | X)

15 무효인 가등기를 유효한 등기로 전용하기로 약정하면 그 가등기는 소급하여 유효한 등기가
된다. •28회　　　　　　　　　　　　　　　　　　　　　　　　　　　　(O | X)

16 토지거래허가구역 내의 토지거래계약이 확정적으로 무효가 된 경우, 그 계약이 무효로 되는
데 책임 있는 사유가 있는 자도 무효를 주장할 수 있다. •29회　　　　　　(O | X)

17 조건부 법률행위에서 불능조건이 정지조건이면 그 법률행위는 무효이다. •31회
(O | X)

18 불확정한 사실이 발생한 때를 이행기한으로 정한 경우, 그 사실의 발생이 불가능하게 된 때
에도 기한이 도래한 것으로 본다. •30회　　　　　　　　　　　　　　　　(O | X)

정답과 해설

12 O
13 O
14 X, 상대방의 유권대리 주장에는 표현대리의 주
　　장은 포함되지 않는다.
15 X, 무효인 가등기를 유효한 등기로 전용하기로
　　한 약정은 그때부터 유효하고 이로써 위 가등
　　기가 소급하여 유효한 등기로 전환될 수 없다.

16 O
17 O
18 O

운명은 우연이 아닌, 선택이다.
기다리는 것이 아니라, 성취하는 것이다.

– 윌리엄 제닝스 브라이언(William Jennings Bryan)

PART 2

물권법

물권법은 전 분야에서 고루 출제되는 편이나 특히, 소유권, 용익물권, 담보물권의 출제비중이 높습니다. 물권변동에서는 등기 관련, 소유권에서는 주위토지통행권과 취득시효 및 공동소유에 관한 판례들이 출제되고 있습니다. 특히, 상린관계 쟁점과 관련하여 주위토지통행권과 관련된 판례를 주의하여야 합니다. 담보물권에서는 저당권에 관한 사례 및 판례 위주로 자주 출제되고 있습니다.

대표기출 미리보기

甲, 乙, 丙은 X토지를 각 1/2, 1/4, 1/4의 지분으로 공유하고 있다. 이에 관한 설명으로 옳은 것은? (단, 구분소유적 공유관계는 아니며, 다툼이 있으면 판례에 따름)　　　·32회

① 乙이 X토지에 대한 자신의 지분을 포기한 경우, 乙의 지분은 甲, 丙에게 ~~균등한 비율로~~
　 귀속된다.　　　　　　　　　　　　　　　　　　　　　→ 각 지분의 비율

② 당사자 간의 특약이 없는 경우, 甲은 ~~단독으로~~ X토지를 제3자에게 임대할 수 있다.
　　　　　　　　　　　　　→ 소수지분권자인 甲은 단독으로 할 수 없다.

③ 甲, 乙은 X토지에 대한 관리방법으로 X토지에 건물을 신축할 수 ~~있다~~.
　　　　　　　　　　　　　　　　　　　　　　　　　　　→ 없다.

④ 甲, 乙, 丙이 X토지의 관리에 관한 특약을 한 경우, 그 특약은 특별한 사정이 없는 한
　 그들의 특정승계인에게도 효력이 미친다.

⑤ 丙이 甲, 乙과의 협의없이 X토지를 배타적·독점적으로 점유하고 있는 경우, 乙은 공유물
　 에 대한 보존행위로 X토지의 인도를 청구할 수 ~~있다~~.
　　　　　　　　　　　　　　　　　　　　→ 없다.

파트 › 챕터　물권법 › 소유권

교수님 TIP　공유의 법률관계는 매해 출제되는 논점이므로 공유의 주장에 관한 판례의 결론을 반드시 정리해
두어야 한다.

01 물권법 일반

학습 포인트
① 물권의 객체와 일물일권주의를 정리하기
② 물권의 종류에서는 관습법상의 물권을 정리하기
③ 물권적 청구권에서는 요건을 중심으로 판례의 태도를 정리하기

빈출키워드 042 물권의 객체

핵심 Check

물권의 객체	물건 + 권리
물건의 성질	물권의 객체로 되는 물건은 현존하는 특정의 독립한 물건이어야 한다.
일물일권주의의 예외	① 1필 토지의 일부 : 용익물권 가능 ② 1동 건물의 일부 : 구분소유권, 전세권 가능 ③ 입목(등기된 수목의 집단) : 소유권과 저당권의 객체 가능 ④ 명인방법을 갖춘 수목의 집단·미분리과실 : 소유권의 객체 가능 ⑤ 권원 없이 타인의 토지에 심어 수확기에 이른 농작물 : 경작자의 소유

① 성장을 계속하는 어류일지라도 그 종류, 장소 또는 수량지정 등의 방법에 의하여 특정되어 있으면 그 전부를 하나의 물건으로 보아 이에 대한 양도담보계약은 유효하게 성립되었다 할 것이다(대판 1990.12.26, 88다카20224).

② 일물일권주의의 원칙상, 물건의 일부분, 구성부분에는 물권이 성립할 수 없는 것이어서 구분 또는 분할의 절차를 거치지 아니한 채 하나의 부동산 중 일부분만에 관하여 따로 소유권보존등기를 경료하거나, 하나의 부동산에 관하여 경료된 소유권보존등기 중 일부분에 관한 등기만을 따로 말소하는 것은 허용되지 않는다(대판 2000.10.27, 2000다39582).

③ 토지의 개수는「공간정보의 구축 및 관리 등에 관한 법률」에 의한 지적공부상의 토지의 필수를 표준으로 결정되는 것으로 1필의 토지를 수필의 토지로 분할하여 등기하려면 먼저「공간정보의 구축 및 관리 등에 관한 법률」이 정하는 바에 따라 분할절차를 밟아 지적공부에 각 필지마다 등록이 되어야 하고,「공간정보의 구축 및 관리 등에 관한 법률」상의 분필절차를 거치지 아니하는 한 1개의 토지로서 등기의 목적이 될 수 없는 것이며, 설사 등기부에만 분필의 등기가 실행되었다 하여도 이로써 분필의 효과가 발생할 수 없는 것이므로 결국 이러한 분필등기는 1부동산 1등기기록의 원칙에 반하는 등기로서 무효이다(대판 1990.12.7, 90다카25208).

기출&예상 문제

물권의 객체에 관한 설명으로 옳지 않은 것은? (다툼이 있으면 판례에 따름)

① 매도인 甲이 신축한 무허가건물은 매수인 乙에게 등기 없이 점유만 이전되더라도 乙은 건물소유권을 취득한다.

② 매수한 입목을 특정하지 않고 한 명인방법에는 물권변동의 효력이 없다.

③ 구분등기를 하지 않는 한 1동의 건물 중 일부에 관한 소유권보존등기는 허용되지 않는다.

④ 「입목에 관한 법률」에 의하여 등기된 수목의 집단은 토지와 별개로 저당권의 목적이 될 수 있다.

⑤ 甲이 임차한 乙의 토지에서 경작한 쪽파를 수확하지 않은 채 丙에게 매도한 경우, 丙이 명인방법을 갖추면 그 쪽파의 소유권을 취득한다.

해설

① 신축건물의 소유권취득은 법률규정에 의한 부동산물권변동에 해당하므로 甲은 등기 없이 건물의 소유권을 취득한다(제187조). 그러나 甲이 그 건물을 乙에게 매도한 경우 이는 법률행위에 의한 부동산물권변동에 해당하므로 乙은 등기하여야 소유권을 취득한다(제186조).

② 대판 1975.11.25, 73다1323

③ 대판 2000.10.27, 2000다39582

④ 입목의 소유자는 토지와 분리하여 입목을 양도하거나 저당권의 목적으로 할 수 있다(입목에 관한 법률 제3조 제2항).

⑤ 대판 1996.2.23, 95도2754

정답 ①

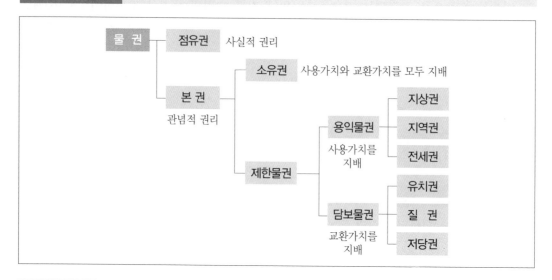

제185조【물권의 종류】
물권은 법률 또는 관습법에 의하는 외에는 임의로 창설하지 못한다.

① 온천권은 관습법상의 물권으로 볼 수 없다(대판 1970.5.26, 69다1239).

② 사도통행권은 관습법상의 물권이 아니다(대판 2002.2.26, 2001다64165).

③ 근린공원이용권은 관습법상의 물권으로 볼 수 없다(대결 1995.5.23, 94마2218).

④ 미등기 무허가건물의 양수인이라도 그 소유권이전등기를 경료하지 않는 한 그 건물의 소유권을 취득할 수 없고, 소유권에 준하는 관습법상의 물권이 있다고도 할 수 없다 (대판 2006.10.27, 2006다49000).

⑤ 법률(성문법과 관습법)이 인정하지 않는 새로운 종류의 물권을 창설하는 것은 허용되지 아니한다(대판 2002.2.26, 2001다64165).

⑥ 소유권의 핵심적 권능에 속하는 배타적인 사용·수익권능이 소유자에게 존재하지 않는 경우는 물권법정주의에 반하여 특별한 사정이 없는 한 허용될 수 없다(대판 2012.6. 28, 2010다81049).

핵심 Check

의 의	물권의 내용이 침해당하거나 침해당할 염려가 있는 경우에 물권자가 침해자에 대해 물건의 반환, 방해제거, 방해예방을 청구할 수 있는 권리
인정 이유	물권의 실효성 확보
요 건	① 침해 또는 침해의 염려가 있어야 한다(침해자의 고의·과실은 필요 ×). ② 권리자는 침해된 물권의 정당한 소지자이어야 한다. ③ 상대방은 현재 방해상태를 지배하는 자(직접점유, 간접점유 불문)

① 소유권에 기한 물권적 청구권은 소유권과 분리하여 양도할 수 없으므로 소유권을 상실한 전소유자는 소유권에 기한 물권적 청구권을 행사하지 못한다(대판 전합체 1969.5. 27, 68다725).

② 건물이 건립되어 있어 불법으로 점유를 당하고 있는 토지소유자는 등기를 갖추지 아니한 건물매수인에게 그 철거를 청구할 수 있다(대판 1986.12.23, 86다카1751). 타인 토지에 무단으로 신축된 미등기건물을 매수하여 대금을 지급하고 점유하는 자는 건물을 법률상 또는 사실상 처분할 수 있는 지위에 있으므로 건물철거청구의 상대방이 될 수 있다(대판 1989.2.14, 87다카3073).

③ 물권적 청구권을 피보전권리로 하는 채권자대위권은 인정된다(대판 2007.5.10, 2006 다82700).

④ 채권담보의 목적으로 이루어지는 부동산 양도담보의 경우에 있어서 피담보채무가 변제된 이후에 양도담보권설정자가 행사하는 등기청구권은 소유권에 기한 물권적 청구권이므로 소멸시효에 걸리지 않는다(대판 1979.2.13, 78다2412).

⑤ 매매계약이 합의해제된 경우에도 매수인에게 이전되었던 소유권은 당연히 매도인에게 복귀하는 것이므로 합의해제에 따른 매도인의 원상회복청구권은 소유권에 기한 물권적 청구권이고 이는 소멸시효의 대상이 되지 아니한다(대판 1982.7.27, 80다2968).

⑥ 소유자가 말소등기의무자에 의해 소유권을 상실하여 소유권에 기한 등기말소를 구할 수 없는 경우에는, 그 의무자에게 이행불능을 이유로 손해배상을 청구할 수 없다(대판 전합체 2012.5.17, 2010다28604).

물권적 청구권에 관한 설명으로 틀린 것은? (다툼이 있으면 판례에 따름) • 30회

① 소유권에 기한 물권적 청구권은 소멸시효에 걸리지 않는다.

② 상대방의 귀책사유는 물권적 청구권의 행사요건이 아니다.

③ 물권적 방해배제청구권의 요건으로 요구되는 방해는 개념상 손해와 구별된다.

④ 임차인은 임차목적물에 관한 임대인의 소유권에 기한 물권적 청구권을 대위행사할 수 없다.

⑤ 유치권자는 점유권에 기한 물권적 청구권을 행사할 수 있다.

해설 ① 대판 1979.2.13, 78다2412
② 물권적 청구권을 행사하기 위해서는 물권에 대한 침해 또는 침해의 염려가 있어야 한다. 이때 침해자의 고의·과실은 필요 없다.
③ 소유권에 기한 방해제거청구권에 있어서 '방해'란 현재에도 지속되고 있는 침해를 의미하고, 법익침해가 과거에 일어나서 이미 종결된 경우에 해당하는 '손해'의 개념과는 다르다(대판 2003.3.28, 2003다5917).
④ 임차권이 대항력과 점유를 모두 갖추지 못한 경우 임차인은 임대인(소유자)이 제3자에 대해 가지는 소유권에 기한 물권적 청구권을 대위행사할 수 있다(대판 2007.5.10, 2006다82700).
⑤ 유치권은 유치권 자체에 기한 물권적 청구권은 인정되지 않고 점유권에 기한 물권적 청구권만 인정된다.

정답 ④

02 물권의 변동

학습 포인트

① 등기청구권에서는 미등기매수인에 관한 판례의 태도를 점검하고, 청구권보전의 가등기에서는 본등기 전후의 효력을 비교하기
② 등기의 추정력에서는 추정되는 범위에 대한 판례의 결론을 알아두고, 등기의 유효요건에서는 중간생략등기에 관한 판례의 태도를 정리하기
③ 물권변동에서는 법률행위에 의한 경우와 법률규정에 의한 경우를 비교하기
④ 물권의 소멸에서는 혼동에 관한 판례의 결론을 정리하기

빈출키워드 045 공시의 원칙과 공신의 원칙

핵심 Check

구 분	공시의 원칙	공신의 원칙
동 산	인정	인정
부동산	인정	부정

① 현행 등기제도하에서는 등기의 공신력이 인정되지 않는다(대판 1969.6.10, 68다199).

② 기업자가 과실없이 등기부상 소유명의자를 피수용자로 하여 한 토지수용의 효력은 유효하므로 수용목적물의 소유자가 누구임을 막론하고 이미 가지고 있던 소유권은 소멸함과 동시에 기업자가 완전하고 확실하게 그 권리를 취득하게 된다(대판 1993. 11.12, 93다34756).

민법 제548조 제1항 본문에 의하면, 계약이 해제되면 각 당사자는 상대방을 계약이 없었던 것과 같은 상태에 복귀케 할 의무를 부담한다는 뜻을 규정하고 있는바 계약에 따른 채무의 이행으로 이미 등기나 인도를 하고 있는 경우에 그 원인행위인 채권계약이 해제됨으로써 원상회복된다고 할 때 그 이론 구성에 관하여 소위 채권적 효과설과 물권적 효과설이 대립되어 있으나, 우리의 법제가 물권행위의 독자성과 무인성을 인정하고 있지 않는 점과 민법 제548조 제1항 단서가 거래안정을 위한 특별규정이란 점을 생각할 때 계약이 해제되면 그 계약의 이행으로 변동이 생겼던 물권은 당연히 그 계약이 없었던 원상태로 복귀한다 할 것이다(대판 1977.5.24, 75다1394).

핵심 Check

기능에 따른 분류	사실의 등기	표제부의 등기로서 부동산의 현황을 기록하는 것
	권리의 등기	甲구·乙구의 등기로서 부동산의 권리관계를 기록하는 것
내용에 따른 분류	기입등기	새로운 등기원인에 의해 새로 기입하는 등기
	경정등기	등기관의 착오나 탈루로 인한 원시적 불일치를 시정하는 등기
	변경등기	등기와 실체적 권리관계 사이의 후발적 불일치를 시정하는 등기
	말소등기	기존 등기를 전부 말소하는 등기
	말소회복등기	등기가 불법하게 말소된 경우에 행해지는 등기
	멸실등기	부동산이 전부 멸실한 경우에 행해지는 등기
방식에 따른 분류	주등기	표시번호란 또는 순위번호란에 독립된 번호를 붙여서 하는 등기
	부기등기	독립된 번호 없이 주등기의 번호에 따라서 행해지는 등기
효력에 따른 분류	본등기	물권변동의 효력이 직접 발생하는 등기(종국등기라고도 함)
	가등기	청구권보전의 가등기 + 담보가등기

① 불법하게 말소된 것을 이유로 한 근저당권설정등기 회복등기청구는 그 등기말소 당시의 소유자를 상대로 하여야 한다(대판 1969.3.18, 68다1617).
② 가등기가 이루어진 부동산에 관하여 제3자 앞으로 소유권이전등기가 마쳐진 후 그 가등기가 말소된 경우, 말소된 가등기의 회복등기청구의 상대방은 가등기가 말소될 당시의 소유자인 제3자이다(대판 2009.10.15, 2006다43903).

③ 건물에 대한 소유권보존등기사무를 처리하는 등기관은 이미 등기된 건물과 동일한 경우인지 여부를 심사할 실질적 심사권한은 없고 오직 신청서류와 등기부에 의하여 등기요건에 합당한지 여부를 심사할 형식적 심사권한밖에 없다(대판 1995.5.12, 95다9471).

빈출키워드 048 등기청구권

핵심 Check

의 의	① 등기권리자가 등기의무자에 대해 등기에 협력할 것을 청구할 수 있는 실체법상의 권리 ② 등기신청에 있어서 공동신청의 경우에만 등기청구권의 문제가 발생한다.
물권적 청구권인 경우	① 등기가 실체적 권리관계와 일치하지 않는 경우(위조 등) ② 법정지상권자의 법정지상권설정등기청구권 ③ 매매계약이 해제·취소된 경우 물권적 효과설에 따른 등기청구권
채권적 청구권인 경우	① 법률행위에 의한 등기청구권 ② 취득시효완성으로 인한 등기청구권 ③ 부동산임차인의 등기청구권 ④ 환매에 있어서의 등기청구권

① 부동산의 매수인이 부동산을 인도받아 사용·수익하고 있는 한 매수인의 등기청구권은 소멸시효에 걸리지 않는다(대판 전합체 1976.11.6, 76다148).

② 부동산의 매수인이 부동산을 인도받아 사용·수익하고 있다가 '보다 적극적인 권리행사의 일환'으로 제3자에게 그 부동산을 처분하고 점유를 승계하여 준 경우에도 소유권이전등기청구권의 소멸시효는 진행하지 않는다(대판 전합체 1999.3.18, 98다32175).

③ 말소등기에 갈음하여 허용되는 진정명의회복을 원인으로 한 소유권이전등기청구권과 무효등기의 말소청구권은 어느 것이나 진정한 소유자의 등기명의를 회복하기 위한 것으로서 실질적으로 그 목적이 동일하고, 두 청구권 모두 소유권에 기한 방해배제청구권으로서 그 법적 근거와 성질이 동일하다(대판 전합체 2001.9.20, 99다37894).

④ 부동산의 매수인은 소유권을 전제로 한 물권적 청구권에 의하여 소유권이전등기를 청구할 수 없다(대판 1962.5.10, 4294민상1232).

⑤ 부동산의 매수인은 매매계약에 따라 물권을 이전하라는 채권적 청구권에 의하여 소유권이전등기를 청구할 수 있다(대판 1962.5.10, 4294민상1232).

⑥ 「부동산등기법」 제29조에 따라 등기의무자는 소의 방법으로 등기권리자를 상대로 등기를 인수받아 갈 것을 구할 수 있다(대판 2001.2.9, 2000다60708).

등기청구권에 관한 설명으로 옳은 것은? (다툼이 있으면 판례에 따름)　　•30회

① 점유취득시효의 완성으로 점유자가 소유자에 대해 갖는 소유권이전등기청구권은 통상의 채권양도 법리에 따라 양도될 수 있다.

② 부동산을 매수하여 인도받아 사용·수익하는 자의 매도인에 대한 소유권이전등기청구권은 소멸시효에 걸린다.

③ 부동산 매수인이 매도인에 대해 갖는 소유권이전등기청구권은 물권적 청구권이다.

④ 가등기에 기한 소유권이전등기청구권이 시효완성으로 소멸된 후 그 부동산을 취득한 제3자가 가등기권자에 대해 갖는 등기말소청구권은 채권적 청구권이다.

⑤ 등기청구권과 등기신청권은 동일한 내용의 권리이다.

해설 ① 대판 2018.7.12, 2015다36167
　　　② 부동산의 매수인이 부동산을 인도받아 사용·수익하고 있는 한 매수인의 등기청구권은 소멸시효에 걸리지 않는다(대판 전합체 1976.11.6, 76다148).
　　　③ 부동산 매수인이 매도인에 대해 갖는 소유권이전등기청구권은 채권적 청구권이다(대판 2001.10.9, 2000다51216).
　　　④ 가등기에 기한 소유권이전등기청구권이 시효완성으로 소멸된 경우 가등기 이후에 부동산을 취득한 제3자는 소유권에 기한 방해제거청구로서 가등기권리자에 대하여 본등기청구권의 소멸시효를 주장하여 그 가등기의 말소를 청구할 수 있다(대판 1991.3.12, 90다카27570).
　　　⑤ 등기청구권이란 등기권리자가 등기의무자에 대하여 등기신청에 협력할 것을 청구할 수 있는 사법상의 권리이고, 등기신청권은 당사자가 국가기관인 등기관에게 등기를 신청하는 공법상의 권리이므로 양자는 구별된다.

정답 ①

핵심 Check

본등기 전의 효력	① 가등기인 채로는 아무런 실체법적 효력이 없다. ② 가등기가 되어 있더라도 추정적 효력이 없으므로 청구권이 존재하는 것으로 추정되지 않는다. ③ 본등기가 없는 한 가등기의무자는 여전히 자신의 권리를 처분할 수 있다. ④ 가등기권리자는 가등기만으로써는 가등기 후의 본등기를 취득한 제3자에게 대항할 수 없다.
본등기 후의 효력	① 물권변동의 효력은 본등기를 한 때 발생한다. ② 본등기의 순위는 가등기의 순위에 의한다(순위보전의 효력). ③ 가등기권리자는 현재의 등기명의인이 아니라 가등기의무자인 전소유자를 상대로 본 등기를 청구하여야 한다. ④ 본등기가 되면 가등기 이후에 있었던 제3자의 본등기는 직권말소된다. ⑤ 위 ④의 경우 제3자는 전소유자를 상대로 제576조에 의한 담보책임(저당권에 의한 제한)을 물을 수 있다(판례).

① 물권적 청구권의 보전을 위한 가등기는 할 수 없다(대판 1982.11.23, 81다카1110).

② 소유권이전청구권보전을 위한 가등기가 있다 하여 소유권이전등기를 청구할 어떤 법률
관계가 있다고 추정되지 않는다(대판 1979.5.22, 79다239).

③ 가등기는 본등기 시에 본등기의 순위를 가등기의 순위에 의하도록 하는 순위보전적
효력만이 있을 뿐이고, 가등기만으로는 아무런 실체법상 효력을 갖지 아니하므로
본등기를 경료하기까지는 중복된 소유권보존등기가 무효이더라도 가등기권리자는 그
말소를 청구할 권리가 없다(대판 2001.3.23, 2000다51285).

④ 가등기권리자는 가등기의무자인 전소유자를 상대로 본등기청구권을 행사할 것이고
제3자를 상대로 할 것이 아니다(대결 전합체 1962.12.24, 4294민재항675).

⑤ 가등기는 그 성질상 본등기의 순위보전에 효력만이 있고 후일 본등기가 경료된 때에는
본등기의 순위가 가등기한 때로 소급함으로써 가등기 후 본등기 전에 이루어진 중간
처분이 본등기보다 후순위로 되어 실효될 뿐이고 본등기에 의한 물권변동의 효력이
가등기한 때로 소급하여 발생하는 것은 아니다. 따라서 가등기 후부터 가등기에 기한
본등기가 경료되기 전까지 중간처분의 등기를 경료한 자는 그 기간까지의 과실을 적법
하게 취득할 수 있다(대판 1982.6.22, 81다1298·1299).

⑥ 가등기의 목적이 된 부동산을 매수한 사람이 그 뒤 가등기에 기한 본등기가 경료됨으로써 그 부동산의 소유권을 상실하게 된 때에는 매매의 목적 부동산에 설정된 저당권 또는 전세권의 행사로 인하여 매수인이 취득한 소유권을 상실한 경우와 유사하므로 민법 제576조(저당권에 의한 제한)의 규정이 준용되어 같은 조 소정의 담보책임을 진다고 보는 것이 상당하고 민법 제570조(전부 타인의 권리)에 의한 담보책임을 진다고 할 수 없다(대판 1992.10.27, 92다21784).

⑦ 가등기가 되어 있는 부동산의 소유자가 필요비나 유익비를 지출한 것은 가등기에 의한 본등기가 된 경우에는 타인의 물건에 대하여 비용을 투입한 것이 된다(대판 1976.10.26, 76다2079).

⑧ 가등기권리자가 본등기절차에 의하지 아니하고 별도의 본등기를 경료받은 경우에는, 가등기의무자에 대하여 그 가등기에 기한 본등기절차의 이행을 청구할 수 있다(대판 2007.2.22, 2004다59546).

⑨ 가등기에 기한 소유권이전등기청구권이 시효완성으로 소멸된 경우 가등기 이후에 부동산을 취득한 제3자는 소유권에 기한 방해제거청구로서 가등기권리자에 대하여 본등기청구권의 소멸시효를 주장하여 그 가등기의 말소를 청구할 수 있다(대판 1991. 3.12, 90다카27570).

⑩ 가등기에 의하여 순위보전의 대상이 되어 있는 물권변동청구권이 양도된 경우 그 가등기상의 권리의 이전등기를 가등기에 대한 부기등기의 형식으로 경료할 수 있다 (대판 전합체 1998.11.19, 98다24105).

⑪ 등기관이 직권으로 가등기 후에 경료된 제3자의 등기를 말소한 경우 그 후에 그 가등기에 기한 본등기가 원인무효 등의 사유로 말소된 때에는 등기관은 직권으로 그 말소회복등기를 하여야 한다(대판 1995.5.26, 95다6878).

기출&예상 문제

X토지에 관하여 2019.3.10. 甲 명의로 소유권보존등기가, 2020.6.20. 매매에 기하여 乙 명의로 소유권이전청구권보전을 위한 가등기가, 그리고 2021.9.11. 증여에 기하여 丙 명의로 소유권이전등기가 각각 경료되어 있다. 다음 중 옳지 <u>않은</u> 것은? (다툼이 있으면 판례에 따름)

① 乙이 甲에 대하여 소유권이전등기를 청구할 법률관계가 있다고 추정되지 않는다.

② 乙은 丙이 아니라 甲에게 가등기에 기한 본등기를 청구하여야 한다.

③ 乙이 가등기에 기한 본등기를 하더라도 그동안 丙의 사용·수익에 관하여 乙은 부당이득반환을 청구할 수 없다.

④ 丙은 甲에 대하여 적법한 등기원인에 의하여 X토지의 소유권을 취득한 것으로 추정된다.

⑤ 만일 X토지에 관하여 2018.10.20. 丁 명의로 중복된 소유권보존등기가 마쳐졌다면, 乙은 가등기에 기한 본등기를 하기 전에도 그 말소를 청구할 수 있다.

| 해설 | 가등기는 본등기 시에 본등기의 순위를 가등기의 순위에 의하도록 하는 순위보전적 효력만이 있을 뿐이고, 가등기만으로는 아무런 실체법상 효력을 갖지 아니하므로 본등기를 경료하기까지는 중복된 소유권보존등기가 무효이더라도 가등기권리자는 그 말소를 청구할 권리가 없다(대판 2001.3.23, 2000다51285). |

정답 ⑤

빈출키워드 050 등기의 추정력 多빈출

핵심 Check

의 의	등기가 형식적으로 존재하면 무효인 등기라도 그에 상응하는 실체적 권리관계가 존재하는 것으로 추정하는 힘
물적 범위	① 절차의 적법성 ② 등기된 권리의 귀속 ③ 등기원인 ④ 근저당권설정등기의 경우 피담보채권의 존재 ⑤ 대리인을 통하여 법률행위가 이루어진 경우 대리권의 존재
인적 범위	① 등기명의인뿐만 아니라 제3자도 원용할 수 있다. ② 등기명의인의 이익뿐만 아니라 불이익을 위해서도 추정된다.

① 어느 부동산에 관하여 등기가 경료되어 있는 경우 특별한 사정이 없는 한 그 절차에 있어서 적법하게 경료된 것으로 추정된다(대판 1995.4.28, 94다23524).

② 토지의 소유권이전등기명의자는 등기의 효력으로서 그 토지에 대한 소유권자로 추정을 받는다(대판 1983.11.22, 83다카894).

③ 토지대장등본에 토지의 소유자로 등재되어 있으면 토지소유권의 귀속에 관하여 추정을 받는 자료가 된다고 할 것이므로 토지대장등본에 토지소유자로 등재되어 있는 자는 반증이 없는 한 그의 소유 토지로 추정을 받을 수 있다(대판 1976.9.28, 76다1431).

④ 부동산에 관한 등기부상 소유권이전등기가 경료되어 있는 이상 일응 등기원인이 정당한 것이라는 추정을 받는다(대판 2003.2.28, 2002다46256).

⑤ 근저당권설정등기의 경우에는 근저당권의 존재뿐만 아니라 그에 상응하는 피담보채권의 존재도 추정된다(대판 1969.2.18, 68다2329). 그러나 근저당권설정등기의 경우에도 피담보채권을 성립시키는 기본계약의 존재는 추정되지 않는다. 따라서 근저당권의 피담보채권을 성립시키는 법률행위가 있었는지 여부에 대한 증명책임은 그 존재를 주장하는 측에 있다(대판 2011.4.28, 2010다107408).

⑥ 대리에 의한 매매계약을 원인으로 소유권이전등기가 이루어진 경우, 대리권의 존재는 추정된다(대판 1992.4.24, 91다26379).

⑦ 소유권이전등기가 전등기명의인의 직접적인 처분행위에 의한 것이 아니라 제3자가 그 처분행위에 개입된 경우에도 현등기명의인의 등기는 적법하게 이루어진 것으로 추정된다. 따라서 그 등기가 원인무효임을 이유로 말소를 청구하는 전소유명의인은 그 제3자에게 전소유명의인을 대리할 권한이 없었다든가 또는 제3자가 전소유명의인의 등기서류를 위조하였다는 사실을 입증하여야 한다(대판 2009.9.24, 2009다37831).

⑧ 부동산에 관하여 소유권이전등기가 마쳐져 있는 경우 그 등기명의자는 제3자에 대하여서뿐만 아니라, 그 전소유자에 대하여서도 적법한 등기원인에 의하여 소유권을 취득한 것으로 추정된다(대판 2000.3.10, 99다65462).

⑨ 사망자 명의로 신청하여 이루어진 이전등기에는 특별한 사정이 없는 한 추정력이 인정되지 않는다. 그러나 등기의무자의 사망 전에 등기원인이 이미 존재한 상태에서 등기의무자의 사망 후 그로부터 경료된 등기는 추정력이 있다(대판 1997.11.28, 95다51991).

⑩ 말소회복등기를 마치기 전이라도 말소된 소유권이전등기의 최종명의인은 적법한 권리자로 추정된다(대판 1982.9.14, 81다카923).

⑪ 등기명의자가 등기원인행위의 태양(態樣)이나 과정을 다소 다르게 주장하더라도 등기의 추정력이 깨진다고 할 수 없다(대판 2005.9.29, 2003다40651).

⑫ 건물 소유권보존등기의 명의인이 건물을 신축하지 않은 것으로 밝혀진 경우 등기의 추정력은 깨진다(대판 1996.7.30, 95다30734).

⑬ 소유권보존등기의 명의인이 부동산을 양수받은 것이라 주장하는데 전소유자가 양도사실을 부인하는 경우 보존등기의 추정력은 깨진다(대판 1982.9.14, 82다카707).

⑭ 소유권이전등기의 원인으로 주장된 계약서가 진정하지 않은 것으로 증명된 경우에는 등기의 추정력이 깨진다(대판 1998.9.22, 98다29568).

⑮ 허무인으로부터 등기를 이어받은 소유권이전등기는 원인무효라 할 것이어서 그 등기 명의자에 대한 소유권추정은 깨진다(대판 1985.11.12, 84다카2494).

⑯ 당해 토지를 사정(査定)받은 자가 따로 있음이 밝혀진 경우에는 소유권보존등기의 추정 력이 깨진다(대판 2005.5.26, 2002다43417).

⑰ 특별조치법에 의한 보존등기는 보증서나 확인서가 위조 내지 허위라는 점까지 입증 되어야 등기의 추정력이 번복된다(대판 전합체 1987.10.13, 86다카2928).

⑱ 등기부상의 명의인과 매도인이 동일인인 경우 그를 소유자로 믿고 그 부동산을 매수 하여 점유하는 자는 특별한 사정이 없는 한 과실없는 점유자에 해당한다(대판 1994. 6.28, 94다7829).

기출&예상 문제

등기의 추정력에 관한 설명으로 옳은 것을 모두 고른 것은? (다툼이 있으면 판례에 따름)

• 30회

㉠ 사망자 명의로 신청하여 이루어진 이전등기에는 특별한 사정이 없는 한 추정력이 인 정되지 않는다.
㉡ 대리에 의한 매매계약을 원인으로 소유권이전등기가 이루어진 경우, 대리권의 존재는 추정된다.
㉢ 근저당권등기가 행해지면 피담보채권뿐만 아니라 그 피담보채권을 성립시키는 기본 계약의 존재도 추정된다.
㉣ 건물 소유권보존등기 명의자가 전(前)소유자로부터 그 건물을 양수하였다고 주장하는 경우, 전(前)소유자가 양도사실을 부인하더라도 그 보존등기의 추정력은 깨어지지 않 는다.

① ㉠, ㉡   ② ㉠, ㉢   ③ ㉡, ㉢
④ ㉡, ㉣   ⑤ ㉢, ㉣

해설 ㉠ 대판 1997.11.28, 95다51991
㉡ 대판 1992.4.24, 91다26379
㉢ 근저당권설정등기의 경우에도 피담보채권을 성립시키는 기본계약의 존재는 추정되지 않는 다. 따라서 근저당권의 피담보채권을 성립시키는 법률행위가 있었는지 여부에 대한 증명책임 은 그 존재를 주장하는 측에 있다(대판 2011.4.28, 2010다107408).
㉣ 소유권보존등기의 명의인이 부동산을 양수받은 것이라 주장하는데 전소유자가 양도사실을 부인하는 경우 보존등기의 추정력은 깨진다(대판 1982.9.14, 82다카707).

정답 ①

1. 등기가 말소된 경우

① 등기는 물권의 효력발생요건이지 존속요건이 아니므로 물권에 관한 등기가 불법하게 말소된 경우에도 물권의 효력에는 아무런 변동이 없으며, 그 말소된 등기의 회복등기를 청구할 수 있다(대판 1988.12.27, 87다카2431).

② 등기가 원인 없이 말소된 경우에는 말소회복등기가 마쳐지기 전이라도 말소된 등기의 등기명의인은 적법한 권리자로 추정된다. 따라서 부적법하게 등기가 말소된 경우에는 권리소멸의 추정력이 인정되지 않는다(대판 1997.9.30, 95다39526).

③ 저당권설정등기가 불법말소된 후 목적 부동산이 경매절차에서 경락된 경우 저당권은 당연히 소멸한다. 이 경우 저당권자는 경매절차에서 실제로 배당받은 자에 대하여 부당이득반환청구로서 그 배당금의 한도 내에서 그 저당권설정등기가 말소되지 아니하였더라면 배당받았을 금액의 지급을 구할 수 있을 뿐이고, 현소유자를 상대로 말소회복등기를 청구할 수는 없다(대판 1998.10.2, 98다27197).

2. 이중으로 경료된 소유권보존등기의 효력

① 동일 건물에 관하여 이중으로 보존등기가 된 경우에 선등기가 실지건물과 그 지번 및 구조, 평수에 있어서 현저한 차이가 있고 후등기가 실지건물과 부합한다면 후등기를 유효한 등기로 볼 것이다(대판 1959.11.19, 4292민상234).

② 동일 부동산에 관하여 등기용지를 달리하여 동일인 명의로 소유권보존등기가 중복되어 등재되어 있는 경우에는 시간적으로 뒤에 경료된 중복등기는 그것이 실체권리관계에 부합되는 여부를 가릴 것 없이 무효이다(대판 1979.1.16, 78다1648).

③ 동일 부동산에 관하여 등기명의인을 달리하여 중복된 소유권보존등기가 경료된 경우에는 먼저 이루어진 소유권보존등기가 원인무효가 되지 아니하는 한 뒤에 된 소유권보존등기는 비록 그 부동산의 매수인에 의하여 이루어진 경우에도 1부동산 1등기기록주의를 채택하고 있는 「부동산등기법」 아래에서는 무효이다(대판 전합체 1990.11.27, 87다카2961).

④ 동일 부동산에 관하여 중복된 소유권보존등기에 터잡아 각각의 소유권이전등기가 경료되었다가 등기부의 멸실로 멸실회복의 소유권이전등기가 중복으로 경료된 경우 각 등기의 우열은 소유권이전등기의 선후에 의하여 판단할 것이 아니고 각 소유권이전등기의 바탕이 된 소유권보존등기의 선후를 기준으로 판단하여야 한다 (대판 전합체 2001.2.15, 99다66915).

⑤ 동일 부동산에 관하여 하나의 소유권보존등기가 경료된 후 이를 바탕으로 순차로 소유권이전등기가 경료되었다가 그 등기부가 멸실된 후 등기명의인을 달리하는 소유권이전등기의 각 회복등기가 중복하여 이루어진 경우에는 중복등기의 문제는 생겨나지 않고 멸실 전 먼저 된 소유권이전등기가 잘못 회복등재된 것이므로 그 회복등기 때문에 나중 된 소유권이전등기의 회복등기가 무효로 되지 않는다(대판 전합체 2001.2.15, 99다66915).

⑥ 동일 부동산에 관하여 등기명의인을 달리하여 멸실회복에 의한 각 소유권이전 등기가 중복등재되고 각 그 바탕이 된 소유권보존등기가 동일등기인지 중복 등기인지, 중복등기라면 각 소유권보존등기가 언제 이루어졌는지가 불명인 경우에는 각 회복등기일자의 선후를 기준으로 우열을 가려야 한다(대판 전합체 2001.2.15, 99다66915).

빈출키워드 052 · 등기의 실질적 유효요건

1. 등기가 실체적 권리관계에 부합하는 경우

① 원시취득자와 승계취득자 사이의 합치된 의사에 따라 승계취득자 앞으로 직접 소유권보존등기를 경료하더라도 그 소유권보존등기는 실체적 권리관계에 부합 되어 적법한 등기로서의 효력을 가진다(대판 1995.12.26, 94다44675).

② 위조된 등기신청서류에 의하여 경료된 소유권이전등기라 할지라도 그 등기가 실체적 권리관계에 부합되는 경우에는 유효하다(대판 1965.5.25, 65다365).

③ 증여에 의하여 부동산권리를 취득하였으나 등기원인을 매매로 기재하더라도 그 등기는 실체관계에 부합하므로 유효하다(대판 1980.7.22, 80다791).

④ 사망자를 등기의무자로 하여 경료된 등기라도 그의 상속인들의 의사에 따라 이루어진 것이라면 실체상 권리관계에 합치되는 유효한 등기이다(대판 1964.11.24, 64다685).

⑤ 당사자 사이에 甲건물에 대하여 소유권을 이전하기로 약정하였음에도 불구하고 그와 전혀 별개인 乙건물에 대하여 소유권이전등기를 한 경우에는 乙건물에 대한 소유권취득의 효력이 없다(대판 1962.6.21, 62다51).

2. 중간생략등기

① 당사자 사이에 적법한 원인행위가 성립되어 중간생략등기가 이루어진 이상, 중간생략등기에 관한 합의가 없었다는 사유만으로는 그 소유권이전등기를 무효라고 할 수 없다(대판 2005.9.29, 2003다40651).

② 중간생략등기의 합의하에 최종매수인과 최초매도인을 당사자로 하는 토지거래허가를 받아 최초매도인으로부터 최종매수인 앞으로 경료된 소유권이전등기의 효력은 무효이다(대판 1997.3.14, 96다22464).

③ 부동산의 소유권매매계약이 차례로 여러 사람들 사이에 전전 이루어진 경우에 그 최종매수인이 등기부상의 현명의자로부터 직접 그 소유권 명의를 넘겨오려면 소위 중간등기생략에 관한 합의가 관계당사자 전원들 사이에 있어야 한다(대판 1967.5.30, 67다588).

④ 최종양수인이 중간생략등기의 합의를 이유로 최초양도인에게 직접 소유권이전등기청구권을 행사하기 위하여는 관계당사자 전원의 의사합치, 즉 중간생략등기에 대한 최초양도인과 중간자의 동의가 있는 외에 최초양도인과 최종양수인 사이에도 그 중간등기생략의 합의가 있었음이 요구된다(대판 1994.5.24, 93다47738).

⑤ 중간생략등기의 합의가 있었다 하더라도 중간매수인의 소유권이전등기청구권이 소멸된다거나 첫 매도인의 그 매수인에 대한 소유권이전등기의무가 소멸되는 것은 아니다(대판 1991.12.13, 91다18316).

⑥ 중간생략등기의 합의가 있더라도 최초매도인이 중간자에 대하여 갖고 있는 매매대금청구권의 행사가 제한되지 않는다(대판 2005.4.29, 2003다66431).

⑦ 최초매도인과 중간매수인, 중간매수인과 최종매수인 사이에 순차로 매매계약이 체결되고 이들 간에 중간생략등기의 합의가 있은 후에 최초매도인과 중간매수인 간에 매매대금을 인상하는 약정이 체결된 경우, 최초매도인은 인상된 매매대금이 지급되지 않았음을 이유로 최종매수인 명의로의 소유권이전등기의무의 이행을 거절할 수 있다(대판 2005.4.29, 2003다66431).

⑧ 소유권이전등기에 있어 등기원인이란 등기를 하는 것 자체에 관한 합의가 아니라 등기하는 것을 정당하게 하는 실체법상의 원인을 뜻하는 것으로서, 등기를 함으로써 일어나게 될 권리변동의 원인이 되는 행위나 그 원인행위의 무효, 취소, 해제 등을 가리킨다. 따라서 중간생략등기의 합의는 적법한 등기원인이 될 수 없다(대판 1999.2.26, 98다50999).

⑨ 중간생략등기의 합의가 없다면 부동산의 전전매수인은 매도인을 대위하여 그 전 매도인인 등기명의자에게 매도인 앞으로의 소유권이전등기를 청구할 수 있다 (대판 1969.10.28, 69다1351).

⑩ 최종양수인이 중간자로부터 소유권이전등기청구권을 양도받았다고 하더라도 최초 양도인이 그 양도에 대하여 동의하지 않고 있다면 최종양수인은 최초양도인에 대하여 채권양도를 원인으로 하여 소유권이전등기절차이행을 청구할 수 없다 (대판 1995.8.22, 95다15575).

⑪ 부동산매매로 인한 소유권이전등기청구권은 이행과정에 신뢰관계가 따르고, 권리의 성질상 양도가 제한되며, 그 양도에 채무자(매도인)의 승낙이나 동의를 요한다고 할 것이므로 통상의 채권양도와 달리 양도인의 채무자에 대한 통지만으로는 채무자에 대한 대항력이 생기지 않으며 반드시 채무자의 동의나 승낙을 받아야 대항력이 생긴다(대판 2001.10.9, 2000다51216).

3. 무효등기의 유용

① 실질관계의 소멸로 무효로 된 등기의 유용은 그 등기를 유용하기로 하는 합의가 이루어지기 전에 등기부상 새로운 이해관계를 맺은 제3자가 없는 경우에만 허용된다(대판 2002.12.6, 2001다2846).

② 멸실건물의 등기부에 신축건물에 관한 등기를 등재한 경우 그 등기의 효력은 무효이다(대판 1980.11.11, 80다441).

甲은 자기 소유 토지를 乙에게 매도하고 인도하였으며, 乙이 다시 丙에게 이를 전매하고 인도하였다. 다음 중 옳은 것은? (다툼이 있으면 판례에 따름)

① 乙은 점유를 상실했으므로 乙의 甲에 대한 소유권이전등기청구권의 소멸시효는 진행한다.

② 甲에서 직접 丙 앞으로 된 소유권이전등기는 甲, 乙, 丙 전원의 합의가 없는 한 효력이 없다.

③ 만약 乙이 甲에 대한 소유권이전등기청구권을 丙에게 양도하고 이를 甲에게 통지했다면, 丙은 직접 甲에 대해 소유권이전등기를 청구할 수 있다.

④ 甲에서 직접 丙 앞으로의 등기이전에 관해 甲, 乙, 丙 전원의 합의가 없는 경우 丙은 乙의 甲에 대한 소유권이전등기청구권을 대위행사할 수 있다.

⑤ 토지거래허가구역 내의 토지인 경우 甲, 乙, 丙 전원의 합의 아래 甲에서 직접 丙 앞으로 된 소유권이전등기는 甲과 丙을 매매당사자로 하는 토지거래허가를 받았다면 유효하다.

해설 ① 부동산의 매수인이 부동산을 인도받아 사용·수익하다가 보다 적극적인 권리행사의 일환으로 제3자에게 그 부동산을 처분하고 점유를 승계하여 준 경우에도 소유권이전등기청구권의 소멸시효는 진행하지 않는다(대판 전합체 1999.3.18, 98다32175).

② 당사자 사이에 적법한 원인행위가 성립되어 중간생략등기가 이루어진 경우 중간생략등기에 관한 합의가 없었다는 이유만으로는 중간생략등기가 무효로 되는 것은 아니다(대판 2005. 9.29, 2003다40651).

③ 최종양수인이 중간자로부터 소유권이전등기청구권을 양도받았다고 하더라도 최초양도인이 그 양도에 대하여 동의하지 않고 있다면 최종양수인은 최초양도인에 대하여 채권양도를 원인으로 하여 소유권이전등기절차이행을 청구할 수 없다(대판 1995.8.22, 95다15575).

④ 중간생략등기의 합의가 없다면 부동산의 전전매수인은 매도인을 대위하여 그 전매도인인 등기명의자에게 매도인 앞으로의 소유권이전등기를 청구할 수 있다(대판 1969.10.28, 69다 1351).

⑤ 중간생략등기의 합의하에 최종매수인과 최초매도인을 당사자로 하는 토지거래허가를 받아 최초매도인으로부터 최종매수인 앞으로 소유권이전등기를 경료하였다고 하더라도 이는 적법한 토지거래허가 없이 경료된 등기로서 무효이다(대판 1997.3.14, 96다22464).

정답 ④

부동산물권변동

> **제186조【부동산물권변동의 효력】**
> 부동산에 관한 법률행위로 인한 물권의 득실변경은 등기하여야 그 효력이 생긴다.
>
> **제187조【등기를 요하지 아니하는 부동산물권취득】**
> 상속, 공용징수, 판결, 경매 기타 법률의 규정에 의한 부동산에 관한 물권의 취득은 등기를 요하지 아니한다. 그러나 등기를 하지 아니하면 이를 처분하지 못한다.

1. 제187조의 적용범위

① 포괄유증을 받은 자는 제187조에 의하여 법률상 당연히 유증받은 부동산의 소유권을 취득한다(대판 2003.5.27, 2000다73445).

② 제187조의 판결은 형성판결에 한하고, 이행판결과 확인판결은 이에 포함되지 않는다(대판 1970.6.30, 70다568).

③ 건물소유자는 관습법상의 법정지상권을 등기 없이 취득한다(대판 1966.9.20, 66다1434).

④ 귀속재산의 매수를 원인으로 한 소유권취득의 경우에는 매수자가 매수대금을 완납하면 등기 없이 소유권을 취득한다(대판 전합체 1984.12.11, 84다카557).

⑤ 농지의 수분배자는 상환을 완료하면 제187조 소정의 법률 규정에 의한 부동산에 관한 물권의 취득으로서 등기를 경료하지 아니하여도 소유권을 취득한다(대판 1983.3.22, 83다4).

⑥ 원인행위(매매, 증여 등)가 무효·취소된 경우 물권행위도 소급적으로 무효가 되고 물권변동은 처음부터 없었던 것으로 되므로 물권은 말소등기 없이 당연히 복귀한다(대판 1977.5.24, 75다1394).

⑦ 출연재산이 부동산인 경우 출연자와 법인 사이에는 설립등기 외에 소유권이전등기를 필요로 하는 것은 아니지만, 제3자에 대한 관계에 있어서 출연행위는 법률행위이므로 출연재산이 법인에게 귀속하기 위해서는 등기가 필요하다(대판 전합체 1979.12.11, 78다481).

⑧ 부동산물권을 등기 없이 취득한 자가 자기 명의의 등기 없이 이를 처분한 경우 그 처분의 상대방은 부동산물권을 취득하지 못한다는 것일 뿐 그 처분행위의 채권적 효력까지 부인되는 것은 아니다(대판 1994.10.21, 93다12176).

2. 완성된 건물의 소유권 귀속

① 건축허가서는 허가된 건물에 관한 실체적 권리의 득실변경의 공시방법이 아니며 추정력도 없으므로 건축허가서에 건축주로 기재된 자가 건물의 소유권을 취득하는 것은 아니므로 자기의 비용과 노력으로 건물을 신축한 자는 그 건축허가가 타인의 명의로 된 여부에 관계없이 그 소유권을 원시취득한다(대판 2002.4.26, 2000 다16350).

② 건축공사의 중단 시점에 이미 사회통념상 독립한 건물이라고 볼 수 있는 정도의 형태와 구조를 갖춘 경우가 아닌 경우에는 이를 인도받아 자기의 비용과 노력으로 완공한 자가 그 건물의 원시취득자가 된다(대판 2006.5.12, 2005다68783).

③ 건축주의 사정으로 건축공사가 중단되었던 미완성의 건물을 인도받아 나머지 공사를 마치고 완공한 경우, 그 건물이 공사가 중단된 시점에서 이미 사회통념상 독립한 건물이라고 볼 수 있는 형태와 구조를 갖추고 있었다면 원래의 건축주가 그 건물의 소유권을 원시취득한다(대판 2002.4.26, 2000다16350).

기출&예상 **문제**

부동산물권변동에 관한 설명으로 틀린 것은? (다툼이 있으면 판례에 따름)　•30회

① 부동산물권변동 후 그 등기가 원인 없이 말소되었더라도 그 물권변동의 효력에는 영향이 없다.

② 등기를 요하지 않는 물권취득의 원인인 판결이란 이행판결을 의미한다.

③ 소유권이전등기청구권의 보전을 위한 가등기에 기하여 본등기가 행해지면 물권변동의 효력은 본등기가 행해진 때 발생한다.

④ 매수한 토지를 인도받아 점유하고 있는 미등기 매수인으로부터 그 토지를 다시 매수한 자는 특별한 사정이 없는 한 최초매도인에 대하여 직접 자신에게로의 소유권이전등기를 청구할 수 없다.

⑤ 강제경매로 인해 성립한 관습법상 법정지상권을 법률행위에 의해 양도하기 위해서는 등기가 필요하다.

> **해설**　① 대판 1988.12.27, 87다카2431
> ② 등기를 요하지 않는 물권취득의 원인인 판결이란 형성판결에 한하고, 이행판결과 확인판결은 이에 포함되지 않는다(대판 1970.6.30, 70다568).
> ③ 대판 1982.6.22, 81다1298·1299
> ④ 대판 1969.10.28, 69다1351
> ⑤ 제187조 단서
>
> 　　　　　　　　　　　　　　　　　　　　　　　　　　　　　　　　　**정답** ②

빈출키워드 054 동산물권변동

> **제188조【동산물권양도의 효력, 간이인도】**
> ① 동산에 관한 물권의 양도는 그 동산을 인도하여야 효력이 생긴다.
> ② 양수인이 이미 그 동산을 점유한 때에는 당사자의 의사표시만으로 그 효력이 생긴다.
>
> **제189조【점유개정】**
> 동산에 관한 물권을 양도하는 경우에 당사자의 계약으로 양도인이 그 동산의 점유를 계속하는 때에는 양수인이 인도받은 것으로 본다.
>
> **제190조【목적물반환청구권의 양도】**
> 제3자가 점유하고 있는 동산에 관한 물권을 양도하는 경우에는 양도인이 그 제3자에 대한 반환청구권을 양수인에게 양도함으로써 동산을 인도한 것으로 본다.

핵심 Check

물권변동의 원인	① 법률행위에 의한 동산물권변동 : 물권행위 + 인도 ② 법률규정에 의한 동산물권변동 : 취득시효, 선의취득, 선점·습득·발견, 부합·혼화·가공
인도방법	① 현실의 인도 ② 간이인도 ③ 점유개정 ④ 목적물반환청구권의 양도에 의한 인도

① 현실의 인도가 있었다고 하려면 양도인의 물건에 대한 사실상의 지배가 동일성을 유지한 채 양수인에게 완전히 이전되어 양수인은 목적물에 대한 지배를 계속적으로 확고하게 취득하여야 하고, 양도인은 물건에 대한 점유를 완전히 종결하여야 한다(대판 2003.2.11, 2000다66454).

② 동산의 소유자가 각각 점유개정의 방법으로 이를 이중으로 양도한 경우에 양수인 간에는 먼저 현실의 인도를 받아 점유를 한 자가 소유권을 취득한다(대판 1989.10.24, 88다카26802).

③ 점유개정의 방법으로 동산에 대한 이중의 양도담보설정계약이 체결된 경우, 뒤에 설정계약을 체결한 후순위채권자는 양도담보권을 취득할 수 없다. 따라서 선의취득이 인정되지 않는 한 나중에 설정계약을 체결한 채권자로서는 양도담보권을 취득할 수 없는데, 점유개정의 방법으로는 선의취득이 인정되지 아니하므로 결국 뒤의 채권자는 적법하게 양도담보권을 취득할 수 없다(대판 2005.2.18, 2004다37430).

④ 동산에 관하여 양도담보계약이 이루어지고 채권자가 점유개정의 방법으로 인도를 받았다면, 그 정산절차를 마치기 전이라도 양도담보권자인 채권자는 제3자에 대한 관계에 있어서는 담보목적물의 소유자로서 그 권리를 행사할 수 있다(대판 2008.11.27, 2006도4263).

⑤ 주권의 점유를 취득하는 방법에는 현실의 인도(교부) 외에 간이인도, 반환청구권의 양도가 있으며, 양도인이 소유자로부터 보관을 위탁받은 주권을 제3자에게 보관시킨 경우에 반환청구권의 양도에 의하여 주권의 선의취득에 필요한 요건인 주권의 점유를 취득하였다고 하려면, 양도인이 그 제3자에 대한 반환청구권을 양수인에게 양도하고 지명채권 양도의 대항요건을 갖추어야 한다(대판 2000.9.8, 99다58471).

빈출키워드 055 동산의 선의취득

제249조【선의취득】
평온, 공연하게 동산을 양수한 자가 선의이며 과실없이 그 동산을 점유한 경우에는 양도인이 정당한 소유자가 아닌 때에도 즉시 그 동산의 소유권을 취득한다.

제250조【도품, 유실물에 대한 특례】
전조의 경우에 그 동산이 도품이나 유실물인 때에는 피해자 또는 유실자는 도난 또는 유실한 날로부터 2년 내에 그 물건의 반환을 청구할 수 있다. 그러나 도품이나 유실물이 금전인 때에는 그러하지 아니하다.

제251조【도품, 유실물에 대한 특례】
양수인이 도품 또는 유실물을 경매나 공개시장에서 또는 동종류의 물건을 판매하는 상인에게서 선의로 매수한 때에는 피해자 또는 유실자는 양수인이 지급한 대가를 변상하고 그 물건의 반환을 청구할 수 있다.

핵심 Check

의 의	동산을 점유하고 있는 자를 권리자로 믿고 평온·공연, 선의·무과실로 양수한 경우에는 비록 양도인이 정당한 권리자가 아니더라도 양수인이 그 동산에 대한 소유권 또는 질권을 취득하는 제도
요 건	① 객체에 관한 요건 : 동산 ② 양도인(전주)에 관한 요건 　㉠ 양도인이 목적물을 점유하고 있을 것 : 점유의 태양은 불문 　㉡ 양도인이 무권리자일 것 ③ 양수인(선의취득자)에 관한 요건 　㉠ 유효한 거래행위가 있을 것 　㉡ 평온·공연, 선의·무과실에 의해 점유를 취득할 것
효 과	① 선의취득에 의하여 취득할 수 있는 권리는 소유권과 질권이다. ② 선의취득은 원시취득이다.

① 제249조의 동산의 선의취득제도는 동산을 점유하는 자의 권리외관을 중시하여 이를 신뢰한 자의 소유권취득을 인정하고 진정한 소유자의 추급을 방지함으로써 거래의 안전을 확보하기 위하여 법이 마련한 제도이다(대판 1998.6.12, 98다6800).

② 선의취득의 요건이 구비되어 동산을 선의취득한 자는 권리를 취득하는 반면 종전 소유자는 소유권을 상실하게 되는 법률효과가 법률의 규정에 의하여 발생되므로 선의취득자가 임의로 이와 같은 선의취득 효과를 거부하고 종전 소유자에게 동산을 반환받아 갈 것을 요구할 수 없다(대판 1998.6.12, 98다6800).

③ 연립주택의 입주권은 선의취득의 대상이 될 수 없다(대판 1980.9.9, 79다2233).

④ 이득상환청구권은 선의취득의 대상이 될 수 없다(대판 1980.5.13, 80다537).

⑤ 저당권은 선의취득의 대상이 될 수 없다(대판 1985.12.24, 84다카2428).

⑥ 자동차에 관하여서는 선의취득 규정이 적용될 여지가 없다(대판 1964.9.8, 64다650).

⑦ 불도저에 관하여는 선의취득 규정이 적용될 여지가 없다(대판 1966.1.25, 65다2137).

⑧ 집행관이 유체동산을 가압류하였다 하더라도 종전 소유자에게 계속하여 그 보관을 명한 경우에는 그 동산을 매수한 자는 선의취득에 의하여 소유권을 취득할 수 있다(대판 1966.11.22, 66다1545).

⑨ 동산의 선의취득은 양도인이 무권리자라고 하는 점을 제외하고는 아무런 흠이 없는 거래행위이어야 성립한다(대판 1995.6.29, 94다22071).

⑩ 동산의 선의취득에 필요한 점유의 취득은 현실적인 인도가 있어야 하고 점유개정에 의한 점유취득만으로써는 그 요건을 충족할 수 없다(대판 1964.5.5, 63다775).

⑪ 동산의 선의취득에 필요한 점유의 취득은 간이인도에 의한 점유취득으로 그 요건은 충족된다(대판 1981.8.20, 80다2530).

⑫ 양도인이 소유자로부터 보관을 위탁받은 동산을 제3자에게 보관시킨 경우에 양도인이 그 제3자에 대한 반환청구권을 양수인에게 양도하고 지명채권 양도의 대항요건을 갖추었을 때에는 동산의 선의취득에 필요한 점유의 취득요건을 충족한다(대판 1999.1.26, 97다48906).

⑬ 제249조가 규정하는 선의·무과실의 기준시점은 물권행위가 완성하는 때이므로 물권행위가 인도보다 먼저 행해지면 인도된 때를, 인도가 물권행위보다 먼저 행해지면 물권행위가 이루어진 때를 기준으로 해야 한다(대판 1991.3.22, 91다70).

⑭ 선의취득에 있어 무과실의 입증책임은 점유한 자에게 있다(대판 1962.3.22, 4294민상1174).

⑮ 사기, 공갈, 횡령의 경우는 제250조와 제251조의 도품 및 유실물에 해당하지 않는다(대판 1991.3.22, 91다70).

⑯ 제251조는 제249조와 제250조를 전제로 하고 있는 규정이므로 무과실도 당연한 요건이라고 해석하여야 한다(대판 1991.3.22, 91다70).

⑰ 제251조의 규정은 선의취득자에게 그가 지급한 대가의 변상을 받을 때까지는 그 물건의 반환청구를 거부할 수 있는 항변권만을 인정한 것이 아니고 피해자가 그 물건의 반환을 청구하거나 어떠한 원인으로 반환을 받은 경우에는 그 대가변상의 청구권이 있다는 취지이다(대판 1972.5.23, 72다115).

빈출키워드 056 명인방법에 의한 물권변동

① 입목에 새끼줄을 치거나 철인으로 ○표를 하고 요소에 소유자를 게시한 것은 유효한 명인방법으로 볼 수 있다(대판 1976.4.27, 76다72).

② '입산금지 소유자 ○○○'이라는 표기를 써서 붙인 것은 유효한 명인방법으로 볼 수 있다(대판 1967.12.18, 66다2382).

③ 권리변동이 있음을 일반인에게 알리는 문구를 기재한 푯말을 쉽게 볼 수 있는 곳에 설치한 것은 명인방법으로 볼 수 있다(대판 1972.2.29, 71다2573).

④ 포푸라의 표피에 흰 페인트칠을 하고 편의상 그 위에 일련번호를 붙인 것은 명인방법으로 볼 수 없다(대판 1990.2.13, 89다카23022).

⑤ 특정하지 않고 매수한 입목에 대하여 그 입목을 특정하지 않은 채 명인방법을 한 경우에는 물권변동의 효력이 발생하지 않는다(대판 1975.11.25, 73다1323).

⑥ 물권변동에 있어서 형식주의를 채택하고 있는 현행 민법하에서는 소유권을 이전한다는 의사 외에 부동산에 있어서는 등기를, 동산에 있어서는 인도를 필요로 함과 마찬가지로 쪽파와 같은 수확되지 아니한 농작물에 있어서는 명인방법을 실시함으로써 그 소유권을 취득한다(대판 1996.2.23, 95도2754).

⑦ 입목에 대한 매매계약을 체결함에 있어서 매도인이 그 입목에 대한 소유권을 매매계약과 동시에 매수인에게 이전하여 준다는 의사표시를 한 경우에는 잔대금지급 전이라 할지라도 매수인이 명인방법을 실시하면 다른 특별한 사정이 없는 한 매수인은 그 입목의 소유권을 취득한다(대판 1969.11.25, 69다1346).

⑧ 입목의 이중매매에 있어서는 관습법에 의하여 입목소유권의 변동에 관한 공시방법으로 인정되어 있는 명인방법을 먼저 한 사람에게 입목의 소유권이 이전된다(대판 1967.2.28, 66다2442).

빈출키워드 057 　 물권의 소멸

> **제191조【혼동으로 인한 물권의 소멸】**
> ① 동일한 물건에 대한 소유권과 다른 물권이 동일한 사람에게 귀속한 때에는 다른 물권은 소멸한다.
> 　그러나 그 물권이 제3자의 권리의 목적이 된 때에는 소멸하지 아니한다.
> ② 전항의 규정은 소유권 이외의 물권과 그를 목적으로 하는 다른 권리가 동일한 사람에게 귀속한 경우
> 　에 준용한다.
> ③ 점유권에 관하여는 전2항의 규정을 적용하지 아니한다.

1. 물권 소멸 일반

한번 포락되어 해면 아래에 잠김으로써 복구가 심히 곤란하여 토지로서의 효용을 상실하면 종전의 소유권이 영구히 소멸되고, 그 후 포락된 토지가 다시 성토되어도 종전의 소유자가 다시 소유권을 취득할 수는 없다(대판 1992.9.25, 92다24677).

2. 물권의 혼동

① 근저당권자가 소유권을 취득하면 그 근저당권은 혼동에 의하여 소멸하지만 그 뒤 그 소유권취득이 무효인 것이 밝혀지면 소멸하였던 근저당권은 당연히 부활한다 (대판 1971.8.31, 71다1386).

② 어떠한 물건에 대한 소유권과 다른 물권이 동일한 사람에게 귀속한 경우 그 제한 물권은 혼동에 의하여 소멸하는 것이 원칙이지만, 본인 또는 제3자의 이익을 위하여 그 제한물권을 존속시킬 필요가 있다고 인정되는 경우에는 제191조 제1항 단서의 해석에 의하여 혼동으로 소멸하지 않는다(대판 1998.7.10, 98다18643).

③ 부동산에 대한 소유권과 임차권이 동일인에게 귀속하게 되는 경우 임차권은 혼동에 의하여 소멸하는 것이 원칙이지만, 그 임차권이 대항요건을 갖추고 있고 또한 그 대항요건을 갖춘 후에 저당권이 설정된 때에는 혼동으로 인한 물권소멸 원칙의 예외규정인 제191조 제1항 단서를 준용하여 임차권은 소멸하지 않는다(대판 2001. 5.15, 2000다12693).

④ 대항력을 갖춘 주택임차인이 당해 주택을 양수한 경우 임대인의 보증금반환채무는 소멸하고 양수인인 임차인이 임대인의 자신에 대한 보증금반환채무를 인수하게 되어, 결국 임차인의 보증금반환채권은 혼동으로 인하여 소멸하게 된다(대판 1996. 11.22, 96다38216).

⑤ 甲 소유의 부동산에 乙이 지상권을 취득한 후 乙이 甲에 대한 채권담보 목적의 소유권이전등기를 받은 경우 甲과 乙 사이에는 甲이 여전히 소유권을 가지므로 乙의 지상권은 혼동으로 소멸하지 않는다(대판 1980.12.23, 80다2176).

⑥ 명의신탁자가 징차 소유권이전등기청구권 보전을 위한 가등기를 경료한 후 가등기와는 상관없이 별도의 소유권이전등기를 넘겨받은 경우 가등기에 기한 본등기청구권이 혼동으로 소멸되지 않는다(대판 1995.12.26, 95다29888).

기출&예상 문제

혼동에 의한 물권소멸에 관한 설명으로 옳은 것을 모두 고른 것은? (다툼이 있으면 판례에 따름)

• 22회

㉠ 甲의 토지 위에 乙이 1번 저당권, 丙이 2번 저당권을 가지고 있다가 乙이 증여를 받아 토지소유권을 취득하면 1번 저당권은 소멸한다.

㉡ 乙이 甲의 토지 위에 지상권을 설정받고, 丙이 그 지상권 위에 저당권을 취득한 후 乙이 甲으로부터 그 토지를 매수한 경우, 乙의 지상권은 소멸한다.

㉢ 甲의 토지를 乙이 점유하다가 乙이 이 토지의 소유권을 취득하더라도 乙의 점유권은 소멸하지 않는다.

㉣ 甲의 토지 위에 乙이 지상권, 丙이 저당권을 가지고 있는 경우, 丙이 그 소유권을 취득하면 丙의 저당권은 소멸한다.

① ㉠, ㉡　　　　　② ㉡, ㉢　　　　　③ ㉢, ㉣

④ ㉠, ㉣　　　　　⑤ ㉠, ㉢

해설　㉠ 甲의 토지 위에 乙이 1번 저당권, 丙이 2번 저당권을 가지고 있다가 乙이 증여를 받아 토지소유권을 취득하면 乙 본인의 이익보호를 위하여 乙의 1번 저당권은 소멸하지 않는다.

㉡ 乙이 甲의 토지 위에 지상권을 설정받고, 丙이 그 지상권 위에 저당권을 취득한 후 乙이 甲으로부터 그 토지를 매수한 경우, 乙의 지상권이 丙의 저당권의 목적으로 되어 있으므로 丙의 이익보호를 위하여 乙의 지상권은 소멸하지 않는다.

정답 ③

03 점유권

학습 포인트

① 점유의 개념을 이해하고, 점유보조자와 간접점유를 비교하기
② 자주점유와 타주점유에 대한 판례의 결론을 알아두기
③ 점유자와 회복자의 관계에서는 과실취득권과 비용 상환청구권에 대한 판례의 태도를 점검하기
④ 점유보호청구권에서는 침탈의 의미와 제척기간에 대한 판례의 태도를 점검하기

빈출키워드 058   점유의 개념

제192조【점유권의 취득과 소멸】
① 물건을 사실상 지배하는 자는 점유권이 있다.
② 점유자가 물건에 대한 사실상의 지배를 상실한 때에는 점유권이 소멸한다. 그러나 제204조의 규정에 의하여 점유를 회수한 때에는 그러하지 아니하다.

핵심 Check

의 의	본권 유무를 불문하고 물건에 대한 사실상의 지배를 보호하는 권리
구성요소	사실상의 지배 + 점유설정의사 ⇨ 점유 ⇨ 점유권

① 사실상의 지배가 있다고 하기 위해서는 반드시 물건을 물리적·현실적으로 지배하는 것만을 의미하는 것은 아니고, 물건과 사람 사이의 장소적 밀접성과 시간적 계속성, 타인 지배의 배제가능성 및 본권과의 관계 등을 고려하여 사회관념에 따라 합목적적으로 판단하여야 한다(대판 1997.8.22, 97다2665).

② 건물소유자가 현실적으로 건물이나 그 부지를 점거하지 않더라도 특별한 사정이 없는 한 건물의 부지에 대한 점유가 인정된다(대판 2003.11.13, 2002다57935).

③ 토지소유권은 원칙적으로 토지의 상하에 미치는 것이므로 지하에 하수도시설을 하였다면 그 토지를 점유하였다 할 것이다(대판 1972.3.28, 72다146).

④ 10세에 불과한 상속인도 상속토지에 대한 자주점유가 인정된다(대판 1990.12.26, 90다5733).

⑤ 소유권이전등기의 경우에는 등기할 때에 부동산을 인도받아 점유를 얻은 것으로 보아야 한다. 그러나 소유권보존등기의 경우에는 보존등기를 마쳤다고 하여 등기명의자가 그 무렵에 점유를 이전받았다고 볼 수 없다(대판 2013.7.11, 2012다201410).

⑥ 일반공중의 통행에 제공되고 있는 공로에 연결되는 골목길을 甲이 일상통로로 사용하고 있는 것만으로는 그 골목길이 甲의 점유하에 있다고 볼 수 없다(대판 1974.7.16, 73다923).

빈출키워드 059 **점유의 관념화**

> **제193조【상속으로 인한 점유권의 이전】**
> 점유권은 상속인에 이전한다.
>
> **제194조【간접점유】**
> 지상권, 전세권, 질권, 사용대차, 임대차, 임치 기타의 관계로 타인으로 하여금 물건을 점유하게 한 자는 간접으로 점유권이 있다.
>
> **제195조【점유보조자】**
> 가사상, 영업상 기타 유사한 관계에 의하여 타인의 지시를 받아 물건에 대한 사실상의 지배를 하는 때에는 그 타인만을 점유자로 한다.

핵심 Check

점유보조자	간접점유자
점유권 ×, 점유보호청구권 ×, 자력구제권 ○	점유권 ○, 점유보호청구권 ○, 자력구제권 ×
점유보조관계는 사회적 종속관계 ○	점유매개관계는 사회적 종속관계 ×
점유보조관계는 반드시 유효할 필요 ×	점유매개관계는 반드시 유효할 필요 ×
점유보조관계는 중첩적으로 성립 ×	점유매개관계는 중첩적으로 성립 ○

① 건물을 원시취득한 자의 동거가족들(모와 처)은 소유자와 그 건물에서 동거하는 동안은 점유자인 소유자의 점유보조자에 불과하다(대판 1980.7.8, 79다1928).

② 父가 농지를 동거가족인 미혼의 딸 甲의 이름으로 분배받아 경작하는 경우에 甲은 점유권에 터잡은 점유물방해제거청구권을 행사할 수 없다(대판 1976.9.28, 76다1588).

③ 처가 남편과 시부모와 함께 토지 및 건물을 점유·사용하면서 소유자의 명도요구를 거부하고 있는 경우, 처는 소유자에 대한 관계에서 단순한 점유보조자에 불과한 것이 아니라 공동점유자로서 이를 불법점유하고 있다고 봄이 상당하다(대판 1998.6.26, 98다16456·16463).

④ 직접점유자가 간접점유자의 의사에 반하여 점유물을 제3자에게 양도하였더라도 이는 간접점유자의 점유가 침탈된 경우에 해당하지 않는다(대판 1993.3.9, 92다5300).

기출&예상 문제

간접점유에 관한 설명으로 틀린 것은? (다툼이 있으면 판례에 따름) • 30회

① 「주택임대차보호법」상의 대항요건인 인도(引渡)는 임차인이 주택의 간접점유를 취득하는 경우에도 인정될 수 있다.

② 점유취득시효의 기초인 점유에는 간접점유도 포함된다.

③ 직접점유자가 그 점유를 임의로 양도한 경우, 그 점유이전이 간접점유자의 의사에 반하더라도 간접점유가 침탈된 것은 아니다.

④ 간접점유자에게는 점유보호청구권이 인정되지 않는다.

⑤ 점유매개관계를 발생시키는 법률행위가 무효라 하더라도 간접점유는 인정될 수 있다.

해설 ① 대판 1994.6.24, 94다3155
② 대판 1991.10.8, 91다25116
③ 대판 1993.3.9, 92다5300
④ 간접점유자는 점유자이므로 점유권과 점유보호청구권이 인정된다(제207조 제1항).
⑤ 점유매개관계는 반드시 유효할 필요가 없다. 따라서 점유매개관계를 발생시키는 법률행위가 무효라 하더라도 간접점유는 인정될 수 있다.

정답 ④

빈출키워드 060 **자주점유와 타주점유**

핵심 Check

점유의 종류	① **자주점유와 타주점유** : 소유의 의사 유무에 따른 구별 ② **선의점유와 악의점유** : 본권이 있다고 오신하였는지에 따른 구별 ③ **과실있는 점유와 과실없는 점유** : 오신에 과실이 있는지에 따른 구별 ④ **평온점유와 폭력점유** : 점유를 취득할 때 폭력행위를 썼는지에 따른 구별 ⑤ **공연점유와 은비점유** : 남몰래 점유하였는지에 따른 구별 ⑥ **계속점유와 불계속점유** : 점유가 계속되었는지에 따른 구별
추정 여부	① 점유자는 소유의 의사로 선의, 평온 및 공연하게 점유한 것으로 추정한다(제197조 제1항). ② 전후 양시에 점유한 사실이 있는 때에는 그 점유는 계속한 것으로 추정한다(제198조).

1. 자주점유인지 타주점유인지 문제되는 경우

① 점유자의 점유가 소유의 의사 있는 자주점유인지 아니면 소유의 의사 없는 타주점유인지의 여부는 점유자의 내심의 의사에 의하여 결정되는 것이 아니라 점유취득의 원인이 된 권원의 성질이나 점유와 관계가 있는 모든 사정에 의하여 외형적·객관적으로 결정되어야 하는 것이다(대판 전합체 1997.8.21, 95다28625).

② 소유의 의사로 점유를 시작한 자가 나중에 그 목적물이 자신의 소유가 아니라는 사실을 알게 된 사정만으로는 그 점유가 타주점유로 전환되는 것은 아니다(대판 2001.5.29, 2001다5913).

③ 토지를 증여받은 자와 토지를 매수한 자의 점유는 자주점유에 해당하고(대판 1972. 10.31, 72다1540 ; 대판 1981.11.24, 80다3083), 지상권자, 전세권자, 임차인, 소작계약에 의하여 토지를 경작하는 자, 데릴사위로서 처가의 농토를 경작한 자의 점유는 타주점유에 해당한다(대판 1990.11.13, 90다카21381 ; 대판 1976.1.27, 75다236 ; 대판 1984.3.27, 83다카2406).

④ 토지를 매수·취득하여 점유를 개시함에 있어서 매수인이 인접 토지와의 경계선을 정확하게 확인하여 보지 아니하여 착오로 인접 토지의 일부를 그가 매수·취득한 토지에 속하는 것으로 믿고서 인접 토지의 일부를 현실적으로 인도받아 점유하고 있다면 인접 토지의 일부에 대한 점유는 소유의 의사에 기한 것이라고 보아야 한다(대판 2000.9.29, 99다58570·58587).

⑤ 매매대상 건물부지의 면적이 등기부상의 면적을 상당히 초과하는 경우에는 특별한 사정이 없는 한 계약당사자들이 이러한 사실을 알고 있었다고 보는 것이 상당하며, 이러한 경우에는 매도인이 그 초과부분에 대한 소유권을 취득하여 이전하여 주기로 약정하는 등의 특별한 사정이 없는 한, 그 초과부분은 단순한 점용권의 매매로 보아야 하고 따라서 그 점유는 권원의 성질상 타주점유에 해당한다(대판 1999.6.25, 99다5866).

⑥ 토지매수인이 매매계약에 의하여 목적토지의 점유를 취득한 경우, 그 계약이 타인의 토지의 매매에 해당하여 곧바로 소유권을 취득할 수 없다는 사실만으로 자주점유의 추정이 번복되지 않고, 매도인에게 처분권한이 없다는 것을 잘 알면서 이를 매수하였다는 등의 다른 특별한 사정이 입증되어야 한다(대판 전합체 2000. 3.16, 97다37661).

⑦ 부동산을 매수하여 이를 점유하게 된 자는 그 매매가 무효가 된다는 사정이 있음을 알았다는 등의 특단의 사정이 없는 한 그 점유의 시초에 소유의 의사로 점유한 것이다(대판 1994.12.27, 94다25513).

⑧ 처분권한이 없는 자로부터 그 사실을 알면서 부동산을 취득하거나 어떠한 법률행위가 무효임을 알면서 그 법률행위에 의하여 부동산을 취득하여 점유하게 된 경우 그 점유는 타주점유이다(대판 2000.9.29, 99다50705).

⑨ 주무관청의 허가 없이는 처분할 수 없는 재산임을 알고 한 점유는 타주점유이다 (대판 1998.5.8, 98다2945).

⑩ 점유자가 취득시효기간 경과 후 매수를 제의하더라도 이를 타주점유로 볼 수는 없다(대판 전합체 1983.7.12, 82다708).

⑪ 타인의 토지 위에 분묘를 설치 또는 소유하는 자는 그 분묘의 보존 및 관리에 필요한 범위 내에서만 타인의 토지를 점유하는 것이므로 점유권원의 성질상 소유의 의사가 추정되지 아니한다(대판 1994.11.8, 94다31549).

⑫ 명의신탁에 의하여 부동산의 소유자로 등기된 자의 점유는 그 권원의 성질상 타주점유에 해당한다(대판 1991.12.10, 91다27655).

⑬ 공유자 1인이 공유토지의 전부를 점유하더라도 다른 공유자의 지분비율의 범위 내에서는 타주점유이다(대판 1968.4.30, 67다2862).

⑭ 부동산을 다른 사람에게 매도하여 그 인도의무를 지고 있는 매도인의 점유는 특별한 사정이 없는 한 타주점유로 변경된다(대판 2004.9.24, 2004다27273).

⑮ 점유자가 타인의 선대를 위하여 그 선산과 분묘 등을 돌보면서 이를 관리하여 온 경우, 이들 토지에 대한 점유자의 점유는 그 권원의 성질상 처음부터 타주점유이고 이를 상속 등의 방법으로 승계한 자의 점유 역시 특단의 사정이 없는 한 피상속인의 점유의 성질을 그대로 승계하여 타주점유라고 보아야 한다(대판 1998.2.13, 97다42625).

⑯ 경락으로 인한 소유권 상실로써 종전 소유자의 점유는 타주점유로 전환된다(대판 1996.11.26, 96다29335).

⑰ 점유자가 소유자로부터 보상요구를 받고 차후 보상하겠다고 회답한 경우 자주점유의 추정이 번복된다(대판 1996.1.26, 95다17441).

⑱ 귀속재산의 점유자는 권원의 성질상 타주점유에 해당하나, 귀속재산을 불하받아 그 상환을 완료한 날부터는 그 불하받은 부분에 대한 점유는 자주점유로 보아야 한다(대판 1992.4.28, 91다27259·27266).

⑲ 타주점유가 자주점유가 되기 위하여는 점유자가 소유자에 대하여 소유의 의사가 있는 것을 표시하거나 새로운 권원에 의하여 다시 소유의 의사로써 점유를 시작하여야만 한다(대판 1997.5.30, 97다2344).

⑳ 상속에 의하여 점유권을 취득한 경우에는 상속인이 새로운 권원(매매, 증여, 교환 등)에 의하여 자기 고유의 점유를 시작하지 않는 한 피상속인의 점유를 떠나 자기만의 점유를 주장할 수 없다(대판 2004.9.24, 2004다27273).

2. 자주점유의 추정

① 자주점유의 요건인 소유의 의사는 객관적으로 점유권원의 성질에 의하여 그 존부를 결정하는 것이나, 다만 그 점유권원의 성질이 분명하지 않을 때에는 제197조 제1항에 의하여 소유의 의사로 점유한 것으로 추정된다(대판 2000.3.24, 99다56765).

② 점유자가 성질상 소유의 의사가 없는 것으로 보이는 권원에 바탕을 두고 점유를 취득한 사실이 '증명'되었거나, 점유자가 타인의 소유권을 배제하여 자기의 소유물처럼 배타적 지배를 행사하는 의사를 가지고 점유하는 것으로 볼 수 없는 객관적 사정, 즉 점유자가 진정한 소유자라면 통상 취하지 아니할 태도를 나타내거나 소유자라면 당연히 취했을 것으로 보이는 행동을 취하지 아니한 경우 등 외형적·객관적으로 보아 점유자가 타인의 소유권을 배척하고 점유할 의사를 갖고 있지 아니하였던 것이라고 볼 만한 사정이 '증명'된 경우에 자주점유의 추정이 깨진다(대판 2006.4.27, 2004다38150).

③ 점유권원의 성질이 분명하지 않을 때에는 제197조 제1항에 의하여 소유의 의사로 점유한 것으로 추정되므로 점유자가 스스로 그 점유권원의 성질에 의하여 자주점유임을 입증할 책임이 없고, 점유자의 점유가 소유의 의사 없는 타주점유임을 주장하는 상대방에게 타주점유에 대한 입증책임이 있다(대판 2000.3.24, 99다56765).

④ 소유자가 제기한 소유권이전등기의 말소등기청구소송에서 패소확정된 점유자는 그 소제기 시부터 악의의 점유자로 간주되고, 패소판결 확정 후부터 타주점유로 전환된다(대판 1996.10.11, 96다19857).

⑤ 점유자가 소유자를 상대로 소유권이전등기말소청구의 소를 제기하였다가 패소하고 그 판결이 확정되었더라도 자주점유의 추정이 번복되어 타주점유로 전환되는 것은 아니다(대판 1999.9.17, 98다63018).

⑥ 점유자가 스스로 매매 또는 증여와 같은 자주점유의 권원을 주장하였으나 이것이 인정되지 않는 경우에도 원래 이와 같은 자주점유의 권원에 관한 입증책임이 점유자에게 있지 아니한 이상 그 점유권원이 인정되지 않는다는 사유만으로 자주점유의 추정이 번복된다거나 또는 점유권원의 성질상 타주점유라고는 볼 수 없다(대판 전합체 1983.7.12, 82다708).

⑦ 자주점유의 추정은 국가나 지방자치단체가 점유하는 도로의 경우에도 적용되고, 지방자치단체가 도로개설공사의 시공자로서 사후 감정가격에 의하여 보상하기로 하고 소유자의 승낙을 얻어 토지를 점유하는 것은 자주점유이다(대판 2002.1.8, 2001다67904).

⑧ 점유자가 점유개시 당시에 소유권취득의 원인이 될 수 있는 법률행위 기타 법률요건이 없이 그와 같은 법률요건이 없다는 사실을 잘 알면서 타인 소유의 부동산을 무단점유한 것임이 입증된 경우에는 자주점유의 추정이 번복된다(대판 전합체 1997.8.21, 95다28625).

기출&예상 문제

특별한 사정이 없는 한 타주점유자인 경우를 모두 고른 것은? (다툼이 있으면 판례에 따름)

㉠ 타인의 토지 위에 분묘기지권을 취득한 점유자
㉡ 상대방에 대하여 소유의 의사를 밝힌 점유자
㉢ 소유의 권원이 불명(不明)한 점유자
㉣ 목적물의 인도의무를 지고 있는 매도인인 점유자

① ㉠, ㉣   ② ㉡, ㉣   ③ ㉠, ㉡, ㉢
④ ㉢, ㉣   ⑤ ㉠, ㉢, ㉣

해설 ㉠ 타인의 토지 위에 분묘를 설치·소유하는 경우 그 토지를 소유의 의사로 점유하는 것으로 추정되지 않는다(대판 1994.11.8, 94다31549).
㉣ 부동산을 다른 사람에게 매도하여 그 인도의무를 지고 있는 매도인의 점유는 특별한 사정이 없는 한 타주점유로 변경된다(대판 2004.9.24, 2004다27273).

정답 ①

빈출키워드 061   선의·평온·공연점유

제197조【점유의 태양】
① 점유자는 소유의 의사로 선의, 평온 및 공연하게 점유한 것으로 추정한다.
② 선의의 점유자라도 본권에 관한 소에 패소한 때에는 그 소가 제기된 때로부터 악의의 점유자로 본다.

① 제197조에 의하여 점유자는 선의로 점유한 것으로 추정되고, 권원 없는 점유였음이 밝혀졌다고 하여 곧 그동안의 점유에 대한 선의의 추정이 깨어졌다고 볼 것은 아니다 (대판 2000.3.10, 99다63350).

② 제197조 제2항 소정의 '본권에 관한 소'에는 소유권에 기한 반환청구소송은 물론 소유권 침해를 이유로 한 부당이득반환청구소송도 포함된다(대판 2002.11.22, 2001 다6213).

③ 제197조 제2항의 '본권에 관한 소에 패소한 때'란 종국판결에 의하여 패소로 확정한 경우를 말한다(대판 1974.6.25, 74다128).

④ 취득시효완성 후 소유자가 점유자를 상대로 소송을 제기하였으나 점유자가 취득시효 주장을 하지 아니하여 소유자가 승소한 경우 그 토지에 대한 점유자의 점유가 평온·공연한 점유가 아니게 되는 것은 아니다(대판 1996.10.29, 96다23573).

⑤ 점유가 불법이라고 이의를 받거나 점유물의 소유권을 둘러싸고 법률상의 분쟁이 있었다는 사실만으로 점유의 평온·공연성이 상실되는 것은 아니다(대판 1994.12.9, 94 다25025).

빈출키워드 062 점유의 취득과 소멸

제192조【점유권의 취득과 소멸】
① 물건을 사실상 지배하는 자는 점유권이 있다.
② 점유자가 물건에 대한 사실상의 지배를 상실한 때에는 점유권이 소멸한다. 그러나 제204조의 규정에 의하여 점유를 회수한 때에는 그러하지 아니하다.

제196조【점유권의 양도】
① 점유권의 양도는 점유물의 인도로 그 효력이 생긴다.
② 전항의 점유권의 양도에는 제188조 제2항, 제189조, 제190조의 규정을 준용한다.

제199조【점유의 승계의 주장과 그 효과】
① 점유자의 승계인은 자기의 점유만을 주장하거나 자기의 점유와 전 점유자의 점유를 아울러 주장할 수 있다.
② 전 점유자의 점유를 아울러 주장하는 경우에는 그 하자도 승계한다.

점유의 승계가 있는 경우 전 점유자의 점유가 타주점유라 하여도 점유자의 승계인이 자기의 점유만을 주장하는 경우에는 현 점유자의 점유는 자주점유로 추정된다(대판 2002. 2.26, 99다72743).

점유의 추정적 효력

제197조【점유의 태양】
① 점유자는 소유의 의사로 선의, 평온 및 공연하게 점유한 것으로 추정한다.
② 선의의 점유자라도 본권에 관한 소에 패소한 때에는 그 소가 제기된 때로부터 악의의 점유자로 본다.

제198조【점유계속의 추정】
전후 양시에 점유한 사실이 있는 때에는 그 점유는 계속한 것으로 추정한다.

제200조【권리의 적법의 추정】
점유자가 점유물에 대하여 행사하는 권리는 적법하게 보유한 것으로 추정한다.

① 제198조 소정의 점유계속 추정은 동일인이 전후 양 시점에 점유한 것이 증명된 때에만 적용되는 것이 아니고 전후 양 시점의 점유자가 다른 경우에도 점유의 승계가 입증되는 한 점유계속은 추정된다(대판 1996.9.20, 96다24279·24286).

② 제200조의 점유의 권리적법 추정력은 특별한 사정이 없는 한 부동산물권에 대하여는 적용되지 않는다(대판 1982.4.13, 81다780).

③ 점유의 권리적법 추정은 소유자와 그로부터 점유를 취득한 자 사이에는 적용되지 않으므로 다른 사람의 물건을 점유하는 자는 전 점유자에 대하여 그 점유가 정당한 권원에 의한 것임을 주장·증명하여야 한다(대판 1964.12.8, 64다714).

> **제201조【점유자와 과실】**
> ① 선의의 점유자는 점유물의 과실을 취득한다.
> ② 악의의 점유자는 수취한 과실을 반환하여야 하며 소비하였거나 과실로 인하여 훼손 또는 수취하지 못한 경우에는 그 과실의 대가를 보상하여야 한다.
> ③ 전항의 규정은 폭력 또는 은비에 의한 점유자에 준용한다.
>
> **제202조【점유자의 회복자에 대한 책임】**
> 점유물이 점유자의 책임 있는 사유로 인하여 멸실 또는 훼손한 때에는 악의의 점유자는 그 손해의 전부를 배상하여야 하며 선의의 점유자는 이익이 현존하는 한도에서 배상하여야 한다. 소유의 의사가 없는 점유자는 선의인 경우에도 손해의 전부를 배상하여야 한다.
>
> **제203조【점유자의 상환청구권】**
> ① 점유자가 점유물을 반환할 때에는 회복자에 대하여 점유물을 보존하기 위하여 지출한 금액 기타 필요비의 상환을 청구할 수 있다. 그러나 점유자가 과실을 취득한 경우에는 통상의 필요비는 청구하지 못한다.
> ② 점유자가 점유물을 개량하기 위하여 지출한 금액 기타 유익비에 관하여는 그 가액의 증가가 현존한 경우에 한하여 회복자의 선택에 좇아 그 지출금액이나 증가액의 상환을 청구할 수 있다.
> ③ 전항의 경우에 법원은 회복자의 청구에 의하여 상당한 상환기간을 허여할 수 있다.

① 건물을 사용함으로써 얻는 이득은 그 건물의 과실에 준하여 취급된다(대판 1996.1.26, 95다44290).

② 토지를 사용함으로써 얻는 이득은 그 토지로 인한 과실에 준하여 취급된다(대판 1987.9.22, 86다카1996).

③ 제201조 제1항의 선의의 점유자란 과실취득권이 있는 본권을 오신한 점유자를 말하고, 다만 그와 같은 오신을 함에는 오신할 만한 정당한 근거가 있어야 한다(대판 2000.3.10, 99다63350).

④ 선의의 점유자는 비록 법률상 원인 없이 타인의 건물을 점유·사용하고 이로 말미암아 그에게 손해를 입혔다고 하더라도 그 점유·사용으로 인한 이득을 반환할 의무는 없다(대판 1996.1.26, 95다44290).

⑤ 선의점유자의 과실취득권과 불법행위로 인한 손해배상책임은 병존할 수 있으므로 선의점유자에게 과실취득권이 있다 하더라도 불법행위로 인한 손해배상책임이 배제되는 것은 아니다(대판 1966.7.19, 66다994).

⑥ 악의의 점유자가 타인 소유물을 권원 없이 점유함으로써 얻은 사용이익을 반환하는 경우에는 받은 이익에 이자를 붙여 반환하여야 하며, 이자의 이행지체로 인한 지연손해금도 지급하여야 한다(대판 2003.11.14, 2001다61869).

⑦ 점유자의 비용상환청구권은 점유자가 점유물을 반환할 때 또는 회복자로부터 점유물의 반환청구를 받은 때에 발생하므로 회복자가 소유권이전등기의 말소만을 구하는 경우에는 점유자는 비용상환청구권으로 유치권 항변을 할 수 없다(대판 1976.3.23, 76다172).

⑧ 기계장치를 점유·사용한 자가 지출한 수리비 등은 통상의 필요비에 해당한다(대판 1996. 7.12, 95다41161).

⑨ 유익비상환청구가 있는 경우 실제 지출한 비용과 현존하는 증가액을 모두 산정하여야 한다(대판 2002.11.22, 2001다40381).

⑩ 점유자의 비용상환청구권은 비용을 지출할 당시의 소유자가 누구이었는지 관계없이 점유회복 당시의 소유자에게 행사할 수 있다(대판 2003.7.25, 2001다64752).

⑪ 점유자가 유익비를 지출할 당시 계약관계 등 적법한 점유권원을 가진 경우에는 계약관계 등의 상대방이 아닌 점유회복 당시의 소유자에 대하여 제203조 제2항에 따른 지출비용의 상환을 청구할 수 없다(대판 2003.7.25, 2001다64752).

기출&예상 문제

점유자와 회복자의 관계에 관한 설명으로 옳은 것은? (다툼이 있으면 판례에 따름) •31회

① 선의의 점유자는 과실을 취득하더라도 통상의 필요비의 상환을 청구할 수 있다.

② 이행지체로 인해 매매계약이 해제된 경우, 선의의 점유자인 매수인에게 과실취득권이 인정된다.

③ 악의의 점유자가 책임 있는 사유로 점유물을 훼손한 경우, 이익이 현존하는 한도에서 배상해야 한다.

④ 점유자가 유익비를 지출한 경우, 점유자의 선택에 좇아 그 지출금액이나 증가액의 상환을 청구할 수 있다.

⑤ 무효인 매매계약의 매수인이 점유목적물에 필요비 등을 지출한 후 매도인이 그 목적물을 제3자에게 양도한 경우, 점유자인 매수인은 양수인에게 비용상환을 청구할 수 있다.

해설 ① 선의의 점유자는 과실을 취득한 경우에는 통상의 필요비의 상환을 청구할 수 없다(제203조 제1항 단서).

② 계약해제로 인한 원상회복의무는 부당이득반환의무의 특칙에 해당하므로, 해제로 인한 원상회복의 범위는 이익의 현존 여부나 선의·악의에 불문하고 특단의 사유가 없는 한 받은 이익의 전부이다(대판 1998.12.23, 98다43175). 따라서 이행지체로 인해 매매계약이 해제된 경우, 선의의 점유자인 매수인은 과실을 반환하여야 한다(대판 2000.2.25, 97다30066).

③ 점유물이 점유자의 책임 있는 사유로 인하여 멸실 또는 훼손한 때에는 악의의 점유자는 그 손해의 전부를 배상하여야 한다(제202조 제1문 전단).

④ 점유자가 점유물을 개량하기 위하여 지출한 금액 기타 유익비에 관하여는 그 가액의 증가가 현존한 경우에 한하여 회복자의 선택에 좇아 그 지출금액이나 증가액의 상환을 청구할 수 있다(제203조 제2항).

⑤ 점유자의 비용상환청구권은 비용을 지출할 당시의 소유자가 누구이었는지 관계없이 점유회복 당시의 소유자에게 행사할 수 있다(대판 2003.7.25, 2001다64752). 따라서 위의 경우에는 점유자인 매수인은 현재의 소유자인 양수인에게 비용상환을 청구할 수 있다.

정답 ⑤

제204조 【점유의 회수】
① 점유자가 점유의 침탈을 당한 때에는 그 물건의 반환 및 손해의 배상을 청구할 수 있다.
② 전항의 청구권은 침탈자의 특별승계인에 대하여는 행사하지 못한다. 그러나 승계인이 악의인 때에는 그러하지 아니하다.
③ 제1항의 청구권은 침탈을 당한 날로부터 1년 내에 행사하여야 한다.

제205조 【점유의 보유】
① 점유자가 점유의 방해를 받은 때에는 그 방해의 제거 및 손해의 배상을 청구할 수 있다.
② 전항의 청구권은 방해가 종료한 날로부터 1년 내에 행사하여야 한다.
③ 공사로 인하여 점유의 방해를 받은 경우에는 공사착수 후 1년을 경과하거나 그 공사가 완성한 때에는 방해의 제거를 청구하지 못한다.

제206조 【점유의 보전】
① 점유자가 점유의 방해를 받을 염려가 있는 때에는 그 방해의 예방 또는 손해배상의 담보를 청구할 수 있다.
② 공사로 인하여 점유의 방해를 받을 염려가 있는 경우에는 전조 제3항의 규정을 준용한다.

① 점유자가 상대방의 사기에 의해 물건을 인도한 경우 점유침탈을 이유로 점유물반환청구권을 행사할 수 없다(대판 1992.2.28, 91다17443).

② 이미 점유를 상실한 점유침탈자에 대해서는 점유회수청구권을 행사할 수 없다(대판 1995.6.30, 95다12927).

③ 제204조 제3항과 제205조 제2항 소정의 점유보호청구권의 행사기간은 출소기간(出訴期間)이므로 반드시 1년의 기간 내에 소를 제기하여야 한다(대판 2002.4.26, 2001다 8097·8103).

④ 점유권에 의한 방해배제청구권은 물건 자체에 대한 사실상의 지배상태를 점유침탈 이외의 방법으로 침해하는 방해행위가 있을 때 성립된다(대판 1987.6.9, 86다카2942).

⑤ 점유권에 의한 방해배제청구권은 물건에 대한 사실상의 지배상태(점유권)에 대한 방해행위가 있으면 성립되고 점유를 정당화할 권원이 있음을 요하지 아니한다(대판 1970. 6.30, 68다1416).

甲이 점유하고 있는 X물건을 乙이 침탈한 경우에 관한 설명으로 옳지 <u>않은</u> 것은? (다툼이 있으면 판례에 따름)

① 甲의 乙에 대한 점유물반환청구권은 침탈당한 날로부터 1년 이내에 행사하여야 하는데, 이는 출소기간이다.

② 乙이 선의인 丙에게 X물건을 매도·인도한 경우, 甲은 丙에 대하여 손해배상을 청구할 수 없다.

③ 乙이 선의의 丙에게 X물건을 매도·인도한 경우, 甲은 丙에 대하여 점유물반환청구권을 행사할 수 있다.

④ 甲이 丁 소유의 X물건을 임차하여 점유하였던 경우, 丁도 乙에 대하여 점유물반환청구권을 행사할 수 있다.

⑤ 만일 甲이 乙의 사기로 인하여 점유를 乙에게 이전한 경우, 乙에 대하여 점유물반환을 청구할 수 없다.

해설
① 대판 2002.4.26, 2001다8097·8103
② 甲은 손해를 발생시킨 자인 乙에 대해서는 손해배상청구를 할 수 있으나, 특별승계인인 丙에 대해서는 손해배상청구를 할 수 없다.
③ 점유물반환청구권은 악의의 특별승계인에게만 할 수 있고, 선의의 특별승계인에게는 할 수 없다(제204조 제2항). 따라서 甲은 丙에 대하여 점유물반환청구권을 행사할 수 없다.
④ 丁은 甲을 매개로 하여 간접으로 점유권을 취득하는 간접점유자이다. 간접점유자는 점유권이 있으므로 점유보호청구권이 인정된다(제194조).
⑤ 사기는 점유의 침탈에 해당하지 않는다(대판 1992.2.28, 91다17443).

정답 ③

> **제209조【자력구제】**
> ① 점유자는 그 점유를 부정히 침탈 또는 방해하는 행위에 대하여 자력으로써 이를 방위할 수 있다.
> ② 점유물이 침탈되었을 경우에 부동산일 때에는 점유자는 침탈 후 직시 가해자를 배제하여 이를 탈환할 수 있고 동산일 때에는 점유자는 현장에서 또는 추적하여 가해자로부터 이를 탈환할 수 있다.

① 위법한 강제집행에 의하여 부동산의 명도를 받는 것은 공권력을 빌려서 상대방의 점유를 침탈하는 것이 되므로 강제집행이 종료한 후 불과 2시간 이내에 자력으로 그 점유를 탈환한 것은 민법상의 점유자의 자력구제권의 행사에 해당한다(대판 1987.6.9, 86다카1683).

② 점유자의 자력탈환권을 규정한 제209조 제2항 소정의 '직시(直時)'란 '객관적으로 가능한 한 신속히' 또는 '사회관념상 가해자를 배제하여 점유를 회복하는 데 필요하다고 인정되는 범위 안에서 되도록 속히'라는 뜻으로 해석할 것이므로 점유자가 침탈사실을 알고 모르고와는 관계없이 침탈을 당한 후 상당한 시간이 흘렀다면 자력탈환권을 행사할 수 없다(대판 1993.3.26, 91다14116).

04 소유권

학습 포인트

① 소유권 일반에서는 토지소유권의 범위와 주위토지 통행권에 관한 판례를 정리하기
② 취득시효에서는 취득시효의 대상인지를 정리하고, 취득시효 완성 후 등기 전의 법률관계를 파악하기
③ 등기부취득시효에서는 요건과 입증에 관한 판례의 태도를 살펴두기
④ 첨부에서는 부합에 관한 판례의 태도를, 공동소유에서는 공유의 주장에 관한 판례의 태도를 정리하기

빈출키워드 067 | **소유권의 의의와 토지소유권의 범위**

제211조【소유권의 내용】
소유자는 법률의 범위 내에서 그 소유물을 사용, 수익, 처분할 권리가 있다.

제212조【토지소유권의 범위】
토지의 소유권은 정당한 이익 있는 범위 내에서 토지의 상하에 미친다.

핵심 Check

의 의	① 법률의 범위 내에서 물건을 직접 사용·수익·처분할 수 있는 권리 ② 소유권의 객체는 물건에 한한다.		
성 질	① 관념성	② 전면성	③ 혼일성(운일성)
	④ 탄력성	⑤ 항구성	
토지 소유권의 범위	① 토사, 토석, 지하수 : 토지의 구성부분 ② 입목과 명인방법을 갖춘 수목의 집단 : 토지와 독립한 별개의 부동산 ③ 임야 내의 자연석을 조각하여 제작한 석불 : 임야와는 독립한 소유권 객체 ④ 성숙한 농작물 : 경작자의 소유(판례) ⑤ 미채굴의 광물 : 국유(다수설)		

① 물건에 대한 배타적인 사용·수익권은 소유권의 핵심적 권능이므로, 소유권의 사용·수익 권능을 대세적, 영구적으로 포기하는 것은 허용되지 않는다(대판 2013.8.22, 2012다54133). 또한 소유자에게 처분권능이 없는 소유권도 인정되지 않는다(대판 2014.3.13, 2009다105215).

② 토지소유권의 범위는 현실의 경계와 관계없이 지적공부상 경계에 의하여 확정되는 것이 원칙이다. 그러나 지적도를 작성하면서 기점을 잘못 선택하는 등 기술적인 착오로 말미암아 지적도상의 경계선이 진실한 경계선과 다르게 작성된 경우에는 토지의 경계는 실제의 경계에 의하여야 한다(대판 2006.9.22, 2006다24971).

③ 토지의 소유권은 정당한 이익이 있는 범위 내에서 토지의 상하에 미치므로 토지소유자는 법률의 제한 범위 내에서 그 소유 토지의 지표면 아래에 있는 지하수를 개발하여 이용할 수 있다(대판 1998.4.28, 97다48913).

④ 임야 내의 자연석을 조각하여 제작한 석불은 임야와는 독립한 소유권 객체가 된다(대판 1970.9.22, 70다1494).

빈출키워드 068 상린관계 일반

핵심 Check

의 의	인접한 부동산소유자 상호 간의 이용을 조절하기 위한 제도	

지역권과의 비교	구 분	상린관계	지역권
	발생원인	법률규정에 의해 발생(등기 불요)	계약에 의해 발생(등기 필요)
	성 질	소유권의 내용 그 자체	독립한 물권
	내 용	소유권에 대한 최소한의 확장·제한	탄력적인 이용 조절
		양자 모두 토지의 이용관계를 내용으로 하므로 병존 가능	
	인접성	인접성을 요구함	요역지와 승역지가 인접할 필요 없음
	대 상	부동산 + 물의 이용관계	토지만의 이용관계
	소멸시효	소멸시효에 걸리지 않음	소멸시효에 걸림
	기 원	게르만법의 단체주의	로마법의 개인주의

① 지하시설을 하는 경우에 있어서 경계로부터 두어야 할 거리에 관한 사항 등을 규정한 제244조는 강행규정으로 볼 수 없다(대판 1982.10.26, 80다1634).

② 폭파작업장으로부터 나오는 소음·진동은 그 작업장으로부터 100m 내지 190m 거리에 있는 양계장에 대해서도 생활방해가 될 수 있다(대판 1974.11.12, 74다1321).

③ 병원시체실의 설치로 그 인접지 거주자가 받을 피해와 고통이 사회관념상 일반적으로 수인하여야 할 정도의 것일 때에는 거주자가 이를 수인하여야 하나 그 정도를 초과할 때에는 수인의무가 없고 오히려 방해사유의 제거 내지 예방조치를 청구할 수 있다(대판 1974.12.24, 68다1489).

④ 새로운 지하수 개발 및 취수로 인하여 인근 토지소유자의 기존 생활용수에 장해가 생기거나 장해의 염려가 있는 경우 인근 토지소유자는 그 생활용수 방해의 제거(원상회복)나 예방을 청구할 수 있다(대판 1998.4.28, 97다48913).

⑤ 건물을 축조함에는 특별한 관습이 없으면 경계로부터 반미터 이상의 거리를 두어야 한다. 이 경우 '경계로부터 반미터'는 경계로부터 건물의 가장 돌출된 부분까지의 거리를 말한다(대판 2011.7.28, 2010다108883).

빈출키워드 069 주위토지통행권

제219조【주위토지통행권】
① 어느 토지와 공로 사이에 그 토지의 용도에 필요한 통로가 없는 경우에 그 토지소유자는 주위의 토지를 통행 또는 통로로 하지 아니하면 공로에 출입할 수 없거나 과다한 비용을 요하는 때에는 그 주위의 토지를 통행할 수 있고 필요한 경우에는 통로를 개설할 수 있다. 그러나 이로 인한 손해가 가장 적은 장소와 방법을 선택하여야 한다.
② 전항의 통행권자는 통행지소유자의 손해를 보상하여야 한다.

제220조【분할, 일부양도와 주위통행권】
① 분할로 인하여 공로에 통하지 못하는 토지가 있는 때에는 그 토지소유자는 공로에 출입하기 위하여 다른 분할자의 토지를 통행할 수 있다. 이 경우에는 보상의 의무가 없다.
② 전항의 규정은 토지소유자가 그 토지의 일부를 양도한 경우에 준용한다.

① 주위토지통행권은 인접한 토지의 상호이용의 조절에 기한 권리로서 토지의 소유자 또는 지상권자, 전세권자 등 토지사용권을 가진 자에게 인정되는 권리이다. 따라서 대외적으로 소유권을 주장할 수 없는 명의신탁자에게는 주위토지통행권이 인정되지 아니한다(대판 2008.5.8, 2007다22767).

② 주위토지통행권은 어느 토지와 공로 사이에 그 토지의 용도에 필요한 통로가 없는 경우에 한하여 인정되는 것이므로 이미 그 토지의 용도에 필요한 통로가 있는 경우에는 그 통로를 사용하는 것보다 더 편리하다는 이유만으로 다른 장소로 통행할 권리를 인정할 수 없다(대판 1995.6.13, 95다1088·1095).

③ 통로가 있기는 하지만 그것이 일상생활을 하기에 불편한 정도이거나 그 토지의 용도에 부적합하여 실제로 통로로서의 충분한 기능을 하지 못하는 경우에는 주위토지통행권이 인정된다(대판 2003.8.19, 2002다53469).

④ 「건축법」에 건축과 관련하여 도로에 관한 폭 등의 제한규정이 있다 하더라도 이는 건물 신축이나 증·개축 허가 시 그와 같은 범위의 도로가 필요하다는 행정법규에 불과할 뿐 위 규정만으로 당연히 포위된 토지소유자에게 그 반사적 이익으로서 「건축법」에서 정하는 도로의 폭이나 면적 등과 일치하는 주위토지통행권이 바로 생긴다고 할 수 없다(대판 1991.6.11, 90다12007).

⑤ 일단 주위토지통행권이 발생하였다고 하더라도 나중에 그 토지에 접하는 공로가 개설 됨으로써 주위토지통행권을 인정할 필요성이 없어진 때에는 그 통행권은 소멸한다 (대판 1998.3.10, 97다47118).

⑥ 제219조는 통행권자로 하여금 통행지소유자의 손해를 보상하도록 규정하고 있으므로 주위토지소유자는 주위토지통행권자의 허락을 얻어 사실상 통행하고 있는 자에 대하여 손해의 보상을 청구할 수 없다(대판 1991.9.10, 91다19623).

⑦ 주위토지통행권자는 통행지소유자의 점유를 배제할 권능이 없고, 통행지소유자도 주위 토지통행권자가 통행지를 배타적으로 점유하지 않는 이상 통행지의 인도를 청구할 수 없다(대판 2003.8.19, 2002다53469).

⑧ 주위토지통행권의 범위는 현재의 토지의 용법에 따른 이용의 범위에서 인정할 수 있을 뿐, 장래의 이용상황까지 미리 대비하여 통행로를 정할 것은 아니다(대판 2006.10.26, 2005다30993).

⑨ 주위토지통행권의 본래적 기능 발휘를 위해서 주위토지통행권자는 통행에 방해가 되는 담장과 같은 축조물에 대해 철거를 청구할 수 있다(대판 2006.6.2, 2005다70144).

⑩ 분할 또는 토지의 일부양도로 인하여 공로에 통하지 못하는 토지가 생긴 경우에 분할 또는 일부양도 전의 종전 토지소유자가 그 포위된 토지를 위하여 인정한 통행사용권은 직접 분할자, 일부양도의 당사자 사이에만 적용되므로 포위된 토지 또는 피통행지의 특정승계인의 경우에는 주위토지통행권에 관한 일반원칙으로 돌아가 그 통행권의 범위 를 따로 정하여야 한다(대판 1996.11.29, 96다33433·33440).

주위토지통행권에 관한 설명으로 옳지 않은 것은? (다툼이 있으면 판례에 따름)

① 기존 통로가 토지용도에 필요한 통로로서의 기능을 다하지 못하는 경우에도 새로운 통행권이 인정된다.

② 「건축법」상 도로의 폭 등에 관하여 제한규정이 있다면 반사적 이익으로서 포위된 토지소유자에게 이와 일치하는 통행권이 인정된다.

③ 기존의 통로보다 더 편리하다는 이유만으로 다른 곳으로 통행할 권리를 갖는 것은 아니다.

④ 통행지소유자는 통행권자의 허락을 얻어 사실상 통행하고 있는 자에게 손해의 보상을 청구할 수 없다.

⑤ 분할이나 토지의 일부양도로 포위된 토지의 특정승계인의 경우에는 주위토지통행권에 관한 일반원칙에 따라 그 통행권의 범위를 따로 정하여야 한다.

> **해설** 「건축법」에 건축과 관련하여 도로에 관한 폭 등의 제한규정이 있다 하더라도 이는 건물 신축이나 증·개축 허가 시 그와 같은 범위의 도로가 필요하다는 행정법규에 불과할 뿐 위 규정만으로 당연히 포위된 토지소유자에게 그 반사적 이익으로서 「건축법」에서 정하는 도로의 폭이나 면적 등과 일치하는 주위토지통행권이 바로 생긴다고 할 수 없다(대판 1991.6.11, 90다12007).
>
> 정답 ②

빈출키워드 070 ## 취득시효 일반

핵심 Check

의 의	물건 또는 권리를 점유하는 사실상태가 일정기간 동안 계속된 경우에 그 상태가 진실한 권리관계와 일치하는가의 여부를 묻지 않고 권리취득의 효과가 생기는 것으로 하는 제도	
시효취득의 대상	시효취득의 대상 ○	① 소유권 ② 지상권 ③ 지역권(계속 and 표현) ④ 전세권 ⑤ 질권
	시효취득의 대상 ×	① 점유권 ② 유치권 ③ 가족법상의 권리 ④ 저당권 ⑤ 형성권(취소권, 해제권 등)

① 건물을 소유하기 위하여 그 건물부지를 평온·공연하게 20년간 점유함으로써 건물부지에 대한 지상권을 시효취득할 수 있다(대판 1994.10.14, 94다9849).

② 지방자치단체인 군은 국도의 점유자로서 이를 시효취득할 수 있다(대판 1987.2.10, 86다카1215).

③ 자기 소유의 부동산에 대하여도 시효취득이 가능하다(대판 2001.7.13, 2001다17572).

④ 부동산에 관하여 적법·유효한 등기를 마치고 소유권을 취득한 사람이 자기 소유의 부동산을 점유하는 경우에는 특별한 사정이 없는 한 그러한 점유는 취득시효의 기초가 되는 점유라고 할 수 없다(대판 2016.10.27, 2016다224596).

⑤ 1필 토지의 일부에 대해서도 점유취득시효가 인정될 수 있다. 다만, 그 부분이 다른 부분과 구분되어 시효취득자의 점유에 속한다는 것을 인식하기에 족한 객관적인 징표가 계속하여 존재할 것을 요한다(대판 2015.4.9, 2012다2408).

⑥ 행정재산은 공용폐지가 되지 않는 한 사법상 거래의 대상이 될 수 없으므로 취득시효의 대상이 되지 않는다(대판 1994.3.22, 93다56220).

⑦ 국유재산 중 일반재산은 취득시효의 대상이 된다(대판 2010.11.25, 2010다58957). 그러나 일반재산(과거에는 잡종재산이라 함)에 대하여 취득시효가 완성된 후 그 일반재산이 행정재산으로 편입된 경우에는 취득시효완성을 원인으로 소유권이전등기를 청구할 수 없다(대판 1997.11.14, 96다10782).

⑧ 자연공물은 시효취득의 대상이 되지 않는다(대판 1994.8.12, 94다12593).

⑨ 성명불상자의 소유물에 대하여 시효취득을 인정할 수 있다(대판 1992.2.25, 91다9312).

⑩ 학교법인의 기본재산에 대하여도 시효취득이 인정되고, 이 경우 감독청의 허가를 필요로 하지 않는다(대판 1978.7.11, 78다208).

⑪ 토지의 공유지분 일부에 대하여도 시효취득이 가능하다(대판 1979.6.26, 79다639).

⑫ 집합건물의 공용부분은 별도로 취득시효의 대상이 되지 않는다(대판 2013.12.12, 2011다78200).

부동산의 시효취득에 관한 설명으로 옳은 것은? (다툼이 있으면 판례에 따름)

① 자기 소유의 부동산에 대한 취득시효는 인정되지 않는다.

② 토지의 취득시효를 주장하는 자는 점유기간 중 소유자의 변동이 없으면 취득시효의 기산점을 임의로 선택할 수 없다.

③ 점유자가 주장한 매매와 같은 자주점유의 권원이 인정되지 않는다는 사유만으로 자주점유의 추정이 번복된다.

④ 잡종재산이던 당시에 취득시효가 완성된 후 그 잡종재산이 행정재산으로 편입되었다면, 그 후 시효완성을 이유로 소유권이전등기를 청구할 수 없다.

⑤ 타주점유자인 피상속인의 점유권을 상속한 자는 새로운 권원에 의하여 자기 고유의 점유를 개시하지 않더라도 자주점유를 주장할 수 있다.

해설

① 자기 소유의 부동산에 대하여도 시효취득이 가능하다(대판 2001.7.13, 2001다17572).

② 시효기간 중 등기명의자가 동일하고 그간에 취득자의 변동이 없는 경우에는 시효기간의 기산점을 임의로 선택할 수 있다(대판 1976.6.22, 76다487·488).

③ 점유자가 스스로 매매 또는 증여와 같은 자주점유의 권원을 주장하였으나 이것이 인정되지 않는 경우에도 자주점유의 추정이 번복된다거나 또는 점유권원의 성질상 타주점유라고는 볼 수 없다(대판 전합체 1983.7.12, 82다708).

④ 대판 1997.11.14, 96다10782

⑤ 상속에 의하여 점유권을 취득한 경우에는 상속인이 새로운 권원에 의하여 자기 고유의 점유를 시작하지 않는 한 피상속인의 점유를 떠나 자기만의 점유를 주장할 수 없다(대판 2004.9.24, 2004다27273).

정답 ④

빈출키워드 071 점유취득시효 多빈출

제245조 【점유로 인한 부동산소유권의 취득기간】
① 20년간 소유의 의사로 평온, 공연하게 부동산을 점유하는 자는 등기함으로써 그 소유권을 취득한다.

요 건	① 20년　　② 소유의 의사　　③ 평온·공연　　④ 점유　　⑤ 등기
기산점	① **원칙** : 점유개시 시가 기준(역산 불가, 임의선택 불가) ② **시효기간 중 소유자의 변동이 없는 경우** : 역산 가능, 임의선택 가능 ③ **시효기간 중 소유자의 변동이 있는 경우** : 점유개시 시가 기준 ④ **취득시효 완성 후 소유자가 변동된 시점을 새로운 기산점으로 삼아도 다시 취득시효가 완성하는 경우**(재취득시효 또는 2차의 취득시효) : 소유권변동시점을 기산점으로 주장 가능 ⑤ **전점유자의 점유를 아울러 주장하는 경우** : 위 ①~④의 내용이 동일하게 적용된다.
소유의 의사	① 소유의 의사는 점유개시 시에 있으면 족하다. ② 소유자가 점유자를 상대로 소를 제기하여 점유자가 패소한 경우 점유자는 패소판결 확정 시부터 타주점유로 전환된다. ③ 점유자가 소유자를 상대로 소를 제기하여 패소한 경우에는 여전히 자주점유로 추정된다.
점 유	직접점유 + 간접점유
등 기	보존등기를 하여야 하나, 실무상 이전등기를 한다.

① 취득시효는 그 기간 동안 등기명의자가 동일하고 취득자의 변동이 없는 경우가 아닌 한 그 기초되는 점유의 개시일로부터 기산하여야 하고 임의로 기산일을 정할 수 없다(대판 1989.4.25, 88다카3618).

② 시효기간 중 등기명의자가 동일하고 그간에 취득자의 변동이 없는 경우에는 시효기간의 기산점을 임의로 선택할 수 있다(대판 1976.6.22, 76다487·488).

③ 부동산취득시효완성 후 소유자의 변동이 있으나, 그 시점을 새로운 기산점으로 삼아도 다시 취득시효기간이 완성되는 경우에는 소유권변동시점을 새로운 기산점으로 삼아 취득시효의 완성을 주장할 수 있다(대판 1999.2.12, 98다40688). 그리고 재취득시효(2차의 취득시효) 기간 중 소유자의 변동이 있는 경우에도 재취득시효 완성 당시의 소유자에게 취득시효를 주장할 수 있다(대판 전합체 2009.7.16, 2007다15172).

④ 시효취득을 주장하는 점유승계인이 전점유자의 점유를 원용하는 경우 어느 단계의 점유자의 점유까지 아울러 주장할 것인지에 대한 선택권이 있지만, 그 점유의 개시시기를 전점유자의 점유기간 중의 임의의 시점으로 선택할 수 없다(대판 1998.4.10, 97다56822).

⑤ 취득시효기간 중 계속해서 등기명의자가 동일한 경우에는 전점유자의 점유를 승계하여 자신의 점유기간과 통산하면 20년이 경과한 경우에 있어서도 전점유자가 점유를 개시한 이후의 임의의 시점을 그 기산점으로 삼아 취득시효의 완성을 주장할 수 있다(대판 1998.5.12, 97다34037).

⑥ 농지를 소작을 준 것이 농지개혁법상 무효라 하더라도 소작인을 점유매개자로 하여 농지를 간접적으로 점유하고 있는 자는 농지를 시효로 취득할 수 있다(대판 1991.10.8, 91다25116).

⑦ 미등기부동산의 점유자는 점유취득시효기간의 완성만으로 등기 없이 그 부동산의 소유권을 취득하는 것은 아니다(대판 2006.9.28, 2006다22074).

기출&예상 문제

점유취득시효에 관한 설명으로 옳은 것은? (다툼이 있으면 판례에 따름)　•30회

① 부동산에 대한 악의의 무단점유는 점유취득시효의 기초인 자주점유로 추정된다.

② 집합건물의 공용부분은 별도로 취득시효의 대상이 되지 않는다.

③ 1필의 토지 일부에 대한 점유취득시효는 인정될 여지가 없다.

④ 아직 등기하지 않은 시효완성자는 그 완성 전에 이미 설정되어 있던 가등기에 기하여 시효완성 후에 소유권 이전의 본등기를 마친 자에 대하여 시효완성을 주장할 수 있다.

⑤ 부동산에 대한 압류 또는 가압류는 점유취득시효를 중단시킨다.

해설
① 점유자의 점유가 악의의 무단점유임이 입증된 경우에는 자주점유의 추정이 번복된다(대판 전합체 1997.8.21, 95다28625).
② 대판 2013.12.12, 2011다78200
③ 1필 토지의 일부에 대해서도 점유취득시효가 인정될 수 있다(대판 2015.4.9, 2012다2408).
④ 아직 등기하지 않은 시효완성자는 그 완성 전에 이미 설정되어 있던 가등기에 기하여 시효완성 후에 소유권 이전의 본등기를 마친 자에 대하여 시효완성을 주장할 수 없다(대판 1992.9.25, 92다21258).
⑤ 부동산에 대한 압류 또는 가압류는 취득시효의 중단사유가 될 수 없다(대판 2019.4.3, 2018다296878).

정답 ②

빈출키워드 072　취득시효완성 후 등기 전의 법률관계

1. 소유자와 시효완성자 사이의 관계

① 취득시효가 완성된 대지의 점유자에 대하여 대지의 소유명의자는 불법점유임을 이유로 그 지상건물의 철거와 대지의 인도를 청구할 수 없다(대판 1988.5.10, 87다카1979).

② 부동산에 대한 점유취득시효가 완성하였으나 아직 소유권이전등기를 경료하지 아니한 점유자에 대하여 소유명의자는 점유로 인한 부당이득반환청구를 할 수 없다(대판 1993.5.25, 92다51280).

③ 취득시효가 완성된 점유자는 점유권에 기하여 등기부상의 명의인을 상대로 점유방해의 배제를 청구할 수 있다(대판 2005.3.25, 2004다23899).

④ 시효취득자는 원소유자에 의하여 취득시효가 완성된 토지에 설정된 근저당권의 피담보채무를 변제한 후 변제액 상당에 대하여 원소유자에게 구상권을 행사하거나 부당이득반환청구권을 행사할 수 없다(대판 2006.5.12, 2005다75910).

2. 취득시효완성을 원인으로 한 소유권이전등기청구권

① 점유취득시효완성으로 인한 소유권이전등기청구권은 법률규정에 의하여 발생하는 채권적 청구권이다(대판 1970.9.29, 70다1875).

② 점유취득시효완성을 원인으로 한 소유권이전등기청구는 취득시효완성 당시의 소유자를 상대로 하여야 하므로 시효완성 당시의 소유권보존등기 또는 이전등기가 무효라면 원칙적으로 그 등기명의인은 시효취득을 원인으로 한 소유권이전등기청구의 상대방이 될 수 없고, 이 경우 시효취득자는 소유자를 대위하여 무효등기의 말소를 구하고 다시 소유자를 상대로 취득시효완성을 이유로 한 소유권이전등기를 구하여야 한다(대판 2007.7.26, 2006다64573).

③ 취득시효기간 완성 후 아직 그것을 원인으로 소유권이전등기를 경료하지 아니한 자는 종전 소유자로부터 그 부동산에 대한 등기부상 소유 명의를 넘겨받은 제3자에 대하여 시효취득을 주장할 수 없다(대판 1989.4.11, 88다카5843).

④ 명의신탁된 부동산에 대한 점유취득시효 완성 후 그 소유권이전등기가 경료되기 전에 명의신탁이 해지되어 등기명의가 명의신탁자에게 이전된 경우 시효완성자는 명의신탁자에게 취득시효를 주장할 수 없다(대판 2001.10.26, 2000다8861).

⑤ 아직 등기하지 않은 시효완성자는 그 완성 전에 이미 설정되어 있던 가등기에 기하여 시효완성 후에 소유권 이전의 본등기를 마친 자에 대하여 시효완성을 주장할 수 없다(대판 1992.9.25, 92다21258).

⑥ 취득시효완성 후 그 등기 전에 제3자에게 소유권이전등기가 경료되었다가 그 후 취득시효완성 당시의 소유자에게로 소유권이 회복된 경우에는 시효취득을 주장할 수 있다(대판 1991.6.25, 90다14225).

⑦ 토지에 대한 취득시효완성으로 인한 소유권이전등기청구권은 그 토지에 대한 점유가 계속되는 한 시효로 소멸하지 아니하고, 여기서 말하는 점유에는 직접점유뿐만 아니라 간접점유도 포함된다(대판 1995.2.10, 94다28468).

⑧ 취득시효가 완성된 점유자가 점유를 상실한 경우 시효완성으로 인한 소유권이전등기청구권이 바로 소멸하는 것은 아니나 점유를 상실한 때로부터 소멸시효가 진행한다(대판 1996.3.8, 95다34866).

3. 시효완성자로부터 점유를 승계한 자의 법적 지위

① 전점유자의 점유를 승계한 자는 그 점유 자체와 하자만을 승계하는 것이지 그 점유로 인한 법률효과까지 승계하는 것은 아니다(대판 전합체 1995.3.28, 93다47745).

② 부동산을 취득시효기간 만료 당시의 점유자로부터 양수하여 점유를 승계한 현점유자는 자신의 전점유자에 대한 소유권이전등기청구권을 보전하기 위하여 전점유자의 소유자에 대한 소유권이전등기청구권을 대위행사할 수 있을 뿐, 전점유자의 취득시효완성의 효과를 주장하여 직접 자기에게 소유권이전등기를 청구할 권원은 없다(대판 전합체 1995.3.28, 93다47745).

③ 점유취득시효의 완성으로 점유자가 소유자에 대해 갖는 소유권이전등기청구권은 통상의 채권양도 법리에 따라 양도될 수 있다. 따라서 소유자의 동의가 없어도 등기청구권 양도사실에 대한 시효완성자의 소유자에 대한 통지만으로 소유자에 대한 대항력이 생긴다(대판 2018.7.12, 2015다36167).

4. 시효완성 후 소유권이 제3자에게 양도된 경우

① 취득시효완성 사실을 알면서 소유자로부터 그 부동산을 매수하여 소유권이전등기를 마친 자에게 취득시효완성을 원인으로 한 소유권이전등기의무가 있다고 볼 수 없다(대판 1994.4.12, 93다50666).

② 부동산소유자가 자신의 부동산에 대하여 취득시효가 완성된 사실을 알고 이를 제3자에게 처분하여 소유권이전등기를 넘겨줌으로써 취득시효완성을 원인으로 한 소유권이전등기의무를 이행불능에 빠뜨려 시효취득을 주장하는 자에게 손해를 입혔다면 불법행위를 구성한다(대판 1995.6.30, 94다52416).

③ 부동산소유자가 취득시효가 완성된 부동산을 제3자에게 처분하더라도 채무불이행 책임은 성립하지 않는다(대판 1995.7.11, 94다4509).

④ 부동산소유자의 처분행위가 불법행위를 구성하고 제3자가 이러한 처분행위에 적극가담한 경우 시효완성자는 소유자를 대위하여 제3자에 대하여 그 등기의 말소를 청구할 수 있다(대판 2002.3.15, 2001다77352).

⑤ 취득시효완성 후 소유자로부터 제3자 앞으로 경료된 소유권이전등기가 원인무효인 경우 취득시효완성으로 인한 소유권이전등기청구권을 가진 자는 취득시효완성 당시의 소유자를 대위하여 제3자 앞으로 경료된 원인무효인 등기의 말소를 구할 수 있다(대판 1989.1.31, 87다카2561).

5. 대상청구권의 행사

① 점유로 인한 부동산소유권취득기간 만료를 원인으로 한 등기청구권이 이행불능으로 되었다고 하여 대상청구권을 행사하기 위하여는, 그 이행불능 전에 등기명의자에 대하여 점유로 인한 부동산소유권취득기간이 만료되었음을 이유로 그 권리를 주장하였거나 그 취득기간 만료를 원인으로 한 등기청구권을 행사하였어야 한다 (대판 1996.12.10, 94다43825).

② 취득시효가 완성된 토지가 수용됨으로써 취득시효완성을 원인으로 하는 소유권이전등기의무가 이행불능이 된 경우에는 그 소유권이전등기청구권자가 대상청구권의 행사로서 그 토지의 소유자가 토지의 대가로서 지급받은 수용보상금의 반환을 청구할 수 있다고 하더라도, 시효취득자가 직접 토지의 소유자를 상대로 공탁된 토지수용보상금의 수령권자가 자신이라는 확인을 구할 수는 없다(대판 1995.7.28, 95다2074).

기출&예상 문제

甲 소유 부동산에 대한 乙의 점유취득시효가 완성되었다. 다음 설명 중 옳지 않은 것은?
(다툼이 있으면 판례에 따름)

① 乙이 甲으로부터 아직 소유권이전등기를 경료받지 못한 경우에도 甲은 乙에게 점유로 인한 부당이득반환을 청구할 수 없다.

② 甲이 乙로부터 시효완성을 이유로 소유권이전등기청구를 받은 후 소유권상실을 염려하여 선의의 丙에게 부동산을 매도하여 이전등기를 경료해 준 경우, 甲은 乙에 대하여 불법행위책임을 질 수 있다.

③ ②의 경우, 乙은 丙을 상대로 취득시효완성을 이유로 소유권이전등기를 청구하여야 한다.

④ 불법점유를 이유로 甲은 乙에게 부동산의 인도를 청구할 수 없다.

⑤ 甲은 乙로부터 소유권이전등기청구를 받은 후 제3자인 丙과 통정하여 허위로 丙 앞으로 소유권이전등기를 했다면 乙은 甲을 대위하여 丙 명의의 등기말소를 청구할 수 있다.

> **해설** 취득시효기간 완성 후 아직 그것을 원인으로 소유권이전등기를 경료하지 아니한 자는 종전 소유자로부터 그 부동산에 대한 등기부상 소유 명의를 넘겨받은 제3자에 대하여 시효취득을 주장할 수 없다(대판 1989.4.11, 88다카5843). 따라서 乙은 丙을 상대로 취득시효완성을 이유로 소유권이전등기를 청구할 수 없다.
>
> **정답** ③

> **제247조 【소유권취득의 소급효, 중단사유】**
> ① 전2조의 규정에 의한 소유권취득의 효력은 점유를 개시한 때에 소급한다.
> ② 소멸시효의 중단에 관한 규정은 전2조의 소유권취득기간에 준용한다.

① 취득시효의 중단사유가 되는 재판상 청구에는 시효취득의 대상인 목적물의 인도 내지는 소유권존부 확인이나 소유권에 관한 등기청구소송은 말할 것도 없고, 소유권침해의 경우에 그 소유권을 기초로 하는 방해배제 및 손해배상 혹은 부당이득반환청구소송도 이에 포함된다(대판 1997.4.25, 96다46484).

② 부동산취득시효기간 완성 전에 등기부상 소유 명의가 변경되더라도 이는 점유취득시효의 중단사유가 될 수 없다(대판 1993.5.25, 92다52764).

③ 부동산에 대한 압류 또는 가압류는 취득시효의 중단사유가 될 수 없다(대판 2019.4.3, 2018다296878).

④ 국가나 지방자치단체가 국·공유 토지의 점유자에 대하여 그 사용료를 부과·고지하는 것만으로는 바로 점유자의 점유취득시효가 중단된다고 할 수 없다(대판 1995.11.7, 95다33948).

⑤ 취득시효이익의 포기는 상대방 있는 단독행위에 해당하고, 취득시효완성 당시의 진정한 소유자에 대하여 하여야 효력이 발생한다(대판 2011.7.14, 2011다23200).

⑥ 취득시효완성 후에 한 매수의 의사표시는 시효이익의 포기로 볼 수 없다(대판 1980.8.26, 79다1).

⑦ 취득시효완성 후 아무런 하자 없이 여러 차례 국유재산 대부계약을 체결하거나, 대부계약을 체결하고 그 계약 전에 밀린 점용료를 변상금이란 명목으로 납부한 것은 취득시효완성의 이익을 포기한다는 적극적인 의사표시로 볼 수 있다(대판 2007.4.13, 2006다62546).

⑧ 권리자가 시효를 주장하는 자로부터 제소당하여 직접 응소행위로서 상대방의 청구를 적극적으로 다투면서 자신의 권리를 주장하여 그것이 받아들여진 경우에는 시효중단사유의 하나로 규정하고 있는 재판상의 청구에 해당한다(대판 1997.12.12, 97다30288).

> **제245조 【점유로 인한 부동산소유권의 취득기간】**
> ② 부동산의 소유자로 등기한 자가 10년간 소유의 의사로 평온, 공연하게 선의이며 과실없이 그 부동산
> 을 점유한 때에는 소유권을 취득한다.

핵심 Check

요 건	① 10년의 등기 및 점유 : 무효인 등기라도 무방하다(원칙). ② 자주, 평온·공연, 선의·무과실의 점유 : 선의·무과실은 점유에 관한 요건이다.

① 등기부취득시효의 요건으로서의 소유자로 등기한 자란 적법·유효한 등기를 마친 자일 필요는 없고 무효의 등기를 마친 자라도 상관 없다(대판 1994.2.8, 93다23367).

② 중복등기 중 선등기가 원인무효가 아니어서 후등기가 무효로 된 경우 후등기를 근거로 등기부취득시효의 완성을 주장할 수 없다(대판 전합체 1996.10.17, 96다12511).

③ 등기부취득시효에 의하여 소유권을 취득하는 자는 10년간 반드시 그의 명의로 등기되어 있어야 하는 것은 아니고 앞 사람의 등기까지 아울러 그 기간 동안 부동산의 소유자로 등기되어 있으면 된다(대판 전합체 1989.12.26, 87다카2176).

④ 등기부취득시효에 있어서 선의·무과실은 등기에 관한 것이 아니고 점유취득에 관한 것으로서, 그 무과실에 관한 입증책임은 그 시효취득을 주장하는 사람에게 있다(대판 1995.2.10, 94다22651).

⑤ 등기부취득시효에 있어서 선의·무과실이 요구되는 시점은 점유개시 당시이다(대판 1994.11.11, 93다28089).

⑥ 등기부취득시효가 완성된 후 점유자 명의의 등기가 말소되거나 적법한 원인 없이 다른 사람 앞으로 소유권이전등기가 경료되더라도 점유자는 취득한 소유권을 상실하지 않는다(대판 2001.1.16, 98다20110).

⑦ 명의신탁에 의하여 부동산의 소유자로 등기된 자는 그 사실만으로 당연히 부동산을 점유하는 것으로 볼 수 없음은 물론이고 설사 그의 점유가 인정된다고 하더라도 그 점유권원의 성질상 자주점유라 할 수 없는 것이고, 한편 명의신탁자가 스스로 점유를 계속하면서 등기명의를 수탁자에게 이전한 경우에 수탁자의 등기명의를 신탁자의 등기명의와 동일한 것으로 볼 수는 없다(대판 2002.4.26, 2001다8097).

무주물선점 · 유실물습득 · 매장물발견

> **제252조【무주물의 귀속】**
> ① 무주의 동산을 소유의 의사로 점유한 자는 그 소유권을 취득한다.
> ② 무주의 부동산은 국유로 한다.
> ③ 야생하는 동물은 무주물로 하고 사양하는 야생동물도 다시 야생상태로 돌아가면 무주물로 한다.
>
> **제253조【유실물의 소유권취득】**
> 유실물은 법률에 정한 바에 의하여 공고한 후 6개월 내에 그 소유자가 권리를 주장하지 아니하면 습득자가 그 소유권을 취득한다.
>
> **제254조【매장물의 소유권취득】**
> 매장물은 법률에 정한 바에 의하여 공고한 후 1년 내에 그 소유자가 권리를 주장하지 아니하면 발견자가 그 소유권을 취득한다. 그러나 타인의 토지 기타 물건으로부터 발견한 매장물은 그 토지 기타 물건의 소유자와 발견자가 절반하여 취득한다.

지번이 부여되지 아니한 미등록의 토지는 특별한 사정이 없는 한 무주의 토지에 해당한다. 따라서 상속인 부존재의 경우에 필요한 절차를 거치지 않아도 국유로 된다(대판 1997.11.28, 96다30199).

첨 부

> **제256조【부동산에의 부합】**
> 부동산의 소유자는 그 부동산에 부합한 물건의 소유권을 취득한다. 그러나 타인의 권원에 의하여 부속된 것은 그러하지 아니하다.
>
> **제257조【동산 간의 부합】**
> 동산과 동산이 부합하여 훼손하지 아니하면 분리할 수 없거나 그 분리에 과다한 비용을 요할 경우에는 그 합성물의 소유권은 주된 동산의 소유자에게 속한다. 부합한 동산의 주종을 구별할 수 없는 때에는 동산의 소유자는 부합 당시의 가액의 비율로 합성물을 공유한다.
>
> **제258조【혼화】**
> 전조의 규정은 동산과 동산이 혼화하여 식별할 수 없는 경우에 준용한다.
>
> **제259조【가공】**
> ① 타인의 동산에 가공한 때에는 그 물건의 소유권은 원재료의 소유자에게 속한다. 그러나 가공으로 인한 가액의 증가가 원재료의 가액보다 현저히 다액인 때에는 가공자의 소유로 한다.
> ② 가공자가 재료의 일부를 제공하였을 때에는 그 가액은 전항의 증가액에 가산한다.

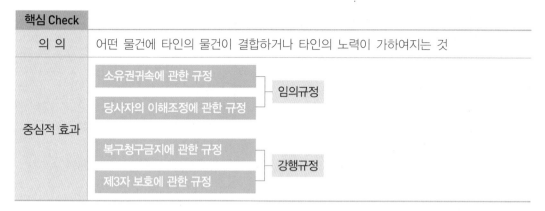

의 의	어떤 물건에 타인의 물건이 결합하거나 타인의 노력이 가하여지는 것

| 중심적 효과 | 소유권귀속에 관한 규정 / 당사자의 이해조정에 관한 규정 → 임의규정
복구청구금지에 관한 규정 / 제3자 보호에 관한 규정 → 강행규정 |

① 부합이란 훼손하지 아니하면 분리할 수 없거나 분리에 과다한 비용을 요하는 경우는 물론 분리하게 되면 경제적 가치가 심히 감소하는 경우도 포함된다(대판 1962.1.31, 4294민상445).

② 부동산에의 부합에 있어서 부합물은 동산에 한하지 않고 부동산도 포함된다(대판 1962. 1.31, 4294민상445).

③ 주유소의 지하에 매설된 유류저장탱크를 토지로부터 분리하는 데 과다한 비용이 들고 이를 분리하여 발굴할 경우 경제적 가치가 현저히 감소할 것이 분명한 경우에는 그 유류저장탱크는 토지에 부합한다(대판 1995.6.29, 94다6345).

④ 매도인에게 소유권이 유보된 자재가 제3자와 매수인 사이에 이루어진 도급계약의 이행으로 제3자 소유 건물의 건축에 사용되어 부합된 경우, 제3자가 자재의 소유권이 유보된 사실을 과실없이 알지 못한 때에는 매도인은 그에 관한 보상을 청구할 수 없다(대판 2018.3.15, 2017다282391).

⑤ 적법한 권원 없이 타인의 토지를 경작하였더라도 그 농작물이 성숙하여 독립한 물건으로서의 존재를 갖추었으면 농작물의 소유권은 경작자에게 있다(대판 1979.8.28, 79다784).

⑥ 제256조 단서의 규정은 타인이 그 권원에 의하여 부속시킨 물건이라 할지라도 그 부속된 물건이 분리하여 경제적 가치가 있는 경우에 한하여 부속시킨 타인의 권리에 영향이 없다는 취지이므로 분리하여도 경제적 가치가 없는 경우에는 원래의 부동산소유자의 소유에 귀속되는 것이다(대판 1975.4.8, 74다1743).

⑦ 타인의 토지상에 권원 없이 식재한 수목의 소유권은 토지소유자에게 귀속하고, 권원에 의하여 식재한 경우에는 그 소유권은 식재한 자에게 있다(대판 1998.4.24, 97도3425).

⑧ 토지소유자와 사용대차계약을 맺은 사용차주가 자신 소유의 수목을 그 토지에 식재한 경우, 그 수목의 소유자는 여전히 사용차주이다(대결 1990.1.23, 89다카21095).

⑨ 토지소유자의 승낙을 받음이 없이 토지임차인의 승낙만 받고 그 지상에 식재한 수목의 소유권은 토지소유자에게 있다(대판 1989.7.11, 88다카9067).

⑩ 증축건물이 기존 건물보다 가치가 훨씬 큰 경우라도 거래상의 독립성이 인정되지 않으면 기존 건물에 부합한다(대판 1981.12.8, 80다2821).

⑪ 임차인이 임차한 건물에 그 권원에 의하여 증축한 부분이 구조상·이용상으로 기존건물과 구분되는 독립성이 있는 경우 그 증축부분은 독립한 소유권의 객체가 될 수 있다(대판 1999.7.27, 99다14518).

⑫ 기존 건물에 부합된 증축부분이 기존 건물에 대한 경매 절차에서 경매목적물로 평가되지 아니한 경우라도 경락인은 증축부분의 소유권을 취득한다(대판 2002.10.25, 2000다63110).

⑬ 부합으로 인하여 소유권을 상실한 자는 부당이득의 요건이 충족되는 경우에 그에 관한 보상을 청구할 수 있다(대판 2016.4.28, 2012다19659).

기출&예상 문제

부합에 관한 설명으로 틀린 것은? (다툼이 있으면 판례에 따름) •30회

① 부동산 간에도 부합이 인정될 수 있다.

② 부동산에 부합된 동산의 가격이 부동산의 가격을 초과하더라도 동산의 소유권은 원칙적으로 부동산의 소유자에게 귀속된다.

③ 부합으로 인하여 소유권을 상실한 자는 부당이득의 요건이 충족되는 경우에 보상을 청구할 수 있다.

④ 토지소유자와 사용대차계약을 맺은 사용차주가 자신 소유의 수목을 그 토지에 식재한 경우, 그 수목의 소유권자는 여전히 사용차주이다.

⑤ 매도인에게 소유권이 유보된 시멘트를 매수인이 제3자 소유의 건물 건축공사에 사용한 경우, 그 제3자가 매도인의 소유권 유보에 대해 악의라면 특별한 사정이 없는 한 시멘트는 건물에 부합하지 않는다.

해설 ① 부합물은 동산에 한하지 않고 부동산도 포함된다(판례). 따라서 부동산 간에도 부합이 인정될 수 있다.
② 부동산의 소유자는 그 부동산에 부합한 물건의 소유권을 취득한다(제256조 본문).
③ 대판 2016.4.28, 2012다19659
④ 대결 1990.1.23, 89다카21095
⑤ 매도인에게 소유권이 유보된 시멘트를 매수인이 제3자 소유의 건물 건축공사에 사용한 경우, 그 제3자가 매도인의 소유권 유보에 대해 악의이더라도 특별한 사정이 없는 한 시멘트는 건물에 부합한다(대판 2018.3.15, 2017다282391).

정답 ⑤

소유권에 기한 물권적 청구권

> **제213조【소유물반환청구권】**
> 소유자는 그 소유에 속한 물건을 점유한 자에 대하여 반환을 청구할 수 있다. 그러나 점유자가 그 물건을 점유할 권리가 있는 때에는 반환을 거부할 수 있다.
>
> **제214조【소유물방해제거, 방해예방청구권】**
> 소유자는 소유권을 방해하는 자에 대하여 방해의 제거를 청구할 수 있고 소유권을 방해할 염려 있는 행위를 하는 자에 대하여 그 예방이나 손해배상의 담보를 청구할 수 있다.

① 소유자는 물권적 청구권에 의하여 방해제거비용 또는 방해예방비용을 청구할 수는 없다(대판 2014.11.27, 2014다52612).

② 건물의 소유자가 그 건물의 소유를 통하여 타인 소유의 토지를 무단으로 점유하고 있다고 하더라도 그 토지소유자로서는 그 건물의 철거와 그 대지부분의 인도를 청구할 수 있을 뿐, 자기 소유의 건물을 점유하고 있는 자에 대하여 그 건물에서 퇴거할 것을 청구할 수는 없다(대판 1999.7.9, 98다57457·57464).

③ 토지매도인은 매매계약의 이행으로서 인도한 토지 위에 매수인이 건축한 건물을 취득한 자에 대하여 토지소유권에 기한 물권적 청구권을 행사할 수 없다(대판 1988.4.25, 87다카1682).

④ 소유권이전등기를 경료받기 전에 토지를 인도받은 매수인으로부터 다시 토지를 매수하여 점유·사용하고 있는 자에 대하여 매도인은 토지소유권에 기한 물권적 청구권을 행사할 수 없고(대판 1998.6.26, 97다42823), 이러한 법리는 대물변제약정에 의하여 매매와 같이 부동산의 소유권을 이전받게 되는 자가 이미 당해 부동산을 점유·사용하고 있거나, 그로부터 다시 이를 임차하여 점유·사용하고 있는 경우에도 마찬가지로 적용된다(대판 2001.12.11, 2001다45355).

⑤ 불법점유자라고 하여도 그 목적물을 다른 사람에게 인도하여 현실적으로 점유하고 있지 않는 경우에는 소유권에 기한 명도 또는 인도청구를 할 수 없다(대판 1999.7.9, 98다9045).

⑥ 지상권을 설정한 토지소유자는 불법점유자에 대하여 물권적 청구권을 행사할 수 있으나, 지상권이 존속하는 한 토지를 사용·수익할 수 없으므로 불법점유자에 대하여 손해배상은 청구할 수 없다(대판 1974.11.12, 74다1150).

⑦ 소유권에 기한 방해제거청구권에 있어서 '방해'란 현재에도 지속되고 있는 침해를 의미하고, 법익침해가 과거에 일어나서 이미 종결된 경우에 해당하는 '손해'의 개념과는 다르다. 따라서 소유권에 기한 방해제거청구권은 방해결과의 제거를 내용으로 하는 것이 되어서는 아니 되며(이는 손해배상의 영역에 해당함) 현재 계속되고 있는 방해의 원인을 제거하는 것을 내용으로 한다(대판 2003.3.28, 2003다5917).

⑧ 소유자는 허무인(虛無人) 명의로 등기한 행위자를 상대로 그 등기의 말소를 청구할 수 있다(대판 2019.5.30, 2015다47105).

빈출키워드 078 공동소유 일반

핵심 Check

구 분	공 유	합 유	총 유
주 체	공동목적 ×	공동목적 ○	공동목적 ○
지 분	공유지분	합유지분	지분이 없음
지분처분	자유 (지분처분금지특약 가능)	전원의 동의	없음
분할청구	자유	조합이 존속하는 동안은 불가	불가
보존행위	각자가 단독으로	각자가 단독으로	총회의 결의를 거쳐 사단 자신의 명의로 하거나 구성원 전원의 이름으로(판례)
관리행위	지분의 과반수	조합계약 ⇨ 조합원의 과반수	사원총회의 결의
처분·변경행위	전원의 동의	전원의 동의	사원총회의 결의
사용·수익	지분의 비율로 전부	지분비율, 조합계약	정관 기타 규약

> **제262조 【물건의 공유】**
> ① 물건이 지분에 의하여 수인의 소유로 된 때에는 공유로 한다.
> ② 공유자의 지분은 균등한 것으로 추정한다.

① 공유는 물건에 대한 공동소유의 한 형태로서 물건에 대한 1개의 소유권이 분량적으로 분할되어 여러 사람에게 속하는 것이다(대판 1991.11.12, 91다27228).

② 공유물에 대하여 공유자 상호 간에 그 지분에 관한 약정이 없거나 이를 정할 수 있는 사정이 불명하여 그 비율을 알 수 없는 경우에는 그 지분비율은 균등한 것으로 추정된다(대판 1983.2.22, 80다1280).

③ 각 공유자는 그 지분권을 다른 공유자의 동의가 없는 경우라도 양도 기타의 처분을 할 수 있는 것이며 공유자끼리 그 지분을 교환하는 것도 그것이 지분권의 처분에 해당하는 이상 다른 공유자의 동의를 요하는 것은 아니다(대판 1972.5.23, 71다2760).

④ 공유자가 다른 공유자의 지분권을 대외적으로 주장하는 것은 공유물의 보존행위가 아니다(대판 1994.11.11, 94다35008).

⑤ 공유자 간의 공유물에 대한 사용·수익·관리에 관한 특약은 공유자의 특정승계인에 대하여도 당연히 승계된다. 그러나 공유물에 관한 특약이 지분권자로서의 사용수익권을 사실상 포기하는 등으로 공유지분권의 본질적 부분을 침해한다고 볼 수 있는 경우에는 특정승계인이 그러한 사실을 알고도 공유지분권을 취득하였다는 등의 특별한 사정이 없는 한 특정승계인에게 당연히 승계되는 것으로 볼 수는 없다(대판 2009.12.10, 2009다54294).

⑥ 공유물에 대한 사용·수익·관리에 관한 특약 후에 공유자에 변경이 있고 특약을 변경할 만한 사정이 있는 경우에는 공유자의 지분의 과반수의 결정으로 기존 특약을 변경할 수 있다(대판 2005.5.12, 2005다1827).

⑦ 공유물의 관리에 관한 사항은 공유자 지분의 과반수로써 결정하므로 과반수지분을 가진 공유자는 공유물의 관리방법으로서 공유물의 특정부분을 배타적으로 사용할 수 있다. 그러나 관리란 공유물의 이용·개량을 말하므로 나대지에 건물을 건축하는 것은 관리의 범위를 넘는 것이므로 허용되지 않는다(대판 2001.11.27, 2000다33638·33645).

⑧ 공유자가 공유물을 타인에게 임대하는 행위 및 그 임대차계약을 해지하는 행위는 공유물의 관리행위에 해당하므로 제265조 본문에 의하여 공유자의 지분의 과반수로써 결정하여야 한다(대판 2010.9.9, 2010다37905).

⑨ 공유지분의 포기는 상대방 있는 단독행위에 해당하고, 부동산 공유자의 공유지분 포기의 의사표시가 다른 공유자에게 도달하더라도 제186조에 의하여 등기를 하여야 공유지분 포기에 따른 물권변동의 효력이 발생한다(대판 2016.10.27, 2015다52978).

⑩ 개별 채권자들이 같은 기회에 특정 부동산에 관하여 하나의 근저당권을 설정받은 경우, 그들은 해당 근저당권을 준공유한다(대판 2008.3.13, 2006다31887).

빈출키워드 080   공유의 주장   多빈출

① 공유자의 1인은 공유물에 관한 보존행위로서 제3자에 대하여 등기 전부의 말소를 청구할 수 있다(대판 1993.5.11, 92다52870).

② 공유자 중의 1인이 부정한 방법으로 공유물 전부에 관한 소유권이전등기를 그 단독명의로 경료한 경우 다른 공유자는 공유물의 보존행위로서 단독 명의로 등기를 경료하고 있는 공유자에 대하여 그 공유자의 공유지분을 제외한 나머지 공유지분 전부에 관하여 소유권이전등기 말소등기절차의 이행을 청구할 수 있다(대판 1988.2.23, 87다카961).

③ 과반수지분권자는 공유물의 관리에 관한 사항을 단독으로 결정할 수 있으므로 공유물의 특정부분을 배타적으로 사용·수익할 것을 정할 수 있다. 다만, 이 경우에도 공유물을 전혀 사용·수익하지 않고 있는 다른 공유자에 대하여 그 지분에 상응하는 부당이득반환의무는 있다(대판 1991.9.24, 88다카33855).

④ 공유물의 소수지분권자가 다른 공유자와의 협의 없이 공유물을 배타적으로 점유하는 경우 다른 소수지분권자는 공유물의 인도를 청구할 수는 없고, 공유물에 대한 공동점유·사용을 방해하는 소수지분권자의 행위에 대한 방해금지나 소수지분권자가 설치한 지상물의 제거 등 방해제거만을 청구할 수 있다(대판 전합체 2020.5.21, 2018다287522).

⑤ 일부 공유자가 공유물의 전부를 배타적으로 사용·수익하든 자신의 지분비율에 상응하는 부분을 배타적으로 사용·수익하든 공유물을 전혀 사용·수익하지 않고 있는 다른 공유자에 대하여 그 지분에 상응하는 부당이득반환의무가 있다(대판 2002.10.11, 2000다17803 ; 대판 2001.12.11, 2000다13948).

⑥ 과반수지분의 공유자로부터 사용·수익을 허락받은 점유자에 대하여 소수지분의 공유자는 건물의 철거나 퇴거 등 점유배제를 청구할 수 없다(대판 2002.5.14, 2002다9738).

⑦ 과반수지분의 공유자로부터 공유물의 특정부분의 사용·수익을 허락받은 점유자는 소수지분권자에 대하여 부당이득을 얻었다고 할 수 없다(대판 2002.5.14, 2002다9738).

⑧ 공유토지에 관하여 점유취득시효가 완성된 후 취득시효완성 당시의 공유자들 일부로 부터 과반수에 미치지 못하는 소수지분을 양수·취득한 제3자는 나머지 과반수지분에 관하여 취득시효에 의한 소유권이전등기를 경료받아 과반수지분권자가 될 지위에 있는 시효취득자(점유자)에 대하여 지상건물의 철거와 토지의 인도 등 점유배제를 청구할 수 없다(대판 2001.11.27, 2000다33638·33645).

⑨ 각 공유자는 지분권에 기하여 단독으로 자기 지분에 관하여 제3자의 취득시효를 중단 시킬 수 있다(대판 1979.6.26, 79다639).

기출&예상 문제

甲, 乙, 丙은 각 1/3 지분으로 나대지인 X토지를 공유하고 있다. 이에 관한 설명으로 **틀린** 것은? (다툼이 있으면 판례에 따름) • 31회

① 甲은 단독으로 자신의 지분에 관한 제3자의 취득시효를 중단시킬 수 없다.

② 甲과 乙이 X토지에 건물을 신축하기로 한 것은 공유물 관리방법으로 부적법하다.

③ 甲이 공유지분을 포기한 경우, 등기를 하여야 포기에 따른 물권변동의 효력이 발생한다.

④ 甲이 단독으로 丁에게 X토지를 임대한 경우, 乙은 丁에게 부당이득반환을 청구할 수 있다.

⑤ 甲은 특별한 사정이 없는 한 X토지를 배타적으로 점유하는 丙에게 보존행위로서 X토지의 인도를 청구할 수 없다.

해설

① 각 공유자는 지분권에 기하여 단독으로 자기 지분에 관하여 제3자의 취득시효를 중단시킬 수 있다(대판 1979.6.26, 79다639).

② 과반수지분권자는 공유물의 관리에 관한 사항을 단독으로 결정할 수 있으므로 공유물의 특정 부분을 배타적으로 사용·수익할 것을 정할 수 있다. 그러나 과반수지분권자가 나대지에 새로 이 건물을 건축하는 것은 관리의 범위를 넘는 것이다(대판 2001.11.27, 2000다33638). 따라서 甲과 乙이 X토지에 건물을 신축하기로 한 것은 공유물 관리방법으로 부적법하다.

③ 대판 2016.10.27, 2015다52978

④ 공유물을 제3자에게 임대하는 것은 공유물의 관리행위에 해당하고, 공유물의 관리행위는 지분의 과반수로써 결정한다(제265조 본문). 따라서 甲이 단독으로 丁에게 X토지를 임대할 수 없고, 丁이 X토지를 점유, 사용하는 것은 불법이므로 乙은 丁에게 부당이득반환을 청구할 수 있다.

⑤ 공유물의 소수지분권자가 다른 공유자와의 협의 없이 공유물을 배타적으로 점유하는 경우 다른 소수지분권자는 공유물의 인도를 청구할 수는 없다(대판 전합체 2020.5.21, 2018 다287522).

정답 ①

공유물분할

> **제268조 【공유물의 분할청구】**
> ① 공유자는 공유물의 분할을 청구할 수 있다. 그러나 5년 내의 기간으로 분할하지 아니할 것을 약정할 수 있다.
> ② 전항의 계약을 갱신한 때에는 그 기간은 갱신한 날로부터 5년을 넘지 못한다.
> ③ 전2항의 규정은 제215조, 제239조의 공유물에는 적용하지 아니한다.

핵심 Check

분할의 자유	공유자는 언제든지 공유물의 분할을 청구할 수 있다.
불분할의 특약	① 공유자는 5년 내의 기간으로 분할하지 아니할 것을 약정할 수 있다. ② 불분할의 특약은 등기하여야 지분의 양수인에게 대항할 수 있다.
공유물분할 청구권	① 공유물분할청구권은 형성권이다. ② 공유물분할청구권을 행사하면 각 공유자 사이에는 공유물을 분할하여야 할 법률관계가 곧바로 발생한다.
분할의 방법	① 협의에 의한 분할 　㉠ 현물분할의 원칙 : 공유물을 그대로 양적으로 분할하는 방법 　㉡ 대금분할 : 공유물을 매각하여 그 대금을 분할하는 방법 　㉢ 가격배상 : 공유자의 한 사람이 단독으로 소유권을 취득하고 다른 공유자에게 지분에 해당하는 가격을 지급하는 방법 ② 재판에 의한 분할 : 필수적 공동소송에 해당(공유자 전원이 재판절차에 참가하여야 함) 　㉠ 현물분할의 원칙 　㉡ 대금분할의 예외 : 현물분할이 불가능 or 현저한 가액 감소의 염려가 있는 경우

① 공유물분할청구권은 형성권이다(대판 1981.3.24, 80다1888·1889).

② 공유자 사이에 이미 분할에 관한 협의가 성립된 경우에는 일부 공유자가 분할에 따른 이전등기에 협조하지 않더라도 또다시 공유물분할의 소를 제기하거나 이미 제기한 공유물분할의 소를 유지하는 것은 허용되지 않는다(대판 1995.1.12, 94다30348).

③ 공유물분할청구의 소는 분할을 청구하는 공유자가 원고가 되어 다른 공유자 전부를 공동피고로 하여야 하는 고유필수적 공동소송이다(대판 2003.12.12, 2003다44615·44622).

④ 재판에 의한 공유물분할은 원칙적으로 현물분할에 의하고, 그것이 불가능하거나 또는 그것으로 인하여 분할된 토지 상호 간에 간격의 차이가 생기거나 그 가격을 감소할 염려가 있는 경우에만 예외적으로 경매대금의 분할방법에 의할 수 있다(대판 1980.9.9, 79다1131·1132).

⑤ 여러 사람이 공유하는 물건을 현물분할하는 경우에는 분할청구자의 지분한도 안에서 현물분할을 하고 분할을 원하지 않는 나머지 공유자는 공유자로 남는 방법도 허용될 수 있다(대판 1991.11.12, 91다27228).

⑥ 당해 공유물을 특정한 자에게 취득시키는 것이 상당하다고 인정되고, 다른 공유자에게는 그 지분의 가격을 취득시키는 것이 공유자 간의 실질적인 공평을 해치지 않는다고 인정되는 특별한 사정이 있는 때에는 공유물을 공유자 중의 1인의 단독소유 또는 수인의 공유로 하되 현물을 소유하게 되는 공유자로 하여금 다른 공유자에 대하여 그 지분의 적정하고도 합리적인 가격을 배상시키는 방법에 의한 분할도 현물분할의 하나로 허용된다(대판 2004.10.14, 2004다30583).

⑦ 공유물분할의 소송절차 또는 조정절차에서 공유자 사이에 공유토지에 관한 현물분할의 협의가 성립하여 그 합의사항을 조서에 기재함으로써 조정이 성립한 경우에는 공유자들이 협의한 바에 따라 토지의 분필절차를 마친 후 각 단독 소유로 하기로 한 부분에 관하여 다른 공유자의 공유지분을 이전받아 등기를 마침으로써 비로소 그 부분에 대한 대세적 권리로서의 소유권을 취득하게 된다고 보아야 한다(대판 전합체 2013.11.21, 2011두1917).

⑧ 부동산의 공유지분 위에 설정된 근저당권 등 담보물권은 특단의 합의가 없는 한 공유물분할이 된 뒤에도 종전의 지분비율대로 공유물 전부의 위에 그대로 존속하는 것이고 근저당권설정자 앞으로 분할된 부분에 당연히 집중되는 것은 아니다(대판 1989.8.8, 88다카24868).

⑨ 공유토지 위에 건물을 소유하고 있는 토지공유자 중 1인이 그 토지지분만을 전매한 경우 관습법상의 법정지상권이 성립하지 않는다(대판 1987.6.23, 86다카2188).

⑩ 상호명의신탁의 경우에는 명의신탁 해지를 원인으로 한 지분이전등기절차의 이행을 구하면 되고, 이에 갈음하여 공유물분할청구를 할 수는 없다(대판 1996.2.23, 95다8430).

부동산의 공유물분할에 관한 설명으로 옳지 않은 것은? (다툼이 있으면 판례에 따름)

① 분할은 공유자 각자의 청구에 의하고, 그 분할청구로 공유물분할의 법률관계가 발생한다.

② 등기된 분할금지특약은 채권적 효력을 가질 뿐이므로 그 지분권의 승계인에게는 효력이 미치지 않는다.

③ 분할청구가 있으면 공유자 전원은 그 협의에 응할 의무를 가진다.

④ 공유물분할의 소는 결국 분할방법을 정하기 위한 것이고, 그 상대방은 다른 공유자 전원이어야 한다.

⑤ 공유자 사이의 분할협의가 성립하면 더 이상 공유물분할의 소는 허용되지 않는다.

해설   ①③ 공유자는 언제든지 공유물의 분할을 청구할 수 있다(제268조 제1항 본문). 공유물분할청구권은 형성권이므로(대판 1981.3.24, 80다1888·1889), 공유물분할청구권을 행사하면 각 공유자 사이에는 공유물의 분할을 실현할 법률관계가 발생한다.

② 공유자는 5년 내의 기간으로 분할하지 아니할 것을 약정할 수 있다(제268조 제1항 단서). 부동산의 공유에 있어서 불분할의 특약은 등기하여야 하고(부동산등기법 제67조 제1항), 등기하지 않으면 지분의 양수인에게 대항할 수 없다.

④ 공유물분할청구의 소는 분할을 청구하는 공유자가 원고가 되어 다른 공유자 전부를 공동피고로 하여야 하는 고유필수적 공동소송이다(대판 2003.12.12, 2003다44615·44622).

⑤ 공유자 사이에 이미 분할에 관한 협의가 성립된 경우에는 또다시 공유물분할의 소를 제기하거나 이미 제기한 공유물분할의 소를 유지하는 것은 허용되지 않는다(대판 1995.1.12, 94다30348).

정답 ②

빈출키워드 082   **합유와 총유**

제271조【물건의 합유】
① 법률의 규정 또는 계약에 의하여 수인이 조합체로서 물건을 소유하는 때에는 합유로 한다. 합유자의 권리는 합유물 전부에 미친다.
② 합유에 관하여는 전항의 규정 또는 계약에 의하는 외에 다음 3조의 규정에 의한다.

제275조【물건의 총유】
① 법인이 아닌 사단의 사원이 집합체로서 물건을 소유할 때에는 총유로 한다.
② 총유에 관하여는 사단의 정관 기타 규약에 의하는 외에 다음 2조의 규정에 의한다.

① 부동산의 합유자 중 일부가 사망한 경우 합유자 사이에 특별한 약정이 없는 한 사망한 합유자의 상속인은 합유자로서의 지위를 승계하지 못한다(대판 1996.12.10, 96다23238).

② 부동산의 합유자 중 일부가 사망한 경우 해당 부동산은 잔존 합유자가 2인 이상일 경우에는 잔존 합유자의 합유로 귀속되고 잔존 합유자가 1인인 경우에는 잔존 합유자의 단독 소유로 귀속된다(대판 1996.12.10, 96다23238).

③ 합유재산을 합유자의 1인 명의로 소유권보존등기한 것은 원인무효의 등기이며, 합유자는 전원의 동의 없이는 합유물에 대한 지분을 처분하지 못하는 것이므로 그 동의가 없는 이상 지분매매도 할 수 없다(대판 1970.12.29, 69다22).

④ 합유자가 지분을 포기한 경우 그 포기된 합유지분은 나머지 잔존 합유지분권자들에게 균분으로 귀속하게 되지만 그와 같은 물권변동은 합유지분권의 포기라고 하는 법률행위에 의한 것이므로 등기하여야 효력이 있다(대판 1997.9.9, 96다16896).

⑤ 조합재산의 처분·변경에 관한 행위는 다른 특별한 사정이 없는 한 조합의 특별사무에 해당하는 업무집행이며, 업무집행조합원이 수인 있는 경우에는 조합의 통상사무의 범위에 속하지 아니하는 특별사무에 관한 업무집행은 제706조 제2항에 따라 원칙적으로 업무집행조합원의 과반수로써 결정한다(대판 2000.10.10, 2000다28506).

⑥ 비법인사단인 어촌계가 가지는 어업권의 소멸로 인한 보상금은 어촌계의 총유에 속한다(대판 1996.12.10, 95다57159).

⑦ 「주택법」[구(舊) 주택건설촉진법]에 의하여 설립된 재건축조합은 민법상의 비법인사단에 해당하고, 재건축조합이 주체가 되어 신축 완공한 상가건물은 조합원 전원의 총유에 속한다(대판 2001.5.29, 2000다10246).

⑧ 주택조합의 대표자가 조합원총회의 결의를 거치지 아니하고 건물을 처분한 행위에 관하여는 제126조 표현대리에 관한 규정을 준용할 수 없다(대판 2003.7.11, 2001다73626).

⑨ 총유재산에 관한 소송은 법인 아닌 사단이 그 명의로 사원총회의 결의를 거쳐 하거나 또는 그 구성원 전원이 당사자가 되어 필수적 공동소송의 형태로 할 수 있을 뿐 그 사단의 구성원은 설령 그가 사단의 대표자라거나 사원총회의 결의를 거쳤다 하더라도 그 소송의 당사자가 될 수 없고, 이러한 법리는 총유재산의 보존행위로서 소를 제기하는 경우에도 마찬가지라 할 것이다(대판 전합체 2005.9.15, 2004다44971).

⑩ 교인들이 집단적으로 교회를 탈퇴한 경우, 법인 아닌 사단인 교회가 2개로 분열되고 분열되기 전 교회의 재산이 분열된 각 교회의 구성원들에게 각각 총유적으로 귀속되는 형태의 교회의 분열은 인정되지 않으며, 교인들이 교회를 탈퇴하여 그 교회 교인으로서의 지위를 상실한 경우 종전 교회재산은 잔존 교인들의 총유이다(대판 전합체 2006. 4.20, 2004다37775).

05 용익물권

학습 포인트

① 지상권에서는 지상권의 특징, 존속기간과 효력을 정리하고, 특수지상권에서는 분묘기지권의 특징과 관습법상의 법정지상권의 요건을 파악하기
② 지역권에서는 통행지역권의 시효취득에 관한 판례의 결론을 알아두기
③ 전세권에서는 존속기간과 효력을 정리하고, 전세권의 처분에 대한 판례의 태도를 이해하기

빈출키워드 083 지상권의 성립

제279조【지상권의 내용】
지상권자는 타인의 토지에 건물 기타 공작물이나 수목을 소유하기 위하여 그 토지를 사용하는 권리가 있다.

핵심 Check

의 의	지상물을 소유하기 위하여 타인의 토지를 직접 사용할 수 있는 권리
성 질	① 타물권 ② 지상물을 소유하기 위한 권리 ③ 타인의 토지를 사용할 수 있는 권리
취 득	① **법률행위에 의한 취득** : 지상권설정계약 + 등기 ② **법률규정에 의한 취득** : 상속, 공용징수, 판결, 경매 기타 법률의 규정, 법정지상권, 관습법상의 법정지상권

① 입목에 대한 벌채권의 확보를 위하여 지상권을 설정하였다 할지라도 지상권에는 부종성이 인정되지 아니하므로 벌채권이 소멸했더라도 지상권마저 소멸하는 것은 아니다(대판 1991.11.8, 90다15716).
② 지상권설정계약 당시 건물 기타의 공작물이나 수목이 없더라도 지상권은 유효하게 성립할 수 있고, 또한 기존의 건물 기타의 공작물이나 수목이 멸실되더라도 존속기간이 만료되지 않는 한 지상권이 소멸되지 않는다(대판 1996.3.22, 95다49318).
③ 지상권자는 지상권을 유보한 채 지상물소유권만을 양도할 수도 있고 지상물소유권을 유보한 채 지상권만을 양도할 수도 있는 것이어서 지상권자와 그 지상물의 소유권자가 반드시 일치하여야 하는 것은 아니다(대판 2006.6.15, 2006다6126).

> **제280조【존속기간을 약정한 지상권】**
> ① 계약으로 지상권의 존속기간을 정하는 경우에는 그 기간은 다음 연한보다 단축하지 못한다.
>   1. 석조, 석회조, 연와조 또는 이와 유사한 견고한 건물이나 수목의 소유를 목적으로 하는 때에는 30년
>   2. 전호 이외의 건물의 소유를 목적으로 하는 때에는 15년
>   3. 건물 이외의 공작물의 소유를 목적으로 하는 때에는 5년
> ② 전항의 기간보다 단축한 기간을 정한 때에는 전항의 기간까지 연장한다.
>
> **제281조【존속기간을 약정하지 아니한 지상권】**
> ① 계약으로 지상권의 존속기간을 정하지 아니한 때에는 그 기간은 전조의 최단존속기간으로 한다.
> ② 지상권설정 당시에 공작물의 종류와 구조를 정하지 아니한 때에는 지상권은 전조 제2호의 건물의 소유를 목적으로 한 것으로 본다.
>
> **제283조【지상권자의 갱신청구권, 매수청구권】**
> ① 지상권이 소멸한 경우에 건물 기타 공작물이나 수목이 현존한 때에는 지상권자는 계약의 갱신을 청구할 수 있다.
> ② 지상권설정자가 계약의 갱신을 원하지 아니하는 때에는 지상권자는 상당한 가액으로 전항의 공작물이나 수목의 매수를 청구할 수 있다.

① 상당기간 내구력을 가지며 용이하게 해체할 수 없는 건물의 소유를 목적으로 하는 지상권의 존속기간은 약정이 없으면 30년이다(대판 2003.10.10, 2003다33165).

② 최단존속기간에 관한 규정(제280조)은 지상권자가 건물이나 수목 등의 소유를 목적으로 지상권을 설정하는 경우를 그 대상으로 하는 것이므로 기존 건물의 사용을 목적으로 지상권을 설정하는 경우에는 그 적용이 없다(대판 1996.3.22, 95다49318).

③ 지상권의 존속기간을 영구로 약정할 수 있다(대판 2001.5.29, 99다66410).

④ 제281조 제2항은 당사자가 지상권설정의 합의를 함에 있어서 다만 그 존속기간을 정하지 아니하고 지상권을 설정할 토지상에 소유한 공작물의 종류와 구조가 객관적으로 확정되지 않을 경우에 한하여 적용되는 것이다. 따라서 비록 무허가 또는 미등기건물이라 하더라도 그 건물의 종류와 구조가 확정되어 있는 경우에는 제281조 제1항에 의하여 존속기간을 정하여야 한다(대판 1988.4.12, 87다카2404).

⑤ 지상권자의 지상물매수청구권은 형성권으로서 지상권자가 이를 행사하면 지상물에 관한 매매계약이 곧바로 성립하고, 매매대금은 매수청구권 행사 당시의 시가에 의한다(대판 1967.12.18, 67다2355).

⑥ 토지소유자가 지상권자의 지료연체를 이유로 지상권소멸청구를 하여 지상권이 소멸된 경우 지상물매수청구권이 인정되지 않는다(대판 1993.6.29, 93다10781).

지상권의 효력

핵심 Check

토지 사용권	① **토지사용권의 내용** : 설정행위로 정한 목적범위 내에서 토지를 직접 사용한다. ② 상린관계 규정의 준용 ③ 물권적 청구권
지상권의 처분	① 지상권자는 지상권설정자의 동의 없이 지상권을 양도·임대·담보로 제공할 수 있다. ② 설정행위로써 지상권의 처분을 금지할 수 없다. ③ 지상권의 양도·임대·담보제공 금지특약은 모두 무효이다.
지료 지급의무	① **지료** : 지료의 약정이 있는 경우 지료를 지급하여야 하고, 지료는 금전에 한하지 않는다. ② **지료증감청구권** : 조세 기타 부담의 증감이나 지가의 변동으로 인하여 지료가 상당하지 아니하게 된 때에는 지료의 증감을 청구할 수 있다. ③ **지료체납의 효과** : 2년 이상 지료체납 시 지상권설정자는 지상권소멸청구를 할 수 있다.

1. 효력 일반

① 지료의 지급은 지상권의 성립요건이 아니므로 지료에 관한 약정이 없으면 지료의 지급을 청구할 수 없다. 그러나 지료에 관한 약정 있으면 등기 여부와 관계없이 약정된 지료의 지급을 청구할 수 있다(대판 2009.9.24, 2007두7505).

② 유상인 지료에 관한 약정은 이를 등기하지 않으면 토지소유권 또는 지상권을 양수한 사람 등 제3자에게 대항할 수 없으며, 이 경우에는 무상의 지상권으로서 지료증액청구권도 발생할 수 없다(대판 1999.9.3, 99다24874).

③ 토지양수인은 지상권자의 지료지급이 2년 이상 연체되었음을 이유로 지상권소멸청구를 함에 있어서 종전 소유자에 대한 연체기간의 합산을 주장할 수 없다. 따라서 지상권자의 지료지급 연체가 토지소유권의 양도 전후에 걸쳐 이루어진 경우 토지양수인에 대한 연체기간이 2년이 되지 않는다면 양수인은 지상권소멸청구를 할 수 없다(대판 2001.3.13, 99다17142).

④ 법정지상권의 지료액수가 판결에 의하여 정하여졌지만 지체된 지료가 판결확정 전후에 걸쳐 2년분 이상일 경우 토지소유자는 지상권소멸청구를 할 수 있다(대판 1993.3.12, 92다44749).

⑤ 지상권설정자가 지상권의 소멸을 청구하지 않고 있는 동안 지상권자로부터 연체된 지료의 일부를 지급받고 이를 이의 없이 수령하여 연체된 지료가 2년 미만으로 된 경우에는 지상권설정자는 종전에 지상권자가 2년분의 지료를 연체하였다는 사유를 들어 지상권자에게 지상권의 소멸을 청구할 수 없으며, 이러한 법리는 토지소유자와 법정지상권자 사이에서도 마찬가지이다(대판 2014.8.28, 2012다102384).

2. 담보지상권

① 담보권 설정의 당사자들이 담보로 제공된 토지의 담보가치가 줄어드는 것을 막기 위하여 담보권과 아울러 설정하는 지상권을 담보지상권이라 한다(대판 2017.10. 31, 2015다65042).

② 담보지상권은 당사자의 약정에 따라 담보권의 존속과 지상권의 존속이 서로 연계되어 있을 뿐이고, 이러한 경우에도 지상권의 피담보채무가 존재하는 것은 아니다(대판 2017.10.31, 2015다65042).

③ 저당권이 피담보채권의 변제나 소멸시효의 완성으로 소멸한 경우 담보지상권도 피담보채권에 부종하여 함께 소멸한다(대판 2011.4.14, 2011다6342).

④ 담보지상권도 지상권설정등기가 경료되면 그 지상권의 내용과 범위는 등기된 바에 따라서 대세적인 효력이 발생하고, 제3자가 지상권설정자에 대하여 해당 토지를 사용·수익할 수 있는 채권적 권리를 가지고 있다고 하더라도 이러한 사정만으로 지상권자에 대항할 수는 없다(대판 2008.2.15, 2005다47205).

⑤ 담보지상권을 설정하였더라도 토지소유자는 저당부동산의 담보가치를 하락시킬 우려가 있는 등의 특별한 사정이 없는 한 토지를 사용·수익할 수 있다(대판 2018. 3.15, 2015다69907).

⑥ 채권담보를 위하여 토지에 저당권과 함께 무상의 담보지상권을 취득한 채권자는 원칙적으로 토지를 사용·수익할 수 없으므로 제3자가 토지를 불법점유하더라도 임료 상당의 손해배상청구를 할 수 없다(대판 2008.1.17, 2006다586).

⑦ 저당부동산에 대한 점유가 저당부동산의 본래의 용법에 따른 사용·수익의 범위를 초과하여 저당부동산의 교환가치가 피담보채권액 미만으로 하락하면 저당권자는 저당권의 침해를 이유로 손해배상을 청구할 수 있다(대판 2005.4.29, 2005다3243).

기출&예상 문제

지상권에 관한 설명으로 옳은 것을 모두 고른 것은? (다툼이 있으면 판례에 따름) • 31회

> ㉠ 지료의 지급은 지상권의 성립요소이다.
> ㉡ 기간만료로 지상권이 소멸하면 지상권자는 갱신청구권을 행사할 수 있다.
> ㉢ 지료체납 중 토지소유권이 양도된 경우, 양도 전·후를 통산하여 2년에 이르면 지상권 소멸청구를 할 수 있다.
> ㉣ 채권담보를 위하여 토지에 저당권과 함께 무상의 담보지상권을 취득한 채권자는 특별한 사정이 없는 한 제3자가 토지를 불법점유하더라도 임료상당의 손해배상청구를 할 수 없다.

① ㉡ ② ㉠, ㉢ ③ ㉡, ㉣

④ ㉢, ㉣ ⑤ ㉠, ㉢, ㉣

해설 ㉠ 지료의 지급은 지상권의 성립요건이 아니다(제279조).
㉡ 제283조
㉢ 지상권자의 지료지급 연체가 토지소유권의 양도 전후에 걸쳐 이루어진 경우 토지양수인에 대한 연체기간이 2년이 되지 않는다면 양수인은 지상권소멸청구를 할 수 없다(대판 2001.3.13, 99다17142).
㉣ 대판 2008.1.17, 2006다586

정답 ③

빈출키워드 086 분묘기지권

핵심 Check

의 의	분묘를 소유하기 위하여 기지를 직접 사용할 수 있는 권리
성 질	판례에 의해 인정된 관습법상의 물권
성 립	① 세 가지 취득원인 　㉠ 토지소유자의 승낙을 얻어 분묘를 설치한 경우 　㉡ 자기 소유 토지에 분묘를 설치하고 그 토지를 타인에게 양도한 경우 　㉢ 분묘기지권을 시효취득한 경우 ② **공시방법**: 분묘 자체가 공시방법

① 타인의 토지에 합법적으로 분묘를 설치한 자는 관습법상 그 토지 위에 지상권에 유사한 일종의 물권을 취득한다(대판 1962.4.26, 4294민상1451).

② 자기 소유 토지에 분묘를 설치하고 토지를 타인에 양도한 경우에는 당사자 간에 특별한 의사표시가 없으면 판 사람은 분묘 소유를 위하여 산 사람의 토지에 대하여 지상권 유사의 물권을 취득한다(대판 1967.10.12, 67다1920).

③ 타인 소유의 토지에 소유자의 승낙 없이 분묘를 설치한 경우에는 20년간 평온·공연하게 그 분묘의 기지를 점유하면 지상권 유사의 관습법상의 물권인 분묘기지권을 시효로 취득한다(대판 1996.6.14, 96다14036).

④ 분묘기지권은 분묘를 소유하기 위한 권리이므로 분묘를 소유할 수 있는 종손만이 분묘기지권을 시효로 취득할 수 있다. 다만, 분묘에 안치된 선조의 자손도 종손의 권리에 터잡아 분묘의 기지를 사용할 수는 있다(대판 1979.10.16, 78다2117).

⑤ 분묘기지권의 존속기간에 관하여는 민법의 지상권에 관한 규정에 따를 것이 아니라, 당사자 사이에 약정이 있으면 그에 의하고, 약정이 없는 경우에는 권리자가 분묘의 수호와 봉사를 계속하는 한 그 분묘가 존속하고 있는 동안은 분묘기지권은 존속하는 것으로 보아야 한다(대판 1982.1.26, 81다1220).

⑥ 장사법 시행 이전에 타인의 토지에 분묘를 설치한 다음 20년간 평온·공연하게 분묘의 기지를 점유함으로써 분묘기지권을 시효로 취득한 자는 토지소유자가 지료지급청구를 한 날부터 지료를 지급하여야 한다(대판 전합체 2021.4.29, 2017다228007).

⑦ 분묘기지권은 봉분 등 외부에서 분묘의 존재를 인식할 수 있는 형태를 갖추고 있는 경우에 한하여 인정되므로 이러한 특성상 분묘기지권은 등기 없이 취득한다(대판 1996. 6.14, 96다14036).

⑧ 현재 시신이 안장되어 있지 아니한 장래 묘소로서 외형상 분묘의 형태만 갖추었을 뿐인 경우에는 지상권 유사의 물권이 생길 수 없다(대판 1976.10.26, 76다1359).

⑨ 분묘기지권의 범위는 분묘가 설치된 기지에 국한되는 것이 아니고 분묘의 수호 및 제사의 봉행에 필요한 주위의 빈 땅에도 효력이 미친다(대판 2011.11.10, 2011다63017).

⑩ 분묘기지권에는 그 효력이 미치는 범위 내라고 할지라도 기존의 분묘 외에 새로운 분묘를 설치하거나 원래의 분묘를 다른 곳으로 이장할 권능은 포함되지 않는다(대판 2007. 6.28, 2007다16885).

⑪ 기존의 분묘기지권이 미치는 지역적 범위 내에서 부부 합장을 위한 쌍분형태의 분묘를 새로이 설치할 수 없다(대판 1997.5.23, 95다29086).

⑫ 부부 중 일방이 먼저 사망하여 이미 그 분묘가 설치되고 그 분묘기지권이 미치는 범위 내에서 그 후에 사망한 다른 일방을 단분형태로 합장하여 분묘를 설치하는 것도 허용되지 않는다(대판 2001.8.21, 2001다28367).

⑬ 분묘기지권을 포기하는 의사를 표시한 경우 점유의 포기가 없더라도 분묘기지권은 소멸한다(대판 1992.6.23, 92다14762).

기출&예상 문제

분묘기지권에 관한 설명으로 옳은 것은? (다툼이 있으면 판례에 따름)

① 토지소유자의 승낙없이 분묘를 설치한 후 20년간 평온·공연하게 분묘기지를 점유한 자는 그 기지의 소유권을 시효취득한다.

② 타인 토지에 분묘를 설치·소유하는 자에게는 그 토지에 대한 소유의 의사가 추정된다.

③ 등기는 분묘기지권의 취득요건이다.

④ 분묘기지권을 시효취득한 자는 지료를 지급하여야 한다.

⑤ 존속기간에 관한 약정이 없는 분묘기지권의 존속기간은 5년이다.

해 설 ① 분묘기지권을 시효취득하는 것이지 분묘기지에 대한 소유권을 시효취득하는 것이 아니다.

② 타인의 토지 위에 분묘를 설치·소유하는 경우 그 토지를 소유의 의사로 점유하는 것으로 추정되지 않는다(대판 1994.11.8, 94다31549).

③ 분묘기지권은 봉분 등 외부에서 분묘의 존재를 인식할 수 있는 형태를 갖추고 있는 경우에 한하여 인정되므로 이러한 특성상 분묘기지권은 등기 없이 취득한다(대판 1996.6.14, 96다14036).

④ 분묘기지권을 시효로 취득한 자는 토지소유자가 지료지급청구를 한 날부터 지료를 지급하여야 한다(대판 전합체 2021.4.29, 2017다228007).

⑤ 분묘기지권의 존속기간에 관하여 약정이 없는 경우에는 권리자가 분묘의 수호와 봉사를 계속하는 한 그 분묘가 존속하고 있는 동안은 분묘기지권은 존속하는 것으로 보아야 한다(대판 1982.1.26, 81다1220).

정답 ④

빈출키워드 087 관습법상의 법정지상권

핵심 Check

의 의	토지와 건물이 동일인의 소유에 속하였다가 토지와 건물 중 어느 하나가 매매 기타 사유로 토지소유자와 건물소유자가 다르게 된 경우에 건물을 철거한다는 특약이 없는 한 건물소유자가 당연히 취득하게 되는 지상권
성 질	① 판례에 의해 인정된 관습법상의 물권이다. ② 관습법상의 법정지상권에 관한 규정은 임의규정이다.
성립요건	① 토지와 건물이 동일인의 소유에 속할 것 ② 토지와 건물 중 어느 하나가 매매 기타 사유로 소유자가 달라질 것 ③ 당사자 사이에 건물을 철거한다는 특약이 없을 것

1. 관습법상의 법정지상권이 성립하는 경우

① 관습법상의 법정지상권이 성립되기 위하여는 토지와 건물 중 어느 하나가 처분될 당시에 토지와 그 지상건물이 동일인의 소유에 속하였으면 족하고 원시적으로 동일인의 소유였을 필요는 없다(대판 1995.7.28, 95다9075).

② 통상의 강제집행(강제경매)으로 인하여 관습법상의 법정지상권이 성립되기 위하여는 압류의 효력이 발생하는 때를 기준으로 토지와 그 지상건물이 동일인의 소유이어야 한다(대판 전합체 2012.10.18, 2010다52140).

③ 무허가 또는 미등기건물을 소유하기 위한 관습법상의 법정지상권도 인정된다(대판 1988.4.12, 87다카2404).

④ 동일인의 소유에 속하였던 토지와 건물이 매매, 증여, 통상의 강제집행, 「국세징수법」에 의한 공매 등으로 그 소유권자를 달리하게 된 경우에 그 건물을 철거한다는 특약이 없는 한 건물소유자는 그 건물의 소유를 위하여 그 부지에 관하여 관습법상의 법정지상권을 취득한다(대판 1988.4.12, 87다카2404).

⑤ 「귀속재산처리법」상의 불하처분에 의하여 동일소유자에 속한 토지와 건물의 소유자가 다르게 된 경우 관습법상의 법정지상권이 성립한다(대판 1986.9.9, 85다카2275).

⑥ 甲과 乙이 1필지의 대지를 구분소유적으로 공유하고 乙이 자기 몫의 대지 위에 건물을 신축하여 점유하던 중 乙의 대지지분만을 甲이 경락 취득한 경우 乙은 관습법상의 법정지상권을 취득한다(대판 1990.6.26, 89다카24094). 한편, 구분소유적 공유관계에 있는 자가 자신의 특정 소유가 아닌 부분에 건물을 신축한 경우에는 관습법상의 법정지상권이 성립하지 않는다(대판 1994.1.28, 93다49871).

⑦ 토지와 건물의 소유자가 토지만을 타인에게 증여한 후 구건물을 철거하되 그 지상에 자신의 이름으로 건물을 다시 신축하기로 합의한 경우는 관습법상의 법정지상권의 발생을 배제하는 건물철거의 합의로 볼 수 없다(대판 1999.12.10, 98다58467).

⑧ 관습법상의 법정지상권의 성립에 있어 건물을 철거하기로 하는 합의가 있었다는 등 특별한 사정의 존재에 관한 주장·입증책임은 그러한 사정의 존재를 주장하는 쪽에 있다(대판 1988.9.27, 87다카279).

2. 관습법상의 법정지상권이 성립하지 않는 경우

① 원래 동일인에게의 소유권 귀속이 원인무효(위조서류에 의한 등기 등)로 이루어졌다가 그 뒤 그 원인무효임이 밝혀져 그 등기가 말소됨으로써 그 건물과 토지의 소유자가 달라지게 된 경우에는 관습법상의 법정지상권을 허용할 수 없다(대판 1999.3.26, 98다64189).

② 환지처분으로 인하여 토지와 그 지상건물의 소유자가 달라진 경우에는 관습법상의 법정지상권이 성립하지 않는다(대판 2001.5.8, 2001다4101).

③ 나대지상에 환매특약의 등기가 마쳐진 상태에서 대지 소유자가 그 지상에 건물을 신축하고 환매권의 행사에 따라 토지와 건물의 소유자가 달라진 경우, 건물소유자는 관습법상의 법정지상권을 취득할 수 없다(대판 2010.11.25, 2010두16431).

④ 동일인이 소유하던 토지와 그 지상건물이 매매 기타 원인으로 각각 소유자를 달리하게 되었으나 그 토지의 점유·사용에 관하여 당사자 사이에 약정이 있는 것으로 볼 수 있는 경우에는 관습법상의 법정지상권이 성립하지 않는다(대판 2008.2.15, 2005다41771).

⑤ 토지매매에 수반하여 토지소유자가 매수인으로부터 토지대금을 다 받기 전에 그 토지 위에 건물을 신축할 수 있도록 토지사용을 승낙하였다 하더라도 특별한 사정이 없는 한 매매당사자 사이에 그 토지에 관한 지상권설정의 합의까지 있었던 것이라고 할 수 없고, 당해 매매계약이 해제된 경우 토지매수인은 신축건물의 부지로 점유할 권원을 상실하게 되는 것이고 또 당초에 건물과 그 대지가 동일인의 소유였다가 매매 기타 사유로 소유자를 달리하게 되는 경우도 아니므로 관습법상의 법정지상권도 성립되지 아니한다(대판 1988.6.28, 87다카2895).

⑥ 미등기건물을 대지와 함께 매도하였으나 대지에 관하여만 매수인 앞으로 소유권 이전등기가 경료되고 건물에 관하여는 등기가 경료되지 아니하여 형식적으로 대지 소유자와 건물소유자가 달라지게 된 경우에는 매도인에게 관습법상의 법정지상권이 인정되지 않는다(대판 전합체 2002.6.20, 2002다9660).

⑦ 동일인 소유였던 토지와 그 지상건물의 소유권이 분리되어 건물소유자가 관습법상의 법정지상권을 취득한 후 토지소유자와 건물 소유를 위한 임대차계약을 체결하고 임차권을 취득한 경우에는 관습법상의 법정지상권을 포기한 것으로 보아야 한다(대판 1979.6.5, 79다572).

⑧ 대지상에 담보가등기가 경료되고 나서 대지소유자가 그 지상에 건물을 신축한 후 본등기가 경료되어 대지와 건물의 소유자가 달라진 경우 건물을 위한 관습법상의 법정지상권은 성립하지 않는다(대판 1994.11.22, 94다5458).

⑨ 건물이 장차 철거될 것임을 예상하면서 건축한 경우에는 관습법상의 법정지상권이 인정되지 않는다(대판 1994.12.22, 94다41072).

⑩ 명의신탁된 토지상에 수탁자가 건물을 신축한 후 명의신탁이 해지되어 토지소유권이 신탁자에게 환원된 경우 수탁자는 관습법상의 법정지상권을 취득할 수 없다(대판 1986.5.27, 86다카62).

⑪ 토지공유자의 한 사람이 다른 공유자의 지분 과반수의 동의를 얻어 건물을 건축한 후 토지와 건물의 소유자가 달라진 경우에는 관습법상의 법정지상권이 인정되지 않는다(대판 2014.9.4, 2011다73038).

3. 관습법상의 법정지상권의 효과

① 관습법상의 법정지상권도 2년분 이상의 지료를 연체할 경우 지상권소멸청구의 의사표시에 의하여 소멸한다(대판 1993.6.29, 93다10781).

② 관습법상의 법정지상권자는 그 대지의 소유자가 변경되었을 때 그 지상권의 등기 없이도 그 대지의 신소유자에게 대하여 지상권을 주장할 수 있다(대판 1967.11.28, 67다1831).

③ 관습법상의 법정지상권이 붙은 건물의 소유자가 건물을 제3자에게 처분한 경우 법정지상권에 관한 등기를 경료하지 아니한 건물양수인은 건물의 소유권을 취득한 사실만 가지고는 법정지상권을 취득하였다고 할 수 없다(대판 1995.4.11, 94다39925).

④ 관습법상 법정지상권이 붙은 건물의 양수인은 지상권등기 없이도 건물양도인의 지상권갱신청구권을 대위행사할 수 있다(대판 1995.4.11, 94다39925).

4. 관련문제

강제경매의 목적이 된 토지 또는 그 지상건물에 관하여 강제경매를 위한 압류가 있기 이전에 저당권이 설정되어 있다가 그 후 강제경매로 인해 그 저당권이 소멸하는 경우에는, 저당권설정 당시를 기준으로 토지와 그 지상건물이 동일인에게 속하였는지에 따라 관습법상의 법정지상권의 성립 여부를 판단하여야 한다(대판 2013.4.11, 2009다62059).

기출&예상 문제

甲은 자신의 토지와 그 지상건물 중 건물만을 乙에게 매도하고 건물 철거 등의 약정 없이 건물의 소유권이전등기를 해주었다. 乙은 이 건물을 다시 丙에게 매도하고 소유권이전등기를 마쳐주었다. 다음 설명 중 틀린 것은? (다툼이 있으면 판례에 따름)   • 28회

① 乙은 관습법상의 법정지상권을 등기 없이 취득한다.

② 甲은 丙에게 토지의 사용에 대한 부당이득반환청구를 할 수 있다.

③ 甲이 丁에게 토지를 양도한 경우, 乙은 丁에게는 관습법상의 법정지상권을 주장할 수 없다.

④ 甲의 丙에 대한 건물철거 및 토지인도청구는 신의성실의 원칙상 허용될 수 없다.

⑤ 만약 丙이 경매에 의하여 건물의 소유권을 취득한 경우라면, 특별한 사정이 없는 한 丙은 등기 없이도 관습법상의 법정지상권을 취득한다.

해설 관습법상의 법정지상권자는 그 대지의 소유자가 변경되었을 때 그 지상권의 등기 없이도 그 대지의 신소유자에게 대하여 지상권을 주장할 수 있다(대판 1967.11.28, 67다1831). 따라서 甲이 丁에게 토지를 양도한 경우, 乙은 등기 없이도 丁에게 관습법상의 법정지상권을 주장할 수 있다.

정답 ③

제291조【지역권의 내용】
지역권자는 일정한 목적을 위하여 타인의 토지를 자기 토지의 편익에 이용하는 권리가 있다.

제292조【부종성】
① 지역권은 요역지소유권에 부종하여 이전하며 또는 요역지에 대한 소유권 이외의 권리의 목적이 된다. 그러나 다른 약정이 있는 때에는 그 약정에 의한다.
② 지역권은 요역지와 분리하여 양도하거나 다른 권리의 목적으로 하지 못한다.

제293조【공유관계, 일부양도와 불가분성】
① 토지공유자의 1인은 지분에 관하여 그 토지를 위한 지역권 또는 그 토지가 부담한 지역권을 소멸하게 하지 못한다.
② 토지의 분할이나 토지의 일부양도의 경우에는 지역권은 요역지의 각 부분을 위하여 또는 그 승역지의 각 부분에 존속한다. 그러나 지역권이 토지의 일부분에만 관한 것인 때에는 다른 부분에 대하여는 그러하지 아니하다.

제295조【취득과 불가분성】
① 공유자의 1인이 지역권을 취득한 때에는 다른 공유자도 이를 취득한다.
② 점유로 인한 지역권 취득기간의 중단은 지역권을 행사하는 모든 공유자에 대한 사유가 아니면 그 효력이 없다.

제296조【소멸시효의 중단, 정지와 불가분성】
요역지가 수인의 공유인 경우에 그 1인에 의한 지역권 소멸시효의 중단 또는 정지는 다른 공유자를 위하여 효력이 있다.

핵심 Check

의 의	자기 토지의 편익을 위하여 타인의 토지를 사용할 수 있는 권리
성 질	① 비배타성 ② 부종성 ③ 불가분성
취 득	① **법률행위에 의한 취득** : 지역권설정계약 + 등기 ② **법률규정에 의한 취득** : 상속, 취득시효 등
존속기간	① 존속기간에 관한 규정 × ② 영구무한의 지역권설정도 가능하다.

① 통행지역권은 토지소유자, 지상권자, 전세권자 등 토지사용권을 가진 자에게 인정되므로 요역지의 소유자가 아니라는 사정만으로는 취득시효가 부정되는 것은 아니다(대판 1976.10.29, 76다1694).

② 어느 토지에 대하여 통행지역권을 주장하려면 그 토지의 통행으로 편익을 얻는 요역지가 있음을 주장·입증하여야 한다(대판 1992.12.8, 92다22725).

③ 토지의 불법점유자는 통행지역권의 시효취득 주장을 할 수 없다(대판 1976.10.29, 76다1694).

④ 통행지역권은 요역지의 소유자가 승역지 위에 통로를 개설하여 승역지를 사용하는 객관적 상태가 민법 제245조에 규정된 기간 동안 계속된 경우에 한하여 그 시효취득을 인정할 수 있다(대판 1995.6.13, 95다1088).

⑤ 지역권을 시효취득한 자는 등기함으로써 그 지역권을 취득하는 것이므로 취득시효기간은 경과하였으나 지역권을 등기하지 않은 상태에서 승역지의 소유자로부터 그 토지를 매수하여 소유권이전등기를 경료한 제3자에게는 이를 주장할 수 없다(대판 1990.10.30, 90다카20395).

⑥ 통행지역권을 시효취득한 경우에도 특별한 사정이 없는 한 요역지소유자는 승역지에 대한 도로 설치 및 사용에 의하여 승역지소유자가 입은 손해를 보상하여야 한다(대판 2015.3.20, 2012다17479).

기출&예상 문제

지역권에 관한 설명으로 틀린 것은? (다툼이 있으면 판례에 따름) • 31회

① 요역지의 소유권이 양도되면 지역권은 원칙적으로 이전되지 않는다.
② 공유자의 1인이 지역권을 취득한 때에는 다른 공유자도 이를 취득한다.
③ 점유로 인한 지역권취득기간의 중단은 지역권을 행사하는 모든 공유자에 대한 사유가 아니면 그 효력이 없다.
④ 어느 토지에 대하여 통행지역권을 주장하려면 그 토지의 통행으로 편익을 얻는 요역지가 있음을 주장·증명해야 한다.
⑤ 승역지에 관하여 통행지역권을 시효취득한 경우, 특별한 사정이 없는 한 요역지소유자는 승역지소유자에게 승역지의 사용으로 입은 손해를 보상해야 한다.

해설 지역권은 요역지소유권에 부종하여 이전하며 또는 요역지에 대한 소유권 이외의 권리의 목적이 된다(제292조 제1항 본문).

정답 ①

제303조【전세권의 내용】

① 전세권자는 전세금을 지급하고 타인의 부동산을 점유하여 그 부동산의 용도에 좇아 사용·수익하며, 그 부동산 전부에 대하여 후순위권리자 기타 채권자보다 전세금의 우선변제를 받을 권리가 있다.

② 농경지는 전세권의 목적으로 하지 못한다.

제304조【건물의 전세권, 지상권, 임차권에 대한 효력】

① 타인의 토지에 있는 건물에 전세권을 설정한 때에는 전세권의 효력은 그 건물의 소유를 목적으로 한 지상권 또는 임차권에 미친다.

제305조【건물의 전세권과 법정지상권】

① 대지와 건물이 동일한 소유자에 속한 경우에 건물에 전세권을 설정한 때에는 그 대지소유권의 특별승계인은 전세권설정자에 대하여 지상권을 설정한 것으로 본다. 그러나 지료는 당사자의 청구에 의하여 법원이 이를 정한다.

제306조【전세권의 양도, 임대 등】

전세권자는 전세권을 타인에게 양도 또는 담보로 제공할 수 있고 그 존속기간 내에서 그 목적물을 타인에게 전전세 또는 임대할 수 있다. 그러나 설정행위로 이를 금지한 때에는 그러하지 아니하다.

제309조【전세권자의 유지, 수선의무】

전세권자는 목적물의 현상을 유지하고 그 통상의 관리에 속한 수선을 하여야 한다.

제310조【전세권자의 상환청구권】

① 전세권자가 목적물을 개량하기 위하여 지출한 금액 기타 유익비에 관하여는 그 가액의 증가가 현존한 경우에 한하여 소유자의 선택에 좇아 그 지출액이나 증가액의 상환을 청구할 수 있다.

② 전항의 경우에 법원은 소유자의 청구에 의하여 상당한 상환기간을 허여할 수 있다.

제312조【전세권의 존속기간】

① 전세권의 존속기간은 10년을 넘지 못한다. 당사자의 약정기간이 10년을 넘는 때에는 이를 10년으로 단축한다.

② 건물에 대한 전세권의 존속기간을 1년 미만으로 정한 때에는 이를 1년으로 한다.

③ 전세권의 설정은 이를 갱신할 수 있다. 그 기간은 갱신한 날로부터 10년을 넘지 못한다.

④ 건물의 전세권설정자가 전세권의 존속기간 만료 전 6월부터 1월까지 사이에 전세권자에 대하여 갱신 거절의 통지 또는 조건을 변경하지 아니하면 갱신하지 아니한다는 뜻의 통지를 하지 아니한 경우에는 그 기간이 만료된 때에 전전세권과 동일한 조건으로 다시 전세권을 설정한 것으로 본다. 이 경우 전세권의 존속기간은 그 정함이 없는 것으로 본다.

제313조【전세권의 소멸통고】

전세권의 존속기간을 약정하지 아니한 때에는 각 당사자는 언제든지 상대방에 대하여 전세권의 소멸을 통고할 수 있고 상대방이 이 통고를 받은 날로부터 6월이 경과하면 전세권은 소멸한다.

제318조【전세권자의 경매청구권】

전세권설정자가 전세금의 반환을 지체한 때에는 전세권자는 「민사집행법」의 정한 바에 의하여 전세권의 목적물의 경매를 청구할 수 있다.

의 의	전세금을 지급하고 타인의 부동산을 점유하여 그 부동산의 용도에 좋아 직접 사용·수익할 수 있는 권리
성 질	① 타물권 ② 용익물권 ③ 담보물권적 성격 : 경매권 ○, 우선변제권 ○
취 득	① 법률행위에 의한 취득 : 전세권설정계약 + 등기, 전세권의 양도 ② 법률규정에 의한 취득 : 상속, 취득시효

1. 전세권 일반

① 전세권은 용익물권적 성격과 담보물권적 성격을 겸비하고 있으며 목적물의 인도는 전세권의 성립요건이 아니다. 따라서 당사자가 주로 채권담보의 목적으로 전세권을 설정하였더라도 장차 전세권자의 목적물에 대한 사용·수익권을 완전히 배제하는 것이 아니라면 그 효력은 인정된다(대판 1995.2.10, 94다18508).

② 전세금의 지급은 전세권의 성립요소이지만 그렇다고 하여 전세금의 지급이 반드시 현실적으로 수수되어야만 하는 것은 아니고 기존의 채권으로 전세금의 지급에 갈음할 수도 있다(대판 1995.2.10, 94다18508).

③ 전세권 존속기간이 시작되기 전에 마친 전세권설정등기도 특별한 사정이 없는 한 유효한 것으로 추정된다(대결 2018.1.25, 2017마1093).

④ 임차보증금반환채권을 담보할 목적으로 임대인과 임차인 및 제3자 사이의 합의에 따라 제3자 명의로 경료된 전세권설정등기도 유효하다(대판 2005.5.26, 2003다12311).

⑤ 전세권의 법정갱신(제312조 제4항)은 법률 규정에 의한 부동산물권변동이므로 전세권갱신에 관한 등기를 필요로 하지 아니하고 전세권자는 등기 없이도 전세권설정자나 그 목적물을 취득한 제3자에 대하여 그 권리를 주장할 수 있다(대판 1989.7.11, 88다카21029).

⑥ 전세권이 성립한 후 전세목적물의 소유권이 이전된 경우 전세권은 전세권자와 목적물의 소유권을 취득한 신소유자 사이에서 계속 동일한 내용으로 존속하고, 목적물의 신소유자는 전세권이 소멸하는 때에 전세권설정자의 지위에서 전세금반환의무를 부담한다(대판 2006.5.11, 2006다6072).

⑦ 건물의 일부에 대하여 전세권이 설정되어 있는 경우 전세권자는 전세권의 목적물이 아닌 나머지 건물부분에 대하여는 우선변제권은 별론으로 하고 경매신청권은 없다(대결 1992.3.10, 91마256).

⑧ 건물의 일부에 대하여 전세권이 설정되어 있는 경우 전세권자는 그 전세권의 목적이 된 부분이 구조상 또는 이용상 독립성이 없어 독립한 소유권의 객체로 분할할 수 없고 따라서 그 부분만의 경매신청이 불가능하다고 하여도 전세권의 목적물이 아닌 나머지 건물부분에 대하여는 경매를 신청할 수 없다(대결 2001.7.2, 2001마212).

⑨ 전세권의 존속기간이 만료되면 전세권은 소멸하므로 더 이상 전세권 자체에 대하여 저당권을 실행할 수 없게 되고, 이러한 경우에는 저당권의 목적물인 전세권에 갈음하여 존속하는 것으로 볼 수 있는 전세금반환채권에 대하여 압류 및 추심명령 또는 전부명령을 받거나 제3자가 전세금반환채권에 대하여 실시한 강제집행절차에서 배당요구를 하는 등의 방법으로 자신의 권리를 행사하여 비로소 전세권설정자에 대해 전세금의 지급을 구할 수 있게 된다(대판 1999.9.17, 98다31301).

⑩ 전세권자로부터 전세권목적물을 인도받은 전세권설정자가 전세권자에 대하여 전세권설정등기의 말소와 동시이행을 주장하면서 전세금의 반환을 거부하는 경우 전세권설정자에게는 전세금에 대한 이자 상당액의 부당이득반환의무가 없다(대판 2002.2.5, 2001다62091).

⑪ 전세권자는 전세목적물 인도의 이행제공 없이 전세금반환채권을 원인으로 한 경매절차청구를 할 수 없고, 우선 전세권설정자에 대하여 전세목적물의 인도의무 및 전세권설정등기말소의무의 이행제공을 완료하여 전세권설정자를 이행지체에 빠뜨려야 한다(대결 1977.4.13, 77마90).

2. 전세권의 양도

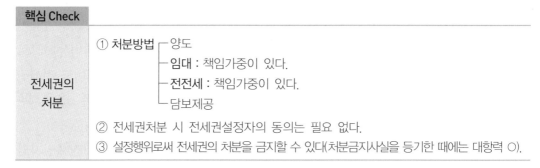

핵심 Check	
전세권의 처분	① 처분방법 ┬ 양도 ├ 임대 : 책임가중이 있다. ├ 전전세 : 책임가중이 있다. └ 담보제공 ② 전세권처분 시 전세권설정자의 동의는 필요 없다. ③ 설정행위로써 전세권의 처분을 금지할 수 있다(처분금지사실을 등기한 때에는 대항력 ○).

① 전세권만의 양도는 인정되지 않는다. 따라서 전세권을 전세금반환청구권과 분리하여 양도하는 것은 허용되지 않는다(대판 1997.11.25, 97다29790).

② 전세권이 존속하는 동안은 전세권을 존속시키기로 하면서 전세금반환청구권만을 전세권과 분리하여 양도하는 것은 허용되지 않는다(대판 2002.8.23, 2001다69122).

③ 전세권 존속 중에는 장래에 그 전세권이 소멸하는 경우 전세금반환채권이 발생하는 것을 조건으로 그 장래의 조건부 채권을 양도할 수 있을 뿐이다(대판 2002.8.23, 2001다69122).

④ 전세권이 존속기간의 만료로 소멸한 경우이거나 전세계약의 합의해지 또는 당사자 간의 특약에 의하여 전세권반환청구권의 양도에도 불구하고 전세권의 처분이 따르지 않는 경우 등의 특별한 사정이 있는 때에는 전세금반환청구권만의 양도도 가능하다. 다만, 전세권이 전세금반환청구권의 양도에 수반하지 않는다는 특약을 한 때에는 채권양수인은 전세권이 없는 무담보의 채권을 양수한 것이 되고, 이 경우 전세권은 소멸한다(대판 1997.11.25, 97다29790).

⑤ 존속기간의 경과로서 본래의 용익물권적 권능은 소멸하고 담보물권적 권능만 남은 전세권도 그 피담보채권인 전세금반환청구권과 함께 제3자에게 양도할 수 있다 (대판 2005.3.25, 2003다35659).

기출&예상 문제

甲은 그 소유 X건물의 일부에 관하여 乙 명의의 전세권을 설정하였다. 다음 설명 중 틀린 것은? (다툼이 있으면 판례에 따름) • 30회

① 乙의 전세권이 법정갱신되는 경우, 그 존속기간은 1년이다.

② 존속기간 만료 시 乙이 전세금을 반환받지 못하더라도 乙은 전세권에 기하여 X건물 전체에 대한 경매를 신청할 수는 없다.

③ 존속기간 만료 시 乙은 특별한 사정이 없는 한 전세금반환채권을 타인에게 양도할 수 있다.

④ 甲이 X건물의 소유권을 丙에게 양도한 후 존속기간이 만료되면 乙은 甲에 대하여 전세금 반환을 청구할 수 없다.

⑤ 乙은 특별한 사정이 없는 한 전세목적물의 현상유지를 위해 지출한 통상필요비의 상환을 甲에게 청구할 수 없다.

해설 ① 乙의 전세권이 법정갱신되는 경우 그 존속기간은 정하지 않은 것으로 본다(제312조 제4항).
② 건물의 일부에 대하여 전세권이 설정되어 있는 경우 전세권자는 전세권의 목적물이 아닌 나머지 건물부분에 대하여는 우선변제권은 별론으로 하고 경매신청권은 없다(대결 1992.3.10, 91마256).
③ 전세권이 존속기간의 만료로 소멸한 경우 乙은 전세금반환채권을 타인에게 양도할 수 있다 (대판 1997.11.25, 97다29790).
④ 전세권이 성립한 후 전세목적물의 소유권이 이전된 경우 전세권은 전세권자와 목적물의 소유권을 취득한 신소유자 사이에서 계속 동일한 내용으로 존속하고, 목적물의 신소유자는 전세권이 소멸하는 때에 전세권설정자의 지위에서 전세금반환의무를 부담한다(대판 2006.5.11, 2006다6072).
⑤ 전세권자는 전세물의 현상을 유지하고 통상적인 관리에 필요한 수선을 하여야 한다(제309조). 따라서 전세권자에게는 필요비상환청구권이 인정되지 않는다.

정답 ①

06 담보물권

학습 포인트

① 유치권 : 견련성 인정 여부에 대한 판례, 경락인에게의 유치권 주장 여부
② 저당권 : 저당권설정계약의 당사자와 저당권의 효력 범위
③ 법정지상권 : 성립 여부에 대한 판례의 결론
   일괄경매청구권 : 인정 여부에 관한 판례의 태도
④ 공동저당 : 동시배당과 이시배당의 차이점, 이시배당 시 물상보증인과 후순위저당권자의 우열 여부
⑤ 근저당 : 채권최고액의 의미와 피담보채권의 확정

빈출키워드 090 유치권의 성립요건

> **제320조 【유치권의 내용】**
> ① 타인의 물건 또는 유가증권을 점유한 자는 그 물건이나 유가증권에 관하여 생긴 채권이 변제기에 있는 경우에는 변제를 받을 때까지 그 물건 또는 유가증권을 유치할 권리가 있다.
> ② 전항의 규정은 그 점유가 불법행위로 인한 경우에 적용하지 아니한다.

핵심 Check

의 의	타인의 물건이나 유가증권에 관한 채권이 변제기에 있는 경우 그 변제를 받을 때까지 목적물의 점유를 계속하면서 인도를 거절할 수 있는 권리
성 질	① 법정담보물권 ② 유치권에 관한 규정은 임의규정이므로 당사자의 특약으로 유치권의 성립을 배제할 수 있다.
성립 요건	① 타인의 물건이나 유가증권일 것 ② 목적물에 대한 점유가 적법할 것 ③ 채권과 목적물 사이에 견련성이 있을 것 ④ 채권의 변제기가 도래할 것 ⑤ 유치권배제의 특약이 없을 것

1. 유치권이 성립하는 경우

① 목적물에 지출한 비용상환청구권은 목적물과의 견련성이 인정되므로 유치권이 성립한다(대판 1967.11.28, 66다2111).

② 도급계약에서 도급인과 수급인 사이에 특약으로 완성물의 소유권을 도급인에게 귀속시키기로 한 경우 주택건물의 신축공사를 한 수급인이 그 건물을 점유하고 있고 또 그 건물에 관하여 생긴 공사금채권이 있는 경우, 수급인은 그 채권을 변제받을 때까지 건물을 유치할 권리가 있다(대판 1995.9.15, 95다16202).

③ 유치권자가 유치물을 점유하기 전에 발생된 채권이라도 그 후 그 물건의 점유를 취득한 경우에는 유치권이 성립한다(대판 1965.3.30, 64다1977).

④ 甲의 말 2필이 乙의 밭에 들어가 농작물을 먹어치운 경우 乙은 손해배상청구권을 담보하기 위하여 말을 유치할 수 있다(대판 1969.11.25, 69다1592).

⑤ 물건과 원채권 사이에 견련관계가 있는 경우에는 그 손해배상채권과 그 물건과의 사이에도 견련관계가 있다 할 것이므로 채무불이행에 의한 손해배상채권에 관하여 유치권을 주장할 수 있다(대판 1976.9.28, 76다582).

⑥ 다세대주택의 창호공사를 완성한 수급인이 공사대금채권을 변제받기 위하여 다세대주택 중 한 세대를 점유하여 유치권을 행사하는 경우, 그 유치권은 그 한 세대에 대하여 시행한 공사대금만이 아니라 다세대주택 전체에 대하여 시행한 공사대금채권 전부를 피담보채권으로 하여 성립한다(대판 2007.9.7, 2005다16942).

2. 유치권이 성립하지 않는 경우

① 유치권은 법정담보물권이기는 하나 채권자의 이익보호를 위한 채권담보의 수단에 불과하므로 이를 포기하는 특약은 유효하다. 유치권을 사후에 포기한 경우 유치권은 곧바로 소멸하고, 제3자도 유치권포기특약의 효력을 주장할 수 있다(대판 2016.5.12, 2014다52087).

② 불법점유의 경우에는 유치권은 성립하지 않는다. 따라서 점유물에 대한 비용상환청구권을 기초로 하는 유치권의 주장을 배척하려면 적어도 그 점유가 불법행위로 인하여 개시되었거나, 유익비 지출 당시 이를 점유할 권원이 없음을 알았거나, 이를 알지 못함이 중대한 과실에 기인하였다고 인정할 만한 사유에 대해 상대방 당사자의 주장·입증이 있어야 한다(대판 2011.12.13, 2009다5162).

③ 유치권의 성립요건이자 존속요건인 유치권자의 점유는 직접점유이든 간접점유이든 관계가 없다(대판 2008.4.11, 2007다27236). 그러나 채권자가 채무자를 직접점유자로 하여 간접점유하는 경우에는 유치권은 성립할 수 없다(대판 2008.4.11, 2007다27236).

④ 보증금반환청구권은 채권과 목적물 사이의 견련성이 인정되지 않으므로 유치권이 성립할 수 없다(대판 1976.5.11, 75다1305).

⑤ 임대인과 임차인 사이에 건물명도 시 권리금을 반환하기로 하는 약정이 있었다 하더라도 그와 같은 권리금반환청구권은 건물에 관하여 생긴 채권이라 할 수 없으므로 그와 같은 채권을 가지고 건물에 대한 유치권을 행사할 수 없다(대판 1994.10.14, 93다62119).

⑥ 부속물매수청구권의 행사로 취득한 매매대금채권은 목적물과의 견련성이 인정되지 않으므로 유치권이 성립하지 않는다(대판 1977.12.13, 77다115).

⑦ 부동산매도인이 매매대금을 다 지급받지 않은 상태에서 매수인에게 소유권이전등기를 마쳐주었으나 부동산을 계속 점유하고 있는 경우, 매매대금채권을 피담보채권으로 하여 매수인이나 그에게서 부동산소유권을 취득한 제3자에게 유치권을 주장할 수 없다(대결 2012.1.12, 2011마2380).

⑧ 건축자재대금채권은 매매계약에 따른 매매대금채권에 불과할 뿐 건물 자체에 관하여 생긴 채권이라고 할 수 없으므로 건축자재를 매도한 자는 자신의 대금채권을 확보하기 위하여 그 자재로 건축된 건물에 대해 유치권을 행사할 수 없다(대판 2012.1.26, 2011다96208).

⑨ 건물신축공사를 도급받은 수급인은 사회통념상 독립한 건물이 되지 못한 정착물을 토지에 설치한 상태에서 공사가 중단된 경우, 위 정착물 또는 토지에 대하여 유치권을 행사할 수 없다(대결 2008.5.30, 2007마98).

⑩ 임대차종료 시에 임차인이 건물을 원상으로 복구하여 임대인에게 명도하기로 약정한 것은 건물에 지출한 각종 유익비 또는 필요비의 상환청구권을 미리 포기하기로 한 취지의 특약이라고 볼 수 있어 임차인은 유치권을 주장할 수 없다(대판 1975.4.22, 73다2010).

⑪ 제3자에게 가지는 건물에 관한 유치권으로 건물철거청구권을 갖는 대지소유자에게 대항할 수 없다(대판 1989.2.14, 87다카3073).

X물건에 대한 甲의 유치권 성립에 영향을 미치지 않는 것은? (다툼이 있으면 판례에 따름)

· 30회

① X의 소유자가 甲인지 여부
② X에 관하여 생긴 채권의 변제기가 도래하였는지 여부
③ X에 대한 甲의 점유가 채무자를 매개로 한 간접점유가 아닌 한, 직접점유인지 간접점유인지 여부
④ X에 대한 甲의 점유가 불법행위에 의한 것인지 여부
⑤ X에 관하여 생긴 채권에 기한 유치권을 배제하기로 한 채무자와의 약정이 있었는지 여부

해설 ① 유치물(유치권의 목적물)은 타인의 소유이어야 한다. 따라서 X의 소유권자가 甲인지 여부는 유치권의 성립에 영향을 미친다.
② 유치권이 성립하기 위해서는 채권의 변제기가 도래하여야 한다. 따라서 X에 관하여 생긴 채권의 변제기가 도래하였는지 여부는 유치권의 성립에 영향을 미친다.
③ 유치권이 성립하기 위해서는 목적물을 점유하여야 한다. 이때의 점유는 직접점유·간접점유를 불문한다. 따라서 X에 대한 甲의 점유가 채무자를 매개로 한 간접점유가 아닌 한, 직접점유인지 간접점유인지 여부는 유치권의 성립에 영향을 미치지 않는다.
④ 유치권이 성립하기 위해서는 점유는 적법하게 개시되어야 한다. 따라서 X에 대한 甲의 점유가 불법행위에 의한 것인지 여부는 유치권의 성립에 영향을 미친다.
⑤ 유치권이 성립하기 위해서는 당사자 사이에 유치권을 배제하는 특약이 없어야 한다. 따라서 X에 관하여 생긴 채권에 기한 유치권을 배제하기로 한 채무자와의 약정이 있었는지 여부는 유치권의 성립에 영향을 미친다.

정답 ③

유치권의 효력

핵심 Check	
효 력	① 목적물의 유치권 ② 경매권 ③ 간이변제충당권(법원에 청구) ④ **우선변제권** : 없다. ⑤ 과실수취권 ⑥ 유치물사용권(승낙에 의한 사용권 + 보존에 필요한 사용권) ⑦ 비용상환청구권(필요비 + 유익비) ⑧ 선관주의의무

① 경매개시결정의 등기(압류의 효력이 발생) 전에 성립한 유치권의 경우에는 경매절차의 매수인에게 유치권을 주장할 수 있다(대결 2011.5.13, 2010마1544). 그러나 경매개시결정의 등기(압류의 효력이 발생) 후에 성립한 유치권의 경우에는 경매절차의 매수인에게 유치권을 주장할 수 없다(대판 2013.6.27, 2011다50165).

② 물건의 인도청구소송에서 피고의 유치권항변이 인용되는 경우, 법원은 그 물건에 관하여 생긴 채무의 변제와 상환으로 물건을 인도할 것을 명하여야 한다(대판 1969.11.25, 69다1592).

③ 유치권자가 채무자의 승낙없이 유치물을 제3자에게 임대한 경우, 제3자는 경매절차에서의 매수인(경락인)에게 그 임대차의 효력을 주장할 수 없다(대결 2002.11.27, 2002마3516).

④ 유치권자는 경락인에 대하여 그 피담보채권의 변제가 있을 때까지 유치목적물인 부동산의 인도를 거절할 수 있을 뿐이고 그 피담보채무의 변제를 청구할 수는 없다(대판 1996.8.23, 95다8713).

⑤ 건물의 유익비상환청구권에 기인한 유치권을 행사하여 임차건물을 사용·수익한 임차인은 임대인에 대하여 차임 상당의 부당이득을 반환할 의무가 있다(대판 1963.7.11, 63다235).

⑥ 채무자는 상당한 담보를 제공하고 유치권의 소멸을 청구할 수 있다(제327조). 이 경우 '상당한 담보'란 유치물의 가격이 채권액에 비하여 과다한 때에는 유치물 가액에 상당한 담보를 의미하는 것이 아니라 채권액 상당의 가치가 있는 담보를 말한다(대판 2001.12.11, 2001다59866).

⑦ 유치권자가 점유를 상실한 경우 현 점유자는 전 점유자를 대위하여 유치권을 주장할 수 없다(대판 1972.5.30, 72다548).

유치권에 관한 설명으로 틀린 것은? (다툼이 있으면 판례에 따름) •31회

① 유치권이 인정되기 위한 유치권자의 점유는 직접점유이든 간접점유이든 관계없다.

② 유치권자와 유치물의 소유자 사이에 유치권을 포기하기로 특약한 경우, 제3자는 특약의 효력을 주장할 수 없다.

③ 유치권자는 채권의 변제를 받기 위하여 유치물을 경매할 수 있다.

④ 채무자는 상당한 담보를 제공하고 유치권의 소멸을 청구할 수 있다.

⑤ 임차인은 임대인과의 약정에 의한 권리금반환채권으로 임차건물에 유치권을 행사할 수 없다.

> **해설**
> ① 유치권의 성립요건이자 존속요건인 유치권자의 점유는 직접점유이든 간접점유이든 관계가 없다(대판 2008.4.11, 2007다27236).
> ② 유치권은 법정담보물권이기는 하나 채권자의 이익보호를 위한 채권담보의 수단에 불과하므로 이를 포기하는 특약은 유효하다. 유치권을 사후에 포기한 경우 유치권은 곧바로 소멸하고, 제3자도 유치권포기특약의 효력을 주장할 수 있다(대판 2016.5.12, 2014다52087).
>
> 정답 ②

빈출키워드 092   저당권의 성립

> **제356조【저당권의 내용】**
> 저당권자는 채무자 또는 제3자가 점유를 이전하지 아니하고 채무의 담보로 제공한 부동산에 대하여 다른 채권자보다 자기채권의 우선변제를 받을 권리가 있다.

핵심 Check

저당권의 객체	① 민법상 저당권의 객체 ┬ 토지, 건물 　　　　　　　　　　 └ **지상권, 전세권** : 지역권 ✕, 임차권 ✕ ② 특별법상 저당권의 객체 ┬ 선박·자동차·항공기·건설기계 　　　　　　　　　　　　 ├ **입목(등기된 수목의 집단)** : 명인방법을 갖춘 수목의 집단 ✕ 　　　　　　　　　　　　 ├ 광업권·어업권 　　　　　　　　　　　　 └ 각종 재단저당
피담보채권	① 피담보채권은 반드시 금전채권이어야 하는 것은 아니다. ② 장래의 특정·불특정채권을 위해서도 저당권을 설정할 수 있다.

① 근저당권설정계약상의 채무자 아닌 제3자를 채무자로 하여 된 근저당권설정등기는 근저당권의 부종성에 비추어 원인 없는 무효의 등기이다(대판 1981.9.8, 80다1468).

② 채권담보의 목적으로 채무자 소유의 부동산을 담보로 제공하여 저당권을 설정하는 경우에는 담보물권의 부종성의 법리에 비추어 원칙적으로 채권과 저당권이 그 주체를 달리할 수 없는 것이지만, 채권자 아닌 제3자의 명의로 저당권등기를 하는 데 대하여 채권자와 채무자 및 제3자 사이에 합의가 있었고, 나아가 제3자에게 그 채권이 실질적으로 귀속되었다고 볼 수 있는 특별한 사정이 있는 경우에는, 그 제3자 명의의 저당권등기도 유효하다(대판 2000.12.12, 2000다49879).

③ 저당권의 피담보채권 소멸 후 그 말소등기 경료 전에 그 저당권부채권을 가압류하고 압류 및 전부명령을 받아 저당권이전의 부기등기를 경료하더라도 저당권을 취득할 수 없고 그 저당권설정등기는 말소되어야 한다(대판 2002.9.24, 2002다27910).

기출&예상 문제

저당권에 관한 설명으로 옳지 <u>않은</u> 것을 모두 고른 것은? (다툼이 있으면 판례에 따름)

> ㉠ 저당권설정자는 피담보채권의 채무자에 한한다.
> ㉡ 저당권은 피담보채권의 종된 권리이므로 채권자 아닌 제3자의 명의로 저당권등기를 하는 것은 전혀 허용되지 않는다.
> ㉢ 저당권설정행위는 처분행위이므로 처분의 권리 또는 권한을 가진 자만이 저당권을 설정할 수 있다.
> ㉣ 장래의 특정채권뿐만 아니라 불특정채권도 피담보채권이 될 수 있다.

① ㉠
② ㉠, ㉡
③ ㉠, ㉡, ㉢
④ ㉡, ㉣
⑤ ㉢

해설 ㉠ 저당권설정자는 피담보채권의 채무자뿐만 아니라 제3자(물상보증인)도 포함된다.
㉡ 채권자, 채무자와 제3자 사이에 합의가 있고 채권이 실질적으로 제3자에게 귀속되었다고 볼 수 있는 사정이 있으면 제3자 명의의 저당권설정등기는 유효하다(대판 2000.12.12, 2000다49879).

정답 ②

제358조 【저당권의 효력의 범위】

저당권의 효력은 저당부동산에 부합된 물건과 종물에 미친다. 그러나 법률에 특별한 규정 또는 설정행위에 다른 약정이 있으면 그러하지 아니하다.

제359조 【과실에 대한 효력】

저당권의 효력은 저당부동산에 대한 압류가 있은 후에 저당권설정자가 그 부동산으로부터 수취한 과실 또는 수취할 수 있는 과실에 미친다. 그러나 저당권자가 그 부동산에 대한 소유권, 지상권 또는 전세권을 취득한 제3자에 대하여는 압류한 사실을 통지한 후가 아니면 이로써 대항하지 못한다.

제360조 【피담보채권의 범위】

저당권은 원본, 이자, 위약금, 채무불이행으로 인한 손해배상 및 저당권의 실행비용을 담보한다. 그러나 지연배상에 대하여는 원본의 이행기일을 경과한 후의 1년분에 한하여 저당권을 행사할 수 있다.

핵심 Check

목적물의 범위	① 부합물과 종물 　㉠ 원칙적으로 저당권설정 전후를 불문하고 저당권의 효력이 미친다. 　㉡ 법률에 특별규정이 있거나 설정행위에서 다른 약정을 한 경우는 미치지 않는다. ② 과 실 　㉠ 원칙적으로 과실에 저당권의 효력이 미치지 않는다. 　㉡ 예외적으로 저당부동산에 대한 압류가 있은 후에는 저당권의 효력이 미친다.
피담보 채권의 범위	① 담보되는 범위 ─ 원본, 이자, 위약금 : 등기하여야 담보된다. 　　　　　　　　├ 저당권실행비용 　　　　　　　　└ 채무불이행으로 인한 손해배상 ┘ ─ 등기하지 않아도 담보된다. ② 지연배상(지연이자)은 1년분에 한하나, 이자는 무제한 담보된다. ③ 저당물의 보존비용과 저당물의 하자로 인한 손해배상청구권은 피담보채권의 범위에 속하지 않는다.

① 부합물이 저당권설정 당시에 부합한 것이든 그 후에 부합한 것이든 원칙적으로 저당권의 효력이 미치고(대판 1974.2.12, 73다298), 종물도 저당권설정 전부터 존재하였던 것뿐만 아니라 그 설정등기 후에 새로이 생긴 것이든 원칙적으로 저당권의 효력이 미친다(대결 1971.12.10, 71마757).

② 건물에 대한 저당권의 효력은 그 건물의 소유를 목적으로 한 지상권에도 미친다(대판 1996.4.26, 95다52864).

③ 건물에 대한 저당권이 실행되어 경락인이 건물소유권을 취득한 경우 건물의 소유를 목적으로 한 토지임차권도 건물소유권과 함께 경락인에게 이전된다(대판 1993.4.13, 92다24950).

④ 채무자나 저당권설정자는 저당권자에 대하여 지연배상은 원본의 이행기일을 경과한 후의 1년분에 한한다(제360조 단서)는 주장을 할 수 없다(대판 1992.5.12, 90다8855).

⑤ 저당권자는 저당목적물의 소실로 인하여 저당권설정자가 취득한 화재보험금청구권에 대하여 물상대위권을 행사할 수 있다(대판 2004.12.24, 2004다52798).

⑥ 저당권이 설정된 토지가 「공익사업을 위한 토지 등의 취득 및 보상에 관한 법률」에 따라 협의취득된 경우, 저당권자는 그 보상금에 대하여 물상대위권을 행사할 수 없다(대판 1981.5.26, 80다2109).

⑦ 저당권자는 물상대위권을 행사하려면, 저당권설정자가 받을 금전 기타 물건을 지급 또는 인도 전에 압류하여야 한다. 압류는 특정성(特定性)을 보존하기 위한 것이므로 제3자가 압류하여도 저당권자는 물상대위권을 행사할 수 있다(대판 2002.10.11, 2002다33137).

⑧ 가압류등기 후에 경료된 근저당권설정등기는 가압류에 의한 처분금지의 효력 때문에 그 집행보전의 목적을 달성하는 데 필요한 범위 안에서 가압류채권자에 대한 관계에서만 상대적으로 무효이다. 이 경우 근저당권자는 선순위가압류채권자에 대하여는 우선변제권을 주장할 수 없으므로 1차로 채권액에 따른 안분비례에 의하여 평등배당을 받는다(대결 1994.11.29, 94마417).

기출&예상 **문제**

법률상 특별한 규정이나 당사자 사이에 다른 약정이 없는 경우, 저당권의 효력이 미치는 것을 모두 고른 것은? (다툼이 있으면 판례에 따름)   • 30회

> ㉠ 저당권설정 이전의 저당부동산의 종물로서 분리·반출되지 않은 것
> ㉡ 저당권설정 이후의 저당부동산의 부합물로서 분리·반출되지 않은 것
> ㉢ 저당부동산에 대한 압류 이전에 저당부동산으로부터 발생한 저당권설정자의 차임채권

① ㉡   ② ㉠, ㉡   ③ ㉠, ㉢
④ ㉡, ㉢   ⑤ ㉠, ㉡, ㉢

해설 ㉠ 종물도 저당권설정 전부터 존재하였던 것뿐만 아니라 그 설정등기 후에 새로이 생긴 것이든 원칙적으로 저당권의 효력이 미친다(대결 1971.12.10, 71마757).
㉡ 부합물이 저당권설정 당시에 부합한 것이든 그 후에 부합한 것이든 원칙적으로 저당권의 효력이 미친다(대판 1974.2.12, 73다298).
㉢ 저당부동산에 대한 압류가 없는 한 과실(차임)에는 저당권의 효력이 미치지 않는다(제359조).

정답 ②

제366조의 법정지상권

> **제366조【법정지상권】**
> 저당물의 경매로 인하여 토지와 그 지상건물이 다른 소유자에 속한 경우에는 토지소유자는 건물소유자에
> 대하여 지상권을 설정한 것으로 본다. 그러나 지료는 당사자의 청구에 의하여 법원이 이를 정한다.

핵심 Check

의 의	토지와 건물이 동일인의 소유에 속한 경우에 토지 또는 건물에 저당권이 설정된 후 담보권 실행경매로 토지와 건물의 소유자가 다르게 된 경우 건물소유자가 당연히 취득하게 되는 지상권
성 질	① 법정지상권에 관한 규정은 강행규정 ② 당사자의 특약으로 법정지상권의 성립을 배제할 수 없다.
성립요건	① 저당권설정 당시에 토지 위에 건물이 있을 것 ② 저당권설정 당시에 토지와 건물이 동일인의 소유일 것 ③ 토지 또는 건물에 저당권이 설정되었을 것 ④ 담보권실행경매로 토지소유자와 건물소유자가 달라질 것
성립시기와 등기	① 매수인이 매각대금을 다 낸 때에 법정지상권이 성립한다. ② 법정지상권의 취득 시에는 등기가 필요 없으나, 이를 처분하는 경우에는 등기가 필요하다.

1. 성립요건

① 민법 제366조는 가치권과 이용권의 조절을 위한 공익상의 이유로 지상권의 설정을 강제하는 것이므로 저당권설정 당사자 간의 특약으로 저당목적물인 토지에 대하여 법정지상권을 배제하는 약정을 하더라도 그 특약은 효력이 없다(대판 1988.10.25, 87다카1564).

② 건물이 없는 토지에 대하여 저당권이 설정된 후 저당권설정자가 그 위에 건물을 건축한 경우에는 법정지상권이 성립하지 않는다(대판 1978.8.22, 78다630).

③ 토지에 관하여 저당권이 설정될 당시 그 지상에 토지소유자에 의한 건물의 건축이 개시되기 이전이었다면, 건물이 없는 토지에 관하여 저당권이 설정될 당시 근저당권자가 토지소유자에 의한 건물의 건축에 동의하였다고 하더라도 법정지상권이 성립되지 않는다(대판 2003.9.5, 2003다26051).

④ 토지에 관한 저당권설정 당시 토지소유자에 의하여 그 지상에 건물이 건축 중이었던 경우 그것이 사회관념상 독립된 건물로 볼 수 있는 정도에 이르지 않았다 하더라도 건물의 규모·종류가 외형상 예상할 수 있는 정도까지 건축이 진전되어 있었고, 그 후 경매 절차에서 매수인이 매각대금을 다 낼 때까지 최소한의 기둥과 지붕 그리고 주벽이 이루어지는 등 독립된 부동산으로서 건물의 요건을 갖추면 법정지상권이 성립한다(대판 2004.6.11, 2004다13533).

⑤ 무허가건물이라고 하여도 법정지상권이 성립할 수 있다(대판 1991.8.13, 91다16631).

⑥ 토지에 관한 저당권설정 당시에 존재하는 건물이 미등기이더라도 법정지상권이 성립한다(대판 2004.6.11, 2004다13533).

⑦ 저당권설정 당시에 존재하던 건물이 증축, 개축된 경우뿐만 아니라 건물이 멸실되거나 철거된 후 신축 또는 재축된 경우에도 법정지상권이 성립한다(대판 1997.1.21, 96다40080).

⑧ 제366조 소정의 법정지상권은 저당권설정 당시의 건물과 재건축 또는 신축된 건물 사이에 동일성이 없어도 성립한다. 그러나 법정지상권의 내용인 존속기간·범위 등은 구건물을 기준으로 하여야 한다(대판 2001.3.13, 2000다48517).

⑨ 동일인 소유에 속하는 토지와 건물에 대하여 공동저당권이 설정된 후 그 건물이 철거되고 신축된 경우에는 특별한 사정이 없는 한 저당물의 경매로 인하여 토지소유자와 그 신축건물의 소유자가 다르게 되더라도 그 신축건물을 위한 법정지상권이 성립하지 않는다(대판 전합체 2003.12.18, 98다43601).

⑩ 토지에 저당권을 설정할 당시 그 지상에 건물이 존재하였고 그 양자가 동일인의 소유였다가 그 후 저당권의 실행으로 토지가 낙찰되기 전에 건물이 제3자에게 양도된 경우, 건물을 양수한 제3자는 제366조 소정의 법정지상권을 취득한다(대판 1999.11.23, 99다52602).

⑪ 미등기건물을 대지와 함께 매수하였으나 대지에 관하여만 소유권이전등기를 넘겨받고 대지에 대하여 저당권을 설정한 후 저당권이 실행된 경우, 저당권설정 당시에 이미 대지와 건물이 각각 다른 사람의 소유에 속하고 있었으므로 건물의 미등기매수인에게는 제366조의 법정지상권이 인정되지 않는다(대판 1989.2.14, 88다카2592).

⑫ 건물의 등기부상 소유 명의를 타인에게 신탁한 토지소유자는 제366조 소정의 법정지상권을 취득할 수 없다(대판 2004.2.13, 2003다29043).

⑬ 대지에 대하여 저당권을 설정할 당시 저당권자를 위하여 동시에 지상권을 설정하여 주었더라도 저당권의 실행으로 지상권이 소멸하더라도 건물소유자에게는 제366조의 법정지상권이 인정된다(대판 1991.10.11, 91다23462).

⑭ 제366조의 법정지상권에서 말하는 경매는 담보권실행경매(임의경매)를 말하고 통상의 강제집행(강제경매)은 이에 포함되지 않는다(대판 1970.9.29, 70다1454).

2. 효 과

① 법정지상권이 미치는 범위는 반드시 그 건물의 기지만에 한하는 것이 아니며 지상 건물이 창고인 경우에는 그 본래의 용도인 창고로서 사용하는 데 일반적으로 필요한 그 둘레의 기지에 미친다(대판 1977.7.26, 77다921).
② 법정지상권의 존속기간은 성립 후 그 지상목적물의 종류에 따라 규정하고 있는 제280조 제1항 소정의 각 기간으로 봄이 상당하다(대판 1992.6.9, 92다4857).
③ 법정지상권자가 지급할 지료를 산정함에 있어 그 건물이 건립되어 있어 토지소유권이 제한받는 사정을 참작해서는 안 된다(대판 1995.9.15, 94다61144).
④ 법정지상권에 관한 지료가 결정되지 않은 경우 지료지급이 2년 이상 연체되었다는 이유로 지상권소멸청구를 할 수 없다(대판 2001.3.13, 99다17142).

3. 법정지상권 성립 후의 법률관계

① 법정지상권은 건물의 소유에 부속되는 종속적인 권리가 되는 것이 아니며 하나의 독립된 법률상의 물권으로서의 성격을 지니고 있는 것이기 때문에 건물소유자는 건물과 법정지상권 중 어느 하나만을 처분하는 것도 가능하다(대판 2001.12.27, 2000다1976).
② 법정지상권을 취득한 건물소유자가 법정지상권설정등기를 경료함이 없이 건물을 양도하는 경우에는 특별한 사정이 없는 한 건물과 함께 지상권도 양도하기로 하는 채권적 계약이 있었다고 할 것이므로 법정지상권자는 지상권설정등기를 한 후에 건물양수인에게 이의 양도등기절차를 이행하여 줄 의무가 있는 것이고 따라서 건물양수인은 건물양도인을 순차 대위하여 토지소유자에 대하여 건물소유자였던 최초의 법정지상권자에의 법정지상권설정등기절차 이행을 청구할 수 있다(대판 1988.9.27, 87다카279). 또한 법정지상권부 건물의 양수인은 지상권에 관한 등기 없이도 양도인의 갱신청구권을 대위행사할 수 있다(대판 1995.4.11, 94다39925).
③ 법정지상권을 가진 건물소유자로부터 건물을 양수하면서 지상권까지 양도받기로 한 자에 대하여 대지소유자가 건물철거청구를 하는 것은 신의칙에 반하므로 허용되지 않는다(대판 전합체 1985.4.9, 84다카1131·1132).

④ 법정지상권이 있는 건물의 양수인은 대지의 점거·사용으로 얻은 실질적 이득을 대지소유자에게 부당이득으로 반환하여야 한다. 다만, 불법점유로 인한 손해배상책임은 성립하지 않는다(대판 1995.9.15, 94다61144).

기출&예상 문제

법정지상권에 관한 설명으로 옳지 <u>않은</u> 것은? (다툼이 있으면 판례에 따름)

① 甲 소유의 토지에 존재하는 그 소유 건물에만 설정된 저당권실행으로 乙이 건물의 소유권을 취득한 경우 乙은 법정지상권을 취득한다.

② ①의 경우 乙로부터 건물을 양수하면서 지상권까지 넘겨받기로 한 丙에 대하여 甲은 건물철거 및 대지의 인도를 구할 수 없다.

③ 甲 소유의 나대지에 乙이 저당권을 취득한 후 甲이 그 나대지에 건물을 신축한 경우, 저당권실행으로 토지와 건물의 소유자가 다르게 되어도 법정지상권은 성립하지 않는다.

④ 乙이 甲으로부터 甲 소유 토지와 지상의 미등기건물을 매수하여 토지에 대해서만 소유권이전등기를 받은 후 토지에 乙이 설정해 준 저당권이 실행되어 토지와 건물의 소유자가 다르게 된 경우, 법정지상권이 성립한다.

⑤ 甲 소유의 토지 및 그 지상건물에 乙이 공동저당권을 취득한 후 甲이 건물을 철거하고 그 토지에 건물을 신축한 경우, 특별한 사정이 없는 한 저당권의 실행으로 토지와 신축건물의 소유자가 다르게 되면 신축건물을 위한 법정지상권이 성립하지 않는다.

해설 미등기건물을 대지와 함께 매수하였으나 대지에 관하여만 소유권이전등기를 넘겨받고 대지에 대하여 저당권을 설정한 후 저당권이 실행된 경우, 저당권설정 당시에 이미 대지와 건물이 각각 다른 사람의 소유에 속하고 있었으므로 제366조 소정의 법정지상권이 성립하지 않는다(대판 전합체 2002.6.20, 2002다9660).

정답 ④

빈출키워드 095 **제365조의 일괄경매청구권**

제365조 【저당지상의 건물에 대한 경매청구권】
토지를 목적으로 저당권을 설정한 후 그 설정자가 그 토지에 건물을 축조한 때에는 저당권자는 토지와 함께 그 건물에 대하여도 경매를 청구할 수 있다. 그러나 그 건물의 경매대가에 대하여는 우선변제를 받을 권리가 없다.

핵심 Check	
의 의	토지를 목적으로 하는 저당권을 설정한 후 설정자가 그 토지에 건물을 축조한 경우 저당권자가 토지와 함께 그 건물에 대해서도 경매를 청구할 수 있는 권리
법적 성격	① 일괄경매청구권은 권리이지 의무가 아니다(일괄경매청구 여부는 저당권자의 자유). ② 토지만을 경매하여 그 대금으로부터 충분히 피담보채권의 변제를 받을 수 있는 경우에도 일괄경매청구권이 인정된다(과잉경매가 아님).
성립 요건	① 저당권설정 당시에 토지 위에 건물이 없을 것 ② 저당권설정자가 건물을 축조하여 소유하고 있을 것

① 제365조가 토지를 목적으로 한 저당권을 설정한 후 그 저당권설정자가 그 토지에 건물을 축조한 때에는 저당권자가 토지와 건물을 일괄하여 경매를 청구할 수 있도록 규정한 취지는, 저당권은 담보물의 교환가치의 취득을 목적으로 할 뿐 담보물의 이용을 제한하지 아니하여 저당권설정자로서는 저당권설정 후에도 그 지상에 건물을 신축할 수 있는데, 후에 그 저당권의 실행으로 토지가 제3자에게 경락될 경우에 건물을 철거하여야 한다면 사회경제적으로 현저한 불이익이 생기게 되어 이를 방지할 필요가 있으므로 이러한 이해관계를 조절하고, 저당권자에게도 저당토지상의 건물의 존재로 인하여 생기게 되는 경매의 어려움을 해소하여 저당권의 실행을 쉽게 할 수 있도록 한 데에 있다(대판 2003.4.11, 2003다3850).

② 저당권설정 당시에 저당목적물인 토지상에 건물의 축조가 진행되어 있던 경우 일괄경매청구권규정이 적용되지 않는다(대판 1987.4.28, 86다카2856).

③ 제365조에 기한 일괄경매청구권은 저당권설정자가 건물을 축조하여 소유하고 있는 경우에 한한다(대결 1994.1.24, 93마1736).

④ 저당권설정자로부터 저당토지에 용익권을 설정받은 자가 그 토지에 건물을 축조한 경우라도 그 후 저당권설정자가 그 건물의 소유권을 취득한 경우에는 일괄경매청구권이 인정된다(대판 2003.4.11, 2003다3850).

⑤ 일괄경매청구권은 권리이지 의무가 아니므로 저당권자는 토지만을 경매신청할 수도 있다(대판 1977.4.26, 77다77).

⑥ 저당토지의 매각대금으로부터 충분히 피담보채권을 변제받을 수 있는 경우에도 일괄경매를 청구할 수 있다(대결 1961.3.20, 4294민재항50).

⑦ 토지와 그 지상건물의 소유자가 이에 대하여 공동저당권을 설정한 후 건물을 철거하고 그 토지상에 새로 건물을 신축하여 소유하고 있는 경우에는 일괄경매를 청구할 수 있다(대결 1998.4.28, 97마2935).

甲은 乙 소유의 X토지에 저당권을 취득하였다. X토지에 Y건물이 존재할 때, 甲이 X 토지와 Y건물에 대해 일괄경매를 청구할 수 있는 경우를 모두 고른 것은? (다툼이 있으면 판례에 따름)
• 31회

㉠ 甲이 저당권을 취득하기 전, 이미 X토지 위에 乙의 Y건물이 존재한 경우
㉡ 甲이 저당권을 취득한 후, 乙이 X토지 위에 Y건물을 축조하여 소유하고 있는 경우
㉢ 甲이 저당권을 취득한 후, 丙이 X토지에 지상권을 취득하여 Y건물을 축조하고 乙이 그 건물의 소유권을 취득한 경우

① ㉠ ② ㉡ ③ ㉠, ㉢
④ ㉡, ㉢ ⑤ ㉠, ㉡, ㉢

해설
㉠ 甲이 저당권을 취득하기 전에 이미 X토지 위에 乙의 Y건물이 존재한 경우에는 일괄경매청구 권이 인정되지 않는다(제365조).
㉡ 甲이 저당권을 취득한 후에 乙이 X토지 위에 Y건물을 축조하여 소유하고 있는 경우에는 일괄 경매청구권이 인정된다(제365조).
㉢ 甲이 저당권을 취득한 후, 丙이 X토지에 지상권을 취득하여 Y건물을 축조하고 乙이 그 건물 의 소유권을 취득한 경우에는 일괄경매청구권이 인정된다(대판 2003.4.11, 2003다3850).
정답 ④

빈출키워드 096 제3취득자의 지위

제364조 【제3취득자의 변제】
저당부동산에 대하여 소유권, 지상권 또는 전세권을 취득한 제3자는 저당권자에게 그 부동산으로 담보된 채권을 변제하고 저당권의 소멸을 청구할 수 있다.

제367조 【제3취득자의 비용상환청구권】
저당물의 제3취득자가 그 부동산의 보존, 개량을 위하여 필요비 또는 유익비를 지출한 때에는 제203조 제1항, 제2항의 규정에 의하여 저당물의 경매대가에서 우선상환을 받을 수 있다.

핵심 Check

의 의	저당권이 설정된 후 저당부동산에 대하여 소유권, 지상권 또는 전세권을 취득한 자
보호방법	① 경락인이 될 수 있는 권리 ② 변제권(지연배상은 1년분만 변제하면 됨) ③ 비용상환청구권(필요비 + 유익비) ④ 담보책임(제576조 적용)

① 피담보채권을 변제하고 저당권의 소멸을 청구할 수 있는 제3취득자에는 경매신청 후에 소유권, 지상권 또는 전세권을 취득한 자도 포함된다(대결 1974.10.26, 74마440).

② 저당물에 관한 소유권을 취득한 자도 제367조의 비용상환청구권이 인정되는 제3취득자에 해당한다(대판 2004.10.15, 2004다36604).

③ 후순위근저당권자는 제364조의 저당권소멸청구권을 행사할 수 있는 제3취득자에 해당하지 않는다(대판 2006.1.26, 2005다17341).

④ 건물의 증축비용을 투자한 대가로 건물에 대한 지분이전등기를 경료받았으나 저당권의 실행으로 그 권리를 상실한 자는 건물에 관한 제3취득자로서 필요비 또는 유익비를 지출한 것이 아니므로 저당물의 경매대가에서 우선상환을 받을 수 없다(대판 2004. 10.15, 2004다36604).

⑤ 저당부동산의 제3취득자가 피담보채무를 인수한 경우에는 제364조 규정은 적용될 여지가 없다(대판 2002.5.24, 2002다7176).

빈출키워드 097 저당권의 침해와 구제

핵심 Check

침해의 특수성	저당권의 침해로 인해 목적물의 가치가 피담보채권액 이하로 내려가야 저당권자에게 손해가 발생한다.
구제방법	① **물권적 청구권** : 반환청구권은 없다. ② **불법행위로 인한 손해배상청구권** : 피담보채권의 완전한 만족이 없을 때에만 발생한다. ③ **담보물보충청구권** : 저당권설정자의 책임 있는 사유로 인하여 저당물의 가액이 현저히 감소된 때에는 원상회복 또는 상당한 담보제공을 청구할 수 있다. ④ 기한이익 상실로 인한 즉시변제청구권

① 저당목적물의 소유자 또는 제3자가 저당목적물을 물리적으로 멸실·훼손하는 경우는 물론 그 밖의 행위로 저당부동산의 교환가치가 하락할 우려가 있는 등 저당권자의 우선변제청구권의 행사가 방해되는 결과가 발생한다면 저당권자는 저당권에 기한 방해배제청구권을 행사하여 방해행위의 제거를 청구할 수 있다(대판 2006.1.27, 2003다58454).

② 공장저당권의 목적 동산이 저당권자의 동의를 얻지 아니하고 설치된 공장으로부터 반출된 경우에는 저당권자는 일탈한 저당목적물을 저당권자 자신에게 반환할 것을 청구할 수는 없지만, 저당목적물이 제3자에게 선의취득되지 아니하는 한 방해배제권의 행사로서 원래의 설치장소에 원상회복할 것을 청구할 수 있다(대판 1996.3.22, 95다55184).

③ 저당부동산에 대한 점유가 저당부동산의 본래의 용법에 따른 사용·수익의 범위를 초과하여 그 교환가치를 감소시키는 등 저당권의 실현이 곤란하게 될 사정이 있는 경우에는 저당권의 침해가 인정될 수 있다(대판 2005.4.29, 2005다3243).

빈출키워드 098 **저당권의 처분과 소멸**

① 저당권은 피담보채권과 분리하여 양도하지 못하는 것이어서 저당권부 채권의 양도는 언제나 저당권의 양도와 채권양도가 결합되어 행해지므로 저당권부 채권의 양도는 제186조의 부동산물권변동에 관한 규정과 제449조 내지 제452조의 채권양도에 관한 규정에 의해 규율되므로 저당권의 양도에 있어서도 물권변동의 일반원칙에 따라 저당권을 이전할 것을 목적으로 하는 물권적 합의와 등기가 있어야 저당권이 이전되고, 채무자에게 채권양도의 통지나 이에 대한 채무자의 승낙이 있어야 채권양도를 가지고 채무자에게 대항할 수 있다(대판 2005.6.10, 2002다15412·15429).

② 근저당권 이전의 부기등기가 경료된 경우 피담보채무의 소멸 또는 근저당권설정등기의 원인무효를 이유로 근저당권설정등기 말소청구의 상대방은 양수인이다(대판 2000. 4.11, 2000다5640).

③ 근저당권이 설정된 후에 그 부동산의 소유권이 제3자에게 이전된 경우, 현재의 소유자는 자신의 소유권에 기하여 피담보채무의 소멸을 원인으로 근저당권설정등기의 말소를 청구할 수 있고, 근저당권설정자인 종전의 소유자도 근저당권설정계약상의 권리에 기초하여 근저당권설정등기의 말소를 청구할 수 있다(대판 전합체 1994.1.25, 93다16338).

> **제368조 【공동저당과 대가의 배당, 차순위자의 대위】**
> ① 동일한 채권의 담보로 수개의 부동산에 저당권을 설정한 경우에 그 부동산의 경매대가를 동시에 배당하는 때에는 각 부동산의 경매대가에 비례하여 그 채권의 분담을 정한다.
> ② 전항의 저당부동산 중 일부의 경매대가를 먼저 배당하는 경우에는 그 대가에서 그 채권 전부의 변제를 받을 수 있다. 이 경우에 그 경매한 부동산의 차순위저당권자는 선순위저당권자가 전항의 규정에 의하여 다른 부동산의 경매대가에서 변제를 받을 수 있는 금액의 한도에서 선순위자를 대위하여 저당권을 행사할 수 있다.

핵심 Check

성 립	① 공동저당권설정계약 + 등기 ② 공동저당은 때를 달리하여 설정되는 경우도 있고, 수개의 목적물의 소유자 내지 수개의 저당권의 순위를 달리하여 설정되는 경우도 있다. ③ 각 부동산에 관하여 저당권설정등기를 하여야 하며, 각 부동산이 하나의 채권을 공동으로 담보하고 있다는 뜻을 아울러 기록하여야 한다.

① 주택임차인이 소액보증금에 대하여 대지와 건물 모두로부터 배당을 받는 경우 공동저당에 관한 제368조 제1항을 유추적용하여 대지와 건물의 경매대가에 비례하여 그 채권의 분담을 정하여야 한다(대판 2003.9.5, 2001다66291).

② 공동저당권의 목적물인 채무자 소유의 부동산과 물상보증인 소유의 부동산이 함께 경매되어 그 경매대가를 동시에 배당하는 경우에는 제368조 제1항이 적용되지 않는다. 따라서 공동저당권이 설정되어 있는 수개의 부동산 중 일부는 채무자 소유이고 일부는 물상보증인의 소유인 경우 각 부동산의 경매대가를 동시에 배당하는 때에는, 경매법원으로서는 채무자 소유 부동산의 경매대가에서 공동저당권자에게 우선적으로 배당을 하고, 부족분이 있는 경우에 한하여 물상보증인 소유 부동산의 경매대가에서 추가로 배당을 하여야 한다(대판 2010.4.15, 2008다41475).

③ 채무자와 물상보증인 소유의 부동산에 대해 각각 1번 저당권을 가진 자가 채무자 소유의 부동산에 대해 경매를 실행한 경우 채무자 소유의 부동산에 대한 후순위저당권자는 물상보증인 소유의 부동산에 대해 대위권을 행사할 수 없다(대판 1996.3.8, 95다36596).

④ 공동저당의 목적인 채무자 소유의 부동산과 물상보증인 소유의 부동산에 각각 채권자를 달리하는 후순위저당권이 설정되어 있는 경우, 물상보증인 소유의 부동산에 대하여 먼저 경매가 이루어져 그 경락대금으로부터 1번 저당권자가 변제를 받은 때에는 물상보증인은 채무자에 대하여 구상권을 취득함과 동시에 변제자대위규정(제481조, 제482조)에 의하여 채무자 소유의 부동산에 대한 1번 저당권을 취득하고, 물상보증인 소유의 부동산에 대한 후순위저당권자는 1번 저당권에 대하여 물상대위를 할 수 있다(대판 2001.6.1, 2001다21854).

⑤ 동일한 채권의 담보로 부동산과 선박에 대하여 저당권이 설정된 경우에는 후순위자의 대위에 관한 제368조 제2항 후문의 규정을 유추적용할 수 없다(대판 2002.7.12, 2001다53264).

⑥ 공동근저당권자가 공동담보의 목적 부동산 중 일부에 대한 환가대금으로부터 다른 권리자에 우선하여 피담보채권의 일부에 대하여 배당받은 경우, 공동담보의 나머지 목적 부동산에 대하여 공동근저당권자로서 행사할 수 있는 우선변제권의 범위는 피담보채권의 확정 여부와 상관없이 최초의 채권최고액에서 우선변제받은 금액을 공제한 나머지 채권최고액으로 제한된다(대판 전합체 2017.12.21, 2013다16992).

빈출키워드 100   근저당   多빈출

> **제357조 【근저당】**
> ① 저당권은 그 담보할 채무의 최고액만을 정하고 채무의 확정을 장래에 보류하여 이를 설정할 수 있다. 이 경우에는 그 확정될 때까지의 채무의 소멸 또는 이전은 저당권에 영향을 미치지 아니한다.
> ② 전항의 경우에는 채무의 이자는 최고액 중에 산입한 것으로 본다.

핵심 Check

의의	① 계속적 거래관계로부터 발생하는 장래의 불특정채권을 채권최고액까지 담보하는 저당권 ② 채권최고액은 담보목적물로부터 우선변제를 받을 수 있는 한도액을 의미한다.
특수성	① 피담보채권의 불특정성 ② 소멸상의 부종성 완화
성립	① 근저당권설정계약 + 등기 ② 근저당이라는 취지와 채권최고액은 반드시 등기하여야 한다. ③ 원본, 이자, 위약금 모두 채권최고액에 포함되며, 지연배상도 1년분에 한하지 않는다. ④ 근저당권실행비용은 채권최고액에 포함되지 않는다.

① 근저당권이 유효하기 위해서는 근저당권설정행위와 별도로 근저당권의 피담보채권을 성립시키는 법률행위가 필요하다(대판 2004.5.28, 2003다70041).

② 채권최고액이란 근저당권에 의하여 담보되는 한도액, 즉 담보목적물로부터 우선변제를 받을 수 있는 한도액을 말하는 것이지 최고액의 범위 내의 채권에 한해서만 변제를 받을 수 있다는 책임의 한도액을 말하는 것이 아니다(대판 1992.5.26, 92다1896).

③ 근저당권 실행비용(경매비용)은 채권최고액에 포함되지 않는다(대결 1971.5.15, 71마251).

④ 근저당권이 확정되면 그 이후에 발생하는 원금채권은 그 근저당권에 의하여 담보되지 않는다(대판 1988.10.11, 87다카545).

⑤ 존속기간이나 결산기의 정함이 없는 때에는 근저당권의 피담보채무의 확정방법에 관한 다른 약정이 있으면 그에 따르되 이러한 약정이 없는 경우라면 근저당권설정자가 근저당권자를 상대로 언제든지 해지의 의사표시를 함으로써 피담보채무를 확정시킬 수 있다(대판 2002.5.24, 2002다7176).

⑥ 근저당권자가 피담보채무의 불이행을 이유로 경매신청을 한 경우, 근저당권의 피담보채무액은 경매신청 시에 확정된다. 따라서 경매개시결정이 있은 후 경매신청이 취하되더라도 채무확정의 효과는 번복되지 않는다(대판 2002.11.26, 2001다73022).

⑦ 후순위근저당권자가 경매를 신청한 경우 선순위근저당권의 피담보채권은 그 근저당권이 소멸하는 시기, 즉 경락인이 경락대금을 완납한 때에 확정된다(대판 1999.9.21, 99다26085).

⑧ 확정된 피담보채권액이 채권최고액을 초과하는 경우에 채무자 겸 근저당권설정자는 확정된 피담보채권액 전부를 변제하여야 근저당권의 소멸을 청구할 수 있고, 물상보증인과 제3취득자는 채권최고액까지만 변제하고 근저당권의 소멸을 청구할 수 있다(대판 1974.12.10, 74다998).

⑨ 선순위근저당권의 확정된 피담보채권액이 채권최고액을 초과하는 경우, 후순위 근저당권자는 채권최고액을 변제하더라도, 선순위근저당권의 소멸을 청구할 수 없다(대판 2006.1.26, 2005다17341).

⑩ 피담보채권과 분리하여 근저당만의 양도는 허용되지 않으며, 피담보채권이 없는 근저당권의 양도는 무효이다(대판 1968.2.20, 67다2543).

⑪ 근저당권의 피담보채무가 확정되기 전에는 채무의 범위나 채무자를 변경할 수 있다. 이 경우에는 당연히 변경 후의 범위에 속하는 채권이나 채무자에 대한 채권만이 당해 근저당권에 의하여 담보되고 변경 전의 범위에 속하는 채권이나 채무자에 대한 채권은 그 근저당권의 피담보채무에서 제외된다(대판 1999.5.14, 97다15777).

⑫ 근저당권의 피담보채권이 확정되기 전에 그 채권의 일부를 양도하거나 대위변제하더라도 근저당권은 양수인이나 대위변제자에게 이전할 여지가 없다(대판 1996.6.14, 95다53812).

기출&예상 문제

근저당권에 관한 설명으로 틀린 것은? (다툼이 있으면 판례에 따름) ·31회

① 채무자가 아닌 제3자도 근저당권을 설정할 수 있다.
② 채권자가 아닌 제3자 명의의 근저당권설정등기는 특별한 사정이 없는 한 무효이다.
③ 근저당권에 의해 담보될 채권최고액에 채무의 이자는 포함되지 않는다.
④ 근저당권설정자가 적법하게 기본계약을 해지하면 피담보채권은 확정된다.
⑤ 근저당권자가 피담보채무의 불이행을 이유로 경매신청을 한 경우에는 경매신청 시에 피담보채권액이 확정된다.

해설
① 제356조
② 대판 2000.12.12, 2000다49879
③ 원본, 이자, 위약금 모두 채권최고액에 포함되며, 지연배상도 1년분에 한하지 않는다(제357조 제2항).
④ 대판 2002.5.24, 2002다7176
⑤ 대판 2002.11.26, 2001다73022

정답 ③

빈출판례지문 OX

01 진정한 등기명의의 회복을 위한 이전등기청구권의 법적 성질은 소유권에 기한 방해배제청구권이다. •20회 (O | X)

02 임차인은 임차목적물에 관한 임대인의 소유권에 기한 물권적 청구권을 대위행사할 수 없다. •30회 (O | X)

03 소유권이전청구권 보전을 위한 가등기가 있다 하여, 소유권이전등기를 청구할 어떤 법률관계가 있다고 추정되지 않는다. •21회 (O | X)

04 甲은 토지거래허가구역 내에 있는 그 소유 X토지에 관하여 乙과 매매계약을 체결하였다. 乙이 丙에게 X토지를 전매하고 丙이 자신과 甲을 매매당사자로 하는 허가를 받아 甲으로부터 곧바로 등기를 이전받았다면 그 등기는 유효하다. •30회 (O | X)

05 현물분할의 합의에 의하여 공유토지에 대한 단독소유권을 취득하는 경우는 법률행위에 의한 부동산물권변동에 해당하므로 등기하여야 한다. •25회 (O | X)

06 실제 면적이 등기된 면적을 상당히 초과하는 토지를 매수하여 인도받은 때에는 특별한 사정이 없으면 초과부분의 점유는 자주점유이다. •29회 (O | X)

정답과
해 설

01 O
02 X, 임차권이 대항력과 점유를 모두 갖추지 못한 경우 임차인은 임대인(소유자)이 제3자에 대해 가지는 소유권에 기한 물권적 청구권을 대위행사할 수 있다.
03 O

04 X, 중간생략등기의 합의 하에 최종매수인과 최초매도인을 당사자로 하는 토지거래허가를 받아 최초매도인으로부터 최종매수인 앞으로 경료된 소유권이전등기의 효력은 무효이다.
05 O
06 X, 초과부분의 점유는 타주점유에 해당한다.

빈출판례지문 OX

07 乙이 甲을 기망하여 甲으로부터 점유물을 인도받은 경우, 甲은 乙에게 점유물반환청구권을 행사할 수 있다. •21회 (O | X)

08 직접점유자가 그 점유를 임의로 양도한 경우, 그 점유이전이 간접점유자의 의사에 반하더라도 간접점유가 침탈된 것은 아니다. •30회 (O | X)

09 아직 등기하지 않은 시효완성자는 그 완성 전에 이미 설정되어 있던 가등기에 기하여 시효완성 후에 소유권 이전의 본등기를 마친 자에 대하여 시효완성을 주장할 수 없다. •30회 (O | X)

10 건물임차인이 권원에 기하여 증축한 부분은 구조상·이용상 독립성이 없더라도 임차인의 소유에 속한다. •28회 (O | X)

11 공유자 중 1인이 다른 공유자의 지분권을 대외적으로 주장하는 행위는 공유물의 보존행위로 볼 수 있다. •20회 (O | X)

12 비법인사단의 사원은 단독으로 총유물의 보존행위를 할 수 있다. •29회 (O | X)

13 지상권설정계약 당시 건물 기타 공작물이 없더라도 지상권은 유효하게 성립할 수 있다. •28회 (O | X)

정답과 해설

07 X, 사기의 의사표시에 의해 건물을 명도해 준 것은 건물의 점유를 침탈당한 것이 아니므로 피해자는 점유물반환청구권이 없다.
08 O
09 O
10 X, 독립성이 없는 경우 기존 건물에 부합하므로 임대인이 증축한 부분의 소유권을 취득한다.

11 X, 다른 공유자의 지분권을 대외적으로 주장하는 행위는 공유물의 보존행위가 아니다.
12 X, 비법인사단의 사원은 단독으로 총유물의 보존행위를 할 수 없고, 법인 아닌 사단이 그 명의로 사원총회의 결의를 거쳐 하거나 또는 그 구성원 전원이 하여야 한다.
13 O

14 토지양수인은 지상권자의 지료지급이 2년 이상 연체되었음을 이유로 지상권소멸청구를 함에 있어서 종전 소유자에 대한 연체기간의 합산을 주장하여 지상권의 소멸을 청구할 수 있다. •29회 (O | X)

15 甲은 자신의 토지와 그 지상건물 중 건물만을 乙에게 매도하고 건물 철거 등의 약정 없이 건물의 소유권이전등기를 해주었고, 乙은 이 건물을 다시 丙에게 매도하고 소유권이전등기를 마쳐주었다. 甲이 丁에게 토지를 양도한 경우, 乙은 丁에게는 관습법상의 법정지상권을 주장할 수 없다. •28회 (O | X)

16 전세금의 지급은 반드시 현실적으로 수수되어야 하고, 기존의 채권으로 갈음할 수 없다. •27회 (O | X)

17 건물의 일부에 대한 전세에서 전세권설정자가 전세금의 반환을 지체하는 경우, 전세권자는 전세권에 기하여 건물 전부에 대해서 경매청구할 수 있다. •32회 (O | X)

18 임대인과 임차인 사이에 건물명도 시 권리금을 반환하기로 하는 약정이 있었다 하더라도 그와 같은 권리금반환청구권은 건물에 관하여 생긴 채권이라 할 수 없으므로 그와 같은 채권을 가지고 건물에 대한 유치권을 행사할 수 없다. •27회 (O | X)

19 경매개시결정의 등기 전에 성립한 유치권의 경우에는 경매절차의 매수인에게 유치권을 주장할 수 있다. •29회 (O | X)

정답과
해 설

14 X, 종전 소유자에 대한 연체기간의 합산을 주장할 수 없다.
15 X, 관습법상의 법정지상권자는 그 대지의 소유자가 변경되었을 때 그 지상권의 등기 없이도 그 대지의 신소유자에게 대하여 지상권을 주장할 수 있다.

16 X, 기존의 채권으로 전세금의 지급에 갈음할 수 있다.
17 X, 전세권의 목적물이 아닌 나머지 건물부분에 대하여는 경매신청권이 없다.
18 O
19 O

빈출판례지문 OX

20 부합물이 저당권설정 당시에 부합한 것이든 그 후에 부합한 것이든 원칙적으로 저당권의 효력이 미친다. •30회 (O | X)

21 저당권자는 저당목적물의 소실로 인하여 저당권설정자가 취득한 화재보험금청구권에 대하여 물상대위권을 행사할 수 있다. •27회 (O | X)

22 저당권설정자로부터 저당토지에 용익권을 설정받은 자가 그 토지에 건물을 축조한 경우에는 저당권자는 원칙적으로 일괄경매청구권을 행사할 수 없다. •30회 (O | X)

23 甲이 乙 소유의 X토지에 저당권을 취득한 후, 丙이 X토지에 지상권을 취득하여 Y건물을 축조하고 乙이 그 건물의 소유권을 취득한 경우에는 甲은 X토지와 Y건물에 대해 일괄경매를 청구할 수 있다. •31회 (O | X)

24 건물에 대한 저당권이 실행되어 경락인이 건물소유권을 취득한 경우 건물의 소유를 목적으로 한 토지임차권도 건물소유권과 함께 경락인에게 이전된다. •30회 (O | X)

25 근저당권에 의해 담보될 채권최고액에 채무의 이자는 포함되지 않는다. •31회 (O | X)

26 근저당권자가 피담보채무의 불이행을 이유로 경매신청을 한 경우에는 경매신청 시에 피담보채권액이 확정된다. •31회 (O | X)

27 후순위근저당권자가 경매를 신청한 경우 선순위근저당권의 피담보채권은 그 근저당권이 소멸하는 시기, 즉 경락인이 경락대금을 완납한 때에 확정된다. •28회 (O | X)

정답과 해설	
20 O	24 O
21 O	25 X, 이자는 채권최고액에 포함된다.
22 O	26 O
23 O	27 O

힘들 땐 잠시 네가 걸어온 길을 뒤돌아 봐라.

그 얼마나 보람있었던가.

잊지말라.

넌 이 세상 누구보다 아름다운 향기를 가진 꽃이다.

– 작자 미상

3

계약법

판례문제, 이렇게 출제된다!

계약의 성립과 관련된 법조문은 반드시 숙지해야 합니다. 특히, 계약법에서는 동시이행의 항변권과 위험부담 및 계약해제에 관한 사례문제가 주로 출제되므로 이 부분을 주의하여 정리하는 것이 좋습니다. 이 외에도 계약법은 다양한 범위에서 출제되고 있으므로 확실하게 정리하여 어떠한 문제라도 해결할 수 있는 철저한 대비가 필요합니다.

대표기출 미리보기

청약에 관한 설명으로 옳은 것은? (단, 특별한 사정은 없으며, 다툼이 있으면 판례에 따름)

• 32회

① 불특정다수인에 대한 청약은 효력이 없다.
　　　　　　　　→ 있다.

② 청약이 상대방에게 도달하여 그 효력이 발생하더라도 청약자는 이를 철회할 수 있다.
　　　　　　　　→ 없다.

③ 당사자 간에 동일한 내용의 청약이 상호교차된 경우, 양 청약이 상대방에게 발송된 때에 계약이 성립한다.
　　　　　　　　→ 도달한 때

④ 계약내용이 제시되지 않은 광고는 청약에 해당한다.
　　　　　　　　→ 청약의 유인에 해당한다.

⑤ 하도급계약을 체결하려는 교섭당사자가 견적서를 제출하는 행위는 청약의 유인에 해당한다.

파트 〉 챕터　계약법 〉 계약법 총론

교수님 TIP　계약의 성립 부분에서는 청약과 승낙의 차이점과 계약이 성립하는 시기에 관한 법조문을 꼭 점검해 두어야 한다.

01 계약법 총론

학습 포인트

① 계약의 성립 : 청약의 성질, 계약의 성립 여부
② 계약체결상의 과실책임 : 제535조의 적용 여부
동시이행의 항변권 : 성립요건, 동시이행관계의 인정 여부
③ 위험부담 : 대상청구권의 인정 여부, 근로계약에 있어서의 위험부담
제3자를 위한 계약 : 제3자가 할 수 있는 권리
④ 계약의 해제 : 발생원인, 최고 요부(要否), 원상회복 의무의 특징, 제3자 보호에 대한 판례의 결론

빈출키워드 101 약 관

① 약관이 계약당사자 사이에 구속력을 갖는 것은 그 자체가 법규범이거나 또는 법규범적 성질을 가지기 때문이 아니라 당사자가 그 약관의 규정을 계약내용에 포함시키기로 합의하였기 때문이다(대판 1998.9.8, 97다53663).

② 약관에 정하여진 사항이라고 하더라도 이미 법령에 의하여 정하여진 것을 되풀이하거나 부연하는 정도에 불과한 사항에 대하여서는 고객에게 명시·설명의무가 인정된다고 할 수 없고, 또 고객이나 그 대리인이 이미 약관의 내용을 충분히 잘 알고 있는 경우 및 거래상 일반적이고 공통된 것이어서 고객이 별도의 설명 없이도 충분히 예상할 수 있었던 사항이거나 어느 약관조항이 당사자 사이의 약정의 취지를 명백히 하기 위한 확인적 규정에 불과한 경우에는 사업자로서는 고객 또는 그 대리인에게 약관의 내용을 따로 설명할 필요가 없다(대판 2004.11.25, 2004다28245).

③ 사업자가 약관의 명시·설명의무에 위반하여 계약을 체결한 경우 그 약관의 내용을 계약의 내용으로 주장할 수 없으므로 그 약관내용을 계약의 내용으로 주장하는 자가 입증하여야 한다(대판 1998.11.27, 98다32564).

④ 보험자가 보험약관의 명시·설명의무를 위반한 경우 보험계약자의 고지의무 위반을 이유로 보험계약을 해지할 수 없다(대판 1998.4.10, 97다47255).

⑤ 약관의 내용은 개개 계약체결자의 의사나 구체적인 사정을 고려함이 없이 평균적 고객의 이해가능성을 기준으로 하여 객관적·획일적으로 해석하여야 하고, 고객보호의 측면에서 약관내용이 명백하지 못하거나 의심스러운 때에는 고객에게 유리하게, 약관작성자에게 불리하게 제한해석하여야 한다(대판 2011.8.25, 2009다79644).

⑥ 고객에게 부당하게 과중한 지연손해금 등의 손해배상의무를 부담시키는 약관조항은 무효이다(대판 2009.8.20, 2009다20475·20482).

빈출키워드 102　계약의 성립　多빈출

핵심 Check

청약 vs 승낙	① 객관적 합치 : 청약과 승낙의 내용이 일치하여야 한다. ② 주관적 합치 : 상대방이 서로 일치하여야 한다.
의사실현	**제532조【의사실현에 의한 계약성립】** 청약자의 의사표시나 관습에 의하여 승낙의 통지가 필요하지 아니한 경우에는 계약은 승낙의 의사표시로 인정되는 사실이 있는 때에 성립한다.
교차청약	**제533조【교차청약】** 당사자 간에 동일한 내용의 청약이 상호교차된 경우에는 양 청약이 상대방에게 도달한 때에 계약이 성립한다.

① 계약이 성립하기 위하여는 당사자 사이에 의사의 합치가 있을 것이 요구되고 이러한 의사의 합치는 당해 계약의 내용을 이루는 모든 사항에 관하여 있어야 하는 것은 아니나 그 본질적 사항이나 중요사항에 관하여는 구체적으로 의사의 합치가 있거나 적어도 장래 구체적으로 특정할 수 있는 기준과 방법 등에 관한 합의는 있어야 한다(대판 2001. 3.23, 2000다51650).

② 계약이 성립하기 위한 법률사실인 청약은 그에 응하는 승낙만 있으면 곧 계약이 성립하는 구체적·확정적 의사표시여야 하므로 청약은 계약의 내용을 결정할 수 있을 정도의 사항을 포함시키는 것이 필요하다(대판 2003.4.11, 2001다53059).

③ 민사매매에서 청약의 상대방에게 청약을 받아들일 것인지 여부에 관하여 회답할 의무가 있는 것은 아니므로 청약자가 미리 정한 기간 내에 이의를 하지 아니하면 승낙한 것으로 간주한다는 뜻을 청약 시에 표시하였다고 하더라도 이는 상대방을 구속하지 않는다(대판 1999.1.29, 98다48903).

④ 예금계약은 예금자가 예금의 의사를 표시하면서 금융기관에 돈을 제공하고 금융기관이 그 의사에 따라 그 돈을 받아 확인을 하면 그로써 성립하며, 금융기관의 직원이 그 받은 돈을 금융기관에 입금하지 아니하고 이를 횡령하였다고 하더라도 예금계약의 성립에는 아무런 소장이 없다(대판 1996.1.26, 95다26919).

⑤ 매도인이 매수인에게 매매계약을 합의해제할 것을 청약하였으나 매수인이 그 청약에 대하여 조건을 붙여 승낙한 경우 매도인의 청약은 거절된 것으로 본다(대판 2002. 4.12, 2000다17834).

기출&예상 문제

계약의 성립에 관한 설명으로 틀린 것은? (다툼이 있으면 판례에 따름) • 28회

① 청약은 그에 대한 승낙만 있으면 계약이 성립하는 구체적·확정적 의사표시이어야 한다.
② 아파트 분양광고는 청약의 유인의 성질을 갖는 것이 일반적이다.
③ 당사자 간에 동일한 내용의 청약이 상호교차된 경우, 양 청약이 상대방에게 발송한 때에 계약이 성립한다.
④ 승낙자가 청약에 대하여 조건을 붙여 승낙한 때에는 그 청약의 거절과 동시에 새로 청약한 것으로 본다.
⑤ 청약자가 미리 정한 기간 내에 이의를 하지 아니하면 승낙한 것으로 본다는 뜻을 청약 시 표시하였더라도 이는 특별한 사정이 없는 한 상대방을 구속하지 않는다.

해설 ① 대판 2005.12.8, 2003다41463
② 대판 2007.6.1, 2005다5812·5829·5836
③ 당사자 간에 동일한 내용의 청약이 상호교차된 경우에는 양 청약이 상대방에게 도달한 때에 계약이 성립한다(제533조).
④ 승낙자가 청약에 대하여 조건을 붙이거나 변경을 가하여 승낙한 때에는 그 청약의 거절과 동시에 새로 청약한 것으로 본다(제534조).
⑤ 대판 1999.1.29, 98다48903

정답 ③

빈출키워드 103 **계약체결상의 과실책임**

제535조 【계약체결상의 과실】
① 목적이 불능한 계약을 체결할 때에 그 불능을 알았거나 알 수 있었을 자는 상대방이 그 계약의 유효를 믿었음으로 인하여 받은 손해를 배상하여야 한다. 그러나 그 배상액은 계약이 유효함으로 인하여 생길 이익액을 넘지 못한다.
② 전항의 규정은 상대방이 그 불능을 알았거나 알 수 있었을 경우에는 적용하지 아니한다.

① 학교법인(전주우석대학)이 사무직원 채용통지를 하였다가 채용하지 않은 경우 학교법인은 불법행위자로서 상대방이 최종합격자 통지와 계속된 발령 약속을 신뢰하여 직원으로 채용되기를 기대하면서 다른 취직의 기회를 포기함으로써 입은 손해를 배상할 책임이 있다(대판 1993.9.10, 92다42897).

② 어느 일방이 교섭단계에서 계약이 확실하게 체결되리라는 정당한 기대 내지 신뢰를 부여하여 상대방이 그 신뢰에 따라 행동하였음에도 상당한 이유 없이 계약의 체결을 거부하여 손해를 입혔다면 이는 불법행위를 구성한다(대판 2003.4.11, 2001다53059).

③ 계약교섭의 부당한 중도파기가 불법행위를 구성하는 경우 그러한 불법행위로 인한 손해는 일방이 신의에 반하여 상당한 이유 없이 계약교섭을 파기함으로써 계약체결을 신뢰한 상대방이 입게 된 상당인과관계 있는 손해로서 계약이 유효하게 체결된다고 믿었던 것에 의하여 입었던 손해, 즉 신뢰손해에 한정된다(대판 2003.4.11, 2001다53059).

④ 신뢰손해에는 계약준비비용은 포함되나, 경쟁입찰에 참가하기 위하여 지출한 제안서, 견적서 작성비용 등은 포함되지 않는다(대판 2003.4.11, 2001다53059).

⑤ 만일 이행의 착수가 상대방의 적극적인 요구에 따른 것이고, 이행에 들인 비용의 지급에 관하여 이미 계약교섭이 진행되고 있었다는 등의 특별한 사정이 있는 경우에는 당사자 중 일방이 계약의 성립을 기대하고 이행을 위하여 지출한 비용 상당의 손해도 상당인과관계 있는 손해에 해당한다(대판 2004.5.28, 2002다32301).

⑥ 계약교섭의 부당한 중도파기로 인하여 인격적 법익이 침해된 경우 그 정신적 고통에 대한 별도의 손해배상을 청구할 수 있다(대판 2003.4.11, 2001다53059).

⑦ 부동산매매계약에 있어서 실제면적이 계약면적에 미달하고 그 매매가 수량지정매매에 해당하는 경우 담보책임규정상의 대금감액청구권을 행사하는 것 외에 별도로 부당이득 반환청구를 하거나 계약체결상의 과실책임을 물을 수는 없다(대판 2002.4.9, 99다47396).

기출&예상 문제

다음 중 계약체결상의 과실책임이 인정될 수 있는 것은?
• 23회

① 수량을 지정한 토지매매계약에서 실제면적이 계약면적에 미달하는 경우
② 토지에 대한 매매계약체결 전에 이미 그 토지 전부가 공용수용된 경우
③ 가옥 매매계약체결 후, 제3자의 방화로 그 가옥이 전소한 경우
④ 유명화가의 그림에 대해 임대차계약을 체결한 후, 임대인의 과실로 그 그림이 파손된 경우
⑤ 저당권이 설정된 토지를 매수하여 이전등기를 마쳤으나, 후에 저당권이 실행되어 소유권을 잃게 된 경우

해설 계약체결상의 과실책임은 원시적·객관적·전부불능의 경우에 문제된다. 따라서 토지에 대한 매매계약체결 전에 이미 그 토지 전부가 공용수용된 경우에는 계약체결상의 과실책임이 인정될 수 있다.

정답 ②

제536조【동시이행의 항변권】
① 쌍무계약의 당사자 일방은 상대방이 그 채무이행을 제공할 때까지 자기의 채무이행을 거절할 수 있다. 그러나 상대방의 채무가 변제기에 있지 아니하는 때에는 그러하지 아니하다.
② 당사자 일방이 상대방에게 먼저 이행하여야 할 경우에 상대방의 이행이 곤란할 현저한 사유가 있는 때에는 전항 본문과 같다.

핵심 Check

의 의	채권자가 자기채무를 이행하지 않고 채무자에게 이행을 청구한 경우 채무자는 일시적으로 자기채무의 이행을 거절할 수 있는 권리
성 질	연기적 항변권(청구권의 효력을 일시적으로 저지시키는 권리)
성립요건	① 쌍무계약일 것 ② 상대방 채무의 변제기가 도래할 것 ③ 상대방이 자기채무의 이행 또는 이행제공을 하지 않고 이행을 청구할 것

① 동시이행의 항변권은 공평의 관념과 신의칙에 입각하여 각 당사자가 부담하는 채무가 서로 대가적 의미를 가지고 관련되어 있을 때 그 이행에 있어서 견련관계를 인정하여 당사자 일방은 상대방이 채무를 이행하거나 이행의 제공을 하지 아니한 채 당사자 일방의 채무의 이행을 청구할 때에는 자기의 채무이행을 거절할 수 있도록 하는 제도이다(대판 2006.6.9, 2004다24557).

② 동시이행의 항변권은 상대방으로부터 이행의 제공을 받기까지 자기채무의 이행을 거절할 수 있는 권리이다(대판 1991.3.22, 90다9797).

③ 당사자 쌍방이 각각 별개의 약정으로 상대방에 대하여 채무를 지게 된 경우에는 자기의 채무이행과 상대방의 어떤 채무이행을 견련시켜 동시이행을 하기로 특약한 사실이 없다면 상대방이 자기에게 이행할 채무가 있다 하더라도 동시이행의 항변권이 생긴다고 볼 수 없다(대판 1990.4.13, 89다카23794).

④ 채권양도·채무인수·상속 등으로 당사자가 변경되는 경우라 하더라도 채권·채무의 동일성이 유지되므로 동시이행의 항변권이 인정된다(대판 2002.7.26, 2001다68839 ; 대판 1989.10.27, 89다카4298 참조).

⑤ 채권이 전부명령에 의해 압류채권자에 이전하더라도 채권의 동일성이 유지되므로 동시이행의 항변권이 인정된다(대판 1989.10.27, 89다카4298).

⑥ 불안의 항변권(제536조 제2항)에서의 '상대방의 채무이행이 곤란할 현저한 사유'란 계약 성립 후 상대방의 신용불안이나 재산상태의 악화 등 사정으로 반대급부를 이행받을 수 없게 될지도 모를 사정변경이 생기고 이로 인하여 당초의 계약 내용에 따른 선이행의무를 이행하게 하는 것이 공평의 관념과 신의칙에 반하게 되는 경우를 말한다(대판 2002. 9.4, 2001다1386).

⑦ 선이행의무를 이행하지 않고 있는 동안 상대방 채무의 변제기가 도래한 경우 이행을 지체한 선이행의무자도 상대방의 청구에 대하여 동시이행의 항변권을 행사할 수 있다(대판 1991.3.27, 90다19930).

⑧ 매수인이 선이행하여야 할 중도금지급을 하지 아니한 채 잔대금지급기일을 경과한 경우에는 매수인의 중도금 및 이에 대한 지급일 다음 날부터 잔대금지급일까지의 지연손해금과 잔대금의 지급채무는 매도인의 소유권이전등기의무와 특별한 사정이 없는 한 동시이행관계에 있으므로 '그때부터는' 매수인은 중도금을 지급하지 아니한 데 대한 이행지체의 책임을 지지 않는다(대판 2002.3.29, 2000다577).

⑨ 동시이행의 항변권은 당사자가 원용하여야 법원도 그 인정 여부에 대하여 심리할 수 있다(대판 2006.2.23, 2005다53187).

⑩ 동시이행관계에 있는 당사자 쌍방이 이행기일을 다같이 도과한 경우 쌍방채무는 기한의 정함이 없는 채무가 된다(대판 1980.8.26, 80다1037).

⑪ 매수인이 매도인을 상대로 매매목적 부동산 중 일부에 대해서만 소유권이전등기의무의 이행을 구하고 있는 경우 매도인은 매매잔대금 전부에 대하여 동시이행의 항변권을 행사할 수 있다(대판 2006.2.23, 2005다53187).

⑫ 쌍무계약의 당사자 일방이 먼저 한번 현실의 제공을 하고 상대방을 수령지체에 빠지게 하였다 하더라도 그 이행의 제공이 계속되지 않은 경우에는 과거에 한번 이행의 제공이 있었다는 사실만으로 상대방이 가진 동시이행의 항변권이 소멸하지는 않는다(대판 1995. 3.14, 94다26646).

⑬ 쌍무계약에 있어서 동시이행관계에 있는 채무의 이행지체를 이유로 계약을 해제하기 위해서는 먼저 자기채무의 이행의 제공을 하여 상대방을 이행지체에 빠뜨린 후 상당기간 동안 '변제의 제공을 계속적으로 하여야'(이행에 필요한 상태를 유지하는 것을 말함) 해제권이 발생하게 된다(대판 2004.12.9, 2004다49525).

⑭ 쌍무계약에서 쌍방의 채무가 동시이행관계에 있는 경우 일방의 채무의 이행기가 도래하더라도 상대방 채무의 이행제공이 있을 때까지는 그 채무를 이행하지 않아도 이행지체의 책임을 지지 않는다(대판 2001.7.10, 2001다3764).

⑮ 동시이행의 항변권이 붙은 채권을 자동채권으로 하여 상계하도록 한다면 상계자의 일방적 의사표시에 의하여 상대방이 가지는 항변권을 부당하게 상실시키는 결과가 되므로 성질상 허용할 수 없다(대판 1975.10.21, 75다48).

기출&예상 문제

甲 소유 토지의 매수인 乙이 중도금을 그 이행기에 지급하지 않고 있다. 소유권이전은 잔금지급과 동시에 하기로 하였다. 다음 중 옳지 않은 것은? (다툼이 있으면 판례에 따름)

① 甲이 이행최고와 함께 정한 상당한 기간 내에 乙이 중도금을 지급하지 않으면 甲은 계약을 해제할 수 있다.

② 甲이 잔금지급일에 자기채무의 이행을 제공하면 乙은 중도금, 중도금미지급에 따른 지연배상금 및 잔금을 지급해야 한다.

③ 甲이 자기채무의 이행을 제공하지 않더라도 乙은 잔금지급일 이후의 중도금에 대한 지연배상책임을 진다.

④ 甲이 잔금지급일에 자기채무의 이행을 제공하였음에도 乙이 매매대금을 지급하지 않으면 일정한 요건 아래 甲은 계약을 해제할 수 있다.

⑤ 乙이 대금지급을 진지하고 종국적으로 거절하면 甲은 즉시 계약을 해제할 수 있다.

해설 매수인이 선이행하여야 할 중도금지급을 하지 아니한 채 잔대금지급기일을 경과한 경우에는 매수인의 중도금 및 이에 대한 지급일 다음 날부터 잔대금지급일까지의 지연손해금과 잔대금의 지급채무는 매도인의 소유권이전등기의무와 특별한 사정이 없는 한 동시이행관계에 있으므로 '그때부터는' 매수인은 중도금을 지급하지 아니한 데 대한 이행지체의 책임을 지지 않는다(대판 2002.3.29, 2000다577).

정답 ③

빈출키워드 105 **동시이행관계인지 문제되는 경우**

1. 동시이행관계가 인정되는 경우

① 부동산의 매매계약이 체결된 경우에는 매도인의 소유권이전등기의무 및 인도의무와 매수인의 잔대금지급의무는 동시이행의 관계에 있다(대판 2000.11.28, 2000다8533).

② 매수인이 양도소득세를 부담하기로 하는 특약이 있는 경우, 매도인의 소유권이전등기의무와 매수인의 양도소득세 납부의무는 동시이행의 관계에 있다(대판 1995. 3.10, 94다27977).

③ 부동산매매계약에 있어 매수인이 부가가치세를 부담하기로 약정한 경우 특별한 사정이 없는 한 부가가치세를 포함한 매매대금 전부의 지급의무와 부동산소유권이전등기의무는 동시이행의 관계에 있다(대판 2006.2.24, 2005다58656).

④ 쌍무계약이 무효로 되어 각 당사자가 서로 취득한 것을 반환하여야 하는 경우에는 동시이행관계가 있고(대판 1993.8.13, 93다5871), 매매계약이 취소된 경우에 당사자 쌍방의 부당이득반환의무도 동시이행의 관계에 있다(대판 2001.7.10, 2001다3764).

⑤ 임대차종료 후 임차인의 임차목적물명도의무와 임대인의 연체차임 기타 손해배상금을 공제하고 남은 임대차보증금반환채무와는 동시이행의 관계에 있다(대판 1989.2.28, 87다카2114).

⑥ 동시이행관계에 있는 쌍방 채무 중 한 채무가 이행불능이 됨으로 인하여 발생한 손해배상채무도 다른 채무와 동시이행관계에 있다(대판 2000.2.25, 97다30066).

⑦ 근저당권설정등기가 되어 있는 부동산을 매매하는 경우 매수인이 근저당권의 피담보채무를 인수하여 그 채무금 상당을 매매잔대금에서 공제하기로 하는 특약을 하는 등 특별한 사정이 없는 한 매도인의 근저당권말소 및 소유권이전등기의무와 매수인의 잔대금지급의무는 동시이행관계에 있다(대판 1991.11.26, 91다23103).

⑧ 가압류등기가 있는 부동산의 매매계약에 있어서 매도인의 소유권이전등기의무와 아울러 가압류등기의 말소의무도 매수인의 대금지급의무와 동시이행관계에 있다(대판 2000.11.28, 2000다8533).

⑨ 계약해제로 인하여 발생하는 원상회복의무뿐만 아니라 손해배상의무도 함께 동시이행관계에 있다(대판 1996.7.26, 95다25138).

⑩ 토지임차인이 건물매수청구권을 행사한 경우 토지임차인의 건물명도 및 소유권이전등기의무와 토지임대인의 건물대금지급의무는 동시이행관계에 있다(대판 1998.5.8, 98다2389).

⑪ 채무의 변제와 영수증 교부는 동시이행관계에 있다(대판 2005.8.19, 2003다22042).

⑫ 채무의 이행확보를 위하여 어음을 발행한 경우 원인채무의 이행과 어음반환의무는 동시이행의 관계에 있다(대판 1992.12.22, 92다8712).

⑬ 기존 채무와 어음·수표채무가 병존하는 경우 원인채무의 이행과 어음·수표의 반환이 동시이행관계에 있다 하더라도 채권자는 어음·수표의 반환을 제공하지 않더라도 채무자에게 적법한 이행의 최고를 할 수 있고, 채무자는 원인채무의 이행기를 도과하면 원칙적으로 이행지체의 책임을 진다(대판 1993.11.9, 93다11203).

2. 동시이행관계가 인정되지 않는 경우

① 채무의 담보를 위하여 소유권이전등기를 경료한 채무자는 그 채무를 완제하지 않고는 그 소유권이전등기의 말소청구는 물론 자기 앞으로의 이전등기를 청구할 수도 없다(대판 1981.6.23, 80다3108).

② 소비대차계약에 있어서 채무의 담보목적으로 저당권설정등기를 경료한 경우에 채무자의 채무변제는 저당권설정등기 말소등기에 앞서는 선이행의무이며 채무의 변제와 동시이행관계에 있는 것이 아니다(대판 1969.9.30, 69다1173).

③ 채무의 변제와 채권증서의 반환은 동시이행관계가 아니다(대판 2005.8.19, 2003 다22042).

④ 근저당권실행을 위한 경매가 무효가 된 경우, 낙찰자의 채무자에 대한 소유권이전 등기말소의무와 근저당권자의 낙찰자에 대한 배당금반환의무는 동시이행관계가 아니다(대판 2006.9.22, 2006다24049).

⑤ 임대차계약 해제에 따른 임차인의 목적물반환의무와 임대인의 목적물을 사용·수익하게 할 의무불이행에 대하여 손해배상하기로 한 약정에 따른 의무는 동시 이행관계가 아니다(대판 1990.12.26, 90다카25383).

⑥ 임대인의 임대차보증금반환의무와 임차인의「주택임대차보호법」상의 임차권등기 명령에 의해 등기된 임차권등기의 말소의무는 동시이행관계가 아니라, 임대인의 임대차보증금반환의무가 임차인의 임차권등기말소의무보다 먼저 이행되어야 할 의무이다(대판 2005.6.9, 2005다4529).

⑦ 임대인의 권리금회수 방해로 인한 손해배상의무와 임대차계약 종료에 따른 임차인 의 임차목적물반환의무는 동시이행관계가 아니다(대판 2019.7.10, 2018다242727).

동시이행의 관계에 있는 것을 모두 고른 것은? (다툼이 있으면 판례에 따름) • 31회

㉠ 임대차종료 시 임차보증금 반환의무와 임차물반환의무
㉡ 피담보채권을 변제할 의무와 근저당권설정등기 말소의무
㉢ 매도인의 토지거래허가 신청절차에 협력할 의무와 매수인의 매매대금지급의무
㉣ 토지임차인이 건물매수청구권을 행사한 경우, 토지임차인의 건물인도 및 소유권이전
  등기의무와 토지임대인의 건물대금지급의무

① ㉣   ② ㉠, ㉡   ③ ㉠, ㉣
④ ㉡, ㉢   ⑤ ㉠, ㉢, ㉣

해설 ㉠ 임대차종료 시 임차보증금 반환의무와 임차물반환의무는 동시이행관계이다(대판 1989.2.28, 87다카2114).
㉡ 피담보채권을 변제할 의무와 근저당권설정등기 말소의무는 동시이행관계가 아니며, 피담보채무의 변제가 선이행의무이다(대판 1969.9.30, 69다1173).
㉢ 매도인의 토지거래허가 신청절차에 협력할 의무와 매수인의 매매대금지급의무는 동시이행관계가 아니다(대판 1993.8.27, 93다15366).
㉣ 토지임차인이 건물매수청구권을 행사한 경우, 토지임차인의 건물인도 및 소유권이전등기의무와 토지임대인의 건물대금지급의무는 동시이행관계이다(대판 1998.5.8, 98다2389).

정답 ③

빈출키워드 106 위험부담

제537조【채무자위험부담주의】
쌍무계약의 당사자 일방의 채무가 당사자 쌍방의 책임 없는 사유로 이행할 수 없게 된 때에는 채무자는 상대방의 이행을 청구하지 못한다.

제538조【채권자귀책사유로 인한 이행불능】
① 쌍무계약의 당사자 일방의 채무가 채권자의 책임 있는 사유로 이행할 수 없게 된 때에는 채무자는 상대방의 이행을 청구할 수 있다. 채권자의 수령지체 중에 당사자 쌍방의 책임 없는 사유로 이행할 수 없게 된 때에도 같다.
② 전항의 경우에 채무자는 자기의 채무를 면함으로써 이익을 얻은 때에는 이를 채권자에게 상환하여야 한다.

① 매매목적물의 수용으로 인하여 매도인의 소유권이전등기의무가 이행불능이 되었을 때 매수인이 대상청구권(代償請求權)을 행사하여 매도인 앞으로 지급된 수용보상금의 양도를 청구할 수 있다(대판 2002.2.8, 99다23901).

② 쌍무계약의 당사자 일방이 상대방의 급부가 이행불능이 된 사정의 결과로 상대방이 취득한 대상에 대하여 급부청구권을 행사할 수 있다고 하더라도, 그 당사자 일방이 대상청구권을 행사하려면 상대방에 대하여 반대급부를 이행할 의무가 있다(대판 1996. 6.25, 95다6601).

③ 사용자의 근로자에 대한 퇴직처분이 무효인 경우 근로자는 계속 근로하였을 경우에 받을 수 있는 임금 전부의 지급을 청구할 수 있다(대판 2002.5.31, 2000다18127).

④ 사용자의 귀책사유로 인하여 해고된 근로자가 해고기간 중에 다른 직장에서 근무하여 지급받은 임금은 제538조 제2항에 규정된 자기채무를 면함으로써 얻은 이익에 해당하므로 사용자는 근로자에게 해고기간 중의 임금을 지급함에 있어 위와 같은 이익(이른바 중간수입)을 공제할 수 있다(대판 1993.11.9, 93다37915).

기출&예상 문제

위험부담에 관한 설명으로 틀린 것은? (다툼이 있으면 판례에 따름) • 30회

① 후발적 불능이 당사자 쌍방에게 책임 없는 사유로 생긴 때에는 위험부담의 문제가 발생한다.
② 편무계약의 경우 원칙적으로 위험부담의 법리가 적용되지 않는다.
③ 당사자 일방이 대상청구권을 행사하려면 상대방에 대하여 반대급부를 이행할 의무가 있다.
④ 당사자 쌍방의 귀책사유 없는 이행불능으로 매매계약이 종료된 경우, 매도인은 이미 지급받은 계약금을 반환하지 않아도 된다.
⑤ 우리 민법은 채무자위험부담주의를 원칙으로 한다.

해설 ①② 위험부담이란 쌍무계약에 의하여 발생한 일방의 채무가 채무자의 책임 없는 사유로 후발적 불능이 되어 소멸한 경우 그에 대응하는 타방 당사자의 채무가 존속하느냐에 관한 문제이다.
③ 쌍무계약의 당사자 일방이 상대방의 급부가 이행불능이 된 사정의 결과로 상대방이 취득한 대상에 대하여 급부청구권을 행사할 수 있다고 하더라도, 그 당사자 일방이 대상청구권을 행사하려면 상대방에 대하여 반대급부를 이행할 의무가 있다(대판 1996.6.25, 95다6601).
④ 당사자 쌍방의 귀책사유 없는 이행불능으로 매매계약이 종료된 경우, 매도인은 이미 지급받은 계약금을 부당이득으로 반환하여야 한다(제741조).
⑤ 제537조

정답 ④

제3자를 위한 계약   多빈출

제539조【제3자를 위한 계약】
① 계약에 의하여 당사자 일방이 제3자에게 이행할 것을 약정한 때에는 그 제3자는 채무자에게 직접 그 이행을 청구할 수 있다.
② 전항의 경우에 제3자의 권리는 그 제3자가 채무자에 대하여 계약의 이익을 받을 의사를 표시한 때에 생긴다.

핵심 Check

의 의	계약당사자 이외의 제3자에게 직접 권리를 취득시키는 계약

3면관계	① 대가관계 = 원인관계 = 출연관계 ② 보상관계 = 기본관계 ③ 수익관계 = 급부실현관계 ④ 요약자 = 채권자 ⑤ 낙약자 = 채무자 ⑥ 수익자 = 제3자
성립요건	① 보상관계가 유효할 것 ② 제3자 수익약정이 있을 것 　㉠ 제3자는 계약체결 당시에 현존할 필요가 없다. 　㉡ 제3자가 취득할 수 있는 권리의 종류에는 제한이 없다.

① 주택건설사업자와 「주택법」상의 등록업체 사이에 체결된 주택분양보증약정은 제3자를 위한 계약에 해당한다(대판 2006.5.25, 2003다45267).

② 제3자를 위한 물권계약도 가능하다(대판 1980.9.24, 78다709).

③ 제3자에게 권리를 부여하면서 일정한 부담을 주는 계약도 가능하다(대판 1965.11.9, 65다1620).

④ 계약의 당사자가 제3자에 대하여 가진 채권에 관하여 채무를 면제하는 계약도 제3자를 위한 계약에 준하여 유효하다(대판 2004.9.3, 2002다37405).

⑤ 채무자와 인수인의 계약으로 체결되는 병존적 채무인수는 채권자로 하여금 인수인에 대하여 새로운 권리를 취득하게 하는 것이므로 제3자를 위한 계약에 해당한다(대판 1997.10.24, 97다28698).

⑥ 설립 중인 재단법인은 제3자를 위한 계약의 제3자가 될 수 있다(대판 1960.7.21, 4292 민상773).

⑦ 요약자와 수익자 사이의 관계를 대가관계라 하는데, 대가관계의 흠결이나 하자는 제3자를 위한 계약에 영향을 미치지 않는다(대판 2003.12.11, 2003다49771).

⑧ 제3자를 위한 계약에서 요약자와 낙약자 사이의 법률관계(이른바 기본관계)를 이루는 계약이 해제된 경우, 낙약자는 이미 제3자에게 급부한 것에 대해 계약해제에 기한 원상회복 또는 부당이득을 원인으로 제3자를 상대로 그 반환을 청구할 수 없다(대판 2005. 7.22, 2005다7566).

⑨ 제3자의 권리는 그 제3자가 채무자에 대해 수익의 의사표시를 함과 동시에 발생한다(대판 1955.7.28, 4288민상165).

⑩ 제3자를 위한 계약에 있어서 제3자가 수익의 의사표시를 함으로써 제3자에게 권리가 확정적으로 귀속된 경우에는, 요약자와 낙약자의 합의에 의하여 제3자의 권리를 변경·소멸시킬 수 있음을 미리 유보하였거나, 제3자의 동의가 있는 경우가 아니면 계약의 당사자인 요약자와 낙약자는 제3자의 권리를 변경·소멸시키지 못하고, 만일 계약의 당사자가 제3자의 권리를 임의로 변경·소멸시키는 행위를 한 경우 이는 제3자에 대하여 효력이 없다(대판 2002.1.25, 2001다30285).

⑪ 제3자가 수익의 의사표시를 하여 제3자의 권리가 발생한 후에는 당사자는 이를 변경 또는 소멸시키지 못하므로 당사자는 제3자의 권리가 발생한 후에는 계약을 합의해제 할 수 없고, 설령 합의해제를 하더라도 그로써 이미 제3자가 취득한 권리에는 아무런 영향을 미치지 못한다(대판 1997.10.24, 97다28698).

⑫ 제3자는 계약의 당사자가 아니므로 계약의 해제권이나 해제를 원인으로 한 원상회복 청구권을 행사할 수 없으나, 요약자가 계약을 해제한 경우 낙약자에게 자기가 입은 손해의 배상을 청구할 수 있다(대판 1994.8.12, 92다41559).

⑬ 제3자를 위한 계약의 경우 요약자는 낙약자의 채무불이행을 이유로 제3자의 동의 없이 계약을 해제할 수 있다(대판 1970.2.24, 69다1410).

⑭ 낙약자의 행위 자체가 불법행위가 되거나 보상관계가 무효인 경우에는 제3자는 특별한 사정이 없는 한 불법행위나 채무불이행을 이유로 손해배상을 청구할 수 없다(대판 1966. 6.21, 66다674).

甲(요약자)과 乙(낙약자)은 丙을 수익자로 하는 제3자를 위한 계약을 체결하였다. 다음 설명 중 틀린 것은? (다툼이 있으면 판례에 따름)   • 30회

① 甲은 대가관계의 부존재를 이유로 자신이 기본관계에 기하여 乙에게 부담하는 채무의 이행을 거부할 수 없다.

② 甲과 乙 간의 계약이 해제된 경우, 乙은 丙에게 급부한 것이 있더라도 丙을 상대로 부당이득반환을 청구할 수 없다.

③ 丙이 수익의 의사표시를 한 후 甲이 乙의 채무불이행을 이유로 계약을 해제하면, 丙은 乙에게 그 채무불이행으로 자기가 입은 손해의 배상을 청구할 수 있다.

④ 甲과 乙 간의 계약이 甲의 착오로 취소된 경우, 丙은 착오취소로써 대항할 수 없는 제3자의 범위에 속한다.

⑤ 수익의 의사표시를 한 丙은 乙에게 직접 그 이행을 청구할 수 있다.

해설
① 요약자와 수익자 사이의 관계를 대가관계라 하는데, 대가관계의 흠결이나 하자는 제3자를 위한 계약에 영향을 미치지 않는다(대판 2003.12.11, 2003다49771).

② 제3자를 위한 계약에서 요약자와 낙약자 사이의 법률관계(이른바 '기본관계')를 이루는 계약이 해제된 경우, 낙약자는 이미 제3자에게 급부한 것에 대해 계약해제에 기한 원상회복 또는 부당이득을 원인으로 제3자를 상대로 그 반환을 청구할 수 없다(대판 2005.7.22, 2005다7566).

③ 제3자는 계약의 당사자가 아니므로 계약의 해제권이나 해제를 원인으로 한 원상회복청구권을 행사할 수 없으나, 요약자가 계약을 해제한 경우 낙약자에게 자기가 입은 손해의 배상을 청구할 수 있다(대판 1994.8.12, 92다41559).

④ 제3자는 민법의 의사표시규정(제107조부터 제110조까지의 규정)에서 말하는 제3자에 해당되지 않는다. 따라서 甲과 乙 간의 계약이 甲의 착오로 취소된 경우, 丙은 착오취소로써 대항할 수 없는 제3자의 범위에 속하지 않는다.

⑤ 제3자의 권리는 그 제3자가 낙약자에 대하여 계약의 이익을 받을 의사를 표시한 때에 생긴다(제539조 제2항).

정답 ④

제544조【이행지체와 해제】
당사자 일방이 그 채무를 이행하지 아니하는 때에는 상대방은 상당한 기간을 정하여 그 이행을 최고하고 그 기간 내에 이행하지 아니한 때에는 계약을 해제할 수 있다. 그러나 채무자가 미리 이행하지 아니할 의사를 표시한 경우에는 최고를 요하지 아니한다.

제545조【정기행위와 해제】
계약의 성질 또는 당사자의 의사표시에 의하여 일정한 시일 또는 일정한 기간 내에 이행하지 아니하면 계약의 목적을 달성할 수 없을 경우에 당사자 일방이 그 시기에 이행하지 아니한 때에는 상대방은 전조의 최고를 하지 아니하고 계약을 해제할 수 있다.

제546조【이행불능과 해제】
채무자의 책임 있는 사유로 이행이 불능하게 된 때에는 채권자는 계약을 해제할 수 있다.

핵심 Check

약정 해제권	① 약정사유가 발생한 경우 당사자 일방이 계약을 해제할 수 있다고 약정한 경우 ② 소급효 ○, 원상회복의무 ○, 손해배상청구 ×

법정
해제권
	① 이행지체 ┌ 보통의 이행지체 : 최고 + 해제
	              └ 정기행위의 이행지체 : 최고 없이 곧바로 해제 가능
	② 이행불능 : 최고 없이 곧바로 해제 가능
	③ 불완전이행 ┌ 추완 가능 : 이행지체에 준해서 최고 + 해제
	                └ 추완 불가능 : 이행불능에 준해서 최고 없이 곧바로 해제 가능
	④ 채권자지체(수령지체) : 계약해제와 손해배상청구 모두 가능
	⑤ 사정변경으로 인한 해제 : 판례는 원칙적으로 사정변경에 의한 해제를 인정하지 않는다.
	⑥ 부수적 주의의무 위반 : 해제는 원칙적으로 인정되지 않고 손해배상청구만 가능하다.

① 계약조항상의 부수적 의무위반을 이유로 약정해제권을 행사한 경우 손해배상을 청구할 수 없다(대판 1983.1.18, 81다89).

② 약정해제권의 유보 또는 위약벌에 관한 특약은 채무불이행으로 인한 법정해제권의 성립에 아무런 영향을 미치지 않는다(대결 1990.3.27, 89다카14110).

③ 이행지체를 이유로 계약을 해제하는 경우 그 전제요건인 이행의 최고에 반드시 일정 기간을 명시하여야 하는 것은 아니다(대판 1994.11.25, 94다35930).

④ 채권자의 이행최고가 본래 이행하여야 할 채무액을 초과하는 경우에도 본래 급부하여야 할 수량과의 차이가 비교적 적거나 채권자가 급부의 수량을 잘못 알고 과도하게 최고하여 채권자의 진의가 본래의 급부를 청구하는 취지인 경우에는 그 최고는 본래 급부하여야 할 수량의 범위 내에서 유효하다. 그러나 그 과다한 정도가 현저하고 채권자가 청구한 금액을 제공하지 않으면 그것을 수령하지 않을 것이라는 의사가 분명한 경우에는 그 최고는 부적법하고 이러한 최고에 터잡은 계약의 해제는 그 효력이 없다(대판 2004.7.9, 2004다13083 ; 대판 1994.5.10, 93다47615).

⑤ 계약상 채무자가 계약을 이행하지 아니할 의사를 명백히 표시한 경우에 채권자는 신의성실의 원칙상 이행기 전이라도 이행의 최고 없이 채무자의 이행거절을 이유로 계약을 해제할 수 있다(대판 2005.8.19, 2004다53173). 또한 이 경우 채무를 이행할 수 없음이 명백한지의 여부는 계약해제 시를 기준으로 판단하여야 한다(대판 1993.8.24, 93다7204).

⑥ 이행거절의 의사표시가 적법하게 철회된 경우 상대방으로서는 상당한 기간을 정하여 이행을 최고한 후가 아니면 채무불이행을 이유로 계약을 해제할 수 없다(대판 2003.2.26, 2000다40995).

⑦ 매도인의 소유권이전등기의무의 이행불능을 이유로 매수인이 매매계약을 해제하는 경우 잔대금지급의무의 이행제공이 필요한 것은 아니다(대판 2003.1.24, 2000다22850).

⑧ 일부 이행불능의 경우, 이행이 가능한 나머지 부분만의 이행으로 계약의 목적을 달할 수 없을 경우에는 계약 전부를 해제할 수 있다(대판 1996.2.9, 94다57817).

⑨ 매수인의 귀책사유에 의하여 매도인의 매매목적물에 관한 소유권이전의무가 이행불능이 된 경우 매수인은 그 이행불능을 이유로 계약을 해제할 수 없다(대판 2002.4.26, 2000다50497).

⑩ 부수적 채무의 불이행을 이유로는 계약을 해제할 수 없다(대판 2001.11.13, 2001다20394).

⑪ 매매계약체결 후 9년이 지났고 시가가 올랐다는 사정만으로 계약을 해제할 만한 사정변경이 있다고 볼 수 없고, 매도인은 사정변경의 원칙을 내세워 그 매매계약을 해제할 수는 없다(대판 1991.2.26, 90다19664).

⑫ 이른바 사정변경으로 인한 계약해제는, 계약성립 당시 당사자가 예견할 수 없었던 현저한 사정의 변경이 발생하였고 그러한 사정의 변경이 해제권을 취득하는 당사자에게 책임 없는 사유로 생긴 것으로서, 계약내용대로의 구속력을 인정한다면 신의칙에 현저히 반하는 결과가 생기는 경우에 계약준수 원칙의 예외로서 인정되는 것이고, 여기에서 말하는 사정이라 함은 계약의 기초가 되었던 객관적인 사정으로서, 일방 당사자의 주관적 또는 개인적인 사정을 의미하는 것이 아니다(대판 2015.5.28, 2014다24327).

⑬ 사정변경으로 인한 계약해지는 계약성립 당시 당사자가 예견할 수 없었던 현저한 사정 변경이 발생하였고 그러한 사정변경이 해제권을 취득하는 당사자에게 책임 없는 사유로 생긴 것으로서, 계약내용대로 구속력을 인정한다면 신의칙에 현저히 반하는 결과가 생기는 경우에 계약준수 원칙의 예외로서 인정된다(대판 2011.6.24, 2008다44368).

⑭ 이사의 지위에 있었기 때문에 부득이 회사와 은행 사이의 계속적 거래로 인한 회사의 채무에 대하여 연대보증인이 된 자가 그 후 퇴사하여 이사의 지위를 떠난 경우 사정 변경을 이유로 연대보증계약을 해지할 수 있다(대판 1992.5.26, 92다2332).

빈출키워드 109 해제권의 행사

> **제543조【해지, 해제권】**
> ① 계약 또는 법률의 규정에 의하여 당사자의 일방이나 쌍방이 해지 또는 해제의 권리가 있는 때에는 그 해지 또는 해제는 상대방에 대한 의사표시로 한다.
> ② 전항의 의사표시는 철회하지 못한다.
>
> **제547조【해지, 해제권의 불가분성】**
> ① 당사자의 일방 또는 쌍방이 수인인 경우에는 계약의 해지나 해제는 그 전원으로부터 또는 전원에 대하여 하여야 한다.
> ② 전항의 경우에 해지나 해제의 권리가 당사자 1인에 대하여 소멸한 때에는 다른 당사자에 대하여도 소멸한다.

① 해제의 불가분성에 관한 제547조 규정은 임의규정이다(대판 1994.11.18, 93다46209).

② 매매계약의 일방 당사자가 사망하여 여러 명의 상속인이 있는 경우, 상속인들이 계약을 해제하려면, 상대방과 사이에 다른 내용의 특약이 있다는 등의 특별한 사정이 없는 한, 상속인들 전원이 해제의 의사표시를 하여야 한다(대판 2013.11.28, 2013다22812).

③ 여러 사람이 공동임대인으로서 임차인과 하나의 임대차계약을 체결한 경우에는 원칙적으로 공동임대인 전원의 해지의 의사표시에 따라 임대차계약 전부를 해지하여야 한다(대판 2015.10.29, 2012다5537).

④ 매도인이 공동매수인 중 1인의 대금지체를 이유로 그 1인에 대하여만 매매계약을 해제한다고 주장하더라도, 민법 제547조 제1항을 배제하기로 하는 특약이 존재하지 않는 한 해제의 효력은 발생되지 않는다(대판 1994.11.18, 93다46209).

⑤ 수탁자의 사망으로 인하여 수탁자의 지위가 공동상속되었을 때 신탁해지의 의사표시가 그 공동상속인 일부에게만 이루어졌을 때에는 해제·해지의 불가분성에 관한 제547조 규정은 적용되지 않으므로 그 일부에 한하여 신탁해지의 효과가 발생한다(대판 1992. 6.9, 92다9579).

제548조【해제의 효과, 원상회복의무】

① 당사자 일방이 계약을 해제한 때에는 각 당사자는 그 상대방에 대하여 원상회복의 의무가 있다. 그러나 제3자의 권리를 해하지 못한다.

② 전항의 경우에 반환할 금전에는 그 받은 날로부터 이자를 가하여야 한다.

제549조【원상회복의무와 동시이행】

제536조의 규정은 전조의 경우에 준용한다.

제551조【해지, 해제와 손해배상】

계약의 해지 또는 해제는 손해배상의 청구에 영향을 미치지 아니한다.

핵심 Check

해제의 효과 (판례)	① 계약을 해제하는 경우 계약은 소급적으로 소멸한다. ② 이행하기 전이면 이행할 필요가 없고, 이행한 후이면 부당이득으로서 반환하여야 하나 제748조에 대한 특칙규정인 제548조에 따라 원상회복의무가 주어진다. ③ 계약의 해제는 손해배상청구에 영향을 미치지 아니한다.
물권적 효과설 (판례)	① 판례는 물권행위의 유인설의 입장을 취한다. ② 채권행위인 매매계약이 실효된 경우 물권행위도 이에 영향을 받아 같이 효력을 상실한다. ③ 매매계약이 해제되면 소유권은 당연히 원소유자에게 복귀한다. ④ 매매계약의 해제로 인한 소유권의 복귀를 법률 규정에 의한 부동산물권변동으로 본다(제187조의 기타 법률 규정에 해당함).
제3자 보호	① 해제 전이면 제3자는 선의·악의를 불문하고 보호된다. ② 해제 후 말소등기 전이면 제3자는 선의인 경우에만 보호된다.

① 계약이 해제되면 그 효력이 소급적으로 소멸함에 따라 이미 그 계약상 의무에 기하여 이행된 급부는 원상회복을 위하여 부당이득으로 반환되어야 하는 것이다(대판 1995. 3.24, 94다10061).

② 계약해제로 인한 원상회복의무는 부당이득반환의무의 특칙에 해당하므로, 해제로 인한 원상회복의 범위는 이익의 현존 여부나 선의·악의에 불문하고 특단의 사유가 없는 한 받은 이익의 전부이다(대판 1998.12.23, 98다43175).

③ 계약해제로 인하여 계약당사자가 원상회복의무를 부담함에 있어서 당사자 일방이 목적물을 이용한 경우에는 그 사용에 의한 이익을 상대방에게 반환하여야 한다(대판 2000. 2.25, 97다30066).

④ 계약해제로 인해 당사자 일방이 수령한 금전을 반환함에 있어 그 받은 날로부터 법정이자를 가산하도록 하고 있는바, 이는 원상회복의 범위에 속하는 것이며 일종의 부당이득반환의 성질을 가지는 것이고 반환의무의 이행지체로 인한 것이 아니다(대판 2000. 6.9, 2000다9123).

⑤ 계약당사자의 일방이 계약해제와 아울러 하는 손해배상청구도 채무불이행으로 인한 손해배상과 다를 것이 없다(대판 1983.5.24, 82다카1667).

⑥ 채무불이행을 이유로 계약해제와 아울러 손해배상을 청구하는 경우에 그 계약이행으로 인하여 채권자가 얻을 이익, 즉 이행이익의 손해를 배상할 것을 청구하는 것이 원칙이지만, 그에 갈음하여 그 계약이 이행되리라고 믿고 채권자가 지출한 비용, 즉 신뢰이익의 손해를 배상할 것을 청구할 수도 있다(대판 2002.6.11, 2002다2539).

⑦ 계약이 해제되면 그 계약의 이행으로 변동이 생겼던 물권은 당연히 그 계약이 없었던 원상태로 복귀한다(대판 1977.5.24, 75다1394).

기출&예상 문제

이행지체로 인한 계약의 해제에 관한 설명으로 틀린 것은? (다툼이 있으면 판례에 따름)

• 28회

① 이행의 최고는 반드시 미리 일정기간을 명시하여 최고하여야 하는 것은 아니다.
② 계약의 해제는 손해배상의 청구에 영향을 미치지 않는다.
③ 당사자 일방이 정기행위를 일정한 시기에 이행하지 않으면 상대방은 이행의 최고 없이 계약을 해제할 수 있다.
④ 당사자의 쌍방이 수인인 경우, 계약의 해제는 그 1인에 대하여 하더라도 효력이 있다.
⑤ 쌍무계약에서 당사자의 일방이 이행을 제공하더라도 상대방이 채무를 이행할 수 없음이 명백한지의 여부는 계약해제 시를 기준으로 판단하여야 한다.

해설 ① 대판 1990.3.27, 89다카14110
② 제551조
③ 제545조
④ 당사자의 일방 또는 쌍방이 수인인 경우에는 계약의 해지나 해제는 그 전원으로부터 또는 전원에 대하여 하여야 한다(제547조 제1항).
⑤ 대판 1993.8.24, 93다7204

정답 ④

제548조 제1항 단서의 제3자

1. 제548조 제1항 단서의 제3자의 의미

① 제548조 제1항 단서에서 말하는 제3자란 일반적으로 그 해제된 계약으로부터 생긴 법률효과를 기초로 하여 해제 전에 새로운 이해관계를 가졌을 뿐 아니라 등기, 인도 등으로 완전한 권리를 취득한 자를 말한다(대판 2002.10.11, 2002다33502).

② 계약해제로 인한 원상회복등기 등이 이루어지기 이전에 해약당사자와 양립되지 아니하는 법률관계를 가지게 되었고 계약해제 사실을 몰랐던 제3자에 대하여는 계약해제를 주장할 수 없다(대판 2005.6.9, 2005다6341).

2. 제548조 제1항 단서의 제3자에 해당하는지 문제되는 경우

① 부동산에 대한 매매계약이 해제되기 전에 그 부동산을 매수하고 소유권이전등기를 경료한 자는 제548조 제1항 단서에서 말하는 제3자에 해당한다(대판 1999.9.7, 99다14877).

② 甲이 乙과의 교환계약에 의하여 취득한 토지를 丙이 甲으로부터 전득하고 자신의 앞으로 바로 소유권이전등기를 마친 경우 丙은 제548조 제1항 단서의 제3자에 해당한다(대판 1997.12.26, 96다44860).

③ 매수인과 매매예약을 체결한 후 그에 기한 소유권이전청구권 보전을 위한 가등기를 마친 사람도 제548조 제1항 단서의 제3자에 해당한다(대판 2014.12.11, 2013다14569).

④ 해제된 매매계약에 의하여 채무자의 책임재산이 된 부동산을 가압류 집행한 가압류채권자도 원칙적으로 제548조 제1항 단서에서 말하는 제3자에 포함된다(대판 2005.1.14, 2003다33004).

⑤ 계약상의 채권을 양수한 자(아파트 분양신청권이 전전매매된 후 최초의 매매당사자가 계약을 합의해제한 경우 그 분양신청권을 전전매수한 자)나 그 채권 자체를 압류 또는 전부한 채권자는 제548조 제1항 단서에서 말하는 제3자에 해당하지 않는다(대판 2000.4.11, 99다51685).

⑥ 계약이 해제되기 전에 계약상의 채권을 양수하여 이를 피보전권리로 하여 처분금지가처분결정을 받은 자는 제548조 제1항 단서의 제3자에 해당하지 않는다(대판 2000.8.22, 2000다23433).

⑦ 토지를 매도하였다가 대금지급을 받지 못하여 그 매매계약을 해제한 경우에 있어 그 토지 위에 신축된 건물의 매수인은 제548조 제1항 단서에서 말하는 제3자에 해당하지 않는다(대판 1991.5.28, 90다카16761).

⑧ 소유권을 취득하였다가 계약해제로 인하여 소유권을 상실하게 된 임대인으로부터 그 계약이 해제되기 전에 주택을 임차받아 주택의 인도와 주민등록을 마침으로써 같은 법 소정의 대항요건을 갖춘 임차인은 등기된 임차권자와 마찬가지로 제548조 제1항 단서 소정의 제3자에 해당된다(대판 1996.8.20, 96다17653).

⑨ 매도인의 매매대금수령 이전에 해제조건부로 임대권한을 부여받은 매수인으로부터 그 계약이 해제되기 전에 주택을 임차하여 「주택임대차보호법」상의 대항요건을 갖춘 임차인은 제548조 제1항 단서에서 말하는 제3자에 해당하지 않는다(대판 1995.12. 12, 95다32037).

기출&예상 문제

계약해제 시 보호되는 제3자에 해당하지 <u>않는</u> 자를 모두 고른 것은? (다툼이 있으면 판례에 따름)

• 30회

> ㉠ 계약해제 전 그 계약상의 채권을 양수하고 이를 피보전권리로 하여 처분금지가처분 결정을 받은 채권자
> ㉡ 매매계약에 의하여 매수인 명의로 이전등기된 부동산을 계약해제 전에 가압류 집행한 자
> ㉢ 계약해제 전 그 계약상의 채권을 압류한 자

① ㉠   ② ㉠, ㉡   ③ ㉠, ㉢

④ ㉡, ㉢   ⑤ ㉠, ㉡, ㉢

해설
㉠ 계약이 해제되기 전에 계약상의 채권을 양수하고 이를 피보전권리로 하여 처분금지가처분 결정을 받은 자는 제548조 제1항 단서의 제3자에 해당하지 않는다(대판 2000.8.22, 2000 다23433).
㉡ 해제된 매매계약에 의하여 채무자의 책임재산이 된 부동산을 가압류 집행한 가압류채권자도 원칙적으로 제548조 제1항 단서에서 말하는 제3자에 포함된다(대판 2005.1.14, 2003다 33004).
㉢ 계약상의 채권을 양수한 자나 그 채권 자체를 압류 또는 전부한 채권자는 제548조 제1항 단서에서 말하는 제3자에 해당하지 않는다(대판 2000.4.11, 99다51685).

정답 ③

해제권의 소멸과 합의해제 등

① 일방 당사자의 계약위반을 이유로 한 상대방의 계약해제 의사표시에 의하여 계약이 해제되었음에도 상대방이 계약이 존속함을 전제로 계약상 의무의 이행을 구하는 경우 계약을 위반한 당사자도 당해 계약이 상대방의 해제로 소멸되었음을 들어 그 이행을 거절할 수 있다(대판 2001.6.29, 2001다21441).

② 계약자유의 원칙상 당사자 쌍방은 자기 채무의 이행제공 없이 합의에 의하여 계약을 해제를 할 수 있다(대판 1991.7.12, 90다8343).

③ 계약의 합의해제는 명시적으로뿐만 아니라 당사자 쌍방의 묵시적인 합의에 의하여도 할 수 있다. 따라서 매도인이 잔금기일 경과 후 해제를 주장하며 수령한 대금을 공탁하고 매수인이 이의 없이 수령한 경우, 특별한 사정이 없는 한 매매계약은 합의해제된 것으로 본다(대판 1979.10.30, 79다1455).

④ 해제계약(합의해제)은 기존 계약을 해소하기로 하는 당사자 사이의 계약이므로 해제계약의 요건과 효력은 합의의 내용에 따라 결정되므로 단독행위를 전제로 하는 민법의 해제권에 관한 규정은 적용되지 않는다(대판 1997.11.14, 97다6193).

⑤ 계약이 합의해제된 경우에는 그 해제 시에 당사자 일방이 상대방에게 손해배상을 하기로 특약하거나 손해배상청구를 유보하는 의사표시를 하는 등 다른 사정이 없는 한 채무불이행으로 인한 손해배상을 청구할 수 없다(대판 1989.4.25, 86다카1147).

⑥ 계약의 합의해제 또는 합의해지로 인하여 반환할 금전에는 그 받은 날로부터 이자를 가하여야 할 의무가 없다(대판 1996.7.30, 95다16011 ; 대판 2003.1.24, 2000다5336).

⑦ 매매계약이 합의해제된 경우에도 매수인에게 이전되었던 소유권은 당연히 매도인에게 복귀한다. 따라서 합의해제에 따른 매도인의 원상회복청구권은 소유권에 기한 물권적 청구권이므로 이는 소멸시효의 대상이 되지 않는다(대판 1982.7.27, 80다2968).

⑧ 계약의 합의해제에 있어서도 제3자의 권리를 해하지 못한다(대판 2005.6.9, 2005다6341).

⑨ 계약 후 당사자 쌍방의 계약 실현의사의 결여 또는 포기가 쌍방 당사자의 표시행위에 나타난 의사의 내용에 의하여 객관적으로 일치하는 경우에는 계약이 묵시적으로 해지되었다고 볼 수 있다(대판 2003.1.24, 2000다5336).

⑩ 매도인이 잔금기일 경과 후 해제를 주장하며 수령한 대금을 공탁하고 매수인이 이의 없이 수령한 경우, 특별한 사정이 없는 한 합의해제된 것으로 본다(대판 1979.10.10, 79다1457).

⑪ 임차인이 특정한 날짜까지 임차부분에 입점하지 아니하면 임대차계약이 자동적으로 해지된다는 특약이 있는 경우 그 불이행 자체로써 계약이 자동적으로 해지된 것으로 보아야 한다(대판 2003.1.24, 2000다5336).

⑫ 매매계약에 있어서 매수인이 중도금을 약정한 일자에 지급하지 아니하면 그 계약을 무효로 한다고 하는 특약이 있는 경우 매수인이 약정한대로 중도금을 지급하지 아니하면 해제의 의사표시 없이도 계약은 그 날짜에 자동적으로 해제된다고 보아야 한다(대판 1991.8.13, 91다13717).

⑬ 부동산매매계약에 있어서 매수인이 잔금지급일까지 그 대금을 지급하지 못하면 그 계약이 자동적으로 해제된다는 취지의 약정이 있더라도 매수인이 그 약정 기한을 도과하였더라도 이행지체에 빠진 것이 아니라면 잔금미지급으로 계약이 자동해제된 것으로 볼 수는 없다(대판 1998.6.12, 98다505).

⑭ 매도인이 위약 시에는 계약금의 배액을 배상하고 매수인이 위약 시에는 지급한 계약금을 매도인이 취득하고 계약은 자동적으로 해제된다는 조항은 해제권유보조항이라 할 것이므로 최고나 통지 없이 해제할 수 있다는 특약이라고 볼 수는 없다(대판 1982.4.27, 80다851).

기출&예상 문제

01 합의해제·해지에 관한 설명으로 틀린 것은? (다툼이 있으면 판례에 따름) •30회

① 계약을 합의해제할 때에 원상회복에 관하여 반드시 약정해야 하는 것은 아니다.

② 계약이 합의해제된 경우, 다른 사정이 없는 한 채무불이행으로 인한 손해배상을 청구할 수 없다.

③ 합의해지로 인하여 반환할 금전에 대해서는 특약이 없더라도 그 받은 날로부터 이자를 가산해야 한다.

④ 계약의 합의해제에 관한 청약에 대하여 상대방이 변경을 가하여 승낙한 때에는 그 청약은 효력을 잃는다.

⑤ 합의해제의 경우에도 법정해제의 경우와 마찬가지로 제3자의 권리를 해하지 못한다.

해설 ① 해제계약(합의해제)은 기존 계약을 해소하기로 하는 계약당사자 간의 합의이다. 따라서 계약을 합의해제할 때에 반드시 원상회복에 관한 약정이 있어야 하는 것은 아니다.
② 대판 1989.4.25, 86다카1147
③ 계약의 합의해제 또는 합의해지로 인하여 반환할 금전에는 그 받은 날로부터 이자를 가하여야 할 의무가 없다(대판 1996.7.30, 95다16011 ; 대판 2003.1.24, 2000다5336).
④ 승낙자가 청약에 대하여 조건을 붙이거나 변경을 가하여 승낙한 때에는 그 청약의 거절과 동시에 새로 청약한 것으로 본다(제534조).
⑤ 계약의 합의해제에 있어서도 제3자의 권리를 해하지 못한다(대판 2005.6.9, 2005다6341).
정답 ③

02 계약해제에 관한 설명으로 틀린 것은? (다툼이 있으면 판례에 따름)　　　• 29회

① 매도인의 책임 있는 사유로 이행불능이 되면 매수인은 최고 없이 계약을 해제할 수 있다.

② 계약이 합의해제된 경우, 다른 사정이 없으면 채무불이행으로 인한 손해배상을 청구할 수 없다.

③ 매도인이 매매계약을 적법하게 해제하였더라도, 매수인은 계약해제의 효과로 발생하는 불이익을 면하기 위하여 착오를 원인으로 그 계약을 취소할 수 있다.

④ 계약상대방이 수인인 경우, 특별한 사정이 없는 한 그중 1인에 대하여 한 계약의 해제는 효력이 없다.

⑤ 매도인은 다른 약정이 없으면 합의해제로 인하여 반환할 금전에 그 받은 날로부터 이자를 가산하여야 할 의무가 있다.

> **해설**　① 채무자의 책임 있는 사유로 이행이 불능하게 된 때에는 채권자는 계약을 해제할 수 있다 (제546조).
> ② 대판 1989.4.25, 86다카1147·1148
> ③ 대판 1996.12.6, 95다24982
> ④ 당사자의 일방 또는 쌍방이 수인인 경우에는 계약의 해지나 해제는 그 전원으로부터 또는 전원에 대하여 하여야 한다(제547조 제1항).
> ⑤ 계약의 합의해제로 인하여 반환할 금전에는 그 받은 날로부터 이자를 가하여야 할 의무가 없다(대판 1996.7.30, 95다16011).
>
> 정답 ⑤

02 매 매

多빈출키워드

114 계약금계약
　　25, 26, 27, 28, 29, 30, 31회

116 매도인의 담보책임
　　23, 24, 25, 26, 27, 28, 29, 31, 32회

117 환 매
　　24, 27, 30, 32회

학습 포인트

① 매매의 예약에서는 예약완결권의 성질을 알아두고, 해약금에 의한 계약해제에서는 이행의 착수에 대해 정리하기
② 매매에서는 과실취득권에 관한 판례의 태도를 점검하고, 매도인의 담보책임에서는 각 사례별로 인정되는 권리를 알아두기
③ 환매에서는 환매의 요건과 행사부분을 검토하기

빈출키워드 113　매매의 예약

제564조【매매의 일방예약】
① 매매의 일방예약은 상대방이 매매를 완결할 의사를 표시하는 때에 매매의 효력이 생긴다.
② 전항의 의사표시의 기간을 정하지 아니한 때에는 예약자는 상당한 기간을 정하여 매매완결 여부의 확답을 상대방에게 최고할 수 있다.
③ 예약자가 전항의 기간 내에 확답을 받지 못한 때에는 예약은 그 효력을 잃는다.

핵심 Check

종 류	① 편무예약, 쌍무예약 : 본계약체결의무를 누가 부담하느냐에 따른 구별 ② 일방예약, 쌍방예약 : 예약완결권을 누가 가지느냐에 따른 구별 ③ 추정 : 특약 또는 관습이 없는 한 일방예약으로 추정된다.
매매의 일방예약	① 일방예약의 법적 성질 : 예약완결권 행사를 정지조건으로 하는 매매계약(다수설) ② 예약완결권 　　㉠ 성질 ┬ 형성권 : 10년의 제척기간에 걸린다. 　　　　　　├ 양도성 ○ 　　　　　　└ 가등기 ○ 　　㉡ 예약자는 상당한 기간을 정하여 매매완결 여부의 확답을 상대방(예약완결권자)에게 최고할 수 있고, 상당한 기간 내에 확답을 받지 못한 경우 그 예약은 효력을 상실한다.

① 매매의 예약은 당사자의 일방이 매매를 완결할 의사를 표시한 때에 매매의 효력이 생기는 것이므로 적어도 일방예약이 성립하려면 그 예약에 터잡아 맺어질 본계약의 요소가 되는 매매목적물, 이전방법, 매매가액 및 지급방법 등의 내용이 확정되어 있거나 확정할 수 있어야 한다(대판 1993.5.27, 93다4908).

② 매매예약의 완결권은 일종의 형성권으로서 당사자 사이에 그 행사기간을 약정한 때에 는 그 기간 내에, 그러한 약정이 없는 때에는 그 예약이 성립한 때로부터 10년 내에 이를 행사하여야 하고 그 기간이 지난 때에는 예약완결권은 제척기간의 경과로 인하여 소멸한다(대판 2000.10.13, 99다18725).

③ 예약완결권의 제척기간이 도과 여부는 법원의 직권조사사항이다. 따라서 당사자의 주장이 없더라도 법원은 당연히 직권으로 조사하여 재판에 고려하여야 한다(대판 2000.10.13, 99다18725).

④ 매매예약이 성립한 이후 상대방의 매매예약 완결의 의사표시 전에 목적물이 멸실 기타 의 사유로 이전할 수 없게 되어 예약완결권의 행사가 이행불능이 된 경우에는 예약완결 권을 행사할 수 없다(대판 2015.8.27, 2013다28247).

기출&예상 문제

매매의 일방예약에 관한 설명으로 옳은 것은? (다툼이 있으면 판례에 따름) • 28회

① 매매의 일방예약은 물권계약이다.
② 매매의 일방예약은 상대방이 매매를 완결할 의사를 표시하는 때에 매매의 효력이 생 긴다.
③ 예약완결권을 행사기간 내에 행사하였는지에 관해 당사자의 주장이 없다면 법원은 이를 고려할 수 없다.
④ 매매예약이 성립한 이후 상대방의 예약완결권 행사 전에 목적물이 전부 멸실되어 이행 불능이 된 경우에도 예약완결권을 행사할 수 있다.
⑤ 예약완결권은 당사자 사이에 그 행사기간을 약정하지 않은 경우 그 예약이 성립한 날로 부터 5년 내에 이를 행사하여야 한다.

해설
① 예약은 언제나 채권계약이다.
② 매매의 일방예약은 상대방이 매매를 완결할 의사를 표시하는 때에 매매의 효력이 생긴다 (제564조 제1항).
③ 예약완결권의 제척기간이 도과하였는지 여부는 소위 직권조사 사항으로서 이에 대한 당사자 의 주장이 없더라도 법원이 당연히 직권으로 조사하여 재판에 고려하여야 한다(대판 2000. 10.13, 99다18725).
④ 매매예약이 성립한 이후 상대방의 매매예약 완결의 의사표시 전에 목적물이 멸실 기타의 사 유로 이전할 수 없게 되어 예약완결권의 행사가 이행불능이 된 경우에는 예약완결권을 행사 할 수 없다(대판 2015.8.27, 2013다28247).
⑤ 예약완결권의 행사기간에 관하여 약정이 없는 때에는 그 예약이 성립한 때로부터 10년 내에 이를 행사하여야 한다(대판 2000.10.13, 99다18725).

정답 ②

> **제565조 【해약금】**
> ① 매매의 당사자 일방이 계약 당시에 금전 기타 물건을 계약금, 보증금 등의 명목으로 상대방에게 교부한 때에는 당사자 간에 다른 약정이 없는 한 당사자의 일방이 이행에 착수할 때까지 교부자는 이를 포기하고 수령자는 그 배액을 상환하여 매매계약을 해제할 수 있다.
> ② 제551조의 규정은 전항의 경우에 이를 적용하지 아니한다.

핵심 Check

종 류	① **증약금** : 계약체결의 증거로서의 성격 ② **해약금** : 계약해제 유보수단으로서의 성격 ③ **위약금** : 계약위반에 대한 손해배상의 성격(반드시 특약이 있어야 위약금의 성질을 가짐) ④ **추정** : 민법은 계약금을 해약금으로 추정
해약금에 의한 계약해제	① 당사자 일방이 이행에 착수할 때까지 교부자는 이를 포기하고 수령자는 배액을 상환하여 계약을 해제할 수 있다. ② 소급효 ○, 원상회복의무 ×, 손해배상청구 ×

1. 해약금에 의한 계약해제

① 계약당사자가 제565조의 해약권을 배제하는 약정을 한 경우에는 더 이상 그 해제권을 행사할 수 없다(대판 2009.4.23, 2008다50615).

② 매수인이 매도인에게 현금보관증을 작성·교부하였다면 계약금계약이 체결된 것으로 볼 수 있다(대판 1991.5.28, 91다9251).

③ 계약금계약은 금전 기타 유가물의 교부를 요건으로 하므로 단지 계약금을 지급하기로 약정만 한 단계에서는 제565조 제1항의 계약해제권이 발생하지는 않는다. 따라서 당사자가 계약금의 일부만을 먼저 지급하고 잔액은 나중에 지급하기로 약정하거나 계약금 전부를 나중에 지급하기로 약정한 경우, 교부자가 계약금의 잔금이나 전부를 약정대로 지급하지 않으면 상대방은 계약금지급의무의 이행을 청구하거나 채무불이행을 이유로 계약금약정을 해제할 수 있고, 나아가 위 약정이 없었더라면 주계약을 체결하지 않았을 것이라는 사정이 인정되지 않는 한, 교부자가 계약금의 잔금 또는 전부를 지급하지 않더라도 당사자는 임의로 주계약을 해제할 수 없다(대판 2008.3.13, 2007다73611).

④ 매수인이 약정한 계약금의 일부만을 지급한 경우, 매도인은 실제 교부받은 계약금의 배액을 상환하고 매매계약을 해제할 수는 없다(대판 2015.4.23, 2014다231378).

⑤ 제565조 제1항에서 말하는 당사자의 일방이라는 것은 매매 '쌍방 중 어느 일방'을 지칭하는 것이고, 상대방이라 국한하여 해석할 것은 아니다(대판 2000.2.11, 99다62074).

⑥ 해약금에 의한 계약해제의 시적한계인 '이행에 착수할 때까지'란 채무의 이행행위의 일부를 하거나 또는 이행을 하기 위하여 필요한 전제행위를 하는 경우를 말하는 것으로서 단순히 이행의 준비를 하는 것만으로는 부족하다(대판 1993.5.25, 93다1114).

⑦ 매도인이 매매계약의 이행에는 전혀 착수한 바가 없다 하더라도 매수인이 중도금을 지급하여 이미 이행에 착수한 이상 매수인은 제565조에 의하여 계약금을 포기하고 매매계약을 해제할 수 없다(대판 2000.2.11, 99다62074).

⑧ 토지거래허가구역 내 토지에 관하여 매매계약을 체결하고 계약금만 주고받은 상태에서 토지거래허가를 받은 경우, 매도인은 제565조의 규정에 의하여 계약을 해제할 수 있다(대판 2009.4.23, 2008다62427).

⑨ 유동적 무효상태인 매매계약에 있어서 매수인이 토지거래허가 협력의무 이행의 소를 제기한 것만으로는 제565조 제1항 소정의 이행에 착수한 것으로 볼 수 없다(대판 1997.6.27, 97다9369).

⑩ 매도인이 매수인에게 매매계약의 이행을 최고하고 매매잔대금의 지급을 구하는 소송을 제기한 것만으로 이행에 착수하였다고 볼 수 없다(대판 2008.10.23, 2007다72274).

⑪ 이행기의 약정이 있더라도 당사자가 채무의 이행기 전에는 착수하지 아니하기로 하는 특약을 하는 등의 특별한 사정이 없는 한 이행기 전에 이행에 착수할 수 있다(대판 1993.1.19, 92다31323).

⑫ 매도인이 계약금의 배액을 상환하고 계약을 해제하려고 할 때 해제통고만으로 계약해제의 효력이 발생하지 않으며, 수령한 계약금의 배액을 매수인에게 상환하거나 적어도 그 이행의 제공을 하여야 계약을 해제할 수 있다(대판 1992.7.28, 91다33612).

⑬ 매도인이 계약금의 배액을 상환하고 계약을 해제하려면 계약해제 의사표시 이외에 계약금 배액의 이행의 제공을 하면 족하고 매수인이 이를 수령하지 않더라도 공탁까지 할 필요는 없다(대판 1992.5.12, 91다2151).

2. 위약금의 법리

① 계약금은 당사자 일방이 이행에 착수할 때까지 매수인은 이를 포기하고 매도인은 그 배액을 상환하여 계약을 해제할 수 있는 해약금의 성질을 가지고 있고, 다만 당사자의 일방이 위약한 경우 그 계약금을 위약금으로 하기로 하는 특약이 있는 경우에만 손해배상액의 예정으로서의 성질을 갖는다(대판 1987.2.24, 86누438).

② 유상계약을 체결함에 있어서 계약금이 수수된 경우 계약금을 위약금으로 하기로 하는 특약이 없는 이상 계약이 당사자 일방의 귀책사유로 인하여 해제되었다 하더라도 상대방은 계약불이행으로 입은 실제 손해만을 배상받을 수 있을 뿐 계약금이 위약금으로서 상대방에게 당연히 귀속되는 것은 아니다(대판 2006.1.27, 2005다 52078).

③ 매도인의 귀책사유로 매매계약이 해제된 경우에 대해서만 위약금 약정을 둔 경우 이를 매수인의 귀책사유로 매매계약이 해제되는 경우에도 매수인에게 위약금 지급의무가 인정되는 것으로 볼 수는 없다(대판 2007.10.25, 2007다40765).

④ "대금불입 불이행 시 계약은 자동무효가 되고 이미 불입된 금액은 일체 반환하지 않는다."고 되어 있는 매매계약에 기하여 계약금이 지급된 경우 이는 계약금을 위약금으로 한다는 특약에 해당하므로 그 계약금은 해약금으로서의 성질과 손해배상 예정으로서의 성질을 함께 가진다(대판 1996.10.25, 95다33726).

⑤ 위 ④의 경우 매수인이 중도금을 지급기일에 지급하지 아니한 채 이미 지급한 계약금 중 과다한 손해배상의 예정으로 감액되어야 할 부분을 제외한 나머지 금액을 포기하고 해약금으로서의 성질에 기하여 계약을 해제한다는 의사표시를 하면서 감액되어야 할 금액에 해당하는 금원의 반환을 청구한 경우, 매수인의 주장취지에는 매수인의 채무불이행을 이유로 매도인이 몰취한 계약금은 손해배상예정액으로서는 부당히 과다하므로 감액되어야 하고 그 감액 부분은 부당이득으로서 반환하여야 한다는 취지도 포함되어 있다고 해석함이 상당하며 계약금이 손해배상예정액으로서 과다하다면 감액 부분은 반환되어야 한다(대판 1996.10.25, 95다33726).

甲은 자신의 X토지를 乙에게 매도하는 계약을 체결하고 乙로부터 계약금을 수령하였다. 이에 관한 설명으로 **틀린** 것은? (다툼이 있으면 판례에 따름) •31회

① 乙이 지급한 계약금은 해약금으로 추정한다.

② 甲과 乙이 계약금을 위약금으로 약정한 경우, 손해배상액의 예정으로 추정한다.

③ 乙이 중도금 지급기일 전 중도금을 지급한 경우, 甲은 계약금 배액을 상환하고 해제할 수 없다.

④ 만약 乙이 甲에게 약정한 계약금의 일부만 지급한 경우, 甲은 수령한 금액의 배액을 상환하고 계약을 해제할 수 없다.

⑤ 만약 X토지가 토지거래허가구역 내에 있고 매매계약에 대하여 허가를 받은 경우, 甲은 계약금 배액을 상환하고 해제할 수 없다.

> **해설** ① 계약금은 해약금으로 추정된다(제565조).
> ② 민법은 위약금을 손해배상액의 예정으로 추정하고 있다(제398조 제4항).
> ③ 이행기의 약정이 있더라도 특별한 사정이 없는 한 이행기 전에 이행에 착수할 수 있다(대판 1993.1.19, 92다31323). 따라서 乙이 중도금 지급기일 전 중도금을 지급한 경우, 甲은 계약금 배액을 상환하고 해제할 수 없다.
> ④ 대판 2015.4.23, 2014다231378
> ⑤ 유동적 무효상태인 매매계약에 있어서 매수인이 토지거래허가 협력의무 이행의 소를 제기한 것만으로는 제565조 제1항 소정의 이행에 착수한 것으로 볼 수 없다(대판 1997.6.27, 97다9369). 따라서 위의 경우 토지거래허가를 받았더라도 甲은 계약금 배액을 상환하고 계약을 해제할 수 있다.
>
> 정답 ⑤

빈출키워드 115 매매의 일반적 효력

제568조 【매매의 효력】
① 매도인은 매수인에 대하여 매매의 목적이 된 권리를 이전하여야 하며 매수인은 매도인에게 그 대금을 지급하여야 한다.
② 전항의 쌍방의무는 특별한 약정이나 관습이 없으면 동시에 이행하여야 한다.

제587조 【과실의 귀속, 대금의 이자】
매매계약 있은 후에도 인도하지 아니한 목적물로부터 생긴 과실은 매도인에게 속한다. 매수인은 목적물의 인도를 받은 날로부터 대금의 이자를 지급하여야 한다. 그러나 대금의 지급에 대하여 기한이 있는 때에는 그러하지 아니하다.

① 부동산매매에 있어 목적 부동산을 제3자가 점유하고 있어 인도받지 아니한 매수인이 명도소송제기의 방편으로 미리 소유권이전등기를 경료받았다고 하여도 아직 매매대금을 완납하지 않은 이상 부동산으로부터 발생하는 과실은 매도인에게 귀속되어야 한다 (대판 1992.4.28, 91다32527).

② 매매목적물의 인도 전이라도 매수인이 매매대금을 완납한 때에는 그 이후의 과실수취권은 매수인에게 귀속된다(대판 1993.11.9, 93다28928).

③ 근저당권설정등기가 있어 완전한 소유권이전을 받지 못할 우려가 있는 경우 매수인은 그 근저당권의 말소등기가 될 때까지 그 등기상의 담보한도금액에 상당한 대금지급을 거절할 수 있다(대판 1988.9.27, 87다카1029).

④ 매수인이 대금지급을 거절할 정당한 사유가 있는 경우에는 매매목적물을 미리 인도받았더라도 매매대금에 대한 이자를 지급할 의무는 없다(대판 2013.6.27, 2011다98129).

기출&예상 문제

甲은 그 소유의 X토지에 대하여 乙과 매매계약을 체결하였다. 다음 설명 중 틀린 것은?

(다툼이 있으면 판례에 따름)   •30회

① X토지가 인도되지 않고 대금도 완제되지 않은 경우, 특별한 사정이 없는 한 乙은 인도의무의 지체로 인한 손해배상을 청구할 수 없다.

② 乙이 대금지급을 거절할 정당한 사유가 있는 경우, X토지를 미리 인도받았더라도 그 대금에 대한 이자를 지급할 의무는 없다.

③ X토지가 인도되지 않았다면, 특별한 사정이 없는 한 乙이 잔대금지급을 지체하여도 甲은 잔대금의 이자상당액의 손해배상청구를 할 수 없다.

④ X토지를 아직 인도받지 못한 乙이 미리 소유권이전등기를 경료받았다고 하여도 매매대금을 완제하지 않은 이상 X토지에서 발생하는 과실은 甲에게 귀속된다.

⑤ X토지가 인도되지 않았다면 乙이 대금을 완제하더라도 특별한 사정이 없는 한 X토지에서 발생하는 과실은 甲에게 귀속된다.

해설 매매목적물의 인도 전이라도 매수인이 매매대금을 완납한 때에는 그 이후의 과실수취권은 매수인에게 귀속된다(대판 1993.11.9, 93다28928).

정답 ⑤

핵심 Check

담보책임		매수인의 선의·악의	책임의 내용			제척 기간
			대금감액 청구권	계약해제권	손해배상청구권	
권리의 하자에 대한 담보책임	전부 타인의 권리	선의	–	있음	있음	×
		악의	–	있음	없음	
	일부 타인의 권리	선의	있음	일정한 경우에만 있음	있음	1년
		악의	있음	없음	없음	1년
	수량부족· 일부멸실	선의	있음	일정한 경우에만 있음	있음	1년
		악의	없음	없음	없음	–
	용익권에 의한 제한	선의	–	목적달성 불능 시에 있음	있음	1년
		악의	–	없음	없음	–
	저당권에 의한 제한	선의	–	일정한 경우에만 있음	일정한 경우에만 있음	×
		악의	–	일정한 경우에만 있음	일정한 경우에만 있음	
물건의 하자에 대한 담보책임	특정물 매매	선의· 무과실	–	목적달성 불능 시에 있음	있음	6개월
		악의	–	없음	없음	–
	종류물 매매	선의· 무과실	–	목적달성 불능 시에 있음	있음	6개월
		악의	–	없음	없음	–

PART 3

계약법

1. 담보책임 일반

① 타인의 소유에 속하는 목적물에 대한 매매계약도 계약당사자 간에는 유효하다(대판 1993.8.24, 93다24445).

② 매매대금완납으로 부동산을 사실상 매수한 매수인이 소유권이전등기 없이 이를 제3자에게 전매한 것은 제569조에서 말하는 '타인권리의 매매'에 해당하지 않는다(대판 1996.4.12, 95다55245).

③ 타인의 권리를 매매한 자가 권리이전을 할 수 없게 된 때에는 매도인은 선의의 매수인에게 이행불능 당시를 표준으로 한 이행이익 상당을 배상하여야 한다(대판 1979.4.24, 77다2290).

④ 전부 타인권리의 매매에 있어서 권리이전을 할 수 없게 된 매도인은 선의의 매수인에 대하여 불능 당시의 시가를 표준으로 그 계약이 완전히 이행된 것과 동일한 경제적 이익을 배상할 의무가 있다(대판 전합체 1967.5.18, 66다2618).

⑤ 매매의 목적이 된 권리의 일부가 타인에게 속한 경우의 매도인의 담보책임에 관한 제572조의 규정은 단일한 권리의 일부가 타인에 속하는 경우에만 한정하여 적용되는 것이 아니라 수개의 권리를 일괄하여 매매의 목적으로 정한 경우에도 그 가운데 이전할 수 없게 된 권리부분이 차지하는 비율에 따른 대금산출이 불가능한 경우 등 특별한 사정이 없는 한 역시 적용된다(대판 1989.11.14, 88다카13547).

⑥ 제573조 소정의 권리행사기간의 기산점인 선의의 매수인이 '사실을 안 날'이란 단순히 권리의 일부가 타인에게 속한 사실을 안 날이 아니라 그 때문에 매도인이 이를 취득하여 매수인에게 이전할 수 없게 되었음이 확실하게 된 사실을 안 날을 말한다(대판 1991.12.10, 91다27396).

⑦ 제574조에서 규정하는 수량을 지정한 매매란 당사자가 매매의 목적인 특정물이 일정한 수량을 가지고 있다는 데 주안을 두고 대금도 그 수량을 기준으로 하여 정한 경우를 말한다(대판 2003.1.24, 2002다65189).

⑧ 목적물이 일정한 면적(수량)을 가지고 있다는 데 주안을 두고 대금도 면적을 기준으로 하여 정하여지는 아파트분양계약은 수량을 지정한 매매에 해당한다(대판 2002. 11.8, 99다58136).

⑨ 수량을 지정한 매매계약 후에 수량부족이 발생한 경우에는 제574조에 의한 담보책임을 물을 수 없다(대판 1996.12.10, 94다56098).

⑩ 부동산매매계약에 있어서 실제면적이 계약면적에 미달하고 그 매매가 수량지정매매에 해당하는 경우 담보책임규정상의 대금감액청구권을 행사하는 것 외에 별도로 부당이득반환청구를 하거나 계약체결상의 과실책임을 물을 수는 없다(대판 2002. 4.9, 99다47396).

⑪ 가등기의 목적이 된 부동산의 매수인이 그 뒤 가등기에 기한 본등기가 경료됨으로써 소유권을 상실하게 된 경우 이는 저당권 또는 전세권의 행사로 인하여 매수인이 취득한 소유권을 상실한 경우와 유사하므로 제576조 규정(저당권에 의한 제한)이 준용된다(대판 1992.10.27, 92다21784).

⑫ 가압류 목적이 된 부동산을 매수한 사람이 그 후 가압류에 기한 강제집행으로 부동산소유권을 상실하게 되었다면 이는 매매의 목적 부동산에 설정된 저당권 또는 전세권의 행사로 인하여 매수인이 취득한 소유권을 상실한 경우와 유사하므로, 이와 같은 경우 매도인의 담보책임에 관한 민법 제576조의 규정(저당권에 의한 제한)이 준용된다(대판 2011.5.13, 2011다1941).

⑬ 매수인이 매도인과의 특약으로 저당권에 의하여 담보된 채권을 인수하기로 한 때에는 매도인은 제576조 소정의 담보책임(저당권에 의한 제한)을 부담하지 않는다(대판 2002.9.4, 2002다11151).

⑭ 특정물에 대한 하자의 존부는 매매계약성립 시를 기준으로 판단하여야 한다(대판 2000.1.18, 98다18506).

⑮ 건축을 목적으로 매매된 토지에 대하여 건축허가를 받을 수 없어 건축이 불가능하다는 법률적 장애는 물건의 하자에 해당한다(대판 2000.1.18, 98다18506).

⑯ 매매목적물의 하자로 인하여 선의의 매수인이 손해배상을 청구하는 경우 매도인은 고의·과실이 없더라도 그 손해를 배상하여야 한다(대판 1957.10.31, 4290민상552).

⑰ 매도인의 하자담보책임에도 과실상계규정이 유추적용될 수 있으므로 하자 발생 및 그 확대에 가공한 매수인의 잘못을 참작하여 손해배상의 범위를 정할 수 있다(대판 1995.6.30, 94다23920).

⑱ 매도인이 매수인에게 기계를 공급하면서 카탈로그와 검사성적서를 제시한 경우 매도인은 그 기계가 카탈로그와 검사성적서에 기재된 바와 같은 정도의 품질과 성능을 갖춘 제품이라는 점을 보증하였다고 할 것이다(대판 2000.10.27, 2000다30554).

⑲ 매매의 목적물이 거래통념상 기대되는 객관적 성질·성능을 결여하거나, 당사자가 예정 또는 보증한 성질을 결여한 경우에 매도인은 매수인에 대하여 그 하자로 인한 담보책임을 부담한다(대판 2000.1.18, 98다18506).

⑳ 제582조 소정의 매도인의 하자담보책임에 관한 매수인의 권리행사기간은 재판상 또는 재판 외의 권리행사기간이고 재판상 청구를 위한 출소기간은 아니다(대판 1985.11.12, 84다카2344).

㉑ 하자담보책임에 기한 매수인의 손해배상청구권은 제582조의 제척기간(하자를 안 날로부터 6개월)의 적용 이외에, 부동산을 인도받은 날부터 10년의 소멸시효에 걸린다(대판 2011.10.13, 2011다10266).

2. 담보책임과 채무불이행책임과의 관계

① 타인권리의 매매에 있어서 매도인의 귀책사유로 이행불능이 된 경우 매수인은 채무불이행규정(제546조, 제390조)에 따라 계약을 해제하고 손해배상을 청구할 수 있다(대판 1993.11.23, 93다37328).

② 매매의 목적물인 특정물에 하자가 있는 경우 제580조의 하자담보책임과 채무불이행책임이 경합적으로 인정된다(대판 2004.7.22, 2002다51586).

③ 매매목적물의 하자로 인한 확대손해에 대하여 매도인에게 배상책임을 지우기 위해서는 매도인에게 귀책사유가 있어야 한다(대판 2003.7.22, 2002다35676).

3. 경매에 있어서의 담보책임

① 경매에 있어서의 담보책임에서 말하는 '경매'는 「민사집행법」상의 강제집행이나 담보권실행을 위한 경매 또는 「국세징수법」상의 공매 등과 같이 국가나 그를 대행하는 기관 등이 법률에 기하여 목적물 권리자의 의사와 무관하게 행하는 매도행위만을 의미하는 것으로 해석하여야 한다(대판 2016.8.24, 2014다80839).

② 강제경매절차에서 경락인이 부동산을 경락받아 대금을 완납하였으나 강제경매의 기초가 된 채무자 명의의 소유권이전등기가 원인무효이어서 경매절차 자체가 무효인 경우에는 경매의 채무자나 채권자의 담보책임은 인정될 여지가 없다(대판 2004. 6.24, 2003다59259).

③ 제1차적 책임을 지는 채무자(제578조 제1항)에는 임의경매에 있어서의 물상보증인도 포함된다(대판 1988.4.12, 87다카2641).

01 하자담보책임에 관한 설명으로 틀린 것은? (다툼이 있으면 판례에 따름) •28회

① 건축의 목적으로 매수한 토지에 대해 법적 제한으로 건축허가를 받을 수 없어 건축이 불가능한 경우, 이는 매매목적물의 하자에 해당한다.
② 하자담보책임으로 발생하는 매수인의 계약해제권 행사기간은 제척기간이다.
③ 하자담보책임에 기한 매수인의 손해배상청구권도 소멸시효의 대상이 될 수 있다.
④ 매도인이 매매목적물에 하자가 있다는 사실을 알면서 이를 매수인에게 고지하지 않고 담보책임 면제의 특약을 맺은 경우 그 책임을 면할 수 없다.
⑤ 매도인의 담보책임은 무과실책임이므로 하자의 발생 및 그 확대에 가공한 매수인의 잘못을 참작하여 손해배상 범위를 정할 수 없다.

해설
① 2000.1.18, 98다18506
② 2003.6.27, 2003다20190
③ 2011.10.13, 2011다10266
④ 제584조
⑤ 매도인의 하자담보책임에도 과실상계규정이 유추적용될 수 있으므로 하자 발생 및 그 확대에 가공한 매수인의 잘못을 참작하여 손해배상의 범위를 정할 수 있다(대판 1995.6.30, 94다23920).

정답 ⑤

02 불특정물의 하자로 인해 매도인의 담보책임이 성립한 경우, 매수인의 권리로 규정된 것을 모두 고른 것은? •31회

| ㉠ 계약해제권 | ㉡ 손해배상청구권 |
| ㉢ 대금감액청구권 | ㉣ 완전물급부청구권 |

① ㉢
② ㉠, ㉢
③ ㉡, ㉣
④ ㉠, ㉡, ㉣
⑤ ㉠, ㉡, ㉢, ㉣

해설 ㉠ 종류물매매의 목적물에 하자가 있는 경우 매수인은 하자로 계약의 목적을 달성할 수 없는 경우에는 계약을 해제할 수 있다(제581조 제1항).
㉡ 매수인은 하자로 계약의 목적을 달성할 수 있는 경우에는 손해배상만 청구할 수 있다. 그러나 하자로 계약의 목적을 달성할 수 없는 경우에는 계약해제와 함께 손해배상을 청구할 수 있다(제581조 제1항).
㉣ 매수인은 계약해제권과 손해배상청구권을 행사하지 않고 하자 없는 물건의 급부를 청구할 수도 있다(제581조 제2항).

정답 ④

제590조【환매의 의의】
① 매도인이 매매계약과 동시에 환매할 권리를 보류한 때에는 그 영수한 대금 및 매수인이 부담한 매매비용을 반환하고 그 목적물을 환매할 수 있다.
② 전항의 환매대금에 관하여 특별한 약정이 있으면 그 약정에 의한다.
③ 전2항의 경우에 목적물의 과실과 대금의 이자는 특별한 약정이 없으면 이를 상계한 것으로 본다.

핵심 Check

요 건	① 목적물 : 동산, 부동산, 채권, 지식재산권 모두 가능 ② 환매특약 : 매매계약과 동시에 하여야 한다. ③ 환매대금 : 매매대금 + 매수인이 부담한 매매비용 ④ 환매기간 　㉠ 환매기간은 부동산은 5년, 동산은 3년을 넘지 못한다(약정기간이 이를 넘는 때에는 5년, 3년으로 단축됨). 　㉡ 환매기간을 정한 때에는 다시 이를 연장하지 못한다. 　㉢ 환매기간을 정하지 아니한 때에는 그 기간은 부동산은 5년, 동산은 3년으로 한다. ⑤ 환매특약의 등기 : 매매등기와 동시에 환매권을 등기하면 대항력이 발생한다.
행 사	① 환매권 　㉠ 성질 ┬ 형성권 　　　　　├ 양도성 ○ 　　　　　└ 상속성 ○ 　㉡ 환매권은 채권자대위권의 객체가 된다. ② 행사방법 : 환매기간 내에 환매대금을 제공하면서 환매권을 행사하여야 한다.

① 매도인이 환매기간 내에 환매의 의사표시를 하였더라도 환매에 의한 권리취득의 등기를 하지 않은 경우에는 매도인은 그 부동산을 가압류 집행한 자에 대하여 권리취득을 주장할 수 없다(대판 1990.12.26, 90다카16914).

② 환매특약의 등기가 부동산의 매수인의 처분권을 금지하는 효력을 가지는 것은 아니므로 그 매수인은 환매특약의 등기 이후 부동산을 전득한 제3자에 대하여 여전히 소유권이전등기절차의 이행의무를 부담한다(대판 1994.10.25, 94다35527).

③ 부동산매매계약에 있어서 당사자 사이의 환매특약에 따라 소유권이전등기와 함께 환매권등기가 마쳐진 경우 매도인이 환매기간 내에 적법하게 환매권을 행사하면 환매등기 후에 마쳐진 제3자의 근저당권 등 제한물권은 소멸한다(대판 2002.9.27, 2000다27411).

부동산매매에서 환매특약을 한 경우에 관한 설명으로 틀린 것은? (다툼이 있으면 판례에 따름)
• 30회

① 매매등기와 환매특약등기가 경료된 이후, 그 부동산매수인은 그로부터 다시 매수한 제3자에 대하여 환매특약의 등기사실을 들어 소유권이전등기절차 이행을 거절할 수 없다.

② 환매기간을 정한 때에는 다시 이를 연장하지 못한다.

③ 매도인이 환매기간 내에 환매의 의사표시를 하면 그는 그 환매에 의한 권리취득의 등기를 하지 않아도 그 부동산을 가압류 집행한 자에 대하여 권리취득을 주장할 수 있다.

④ 환매기간에 관한 별도의 약정이 없으면 그 기간은 5년이다.

⑤ 환매특약은 매매계약과 동시에 하여야 한다.

해설
① 대판 1994.10.25, 94다35527
② 환매기간을 정한 때에는 다시 이를 연장하지 못한다(제591조 제2항).
③ 매도인이 환매기간 내에 환매의 의사표시를 하였더라도 환매에 의한 권리취득의 등기를 하지 않은 경우에는 매도인은 그 부동산을 가압류 집행한 자에 대하여 권리취득을 주장할 수 없다(대판 1990.12.26, 90다카16914).
④ 환매기간을 정하지 아니한 때에는 그 기간은 부동산은 5년, 동산은 3년으로 한다(제591조 제3항).
⑤ 제590조 제1항

정답 ③

03 교 환

多빈출키워드

118 교환 일반
24, 25, 27, 28, 32회

학습 포인트
① 교환에서는 교환계약의 특징과 보충금에 대해 알아두기
② 교환계약에도 매매와 같은 담보책임이 적용된다는 점을 알아두기
③ 교환계약상의 채무에 대한 동시이행관계 여부를 점검하고, 교환계약을 해제할 때의 특징을 알아두기

빈출키워드 118   교환 일반

> **제596조【교환의 의의】**
> 교환은 당사자 쌍방이 금전 이외의 재산권을 상호 이전할 것을 약정함으로써 그 효력이 생긴다.

핵심 Check

의 의	당사자 쌍방이 금전 이외의 재산권을 서로 이전할 것을 약정함으로써 성립하는 계약
법적 성질	① 유상계약 ② 쌍무계약 ③ 낙성계약 ④ 불요식계약
성 립	① 의사표시의 합치 : 환금은 교환이 아니다. ② 보충금지급을 약정한 경우 : 매매대금에 관한 규정 준용 ○

① 교환계약의 당사자가 목적물의 시가를 묵비하거나 허위로 시가보다 높은 가액을 시가라고 고지하였다 하더라도 기망행위에 해당하지 않는다(대판 2002.9.4, 2000다54406·54413).

② 교환계약이 이행된 후 이전받은 재산권에 하자가 있는 경우 당사자는 계약을 해제할수 있다(대판 1966.3.22, 66다76).

③ 당사자 간에 교환계약이 해제된 경우에는 당사자 쌍방이 부담하는 원상회복의무는 동시이행관계에 있으므로 당사자 일방이 위 계약에 의하여 이전받은 건물의 소유권이 다시 제3자의 명의로 이전되고 동인이 이를 점유하게 되어 위 건물을 상대방에게 명도할 수 없는 상태에 이르렀다면, 특별한 사정이 없는 한 손해배상의무와 상대방의 반환의무도 역시 동시이행관계에 있는 것이다(대판 1965.11.30, 65다1805).

④ 교환계약의 당사자 일방이 인수한 교환 목적물에 관한 근저당권의 피담보채무지급의무와 상대방의 소유권이전등기의무가 모두 각 이행기에 이행되지 않은 채 이행기가 도과한 경우, 양 채무는 동시이행의 관계에 있다(대판 1998.7.24, 98다13877).

⑤ 교환계약의 당사자 일방이 교환 목적물의 차액에 해당하는 금원의 지급에 갈음하여 상대방으로부터 이전받을 교환 목적물에 관한 근저당권의 피담보채무를 인수하기로 약정한 경우, 그 차액을 제외한 나머지 재산권을 이전함으로써 교환계약상의 의무를 다한 것이 된다. 또한 피담보채무를 인수한 자가 변제를 게을리하여 근저당권이 실행될 염려가 있어 상대방이 부득이 피담보채무를 변제한 경우 이를 이유로 교환계약을 해제할 수 있다(대판 1998.7.24, 98다13877).

기출&예상 문제

교환계약에 관한 설명으로 옳지 않은 것은? (다툼이 있으면 판례에 따름)

① 교환계약의 목적물인 당사자 일방의 건물이 쌍방에게 책임 없는 사유로 소실된 경우, 그 당사자는 상대방에 대하여 반대급부를 청구할 수 있다.

② 교환 목적물의 가액을 시가보다 높게 고지하더라도 특별한 사정이 없는 한 의사결정에 불법적인 간섭을 한 것이라고 볼 수 없으므로 위법한 행위가 되지 않는다.

③ 교환계약의 당사자 일방이 인수한 교환 목적물에 관한 근저당권의 피담보채무지급의무와 상대방의 소유권이전등기가 모두 이행기에 이행되지 않은 채 이행기가 도과한 경우, 양 채무는 동시이행의 관계에 있다.

④ 교환계약당사자 일방이 양도한 토지의 실제면적이 계약상의 면적에 미달한 경우, 상대방은 미달부분의 원시적 불능을 이유로 계약체결상의 과실책임을 주장할 수 없다.

⑤ 재산권이 아닌 노무의 제공이나 일의 완성 등은 교환계약의 목적이 될 수 없다.

> **해설** 교환은 쌍무계약이므로 위험부담(제537조, 제538조)에 관한 규정이 준용된다. 따라서 교환계약의 목적물인 당사자 일방의 건물이 쌍방에게 책임 없는 사유로 소실된 경우, 그 당사자는 상대방에 대하여 반대급부를 청구할 수 없다(제537조).
>
> 정답 ①

04 임대차

多빈출키워드

121 임차인의 권리와 의무
23, 24, 25, 26, 27, 29, 30, 31, 32회

123 토지임차인의 갱신청구권과
지상물매수청구권
23, 25, 30회

124 임차권의 양도와 전대
24, 26, 27, 28, 29, 32회

학습 포인트

① 임대차에서는 존속기간과 갱신에 대해 알아두기
② 임대차의 효력에서는 임대인의 수선의무, 임차인의
비용상환청구권과 매수청구권을 알아두기
③ 임차권의 양도와 전대에서는 무단전대의 법률관계
를 알아두기
④ 보증금과 권리금에 대해서는 판례사안을 정리하기

빈출키워드 119 | 임대차의 성립

> **제618조【임대차의 의의】**
> 임대차는 당사자 일방이 상대방에게 목적물을 사용, 수익하게 할 것을 약정하고 상대방이 이에 대하여
> 차임을 지급할 것을 약정함으로써 그 효력이 생긴다.
>
> **제635조【기간의 약정 없는 임대차의 해지통고】**
> ① 임대차기간의 약정이 없는 때에는 당사자는 언제든지 계약해지의 통고를 할 수 있다.
> ② 상대방이 전항의 통고를 받은 날로부터 다음 각 호의 기간이 경과하면 해지의 효력이 생긴다.
>   1. 토지, 건물 기타 공작물에 대하여는 임대인이 해지를 통고한 경우에는 6월, 임차인이 해지를 통고
>   한 경우에는 1월
>   2. 동산에 대하여는 5일
>
> **제639조【묵시의 갱신】**
> ① 임대차기간이 만료한 후 임차인이 임차물의 사용·수익을 계속하는 경우에 임대인이 상당한 기간 내
> 에 이의를 제기하지 아니한 때에는 전임대차와 동일한 조건으로 다시 임대차한 것으로 본다. 그러나
> 당사자는 제635조의 규정에 의하여 해지의 통고를 할 수 있다.
> ② 전항의 경우에 전임대차에 대하여 제3자가 제공한 담보는 기간의 만료로 인하여 소멸한다.

① 임대인에게 임대목적물에 대한 소유권 기타 임대권한이 없더라도 임대차계약은 성립
할 수 있다(대판 1996.9.6, 94다54641).
② 타인 소유의 부동산을 임대한 것이 임대차계약을 해지할 사유는 될 수 없고, 목적물
이 반드시 임대인의 소유일 것을 특히 계약의 내용으로 삼은 경우라야 착오를 이유로
임차인이 임대차계약을 취소할 수 있다(대판 1975.1.28, 74다2069).
③ 리스(시설대여)계약은 형식에서는 임대차계약과 유사하나 실질은 물적 금융이므로 민법
의 임대차에 관한 규정이 바로 적용되지 않는다(대판 1996.8.23, 95다51915).

④ 임대차존속기간을 20년으로 제한한 민법 제651조 제1항은 계약의 자유를 침해하므로 「헌법」에 위반된다(헌재 2013.12.26, 2011헌바234).

⑤ 법정갱신(묵시적 갱신)규정인 제639조는 강행규정이다(대판 1972.6.27, 71누8).

⑥ 법정갱신의 경우 전임대차에 대하여 제3자가 제공한 담보는 기간의 만료로 소멸한다 (제639조 제2항). 이 경우 제3자가 제공한 담보란 질권, 저당권, 보증 등을 말하는 것이고 보증금은 이에 포함되지 않는다(대판 1977.6.7, 76다951).

⑦ 당사자들의 합의에 따라 임대차기간을 연장하는 경우에는 제3자가 제공한 담보는 기간이 만료하더라도 소멸하지 않는다(대판 2005.4.14, 2004다63293).

빈출키워드 120 임대인의 권리와 의무

① 임대인이 사정변경으로 인한 차임증감청구권에 관한 제628조에 의하여 장래에 대한 차임의 증액을 청구하고 법원이 증액청구를 상당하다고 인정한 경우에 차임증액청구의 효력은 증액청구 시에 발생한다(대판 1974.8.30, 74다1124). 따라서 증액청구의 의사표시가 상대방에게 도달한 때부터 증액된 차임에 대한 지연손해금이 발생한다(대판 2018.3.15, 2015다239508).

② 차임불증액의 특약이 있더라도 그 특약을 그대로 유지시키는 것이 신의칙에 반한다고 인정될 정도의 사정변경이 있는 경우에는 형평의 원칙상 임대인에게 차임증액청구를 인정할 수 있다(대판 1996.11.12, 96다34061).

③ 임차인이 건물면적의 일정한 수량이 있는 것으로 믿고 계약을 체결하였고 임대인도 그 일정 수량이 있는 것으로 명시적 또는 묵시적으로 표시하였으며 임대차보증금과 월임료 등도 그 수량을 기초로 하여 정하여진 경우 그 임대차는 수량을 지정한 임대차에 해당한다(대판 1995.7.14, 94다38342).

④ 목적물에 파손 또는 장해가 생긴 경우 그것이 임차인이 별 비용을 들이지 않고도 손쉽게 고칠 수 있을 정도의 사소한 것이어서 임차인의 사용·수익을 방해할 정도의 것이 아니라면 임대인은 수선의무를 부담하지 않는다(대판 2008.3.27, 2007다91336).

⑤ 목적물인 방에 약간의 실금형태로 균열이 있고 외벽에 금이 가 있을 정도라면 그 방을 사용할 수 없을 정도의 파손상태라고 할 수 없고, 반드시 임대인에게 수선의무가 있는 대규모의 것이라고도 할 수 없어 임차인의 통상의 수선 및 관리의무에 속하므로, 위 균열로 스며든 연탄가스에 임차인이 중독되어 사망한 사고는 임대인의 과실로 인한 것이라고 볼 수 없다(대판 1989.9.26, 89도703).

⑥ 임차인이 가구전시장으로 임차하여 사용하던 건물 바닥에 결로현상이 발생한 경우 임대인은 제습기 또는 공조시설 등을 설치하거나 바닥공사를 하여 주는 등 조치를 취함으로써 임차인이 사용·수익할 수 있는 상태를 유지하여 줄 의무가 있다(대판 2012.6.14, 2010다89876).

⑦ 임대인의 수선의무는 특약에 의하여 이를 면제하거나 임차인의 부담으로 돌릴 수 있다(대판 1994.12.9, 94다34692).

⑧ 수선의무 면제특약에서 수선의무의 범위를 명시하지 않은 경우 임대인이 수선의무를 면하게 되는 것은 소규모의 수선에 한하고, 대규모 수선비용은 여전히 임대인이 부담한다(대판 1994.12.9, 94다34692).

⑨ 임대인은 목적물이 통상의 사용·수익에 필요한 상태를 유지하여 주면 족하고, 계약 당시 예상하지 아니한 임차인의 특별한 용도를 위한 사용·수익에 적합한 상태를 유지하게 할 의무는 없다(대판 1996.11.26, 96다28172).

⑩ 통상의 임대차관계에 있어서 임대인은 임차인에 대하여 안전배려 또는 도난방지 등의 보호의무까지 부담한다고 볼 수 없다(대판 1999.7.9, 99다10004).

⑪ 일시사용을 위한 임대차에 해당하는 숙박계약에 있어서는 숙박업자는 투숙객에 대해 안전을 배려하여야 할 보호의무를 부담한다(대판 2000.11.24, 2000다38718·38725).

임대차에 관한 설명으로 옳지 <u>않은</u> 것은? (다툼이 있으면 판례에 따름)

① 임대차계약에서 '임대인의 승인하에 목적물을 개축하더라도 반환 전에 임차인이 원상회복키로 한다.'고 약정하였다면, 임차인은 유익비의 상환을 청구할 수 없다.

② 임대차계약 당시 건물 소유를 목적으로 한 토지임차인이 건물 기타 지상시설 일체를 포기하는 약정은 특별한 사정이 없는 한 무효이다.

③ 임대인이 재판상 청구한 차임증액청구가 상당하다고 인정되는 경우, 증액의 효력은 판결확정 시에 발생한다.

④ 임대인이 부담하는 수선의무를 면제하거나 임차인의 부담으로 돌리는 특약도 가능하다.

⑤ 임대차계약의 종료 후 임차인이 정당한 원인에 기하여 임차목적물을 계속 점유하였더라도, 목적물을 사용·수익하지 아니하여 실질적 이득이 없으면 차임상당액을 반환할 필요가 없다.

> **해 설** 임대인이 제628조에 의하여 장래에 대한 차임의 증액을 청구하고 법원이 증액청구를 상당하다고 인정한 경우에 차임증액청구의 효력은 증액청구 시에 발생한다(대판 1974.8.30, 74다1124).
>
> 정답 ③

빈출키워드 121 임차인의 권리와 의무 多빈출

① 등기된 임차권이 침해된 경우 임차권 자체에 기한 방해제거를 청구할 수 있다(대판 2002.2.26, 99다67079).

② 건물 소유를 목적으로 하는 토지임차인이 그 지상건물을 등기하기 전에 제3자가 토지에 관하여 물권취득의 등기를 한 경우, 그 이후에 그 지상건물을 등기하더라도 제3자에 대해 임대차의 효력이 발생하지 않는다(대판 2003.2.28, 2000다65802).

③ 임대차계약에서 '임차인은 임대인의 승인하에 개축 또는 변조할 수 있으나 부동산의 반환기일 전에 임차인의 부담으로 원상복구키로 한다.'라고 약정한 경우 이는 임차인이 임차목적물에 지출한 각종 유익비의 상환청구권을 미리 포기하기로 한 취지의 특약이라고 봄이 상당하다(대판 1995.6.30, 95다12927).

④ 건물임차인이 자신의 비용을 들여 증축한 부분을 임대인 소유로 귀속시키기로 하는 약정은 임차인이 원상복구의무를 면하는 대신 투입비용의 변상이나 권리주장을 포기하는 내용이 포함된 것으로서 특별한 사정이 없는 한 유효하므로, 그 약정이 부속물매수청구권을 포기하는 약정으로서 강행규정에 반하여 무효라고 할 수도 없다(대판 1996.8.20, 94다44705).

⑤ 제626조 소정의 필요비란 임차인이 임차물의 보존을 위하여 지출한 비용을 말하고, 유익비란 임차인이 임차물의 객관적 가치를 증가시키기 위하여 투입한 비용을 말한다(대판 1980.10.14, 80다1851).

⑥ 다방경영에 필요한 시설을 하기 위하여 지급한 비용, 삼계탕집을 경영하기 위하여 지급한 비용, 간이음식점을 경영하기 위하여 지출한 간판설치비는 필요비 또는 유익비에 해당하지 않는다(대판 1968.12.17, 68다1923 ; 대판 1993.10.8, 93다25738 ; 대판 1994.9.30, 94다20389).

⑦ 임차인이 일체의 유지비를 부담하기로 하고 임대인에게 그 비용을 청구하지 않기로 약정한 경우 임차인도 원상회복의무를 부담하지 않는다(대판 2002.11.22, 2002다38828).

⑧ 임차한 가옥에 대한 유익비의 상환을 청구할 경우에는 지출한 금액은 물론 현존 증가액에 대하여도 임차인에게 입증책임이 있다(대판 1962.10.18, 62다437).

⑨ 임차인은 임차목적물을 명도할 때까지 선량한 관리자의 주의로 이를 보관할 의무가 있으므로 이러한 주의의무를 위반하여 임대목적물이 멸실·훼손된 경우에는 그에 대한 손해를 배상할 채무가 발생하며, 임대목적물이 멸실·훼손된 경우 임차인이 그 책임을 면하려면 그 임차건물의 보존에 관하여 선량한 관리자의 주의의무를 다하였음을 입증하여야 한다(대판 1991.10.25, 91다22605).

⑩ 임대인의 귀책사유로 임대차계약이 해지된 경우에도 임차인은 원상회복의무를 부담한다(대판 2002.12.6, 2002다42278).

⑪ 임대차계약이 해지통고로 인하여 종료된 경우에 그 임대물이 적법하게 전대되었을 때에는 임대인은 전차인에 대하여 그 사유를 통지하지 아니하면 해지로써 전차인에게 대항하지 못한다. 그러나 임차인의 차임연체액이 2기의 차임액에 달함에 따라 임대인이 임대차계약을 해지하는 경우에는 전차인에 대하여 그 사유를 통지하지 않더라도 해지로써 전차인에게 대항할 수 있고, 해지의 의사표시가 임차인에게 도달하는 즉시 임대차관계는 해지로 종료된다(대판 2012.10.11, 2012다55860).

빈출키워드 122	건물임차인의 부속물매수청구권

제646조【임차인의 부속물매수청구권】
① 건물 기타 공작물의 임차인이 그 사용의 편익을 위하여 임대인의 동의를 얻어 이에 부속한 물건이 있는 때에는 임대차의 종료 시에 임대인에 대하여 그 부속물의 매수를 청구할 수 있다.
② 임대인으로부터 매수한 부속물에 대하여도 전항과 같다.

제647조【전차인의 부속물매수청구권】
① 건물 기타 공작물의 임차인이 적법하게 전대한 경우에 전차인이 그 사용의 편익을 위하여 임대인의 동의를 얻어 이에 부속한 물건이 있는 때에는 전대차의 종료 시에 임대인에 대하여 그 부속물의 매수를 청구할 수 있다.
② 임대인으로부터 매수하였거나 그 동의를 얻어 임차인으로부터 매수한 부속물에 대하여도 전항과 같다.

핵심 Check

건물임차인의 부속물매수 청구권	① 부속물이 되기 위한 요건
	    ㉠ 건물에 부속된 물건으로서 임차인의 소유에 속할 것
	    ㉡ 건물의 구성부분으로는 되지 아니할 것
	    ㉢ 건물의 사용에 객관적인 편익을 가져올 것
	 ② 부속물매수청구권의 성질 : 형성권
	 ③ 부속물매수청구권의 행사 시기 : 임대차종료 후 언제든지 행사 가능

① 제646조가 규정하는 건물임차인의 매수청구권의 대상이 되는 부속물이란 건물에 부속된 물건으로 임차인의 소유에 속하고, 건물의 구성부분이 되지 아니한 것으로서 건물의 사용에 객관적인 편익을 가져오게 하는 물건이라 할 것이므로 부속된 물건이 오로지 임차인의 특수목적에 사용하기 위하여 부속된 것일 때는 이를 부속물매수청구권의 대상이 되는 물건이라 할 수 없다(대판 1993.2.26, 92다41627).
② 기존 건물과 분리되어 독립한 소유권의 객체가 될 수 없는 증축부분이나 임대인의 소유에 속하기로 한 부속물은 매수청구의 대상이 될 수 없다(대판 1982.1.19, 81다1001).

③ 임대차계약이 임차인의 채무불이행으로 인하여 해지된 경우에는 임차인은 제646조에 의한 부속물매수청구권을 행사할 수 없다(대판 1990.1.23, 88다카7245).

④ 부속물매수청구권을 포기하는 특약을 하였더라도 보증금과 차임이 파격적으로 저렴하거나 임차인의 원상회복의무를 면하여 주는 사정이 있는 때에는 이는 임차인에게 불리하다고 볼 수 없으므로 그 특약은 무효로 되지 않는다(대판 1982.1.19, 81다1001).

기출&예상 문제

임차인의 부속물매수청구권에 관한 설명으로 틀린 것은? (다툼이 있으면 판례에 따름)

• 30회

① 토지 내지 건물의 임차인에게 인정된다.
② 임대인으로부터 매수한 물건을 부속한 경우에도 인정된다.
③ 적법한 전차인에게도 인정된다.
④ 이를 인정하지 않는 약정으로 임차인에게 불리한 것은 그 효력이 없다.
⑤ 오로지 임차인의 특수목적을 위해 부속된 물건은 매수청구의 대상이 아니다.

해설 ① 부속물매수청구권은 건물임차인에게만 인정된다(제646조). 토지임차인에게는 지상물매수청구권이 인정된다(제643조).
② 제646조 제2항
③ 제647조 제1항
④ 제652조
⑤ 대판 1993.2.26, 92다41627

정답 ①

빈출키워드 123 토지임차인의 갱신청구권과 지상물매수청구권 多빈출

제643조【임차인의 갱신청구권, 매수청구권】
건물 기타 공작물의 소유 또는 식목, 채염, 목축을 목적으로 한 토지임대차의 기간이 만료한 경우에 건물, 수목 기타 지상시설이 현존한 때에는 제283조의 규정을 준용한다.

제644조【전차인의 임대청구권, 매수청구권】
① 건물 기타 공작물의 소유 또는 식목, 채염, 목축을 목적으로 한 토지임차인이 적법하게 그 토지를 전대한 경우에 임대차 및 전대차의 기간이 동시에 만료되고 건물, 수목 기타 지상시설이 현존한 때에는 전차인은 임대인에 대하여 전전대차와 동일한 조건으로 임대할 것을 청구할 수 있다.
② 전항의 경우에 임대인이 임대할 것을 원하지 아니하는 때에는 제283조 제2항의 규정을 준용한다.

핵심 Check

갱신 청구권	① 갱신청구의 요건 : 존속기간이 만료할 것 + 지상물이 현존할 것 ② 갱신청구권의 성질 : 청구권
지상물 매수 청구권	① 매수청구의 주체 : 지상물의 소유자에 한한다. ② 매수청구의 상대방 : 임차권 소멸 당시의 임대인 + 임차권이 대항력을 갖춘 경우 임 대차계약 종료 후의 토지양수인 ③ 매수청구권의 대상 : 토지 위의 지상물 ④ 매수청구의 요건 : 존속기간의 만료 + 지상물의 현존 + 토지소유자의 갱신거절 ⑤ 지상물매수청구권의 성질 : 형성권

① 제643조 소정의 지상물매수청구권은 지상물의 소유자에 한하여 행사할 수 있다. 따라서 토지임대차의 존속기간이 만료하기 전에 지상물을 제3자에게 양도한 자는 지상물의 소유자가 아니므로 지상물매수청구권을 행사할 수 없다. 한편 지상물의 소유권을 양수한 제3자는 지상물의 양수뿐만 아니라 토지임차권도 함께 양수받고 토지임차권 양도에 대해 임대인의 승낙이 있는 경우에 한하여 지상물매수청구권을 행사할 수 있다(대판 1993.7.27, 93다6386).

② 지상물매수청구의 상대방은 원칙적으로 임차권소멸 당시의 토지소유자인 임대인이다. 한편 토지소유자가 아닌 제3자가 임대차계약의 당사자로서 토지를 임대한 경우, 임대인이 아닌 토지소유자는 임대인의 지위를 승계하였다는 등의 특별한 사정이 없는 한 지상물매수청구의 상대방이 될 수 없다(대판 2017.4.26, 2014다72449).

③ 임대인이 제3자에게 토지를 양도하는 등으로 토지소유권이 이전된 경우, 임대인의 지위가 승계되거나 임차인이 신토지소유자에게 임차권으로 대항할 수 있는 때에는 임차인은 신토지소유자에게 지상물매수청구권을 행사할 수 있다(대판 2017.4.26, 2014다72449).

④ 민법 제643조가 규정하는 매수청구의 대상이 되는 건물에는 임차인이 임차토지상에 그 건물을 소유하면서 그 필요에 따라 설치한 것으로서 건물로부터 용이하게 분리될 수 없고 그 건물을 사용하는 데 객관적인 편익을 주는 부속물이나 부속시설 등이 포함되는 것이지만, 이와 달리 임차인이 자신의 특수한 용도나 사업을 위하여 설치한 물건이나 시설은 이에 해당하지 않는다(대판 2002.11.13, 2002다46003).

⑤ 임차인의 지상물매수청구권의 대상이 되는 건물은 임대차계약 당시의 기존 건물이거나 임대인의 동의를 얻어 신축한 것에 한하지 않는다(대판 1993.11.12, 93다34589).

⑥ 지상건물의 객관적인 경제적 가치나 임대인에 대한 효용 여부는 제643조 소정의 토지임차인의 지상물매수청구권의 행사요건이 아니다(대판 2002.5.31, 2001다42080).

⑦ 무허가건물도 토지의 임대목적에 반하여 축조되고 임대인이 예상할 수 없을 정도의 고가의 것이라는 등의 특별한 사정이 없는 한 제643조 소정의 토지임차인의 건물매수 청구권의 대상이 될 수 있다(대판 1997.12.23, 97다37753).

⑧ 임차인 소유 건물이 임차토지 외에 임차인 또는 제3자 소유의 토지 위에 걸쳐 있는 경우 임차인은 임차지상에 서 있는 건물부분 중 구분소유의 객체가 될 수 있는 부분에 한하여 매수청구권을 행사할 수 있다(대판 전합체 1996.3.21, 93다42634).

⑨ 임대인의 해지통고에 의하여 기간의 정함이 없는 토지임차권이 소멸하는 경우, 토지 임차인은 계약갱신청구의 유무를 불문하고 지상물매수청구권을 행사할 수 있다 (대판 1995.12.26, 95다42195).

⑩ 토지임차인의 지상물매수청구권에 관한 제643조 규정은 성질상 토지전세권에도 유추 적용될 수 있다. 다만, 토지전세권자가 건물 기타 지상시설의 매수를 청구하기 위해서는 그 전세권이 건물 기타 지상시설의 소유를 목적으로 한 것이어야 하고, 전세권의 존속기간이 만료되어야 하며, 건물 기타 지상시설이 현존하여야 한다(대판 2007.9.21, 2005다41740).

⑪ 건물의 소유를 목적으로 한 토지임대차가 종료한 경우 토지임차인의 지상물매수청구권은 그 행사에 특정의 방식을 요하지 않으므로 재판상으로뿐만 아니라 재판 외에서도 행사할 수 있으며 그 행사시기에 대하여도 제한이 없다(대판 2002.5.31, 2001다42080).

⑫ 지상물매수청구권은 이른바 형성권으로서 그 행사로 임대인·임차인 사이에 지상물에 관한 매매가 성립하게 되며, 임차인이 지상물매수청구권을 행사한 경우에는 임대인은 그 매수를 거절하지 못한다(대판 전합체 1995.7.11, 94다34265).

⑬ 제643조의 지상물매수청구권을 행사하면 임대인과 임차인 사이에 임차지상의 건물에 대하여 매수청구권 행사 당시의 건물시가를 대금으로 하는 매매계약이 체결된 것과 같은 효과가 발생하는 것뿐이므로 임대인이 임차인이 임차지상의 건물을 신축하기 위하여 지출한 모든 비용을 보상할 의무를 부담하게 되는 것은 아니다(대판 2002. 11.13, 2002다46003).

⑭ 임차인의 채무불이행을 이유로 토지임대차계약이 해지된 경우 토지임차인은 지상물 매수청구권을 행사할 수 없다(대판 2003.4.22, 2003다7685). 또한 임대인과 임차인의 합의로 임대차계약을 해지하고 임차인이 지상건물을 철거하기로 약정한 경우에는 지상물매수청구권을 행사할 수 없다(대판 1969.6.24, 69다617).

⑮ 토지임대인과 임차인 사이에 임대차기간 만료 시에 임차인이 지상건물을 양도하거나 이를 철거하기로 하는 약정은 특별한 사정이 없는 한, 제643조 소정의 임차인의 지상물매수청구권을 배제하기로 하는 약정으로서 임차인에게 불리한 것이므로 제652조의 규정에 의하여 무효라고 보아야 한다(대판 1998.5.8, 98다2389).

⑯ 건물의 소유를 목적으로 한 토지임차인이 임대차가 종료하기 전에 임대인과의 사이에 건물 기타 지상시설 일체를 포기하기로 한 약정은 특별한 사정이 없는 한 임차인에게 불리한 것으로서 제652조에 의하여 효력이 없다(대판 2002.5.31, 2001다42080).

⑰ 甲 지방자치단체와 임차인 乙이 대부계약(실질은 식목을 목적으로 하는 토지임대차)을 체결하면서 지상물매수청구권 포기약정을 하였더라도 대부계약의 경우 대부료는 엄격히 법이 정한대로 징수하게 할 뿐 아니라 대부료가 저렴한 경우가 일반적인 점 등에 비추어 볼 때 지상물매수청구권 포기약정이 반드시 일방적으로 乙에게 불리한 것으로 볼 수는 없다(대판 2011.5.26, 2011다1231).

⑱ 전차인의 임대청구권과 매수청구권은 토지임차인이 토지임대인의 승낙하에 적법하게 그 토지를 전대한 경우에만 인정되는 권리이다(대판 1993.7.27, 93다6386).

기출&예상 문제

임차인 甲이 임대인 乙에게 지상물매수청구권을 행사하는 경우에 관한 설명으로 옳은 것은? (다툼이 있으면 판례에 따름) •30회

① 甲의 매수청구가 유효하려면 乙의 승낙을 요한다.
② 건축허가를 받은 건물이 아니라면 甲은 매수청구를 하지 못한다.
③ 甲 소유 건물이 乙이 임대한 토지와 제3자 소유의 토지 위에 걸쳐서 건립된 경우, 甲은 건물 전체에 대하여 매수청구를 할 수 있다.
④ 임대차가 甲의 채무불이행 때문에 기간 만료 전에 종료되었다면, 甲은 매수청구를 할 수 없다.
⑤ 甲은 매수청구권의 행사에 앞서 임대차계약의 갱신을 청구할 수 없다.

해설 ① 토지임차인의 지상물매수청구권은 형성권이다(대판 전합체 1995.7.11, 94다34265). 따라서 甲이 지상물의 매수를 청구하면 乙의 승낙이 없어도 지상물에 관한 매매계약이 성립한다.
② 무허가건물도 토지의 임대목적에 반하여 축조되고 임대인이 예상할 수 없을 정도의 고가의 것이라는 등의 특별한 사정이 없는 한 제643조 소정의 토지임차인의 건물매수청구권의 대상이 될 수 있다(대판 1997.12.23, 97다37753).
③ 임차인 소유 건물이 임차토지 외에 임차인 또는 제3자 소유의 토지 위에 걸쳐 있는 경우 임차인은 임차지상에 서 있는 건물부분 중 구분소유의 객체가 될 수 있는 부분에 한하여 매수청구권을 행사할 수 있다(대판 전합체 1996.3.21, 93다42634).
④ 임차인의 채무불이행을 이유로 토지임대차계약이 해지된 경우 토지임차인은 지상물매수청구권을 행사할 수 없다(대판 2003.4.22, 2003다7685).
⑤ 甲은 매수청구권의 행사에 앞서 임대차계약의 갱신을 청구할 수 있다(제643조, 제283조).

정답 ④

임차권의 양도와 전대

> **제629조【임차권의 양도, 전대의 제한】**
> ① 임차인은 임대인의 동의 없이 그 권리를 양도하거나 임차물을 전대하지 못한다.
> ② 임차인이 전항의 규정에 위반한 때에는 임대인은 계약을 해지할 수 있다.

핵심 Check

임차권의 처분	① **임차권의 양도** : 임차인이 임차권을 양수인에게 이전하고 자신은 종래의 임대차관계에서 탈락하는 것 ② **임차물의 전대** : 임차인이 자신의 임차권을 그대로 유지하면서 임차물을 다시 제3자에게 임대차하는 것
무단양도·전대의 금지	① **금지 이유** : 임대인의 동의 없이 임차권을 양도하거나 임차물을 전대하는 것이 임대인에 대한 배신행위이기 때문이다. ② 배신행위가 아니라고 볼 수 있는 특별한 사정이 있는 경우 임대인은 임대차계약을 해지할 수 없다(판례).

① 임대인의 임대차계약해지권은 행사상의 일신전속권이 아니다(대판 2007.5.10, 2006다82700).

② 임차인이 임대인의 동의 없이 제3자에게 임차물을 사용·수익하도록 한 행위가 임대인에 대한 배신적 행위라고 인정할 수 없는 특별한 사정이 있는 경우에는, 임대인은 자신의 동의 없이 전대차가 이루어졌다는 것만을 이유로 임대차계약을 해지할 수 없다(대판 2007.11.29, 2005다64255).

③ 임차권을 무단으로 양도한 경우라도 임차권의 양수인이 임차인과 부부로서 임차건물에 동거하면서 함께 가구점을 경영하고 있는 경우에는 무단양도행위가 임대인에 대한 배신행위라고 볼 수 없으므로 임대인은 임대차계약을 해지할 수 없다(대판 1993.4.27, 92다45308).

④ 건물의 소유를 목적으로 하여 토지를 임차한 사람이 그 토지 위에 소유하는 건물에 저당권을 설정한 때에는 민법 제358조 본문에 따라서 저당권의 효력이 건물뿐만 아니라 건물의 소유를 목적으로 한 토지임차권에도 미친다고 보아야 할 것이므로, 건물에 대한 저당권이 실행되어 경락인이 건물의 소유권을 취득한 때에는 특별한 다른 사정이 없는 한 건물의 소유를 목적으로 한 토지임차권도 건물소유권과 함께 경락인에게 이전된다. 그러나 이 경우에도 민법 제629조가 적용되기 때문에 토지임대인에 대한 관계에서는 그의 동의가 없는 한 경락인은 그 임차권의 취득을 가지고 대항할 수 없다. 다만, 임대인에 대한 배신행위가 아니라고 인정되는 특별한 사정이 있는 때에는 임대인은 자신의 동의 없이 임차권이 이전되었다는 것만을 이유로 제629조 제2항에 따라서 임대차계약을 해지할 수 없다(대판 1993.4.13, 92다24950).

⑤ 임대인의 동의 없는 임차권의 양도는 당사자 사이에서는 유효하다 하더라도 다른 특약이 없는 한 임대인에게는 대항할 수 없는 것이고 임대인에 대항할 수 없는 임차권의 양수인으로서는 임대인의 권한을 대위행사할 수 없다(대판 1985.2.8, 84다카188).

⑥ 임차인은 양수인을 위하여 임대인의 동의를 받아 줄 의무가 있다(대판 1986.2.25, 85다카1812).

⑦ 임차인이 임차물을 전대하여 그 임대차기간 및 전대차기간이 모두 만료된 경우 전차인은 목적물을 임대인에게 직접 명도함으로써 임차인(전대인)에 대한 목적물명도의무를 면한다(대판 1995.12.12, 95다23996).

⑧ 임대인의 동의 있는 전대의 경우 전차인은 전대인에 대한 차임의 지급으로써 임대인에게 대항하지 못한다. 다만, 전차인이 전대인에게 차임을 지급한 사정을 들어 임대인에게 대항할 수 있는 경우는 전대차계약상의 차임지급시기 이후에 지급한 차임에 한한다. 따라서 전차인은 전대차계약상의 차임지급시기 전에 전대인에게 차임을 지급한 사정을 들어 임대인에게 대항할 수 없다. 그러나 전차인은 전대차계약상의 차임지급시기 이후에 지급한 차임으로는 임대인에게 대항할 수 있다. 다만, 전차인이 전대차계약상의 차임지급시기 전에 전대인에게 지급한 차임이라도, 임대인의 차임청구 전에 차임지급시기가 도래한 경우에는 그 지급으로 임대인에게 대항할 수 있다(대판 2018.7.11, 2018다200518).

빈출키워드 125 　보증금과 권리금 등

① 부동산임대차에 있어서 수수된 보증금은 임료채무, 목적물의 멸실·훼손 등으로 인한 손해배상채무 등 임대차관계에 따른 임차인의 모든 채무를 담보하는 것으로서, 그 피담보채무 상당액은 임대차관계의 종료 후 목적물이 반환될 때에 특별한 사정이 없는 한 별도의 의사표시 없이 보증금에서 당연히 공제된다(대판 1999.12.7, 99다50729).

② 임대차계약 종료 전에는 연체차임이 공제 등 별도의 의사표시 없이 임대차보증금에서 당연히 공제되는 것은 아니다(대판 2013.2.28, 2011다49608).

③ 임대차계약과 별도로 이루어진 약정 등에 기하여 발생하는 임차인의 채무는 임대차보증금에서 당연히 공제할 수 있는 것은 아니다(대판 2015.10.29, 2015다32585).

④ 임대차보증금은 임대차계약이 종료된 후 임차인이 목적물을 인도할 때까지 발생하는 차임 및 기타 임차인의 채무를 담보하므로 특별한 사정이 없는 한 임대차계약이 종료되었으나 그 목적물이 명도되지 않은 경우 임차인은 임대차보증금이 있음을 이유로 연체차임의 지급을 거절할 수 없다(대판 1999.7.27, 99다24881).

⑤ 임대차계약에 기한 보증금 및 임료의 지급사실에 대한 증명책임은 임차인에게 있다 (대판 2005.1.13, 2004다19647).

⑥ 임대차보증금에서 공제될 차임채권 등의 발생원인에 관한 주장·증명책임은 임대인에게 있고, 그 발생한 채권의 소멸에 관한 주장·증명책임은 임차인에게 있다(대판 2005.9.28, 2005다8323).

⑦ 임차인이 임대차종료 후 임차건물을 계속 점유하였으나 본래 임대차계약상의 목적에 따라 사용·수익하지 아니한 경우에는 이로 인하여 임대인에게 손해가 발생하였다 하더라도 임차인의 부당이득반환의무는 성립하지 않는다(대판 2003.4.11, 2002다59481).

⑧ 권리금계약은 임대차계약이나 임차권양도계약 등에 수반되어 체결되지만 임대차계약 등과는 별개의 계약이다(대판 2013.5.9, 2012다115120).

⑨ 권리금의 지급은 임대차계약의 내용을 이루는 것은 아니고 권리금 자체는 무형의 재산적 가치의 양도 또는 일정기간 동안의 이용대가라고 볼 것이고, 임대인은 원칙적으로 그 권리금의 반환의무를 지지 않는다. 그러나 임대인이 그 임대차의 종료에 즈음하여 그 재산적 가치를 도로 양수한다든지 권리금 수수 후 일정한 기간 이상으로 그 임대차를 존속시켜 그 가치를 이용케 하기로 약정하였음에도 임대인의 사정으로 중도 해지된 경우에는 그 권리금 전부 또는 일부의 반환의무를 진다(대판 2000.9.22, 2000다26326).

빈출판례지문 OX

01 청약자가 청약에 "일정기간 내에 이의를 제기하지 않으면 승낙한 것으로 본다."는 뜻을 표시한 경우, 이의 없이 그 기간이 지나면 당연히 그 계약은 성립한다. •29회 (O | X)

02 당사자 일방의 책임 있는 사유로 채무이행이 불능으로 되어 그 채무가 손해배상채무로 바뀌게 되면 동시이행관계는 소멸한다. •20회 (O | X)

03 피담보채권을 변제할 의무와 근저당권설정등기 말소의무는 동시이행관계이다. •31회 (O | X)

04 매도인의 토지거래허가 신청절차에 협력할 의무와 매수인의 매매대금지급의무는 동시이행관계가 아니다. •31회 (O | X)

05 근저당권실행을 위한 경매가 무효인 경우, 낙찰자의 채무자에 대한 소유권이전등기말소의무와 근저당권자의 낙찰자에 대한 배당금반환의무는 동시이행관계가 아니다. •29회 (O | X)

06 채무자의 책임 있는 사유로 후발적 불능이 발생한 경우, 위험부담의 법리가 적용된다. •31회 (O | X)

정답과 해설

01 X, 제시된 경우는 상대방을 구속하지 않으므로 이의 없이 그 기간이 지나면 계약이 성립하지 않는다.

02 X, 동시이행관계에 있는 쌍방 채무 중 한 채무가 이행불능이 됨으로 인하여 발생한 손해배상채무도 다른 채무와 동시이행관계에 있다.

03 X, 피담보채무의 변제가 선이행의무이다.

04 O

05 O

06 X, 위험부담이 아니라 채무불이행문제로 다루어진다.

빈출판례지문 OX

07 계약당사자는 위험부담에 관하여 민법 규정과 달리 정할 수 있다. •31회　　(O | X)

08 제3자를 위한 계약에 있어서 수익자는 계약의 해제를 원인으로 한 원상회복청구권이 없다.
•29회　　　　　　　　　　　　　　　　　　　　　　　　　　　　(O | X)

09 甲은 자신의 X부동산을 乙에게 매도하면서 대금채권을 丙에게 귀속시키기로 하고, 대금지급
과 동시에 소유권이전등기를 해주기로 했다. 그 후 丙은 乙에게 수익의 의사를 표시하였다.
乙이 대금지급의무를 불이행한 경우, 丙은 계약을 해제할 수 있다. •31회　　(O | X)

10 채무자가 불이행 의사를 명백히 표시하더라도 이행기 도래 전에는 최고 없이 해제할 수
없다. •31회　　　　　　　　　　　　　　　　　　　　　　　　(O | X)

11 이행불능으로 계약을 해제하는 경우, 채권자는 동시이행관계에 있는 자신의 급부를 제공할
필요가 없다. •31회　　　　　　　　　　　　　　　　　　　　　　(O | X)

정답과
해 설

07 O
08 O
09 X, 丙은 당사자가 아니므로 계약을 해제할 수
없다.

10 X, 이행기 도래 전에 최고 없이 계약을 해제할
수 있다.
11 O

12 甲 소유의 X토지와 乙 소유의 Y주택에 대한 교환계약에 따라 각각 소유권이전등기가 마쳐진 후 그 계약이 해제되었다. 이 경우 계약의 해제 전 X토지상의 乙의 신축건물을 매수한 자는 계약해제의 소급효로부터 보호되는 제3자에 해당하지 않는다. • 27회　　　　(O | X)

13 매도인은 다른 약정이 없으면 합의해제로 인하여 반환할 금전에 그 받은 날로부터 이자를 가산하여야 할 의무가 있다. • 29회　　　　(O | X)

14 매매예약이 성립한 이후 상대방의 예약완결권 행사 전에 목적물이 전부 멸실되어 이행불능이 된 경우에도 예약완결권을 행사할 수 있다. • 28회　　　　(O | X)

15 甲은 자신의 X토지를 乙에게 매도하는 계약을 체결하고 乙로부터 계약금을 수령하였다. 乙이 중도금 지급기일 전 중도금을 지급한 경우, 甲은 계약금 배액을 상환하고 해제할 수 없다. • 31회　　　　(O | X)

 정답과 해설

12 O
13 X, 합의해제의 경우에는 반환할 금전에 그 받은 날로부터 이자를 가산할 필요가 없다.

14 X, 예약완결권을 행사할 수 없다.
15 O

빈출판례지문 OX

16 매매계약 시 계약금의 일부만을 먼저 지급하고 잔액은 나중에 지급하기로 한 경우, 매도인은 실제 받은 일부 금액의 배액을 상환하고 매매계약을 해제할 수 있다. •28회 (O | X)

17 매도인의 담보책임은 무과실책임이므로 하자의 발생 및 그 확대에 가공한 매수인의 잘못을 참작하여 손해배상 범위를 정할 수 없다. •28회 (O | X)

18 乙 명의로 소유권이전등기청구권보전의 가등기가 마쳐진 甲 소유의 X건물에 대하여 丙이 경매를 신청하였다. 그 경매절차에서 매각대금을 완납한 丁 명의로 X건물의 소유권이전등기 가 마쳐졌고, 매각대금이 丙에게 배당되었다. 이 경우 경매절차가 무효인 경우, 丁은 甲에게 손해배상을 청구할 수 있다. •29회 (O | X)

19 임차물의 일부가 임차인의 과실없이 멸실되어 사용·수익할 수 없는 경우, 임차인은 그 부분 의 비율에 의한 차임의 감액을 청구할 수 있다. •31회 (O | X)

20 연체차임액이 1기의 차임액에 이르면 건물임대인이 차임연체로 해지할 수 있다는 약정은 무효이다. •31회 (O | X)

정답과 해설

16 X, 해약금의 기준이 되는 금원은 '약정 계약금' 이라고 봄이 타당하다.

17 X, 손해배상의 범위를 정할 수 있다.

18 X, 경매절차 자체가 무효인 경우에는 경매의 채무자나 채권자의 담보책임은 인정될 여지가 없다.

19 O

20 O

21 임차인의 차임연체로 계약이 해지된 경우, 임차인은 임대인에 대하여 부속물매수를 청구할 수 없다. •31회 (O | X)

22 임대차계약이 임차인의 채무불이행으로 해지된 경우, 부속물매수청구권은 인정되지 않는다. •29회 (O | X)

23 甲 소유의 X토지를 건물 소유의 목적으로 임차한 乙은 甲의 동의 없이 이를 丙에게 전대하였다. 이 경우 乙과 丙 사이의 전대차계약은 유효하다. •29회 (O | X)

24 甲은 자기 소유 X창고건물 전부를 乙에게 월차임 60만원에 3년간 임대하였고, 乙은 甲의 동의를 얻어 X건물 전부를 丙에게 월차임 70만원에 2년간 전대하였다. 이 경우 甲과 乙의 합의로 임대차계약을 종료한 경우 丙의 권리는 소멸한다. •32회 (O | X)

<table>
<tr><td>정답과
해 설</td><td>21 O
22 O</td><td>23 O
24 X, 임대인의 동의를 얻어 전대한 경우에는 임
대인과 임차인의 합의로 임대차계약을 종료시
키더라도 전차인의 권리는 소멸하지 않는다.</td></tr>
</table>

PART 4

민사특별법

민사특별법은 각 규정이 구체적이므로 법조문 정리를 하는 것이 좋습니다. 특히, 「주택임대차보호법」, 「가등기담보 등에 관한 법률」, 「부동산 실권리자명의 등기에 관한 법률」 부분은 판례문제가 자주 출제되므로 중요 판례들을 반드시 정리해두어야 합니다.

대표기출 미리보기

甲은 2021년 2월 1일 서울특별시에 위치한 乙 소유 X상가건물에 대하여 보증금 5억원, 월차임 5백만원으로 임대차계약을 체결하였다. 甲은 2021년 2월 15일 건물의 인도를 받아 영업을 개시하고, 사업자등록을 신청하였다. 이에 관한 설명으로 옳은 것을 모두 고른 것은? (다툼이 있으면 판례에 따름) • 32회 수정

> ㉠ 위 계약에는 확정일자 부여 등에 대해 규정하고 있는 「상가건물 임대차보호법」 제4조의 규정이 ~~적용된다.~~ (×)
> → 적용되지 않는다.
> ㉡ 甲이 임차건물의 일부를 중과실로 파손하더라도 乙은 甲의 계약갱신요구를 거절할 수 ~~없다.~~ (×)
> → 있다.
> ㉢ 甲이 2개월분의 차임을 연체하던 중 매매로 건물의 소유자가 丙으로 바뀐 경우, 특별한 사정이 없는 한 연체차임은 乙에게 지급해야 한다. (○)

① ㉠   ② ㉡   ③ ㉢
④ ㉠, ㉡   ⑤ ㉠, ㉢

파트〉챕터 민사특별법〉상가건물 임대차보호법

교수님 TIP 「상가건물 임대차보호법」의 적용을 받기 위한 보증금의 범위를 초과한 경우에도 인정되는 제도들을 잘 정리해 두어야 한다.

01 주택임대차보호법

학습 포인트

① 「주택임대차보호법」은 출제비중이 높고, 최근에는 판례의 비중이 높으므로 반드시 학습하기
② 대항력과 우선변제에 관한 판례를 정리하기
③ 최근 판례를 사례화하여 출제하는 비중이 높은 부분이므로 선순위저당권이 실행된 경우 임차권의 주장 여부와 우선변제권 행사 여부에 관한 판례를 정리하기
④ 임차권등기명령과 존속기간 및 법정 갱신제도에서는 판례의 결론을 알아두기

빈출키워드 126 주택임대차보호법 – 적용범위

제2조【적용범위】
이 법은 주거용 건물(이하 '주택'이라 한다)의 전부 또는 일부의 임대차에 관하여 적용한다. 그 임차주택(賃借住宅)의 일부가 주거 외의 목적으로 사용되는 경우에도 또한 같다.

제11조【일시사용을 위한 임대차】
이 법은 일시사용하기 위한 임대차임이 명백한 경우에는 적용하지 아니한다.

제12조【미등기 전세에의 준용】
주택의 등기를 하지 아니한 전세계약에 관하여는 이 법을 준용한다. 이 경우 '전세금'은 '임대차의 보증금'으로 본다.

핵심 Check

물적 적용범위	① 주택(주거용 건물)의 전부 또는 일부에 대한 임대차 : ○
	② 주택(주거용 건물)의 일부가 주거 외의 목적으로 사용되는 경우 : ○
	③ 비주거용 건물의 일부가 주거의 목적으로 사용되는 경우 : ×
	④ 등기하지 아니한 전세계약(미등기 전세) : ○
	⑤ 일시사용을 위한 임대차 : ×
인적 적용범위	① 자연인 : ○
	② 법인 : 원칙적으로 적용되지 않으나, 일정한 법인에게는 적용 ○
	「주택임대차보호법」의 적용을 받는 법인에 해당하는 경우 1. 「한국토지주택공사법」에 따른 한국토지주택공사 2. 「지방공기업법」 제49조에 따라 주택사업을 목적으로 설립된 지방공사 3. 「중소기업기본법」 제2조에 따른 중소기업에 해당하는 법인

① 주거용 건물에 해당하는지 여부는 임대차목적물의 공부상의 표시만을 기준으로 할 것이 아니라 그 실지 용도에 따라서 정하여야 한다(대판 1995.3.10, 94다52522).

② 방 2개와 주방이 딸린 다방은 「주택임대차보호법」 제2조 후문의 주거용 건물에 해당하지 않는다(대판 1996.3.12, 95다51953).

③ 임대차계약 체결 당시에는 주거용 건물부분이 존재하지 아니하였는데 임차인이 그 후 임의로 주거용으로 개조한 경우 임대인이 그 개조를 승낙하였다는 등의 특별한 사정이 없는 한 「주택임대차보호법」의 적용은 있을 수 없다(대판 1986.1.21, 85다카1367).

④ 미등기 또는 무허가건물도 「주택임대차보호법」의 적용대상이 되므로 미등기주택의 임차인은 임차주택 대지의 환가대금에 대하여 「주택임대차보호법」상 우선변제권을 행사할 수 있다(대판 전합체 2007.6.21, 2004다26133).

⑤ 점포 및 사무실로 사용되던 건물에 근저당권이 설정된 후 그 건물이 주거용 건물로 용도변경되어 이를 임차한 소액임차인도 특별한 사정이 없는 한 보증금 중 일정액을 근저당권자보다 우선하여 변제받을 권리가 있다(대판 2009.8.20, 2009다26879).

⑥ 주택의 소유자는 아니지만 그 주택에 대한 적법한 임대권한을 가지는 명의신탁자와 체결된 주택임대차에 대해서도 「주택임대차보호법」이 적용되므로 임차인은 등기부상의 주택소유자인 명의수탁자에 대해서도 적법한 임대차임을 주장할 수 있다(대판 1995.10.12, 95다22283).

⑦ 법인이 주택을 임차하면서 그 소속직원 명의로 주민등록을 하고 확정일자를 구비하였더라도 법인은 「주택임대차보호법」상의 우선변제권을 주장할 수 없다(대판 1997. 7.11, 96다7236).

⑧ 주택임차인이 법인인 경우 주택의 양수인은 임대인의 지위를 당연히 승계하는 것이 아니므로 임대인의 법인에 대한 임차보증금반환채무는 소멸하지 않는다(대판 2003. 7.25, 2003다2918).

PART 4

민사특별법

> **제3조 【대항력 등】**
> ① 임대차는 그 등기가 없는 경우에도 임차인이 주택의 인도와 주민등록을 마친 때에는 그 다음 날부터 제3자에 대하여 효력이 생긴다. 이 경우 전입신고를 한 때에 주민등록이 된 것으로 본다.

1. 임대차계약이 유효할 것

乙이 A회사 소유 임대아파트의 임차인인 甲으로부터 아파트를 임차하여 전입신고를 마치고 거주하던 중, 甲이 A회사로부터 위 아파트를 분양받아 자기 명의로 소유권이전등기를 경료한 후 丙에게 근저당권을 설정한 경우에 乙은 甲 명의로 소유권이전등기가 경료되는 즉시 대항력을 취득한다(대판 2001.1.30, 2000다58026·58033).

2. 주택의 인도와 주민등록

① 대항력의 요건으로 규정하고 있는 주민등록은 임차권의 존재를 제3자가 명백히 인식할 수 있게 하는 공시방법으로 마련된 것이다(대판 2001.1.30, 2000다58026).

② 주민등록은 단순히 주민의 거주관계를 파악하고 인구의 동태를 명확히 하는 것 외에도 주민등록에 따라 공법관계상의 여러 가지 법률상 효과가 나타나게 되는 것으로서, 주민등록의 신고는 행정청에 도달하기만 하면 신고로서의 효력이 발생하는 것이 아니라 행정청이 수리한 경우에 비로소 신고의 효력이 발생한다(대판 2009.1.30, 2006다17850).

③ 대항요건은 대항력의 취득 시에만 구비하면 충분한 것이 아니고 대항력을 유지하기 위하여 계속 존속하여야 한다(대판 2002.10.11, 2002다20957).

④ 「주택임대차보호법」상의 대항요건인 주민등록에는 임차인 본인뿐만 아니라 배우자나 자녀의 주민등록도 포함된다(대판 1996.1.26, 95다30338).

⑤ 임차인이 대항력을 취득한 후 가족과 함께 일시 다른 곳으로 주민등록을 이전하였다가 재전입한 경우에는 원래의 대항력은 소멸하고 재전입한 때로부터 새로운 대항력을 취득한다(대판 1998.1.23, 97다43468).

⑥ 임차인이 가족과 함께 주택에 대한 점유를 계속하고 있으면서 가족의 주민등록을 그대로 둔 채 임차인만 주민등록을 일시 다른 곳으로 옮긴 경우에는 대항력을 상실하지 아니한다(대판 1996.1.26, 95다30338).

⑦ 「주택임대차보호법」상의 대항력은 임차인이 당해 주택에 거주하면서 이를 직접 점유하는 경우뿐만 아니라 타인의 점유를 매개로 하여 이를 간접점유하는 경우에도 인정될 수 있다. 그러나 이 경우에도 당해 주택에 실제로 거주하지 아니하는 간접점유자인 임차인의 주민등록은 「주민등록법」 소정의 적법한 주민등록이라고 할 수 없다. 따라서 임차인과의 점유매개관계에 기하여 당해 주택에 실제로 거주하는 직접점유자가 자신의 주민등록을 마친 경우에 한하여 비로소 그 임차인의 임대차가 제3자에 대하여 적법하게 대항력을 취득할 수 있다. 즉, 주택임차인이 임대인의 승낙을 얻어 임차주택을 전대한 경우 전차인이 주택을 인도받아 자신의 주민등록을 마친 때에는 그때로부터 임차인은 제3자에 대하여 대항력을 취득한다(대판 1994.6.24, 94다3155).

⑧ 다가구용 단독주택의 경우 「주택임대차보호법」상의 대항요건을 갖추기 위해서는 지번만 기재하면 된다(대판 1998.1.23, 97다47828).

⑨ 다가구용 단독주택으로 소유권보존등기된 건물의 일부를 임차한 사람이 그 지번을 기재하여 전입신고를 함으로써 대항력을 취득한 후에 위 건물이 다세대주택으로 변경된 경우 이미 취득한 대항력은 그대로 유지된다(대판 2007.2.8, 2006다70516).

⑩ 다세대주택, 연립주택, 아파트와 같은 공동주택의 경우에는 지번뿐만 아니라 동·호수까지 정확히 기재하여야 대항력을 취득할 수 있다(대판 1996.3.12, 95다46104 등). 따라서 지번만 기재하거나, 실제의 동·호수와 다르게 기재한 경우, 임차 당시의 동·호수로 전입신고를 하였으나 후에 준공검사 시 동·호수가 바뀐 경우, 현관문에 부착된 호수의 표시대로 전입신고를 하였으나 그것이 등기부상의 표시와 다른 경우에는 유효한 공시방법으로 볼 수 없다.

⑪ 임차인이 착오로 임대차건물의 지번과 다른 지번에 주민등록(전입신고)을 하였다가 그 후 관계공무원이 직권정정을 하여 실제지번에 맞게 주민등록이 정리되었다면 임차인은 주민등록이 정리된 이후에 비로소 대항력을 취득하게 된다(대판 1987.11.10, 87다카1573).

⑫ 주민등록이 주택임차인의 의사에 의하지 않고 제3자에 의하여 임의로 이전되었고 그와 같이 주민등록이 잘못 이전된 데 대하여 주택임차인에게 책임을 물을 만한 사유도 없는 경우에는 주택임차인이 이미 취득한 대항력은 주민등록의 이전에도 불구하고 그대로 유지된다(대판 2000.9.29, 2000다37012).

⑬ 임차인이 올바르게 전입신고를 하였으나, 담당공무원의 착오로 주민등록표상에 신거주지 지번이 다소 틀리게 기재된 경우에는 「주택임대차보호법」상의 대항력을 취득한다(대판 1991.8.13, 91다18118).

⑭ 정확한 지번과 동·호수로 주민등록 전입신고서를 작성·제출하였는데 담당공무원이 착오로 수정을 요구하여, 임차인이 잘못된 지번으로 수정하고 동·호수 기재를 삭제한 주민등록 전입신고서를 다시 작성·제출하여 그대로 주민등록이 된 경우에는 그 주민등록은 임대차의 공시방법으로서 유효하지 않다(대판 2009.1.30, 2006다17850).

⑮ 자기 명의의 주택을 매도하면서 동시에 그 주택을 임차하는 경우 매도인이 임차인으로서 가지는 대항력은 매수인 명의의 소유권이전등기가 경료된 다음 날부터 효력이 발생한다(대판 2000.2.11, 99다59306).

⑯ 주택임차인의 의사와 무관하게 임차인의 주민등록이 행정기관에 의해 직권말소된 경우에도 원칙적으로 임차권은 대항력을 상실한다(대판 2002.10.11, 2002다20957).

⑰ 주민등록 직권말소 후 「주민등록법」 소정의 이의절차에 의하여 재등록이 이루어진 경우, 그 재등록이 이루어지기 전에 임차주택에 새로운 이해관계를 맺은 선의의 제3자에 대해서도 기존의 주택임차권의 대항력은 유지된다(대판 2002.10.11, 2002다20957).

⑱ 주민등록이 직권말소된 후 임차인이 「주민등록법」 소정의 이의절차에 의하여 말소된 주민등록을 회복한 것이 아니라면, 직권말소 후 재등록이 이루어지기 이전에 이해관계를 맺은 선의의 제3자에 대하여는 임차권으로 대항할 수 없다(대판 2002.10.11, 2002다20957).

⑲ 부동산등기부상 '에이(A)'동이라고 표시된 연립주택의 임차인이 '가'동이라고 전입신고를 한 경우, 임차인의 주민등록은 유효한 공시방법으로 볼 수 있다(대판 2003.6.10, 2002다59351).

⑳ 당해 임대차계약이 통정허위표시에 의한 계약이어서 무효라는 등의 특별한 사정이 있는 경우는 별론으로 하고 임대차계약 당사자가 기존 채권을 임대차보증금으로 전환하여 임대차계약을 체결하였다는 사정만으로 임차인이 「주택임대차보호법」 제3조 제1항 소정의 대항력을 갖지 못한다고 볼 수는 없다(대판 2002.1.8, 2001다47535).

㉑ 주택임차인이 그 지위를 강화하고자 별도로 전세권설정등기를 마친 경우, 주택임차인이 「주택임대차보호법」상의 대항요건을 상실하면 이미 취득한 「주택임대차보호법」상의 대항력과 우선변제권을 상실한다(대판 2007.6.28, 2004다69741).

3. 대항력의 취득

① 주택임차인에게 대항력이 발생하는 시점은 주택의 인도와 주민등록을 모두 갖춘 다음 날의 오전 0시부터이다(대판 1999.5.25, 99다9981).
② 임차인이 주택의 인도를 받고 전입신고와 확정일자를 받은 익일에 동일자로 저당권이 설정되고 그 저당권이 실행된 경우에도 임차권자는 경락인에게 대항할 수 있다(대판 1999.5.25, 99다9981).

기출&예상 문제

甲은 乙의 저당권이 설정되어 있는 丙 소유의 X주택을 丙으로부터 보증금 2억원에 임차하여 즉시 대항요건을 갖추고 확정일자를 받아 거주하고 있다. 그 후 丁이 X주택에 저당권을 취득한 다음 저당권실행을 위한 경매에서 戊가 X주택의 소유권을 취득하였다. 다음 설명 중 옳은 것은? (다툼이 있으면 판례에 따름)　　　　　•28회

① 乙의 저당권은 소멸한다.
② 戊가 임대인 丙의 지위를 승계한다.
③ 甲이 적법한 배당요구를 하면 乙보다 보증금 2억원에 대해 우선변제를 받는다.
④ 甲은 戊로부터 보증금을 전부 받을 때까지 임대차관계의 존속을 주장할 수 있다.
⑤ 丁이 甲보다 매각대금으로부터 우선변제를 받는다.

> **해설** ②④ 후순위저당권의 실행으로 목적 부동산이 경락된 경우, 경락으로 소멸되는 선순위저당권보다 뒤에 등기되었거나 대항력을 갖춘 임차권은 함께 소멸하는 것이고, 따라서 그 경락인은 「주택임대차보호법」상의 임차주택의 양수인에 해당하지 않는다(대판 2000.2.11, 99다59306). 따라서 甲은 戊에게 자신의 임차권을 주장할 수 없고, 戊도 임대인 丙의 지위를 승계하지 않는다.
> ③⑤ 경락대금에 대한 우선변제는 임차인의 우선변제권 취득시기와 각 저당권자의 등기를 비교하여 결정한다. 따라서 경락대금에 대한 우선변제의 순서는 乙, 甲, 丁 순이다.
>
> 정답 ①

빈출키워드 128 　주택임대차보호법 – 대항력의 내용　　多빈출

제3조 【대항력 등】
④ 임차주택의 양수인은 임대인의 지위를 승계한 것으로 본다.

1. 지위승계의 의미

① 주택임차인이 제3자에 대한 대항력을 갖춘 후 임차주택의 소유권이 양도되어 그 양수인이 임대인의 지위를 승계하는 경우에는, 보증금반환채무도 부동산소유권과 결합하여 일체로서 이전하는 것(면책적 채무인수에 해당함)이므로 양도인의 임대인 으로서의 지위나 보증금반환채무는 소멸한다(대판 1996.2.27, 95다35616).

② 임차주택의 양수인이 임대인의 지위를 승계하더라도 임차주택의 양도 전에 발생한 연체차임이나 관리비는 원칙적으로 양수인에게 승계되지 않는다(대판 2017. 3.22, 2016다218874).

③ 임차주택의 양수인이 임차보증금반환채무를 부담하게 된 이후에 임차인이 주민 등록을 옮기더라도 이미 발생한 임차보증금반환채무가 소멸하는 것은 아니다 (대판 1993.12.7, 93다36615).

④ 대항력 있는 주택임대차에 있어 기간만료나 당사자의 합의 등으로 임대차가 종료된 상태에서 임차주택이 양도되었으나 임차인이 임대인의 지위승계를 원하지 않는 경우, 임차인이 임차주택의 양도사실을 안 때로부터 상당한 기간 내에 이의를 제기하면 양도인의 임차인에 대한 보증금반환채무는 소멸하지 않는다(대판 2002.9.4, 2001다64615).

⑤ 「주택임대차보호법」상 대항력을 갖춘 임차인의 임대차보증금반환채권이 가압류된 상태에서 임대주택이 양도된 경우, 양수인은 채권가압류의 제3채무자 지위를 승계하고, 이 경우 가압류채권자는 양수인에 대하여만 가압류의 효력을 주장할 수 있다(대판 전합체 2013.1.17, 2011다49523).

2. 임차주택의 양수인에 해당하는 경우

① 소유권을 취득하였다가 주택에 대한 매매계약의 해제로 인하여 소유권을 상실하게 된 임대인으로부터 그 계약이 해제되기 전에 주택을 임차받아 「주택임대차보호법」 상의 대항요건을 갖춘 임차인에 대하여 계약해제로 소유권을 회복한 제3자는 임차 주택의 양수인으로서 임대인의 지위를 승계하므로 보증금반환채무를 부담한다 (대판 2003.8.22, 2003다12717).

② 주택의 명의신탁자와 임대차계약을 체결한 임차인에 대하여 명의수탁자는 자신이 소 유자임을 내세워 주택의 명도를 청구할 수 없고, 주택의 명의신탁자가 임대차계약을 체결한 후 명의수탁자가 명의신탁자로부터 그 주택의 처분권한을 종국적으로 이전받 은 경우 명의수탁자는 임차주택의 양수인에 해당한다(대판 1999.4.23, 98다49753).

③ 임대차의 목적이 된 주택을 담보목적으로 「신탁법」에 따라 신탁한 경우에 수탁자는 임대인의 지위를 승계한다(대판 2002.4.12, 2000다70460).

3. 임차주택의 양수인에 해당하지 않는 경우

① 후순위저당권의 실행으로 목적 부동산이 경락된 경우에는 선순위저당권까지도 당연히 소멸하는 것이므로 소멸된 선순위저당권보다 뒤에 등기되었거나 대항력을 갖춘 임차권은 함께 소멸한다. 따라서 그 경락인은 「주택임대차보호법」 제3조에서 말하는 임차주택의 양수인 중에 포함된다고 할 수 없을 것이므로 임차인은 경락인에 대하여 그 임차권의 효력을 주장할 수 없다(대판 2000.2.11, 99다59306).

② 부동산의 경매절차에 있어서 「주택임대차보호법」 제3조에 정한 대항요건을 갖춘 임차권보다 선순위의 근저당권이 있는 경우에는, 낙찰로 인하여 선순위근저당권이 소멸하면 그보다 후순위의 임차권도 그 대항력을 상실하는 것이지만, 낙찰대금지급기일 이전에 선순위근저당권이 다른 사유로 소멸한 경우에는 임차권의 대항력이 소멸하지 않는다(대판 2003.4.25, 2002다70075).

③ 매도인의 매매대금수령 이전에 해제조건부로 임대권한을 부여받은 매수인으로부터 그 계약이 해제되기 전에 주택을 임차하여 「주택임대차보호법」상의 대항요건을 갖춘 임차인에 대하여 매도인은 임차주택의 양수인에 해당하지 않는다(대판 1995.12.12, 95다32037).

④ 가압류등기 후 부동산을 임차한 주택임차인은 경락인에 대하여 자신의 주택임차권을 주장할 수 없다(대판 1983.4.26, 83다카116).

⑤ 임차주택의 대지만을 경락받은 자는 임차주택의 양수인에 해당하지 않는다(대판 1998.4.10, 98다3276).

⑥ 임차주택의 양도담보권자는 임차주택의 양수인에 해당하지 않는다(대판 1993.11.23, 93다4083).

빈출키워드 129 **우선변제권**

제3조의2 【보증금의 회수】
② 제3조 제1항·제2항 또는 제3항의 대항요건과 임대차계약증서(제3조 제2항 및 제3항의 경우에는 법인과 임대인 사이의 임대차계약증서를 말한다)상의 확정일자를 갖춘 임차인은 「민사집행법」에 따른 경매 또는 「국세징수법」에 따른 공매를 할 때에 임차주택(대지를 포함한다)의 환가대금에서 후순위권리자나 그 밖의 채권자보다 우선하여 보증금을 변제받을 권리가 있다.

① 「주택임대차보호법」 제3조의2 제2항의 확정일자의 요건을 규정한 것은 임대인과 임차인 사이의 담합으로 임차보증금의 액수를 사후에 변경하는 것을 방지하고자 하는 취지일 뿐, 대항요건으로 규정된 주민등록과 같이 당해 임대차의 존재사실을 제3자에게 공시하고자 하는 것은 아니다(대판 1999.6.11, 99다7992).

② 주택임차인이 주택의 인도와 주민등록을 마친 당일 또는 그 이전에 임대차계약증서상에 확정일자를 갖춘 경우 우선변제권의 발생시기는 주택의 인도와 주민등록을 마친 다음 날이다(대판 1999.3.23, 98다46938).

③ 「주택임대차보호법」상의 대항력과 우선변제권을 모두 가지고 있는 임차인이 보증금을 반환받기 위하여 보증금반환청구소송의 확정판결 등 집행권원을 얻어 임차주택에 대하여 스스로 강제경매를 신청하였다면 특별한 사정이 없는 한 대항력과 우선변제권 중 우선변제권을 선택하여 행사한 것으로 보아야 하고, 이 경우 우선변제권을 인정받기 위하여 배당요구의 종기까지 별도로 배당요구를 하여야 하는 것은 아니다(대판 2013.11.14, 2013다27831).

④ 「주택임대차보호법」상의 임차주택에는 건물뿐만 아니라 그 대지도 포함된다(대결 2000.3.15, 99마4499).

⑤ 주택임차인이 임차권의 대항력을 취득하고 임대차계약서상에 확정일자를 갖춘 후 다른 곳으로 주민등록을 이전하였다가 재전입한 경우, 임차인은 다시 확정일자를 받을 필요 없이 재전입 이후에 그 주택에 관하여 담보물권을 취득한 자보다 우선하여 보증금을 변제받을 수 있다(대판 1998.12.11, 98다34584).

⑥ 「주택임대차보호법」상의 대항요건과 확정일자를 갖춘 임차인은 임차주택의 양수인에게 대항하여 보증금의 반환을 받을 때까지 임대차관계의 존속을 주장할 수 있는 권리와 보증금에 관하여 임차주택의 가액으로부터 우선변제를 받을 수 있는 권리를 겸유하므로 위 두 가지 권리 중 하나를 선택하여 행사할 수 있다(대판 1993.12.24, 93다39676).

⑦ 대항력과 우선변제권을 겸유하고 있는 임차인이 배당요구를 하였으나 순위에 따른 배당이 실시되더라도 배당받을 수 없는 보증금 잔액이 있는 경우, 그 잔액에 대하여 경락인에게 대항하여 이를 반환받을 때까지 임대차관계의 존속을 주장할 수 있다(대판 1997.8.22, 96다53628).

⑧ 대항력과 우선변제권을 겸유하고 있는 임차인이 배당요구를 하였으나 보증금 전액을 배당받지 못한 경우, 후행 경매절차에서는 우선변제권에 의한 배당을 받을 수 없다(대판 2001.3.27, 98다4552).

⑨ "임차인은 임차주택을 양수인에게 인도하지 아니하면 경매 또는 공매 시 임차주택의 환가대금에서 보증금을 받을 수 없다."는 의미는 경매 또는 공매 절차에서 임차인이 보증금을 수령하기 위해서는 임차주택을 명도한 증명을 하여야 한다는 의미이지, 임차인의 주택인도의무가 임차주택의 양수인의 보증금반환의무보다 선이행되어야 한다는 의미는 아니다(대판 1994.2.22, 93다55241).

⑩ 우선변제권을 갖는 주택임차인과 선순위의 가압류채권자와의 배당관계는 평등배당이다(대판 1992.10.13, 92다30597).

⑪ 대항력을 갖춘 임차인이 저당권설정등기 이후에 임대인과의 합의에 의하여 보증금을 증액한 경우 보증금 중 증액부분에 관해서는 저당권에 기하여 건물을 경락받은 소유자에게 대항할 수 없다(대판 1990.8.14, 90다카11377).

⑫ 주택임대차로서의 우선변제권을 취득한 것처럼 외관을 만들었을 뿐 실제 주택을 주거용으로 사용·수익할 목적을 갖지 아니한 계약에는 「주택임대차보호법」이 정하고 있는 우선변제권이 인정되지 않는다(대판 2003.7.22, 2003다21445).

기출&예상 문제

주택임대차보호법상의 대항력 및 우선변제권에 관한 설명으로 옳지 <u>않은</u> 것은? (다툼이 있으면 판례에 따름)

① 확정일자를 입주 및 주민등록일 이전에 갖춘 경우, 우선변제적 효력은 대항력과 마찬가지로 인도와 주민등록을 마친 다음 날을 기준으로 발생한다.

② 경매신청등기 전에 동법 소정의 대항력을 갖춘 임차인은 소액보증금 중 일정액을 다른 담보물권자보다 우선하여 변제받을 권리가 있다.

③ 대항력을 갖춘 임차주택의 양수인이 임대차가 종료한 상태에서 임대인의 지위를 승계하는 것에 대하여, 임차인이 이의를 제기한 경우에도 양도인의 임차인에 대한 보증금반환채무는 소멸한다.

④ 임차주택의 경매 또는 공매 시 임차인이 환가대금으로부터 보증금을 수령하기 위해서는 임차주택을 양수인에게 인도하여야 한다.

⑤ 임차인의 소액보증금 중 일정액의 반환청구권은 조세에 우선한다.

> **해설** 대항력 있는 주택임대차에 있어 기간만료나 당사자의 합의 등으로 임대차가 종료된 상태에서 임차주택이 양도되었으나 임차인이 임대인의 지위승계를 원하지 않는 경우, 임차인이 임차주택의 양도사실을 안 때로부터 상당한 기간 내에 이의를 제기하면 양도인의 임차인에 대한 보증금반환채무는 소멸하지 않는다(대판 2002.9.4, 2001다64615).
>
> 정답 ③

> **제8조 【보증금 중 일정액의 보호】**
> ① 임차인은 보증금 중 일정액을 다른 담보물권자보다 우선하여 변제받을 권리가 있다. 이 경우 임차인
> 은 주택에 대한 경매신청의 등기 전에 제3조 제1항의 요건(대항요건)을 갖추어야 한다.

① 최우선변제의 요건인 대항요건은 최우선변제권 취득 시에만 구비하면 족한 것이 아니고 배당요구의 종기까지 계속 존속하여야 한다(대판 1997.10.10, 95다44597).

② 다가구용 단독주택의 대지 및 건물에 관한 근저당권자가 그 대지 및 건물에 관한 경매를 신청하였다가 그중 건물에 대한 경매신청만을 취하함으로써 이를 제외한 대지부분만이 낙찰되었다고 하더라도, 그 주택의 소액임차인은 그 대지에 관한 낙찰대금 중에서 소액보증금을 담보물권자보다 우선하여 변제받을 수 있다(대판 1996.6.14, 96다7595).

③ 「주택임대차보호법」상의 소액보증금반환채권은 배당요구가 필요한 배당요구채권에 해당하므로 적법한 배당요구를 하지 아니하여 배당에서 제외된 경우 배당받은 후순위 채권자를 상대로 부당이득반환청구를 할 수 없다(대판 2002.1.22, 2001다70702).

④ 「주택임대차보호법」 소정의 소액임차보증금의 임차인이라 할지라도 당해 목적물의 경매절차에서 소액보증금의 지급을 받지 못한 이상 그 임차주택의 경락인에 대하여 소액보증금의 우선변제를 요구할 수는 없다(대판 1988.4.12, 87다카844).

⑤ 소액보증금의 우선변제는 대지에 관한 저당권설정 당시에 이미 주택이 존재하는 경우에만 적용될 수 있는 것이고, 대지에 관한 저당권설정 후 지상에 주택이 신축된 경우 건물의 소액임차인에게는 그 저당권실행에 따른 대지의 환가대금에 대한 우선변제권이 없다(대판 1999.7.23, 99다25532).

⑥ 임대차계약의 주된 목적이 주택을 사용·수익하려는 데 있는 것이 아니고 소액임차인으로 보호받아 기존 채권을 회수하려는 데에 있는 경우에는 「주택임대차보호법」상의 소액임차인으로 보호받을 수 없다(대판 2001.5.8, 2001다14733).

> **제3조의3【임차권등기명령】**
> ① 임대차가 끝난 후 보증금이 반환되지 아니한 경우 임차인은 임차주택의 소재지를 관할하는 지방
> 　법원·지방법원지원 또는 시·군 법원에 임차권등기명령을 신청할 수 있다.
> ⑤ 임차인은 임차권등기명령의 집행에 따른 임차권등기를 마치면 제3조 제1항·제2항 또는 제3항에 따른
> 　대항력과 제3조의2 제2항에 따른 우선변제권을 취득한다. 다만, 임차인이 임차권등기 이전에 이미
> 　대항력이나 우선변제권을 취득한 경우에는 그 대항력이나 우선변제권은 그대로 유지되며, 임차권
> 　등기 이후에는 제3조 제1항·제2항 또는 제3항의 대항요건을 상실하더라도 이미 취득한 대항력이나
> 　우선변제권을 상실하지 아니한다.
> ⑥ 임차권등기명령의 집행에 따른 임차권등기가 끝난 주택(임대차의 목적이 주택의 일부분인 경우에는
> 　해당 부분으로 한정한다)을 그 이후에 임차한 임차인은 제8조에 따른 우선변제를 받을 권리(최우선
> 　변제권)가 없다.
> ⑧ 임차인은 제1항에 따른 임차권등기명령의 신청과 그에 따른 임차권등기와 관련하여 든 비용을 임대
> 　인에게 청구할 수 있다.

① 임차권등기명령에 의하여 임차권등기를 한 임차인은 「민사집행법」제148조 제4호에
　정한 채권자에 준하여 배당요구를 하지 않아도 배당을 받을 수 있다(대판 2005.9.
　15, 2005다33039).

② 임대인의 임대차보증금반환의무와 임차인의 「주택임대차보호법」 제3조의3에 의한
　임차권등기말소의무는 동시이행관계가 아니라, 임대인의 임대차보증금반환의무가
　임차인의 임차권등기말소의무보다 먼저 이행되어야 할 의무이다(대판 2005.6.9, 2005
　다4529).

빈출키워드 132　경매 시 임차권의 소멸 여부

> **제3조의5【경매에 의한 임차권의 소멸】**
> 임차권은 임차주택에 대하여 「민사집행법」에 따른 경매가 행하여진 경우에는 그 임차주택의 경락에 따라
> 소멸한다. 다만, 보증금이 모두 변제되지 아니한, 대항력이 있는 임차권은 그러하지 아니하다.

① 후순위저당권의 실행으로 목적 부동산이 경락된 경우에는 선순위저당권까지도 당연히
　소멸하는 것이므로 소멸된 선순위저당권보다 뒤에 등기되었거나 대항력을 갖춘 임차권
　은 함께 소멸한다. 따라서 그 경락인은 「주택임대차보호법」상의 임차주택의 양수인
　중에 포함된다고 할 수 없을 것이므로 임차인은 경락인에 대하여 임차권의 효력을 주장
　할 수 없다(대판 2000.2.11, 99다59306).

② 「주택임대차보호법」상의 대항력과 우선변제권을 가지고 있는 임차인이 임차주택에 대한 경매절차에서 보증금 전액을 배당받을 수 있는 경우 임차권의 소멸시기는 임차인에 대한 배당표가 확정될 때이다. 따라서 임차인에 대한 배당표가 확정될 때까지 임차인에 의한 임차주택의 사용·수익은 낙찰대금을 납부한 경락인과의 관계에서 부당이득으로 되지 않는다(대판 2004.8.30, 2003다23885).

③ 임차권은 임차주택에 대하여 「민사집행법」에 따른 경매가 행하여진 경우에는 그 임차주택의 경락에 따라 소멸한다. 다만, 보증금이 모두 변제되지 아니한 대항력이 있는 임차권은 소멸하지 않는 바, 이 경우 경락에 의하여 소멸하지 않는 임차권의 내용은 대항력에 한하고, 우선변제권은 당연히 포함되는 것으로 볼 수 없다(대판 2006.2.10, 2005다21166).

빈출키워드 133 주택임대차보호법 – 존속기간 多빈출

제4조 【임대차기간 등】
① 기간을 정하지 아니하거나 2년 미만으로 정한 임대차는 그 기간을 2년으로 본다. 다만, 임차인은 2년 미만으로 정한 기간이 유효함을 주장할 수 있다.

제6조 【계약의 갱신】
① 임대인이 임대차기간이 끝나기 6개월 전부터 2개월 전까지의 기간에 임차인에게 갱신거절의 통지를 하지 아니하거나 계약조건을 변경하지 아니하면 갱신하지 아니한다는 뜻의 통지를 하지 아니한 경우에는 그 기간이 끝난 때에 전임대차와 동일한 조건으로 다시 임대차한 것으로 본다. 임차인이 임대차기간이 끝나기 2개월 전까지 통지하지 아니한 경우에도 또한 같다.
② 제1항의 경우 임대차의 존속기간은 2년으로 본다.
③ 2기의 차임액에 달하도록 연체하거나 그밖에 임차인으로서의 의무를 현저히 위반한 임차인에 대하여는 제1항을 적용하지 아니한다.

제6조의2 【묵시적 갱신의 경우 계약의 해지】
① 제6조 제1항에 따라 계약이 갱신된 경우 같은 조 제2항에도 불구하고 임차인은 언제든지 임대인에게 계약해지를 통지할 수 있다.
② 제1항에 따른 해지는 임대인이 그 통지를 받은 날부터 3개월이 지나면 그 효력이 발생한다.

제6조의3 【계약갱신 요구 등】
① 제6조에도 불구하고 임대인은 임차인이 제6조 제1항 전단의 기간 이내에 계약갱신을 요구할 경우 정당한 사유 없이 거절하지 못한다. 다만, 다음 각 호의 어느 하나에 해당하는 경우에는 그러하지 아니하다.
  1. 임차인이 2기의 차임액에 해당하는 금액에 이르도록 차임을 연체한 사실이 있는 경우
  2. 임차인이 거짓이나 그 밖의 부정한 방법으로 임차한 경우
  3. 서로 합의하여 임대인이 임차인에게 상당한 보상을 제공한 경우
  4. 임차인이 임대인의 동의 없이 목적 주택의 전부 또는 일부를 전대(轉貸)한 경우
  5. 임차인이 임차한 주택의 전부 또는 일부를 고의나 중대한 과실로 파손한 경우

6. 임차한 주택의 전부 또는 일부가 멸실되어 임대차의 목적을 달성하지 못할 경우
7. 임대인이 다음 각 목의 어느 하나에 해당하는 사유로 목적 주택의 전부 또는 대부분을 철거하거나 재건축하기 위하여 목적 주택의 점유를 회복할 필요가 있는 경우
    가. 임대차계약 체결 당시 공사시기 및 소요기간 등을 포함한 철거 또는 재건축 계획을 임차인에게 구체적으로 고지하고 그 계획에 따르는 경우
    나. 건물이 노후·훼손 또는 일부 멸실되는 등 안전사고의 우려가 있는 경우
    다. 다른 법령에 따라 철거 또는 재건축이 이루어지는 경우
8. 임대인(임대인의 직계존속·직계비속을 포함한다)이 목적 주택에 실제 거주하려는 경우
9. 그밖에 임차인이 임차인으로서의 의무를 현저히 위반하거나 임대차를 계속하기 어려운 중대한 사유가 있는 경우
② 임차인은 제1항에 따른 계약갱신요구권을 1회에 한하여 행사할 수 있다. 이 경우 갱신되는 임대차의 존속기간은 2년으로 본다.
③ 갱신되는 임대차는 전임대차와 동일한 조건으로 다시 계약된 것으로 본다. 다만, 차임과 보증금은 제7조의 범위에서 증감할 수 있다.
④ 제1항에 따라 갱신되는 임대차의 해지에 관하여는 제6조의2를 준용한다.
⑤ 임대인이 제1항 제8호의 사유로 갱신을 거절하였음에도 불구하고 갱신요구가 거절되지 아니하였더라면 갱신되었을 기간이 만료되기 전에 정당한 사유 없이 제3자에게 목적 주택을 임대한 경우 임대인은 갱신거절로 인하여 임차인이 입은 손해를 배상하여야 한다.
⑥ 제5항에 따른 손해배상액은 거절 당시 당사자 간에 손해배상액의 예정에 관한 합의가 이루어지지 않는 한 다음 각 호의 금액 중 큰 금액으로 한다.
    1. 갱신거절 당시 월차임(차임 외에 보증금이 있는 경우에는 그 보증금을 제7조의2 각 호 중 낮은 비율에 따라 월 단위의 차임으로 전환한 금액을 포함한다. 이하 '환산월차임'이라 한다)의 3개월분에 해당하는 금액
    2. 임대인이 제3자에게 임대하여 얻은 환산월차임과 갱신거절 당시 환산월차임 간 차액의 2년분에 해당하는 금액
    3. 제1항 제8호의 사유로 인한 갱신거절로 인하여 임차인이 입은 손해액

① 「주택임대차보호법」에 정한 최소 2년간의 임대차기간보장규정의 의미는 임차인 보호를 위하여 최소한 2년간의 임대차기간을 보장하여 주려는 규정이므로 그 규정에 위반되는 당사자의 약정을 모두 무효라고 할 것은 아니고 그 규정에 위반하는 약정이라도 임차인에게 불리하지 않은 것은 유효하다(대판 1996.4.26, 96다5551).

② 임차인이 2년 미만으로 정한 임대차기간의 만료를 주장할 수 있는 경우는 임차인 스스로 그 약정 임대차기간이 만료되어 임대차가 종료되었음을 이유로 그 종료에 터잡은 임차보증금반환채권 등의 권리를 행사하는 경우에 한정된다. 따라서 임대차가 묵시적으로 갱신되는 경우에는 2년의 기간보다 짧은 약정 임대차기간을 주장할 수 없다(대판 1996.4.26, 96다5551).

> **제7조【차임 등의 증감청구권】**
> ① 당사자는 약정한 차임이나 보증금이 임차주택에 관한 조세, 공과금, 그 밖의 부담의 증감이나 경제
>   사정의 변동으로 인하여 적절하지 아니하게 된 때에는 장래에 대하여 그 증감을 청구할 수 있다. 이
>   경우 증액청구는 임대차계약 또는 약정한 차임이나 보증금의 증액이 있은 후 1년 이내에는 하지
>   못한다.
> ② 제1항에 따른 증액청구는 약정한 차임이나 보증금의 20분의 1의 금액을 초과하지 못한다. 다만, 특별
>   시·광역시·특별자치시·도 및 특별자치도는 관할구역 내의 지역별 임대차 시장 여건 등을 고려하여
>   본문의 범위에서 증액청구의 상한을 조례로 달리 정할 수 있다.

「주택임대차보호법」 제7조의 차임 등의 증감청구권규정은 임대차계약의 존속 중 당사자
일방이 약정한 차임 등의 증감을 청구한 때에 한하여 적용되고, 임대차계약이 종료된 후
재계약을 하거나 또는 임대차계약 종료 전이라도 당사자의 합의로 차임 등이 증액된 경우
에는 적용되지 않는다(대판 1993.12.7, 93다30532).

02 상가건물 임대차보호법

多빈출키워드

135 상가건물 임대차보호법 - 대항력
27, 28, 30, 31, 32회

학습 포인트

① 우선 적용범위에 관한 판례를 정리하기
② 임대인이 임차인의 계약갱신요구를 거절할 수 있는 경우를 정리하고, 임차건물의 소유자가 변동된 경우 신소유자에게 임차권을 주장할 수 있는지에 관한 판례의 결론을 알아두기

빈출키워드 135 상가건물 임대차보호법 - 대항력

> **제3조 【대항력 등】**
> ① 임대차는 그 등기가 없는 경우에도 임차인이 건물의 인도와 「부가가치세법」 제8조, 「소득세법」 제168조 또는 「법인세법」 제111조에 따른 사업자등록을 신청하면 그 다음 날부터 제3자에 대하여 효력이 생긴다.
>
> **제5조 【보증금의 회수】**
> ② 제3조 제1항의 대항요건을 갖추고 관할 세무서장으로부터 임대차계약서상의 확정일자를 받은 임차인은 「민사집행법」에 따른 경매 또는 「국세징수법」에 따른 공매 시 임차건물(임대인 소유의 대지를 포함한다)의 환가대금에서 후순위권리자나 그 밖의 채권자보다 우선하여 보증금을 변제받을 권리가 있다.

① 사실행위와 더불어 영리를 목적으로 하는 활동이 함께 이루어진 경우에는 「상가건물 임대차보호법」 적용대상인 상가건물에 해당한다. 따라서 임차인이 상가건물의 일부를 임차하여 도금작업을 하면서 임차부분에 인접한 컨테이너 박스에서 도금작업의 주문을 받고 완성된 도금제품을 고객에 인도하여 수수료를 받는 등 영업활동을 해 온 경우 그 임차부분은 「상가건물 임대차보호법」이 적용되는 상가건물에 해당한다(대판 2011. 7.28, 2009다40967).

② 사업자등록은 대항력 또는 우선변제권의 취득요건일 뿐만 아니라 존속요건이기도 하다. 따라서 임차건물의 환가대금에서 보증금을 우선변제받기 위해서는 배당요구의 종기까지 사업자등록이 존속하고 있어야 한다(대판 2006.1.13, 2005다64002).

③ 상가건물을 임차하고 사업자등록을 마친 사업자가 임차건물의 전대차 등으로 당해 사업을 개시하지 않거나 사실상 폐업한 경우에는 그 사업자등록은 「부가가치세법」 및 「상가건물 임대차보호법」이 상가임대차의 공시방법으로 요구하는 적법한 사업자 등록이라고 볼 수 없고, 이 경우 임차인이 「상가건물 임대차보호법」상의 대항력 및 우선변제권을 유지하기 위해서는 건물을 직접 점유하면서 사업을 운영하는 전차인이 자신의 명의로 사업자등록을 하여야 한다(대판 2006.1.13, 2005다64002).

④ 사업자등록을 마친 사업자가 폐업신고를 하였다가 다시 같은 상호 및 등록번호로 사업 자등록을 하였더라도 「상가건물 임대차보호법」상의 대항력 및 우선변제권이 그대로 존속한다고 할 수 없다(대판 2006.10.13, 2006다56299).

⑤ 소유권이전등기청구권을 보전하기 위한 가등기가 경료된 후에 「상가건물 임대차 보호법」상 대항력을 취득한 임차인은 그 가등기에 기하여 본등기를 경료한 자에 대하여 임대차의 효력으로써 대항할 수 없다(대판 2007.6.28, 2007다25599).

⑥ 「상가건물 임대차보호법」 소정의 대항요건을 갖춘 상가건물임차인은 그에 앞서 담보권 을 취득한 담보권자 또는 그 담보권에 기한 환가절차에서 당해 주택을 취득하는 취득자 에 대하여 자신의 임차권을 주장할 수 없다(대판 2001.1.5, 2000다47682).

⑦ 임차인이 「상가건물 임대차보호법」상의 대항력 또는 우선변제권 등을 취득한 후에 목적물의 소유권이 제3자에게 양도된 다음 새로운 소유자와 임차인이 종전 임대차계약 의 효력을 소멸시키려는 의사로 별개의 임대차계약을 새로이 체결한 경우, 임차인은 원칙적으로 종전 임대차계약을 기초로 발생하였던 대항력 또는 우선변제권을 새로운 소유자에게 주장할 수 없다(대판 2013.12.12, 2013다211919).

⑧ 임차건물의 양수인이 임대인의 지위를 승계하면, 양수인은 임차인에게 보증금반환 의무를 부담하고 임차인은 양수인에게 차임지급의무를 부담한다. 그러나 임차건물 의 소유권이 이전되기 전에 이미 발생한 연체차임이나 관리비 등은 별도의 채권양도 절차가 없는 한 원칙적으로 양수인에게 이전되지 않는다(대판 2017.3.22, 2016다 218874).

상가건물 임대차보호법 - 기타사항

① 「상가건물 임대차보호법」이 적용되는 상가건물의 공유자인 임대인이 같은 법 제10조 제4항에 의하여 임차인에게 갱신거절의 통지를 하는 행위는 실질적으로 임대차계약의 해지와 같이 공유물의 임대차를 종료시키는 것이므로 공유물의 관리행위에 해당하여 공유자의 지분의 과반수로써 결정하여야 한다(대판 2010.9.9, 2010다37905).

② 임대인의 갱신거절통지에 「상가건물 임대차보호법」 소정의 정당한 사유가 없는 경우에는 임대인의 갱신거절통지의 선후와 관계없이 임차인의 계약갱신요구권 행사로 종전 임대차가 갱신된 것으로 보아야 한다. 또한 임차인이 계약갱신요구권을 행사한 이후 임차인과 임대인이 신규 임대차계약의 형식으로 계약을 체결하였더라도 이를 종전 임대차에 관한 재계약으로 볼 수 없다(대판 2014.4.30, 2013다35115).

③ 임차인의 계약갱신요구권에 관하여 전체 임대차기간을 10년으로 제한하는 「상가건물 임대차보호법」 관련 규정은 동법상의 법정갱신에 대하여는 적용되지 않는다(대판 2010.6.10, 2009다64307).

④ 「상가건물 임대차보호법」에 따른 증액비율(청구 당시의 차임 또는 보증금의 5%)을 초과하여 지급하기로 하는 차임에 관한 약정은 증액비율을 초과하는 범위 내에서 무효이므로, 임차인은 초과 지급된 차임에 대하여 부당이득으로 반환을 청구할 수 있다(대판 2014.4.30, 2013다35115).

⑤ 임대차 종료 시 도시정비법상 관리처분계획인가·고시가 이루어졌다면, 임대인은 임차인의 계약갱신요구를 거절할 수 있지만, 사업시행인가·고시가 이루어졌다는 사정만으로는 임차인의 계약갱신요구를 거절할 수 없다(대판 2020.11.26, 2019다249831).

甲이 2020.2.10. 乙 소유의 X상가건물을 乙로부터 보증금 10억원에 임차하여 상가건물 임대차보호법상의 대항요건과 확정일자를 갖추고 영업하고 있다. 다음 설명 중 <u>틀린</u> 것은?

• 28회 수정

① 甲의 계약갱신요구권은 최초의 임대차기간을 포함한 전체 임대차기간이 10년을 초과하지 아니하는 범위에서만 행사할 수 있다.

② 甲과 乙 사이에 임대차기간을 6개월로 정한 경우, 乙은 그 기간이 유효함을 주장할 수 있다.

③ 甲의 계약갱신요구권에 따라 갱신되는 임대차는 전임대차와 동일한 조건으로 다시 계약된 것으로 본다.

④ 임대차종료 후 보증금이 반환되지 않은 경우, 甲은 X건물의 소재지 관할 법원에 임차권등기명령을 신청할 수 없다.

⑤ X건물이 경매로 매각된 경우, 甲은 특별한 사정이 없는 한 보증금에 대해 일반채권자보다 우선하여 변제받을 수 있다.

> **해설** ① 위 사안의 경우 보증금이 10억원이므로 위 임대차는 「상가건물 임대차보호법」이 적용되지 않는다(상가건물 임대차보호법 제2조 제1항·제3항). 다만, 이 경우에도 임차인의 계약갱신요구권은 인정된다(동법 제10조 제2항).
> ② 위 사안의 경우 보증금이 10억원이므로 위 임대차는 「상가건물 임대차보호법」이 적용되지 않는다(동법 제2조 제1항·제3항). 따라서 임대인도 6개월의 기간이 유효함을 주장할 수 있다.
> ③ 임차인의 계약갱신요구권 행사에 의하여 갱신되는 임대차는 전임대차와 동일한 조건으로 다시 임대한 것으로 본다(동법 제10조 제3항).
> ④ 위 사안의 경우 보증금이 10억원이므로 위 임대차는 「상가건물 임대차보호법」이 적용되지 않는다(동법 제2조 제1항·제3항). 따라서 임대인은 임차권등기명령을 신청할 수 없다.
> ⑤ 위 사안의 경우 보증금이 10억원이므로 위 임대차는 「상가건물 임대차보호법」이 적용되지 않는다(동법 제2조 제1항·제3항). 따라서 X건물이 경매로 매각된 경우라도 甲은 특별한 사정이 없는 한 보증금에 대해 일반채권자보다 우선하여 변제받을 수는 없다.

정답 ⑤

03 집합건물의 소유 및 관리에 관한 법률

多빈출키워드

138 공용부분
26, 29, 30, 31회

142 재건축
24, 28, 30회

학습 포인트

① 전유부분, 공용부분, 대지사용권의 특징을 이해하기
② 구분소유자의 권리와 의무에 대한 사항과 재건축에 관한 내용은 판례를 정리하기
③ 최신 판례들은 결론을 체크하기

빈출키워드 137 　구분소유권과 전유부분

> **제1조【건물의 구분소유】**
> 1동의 건물 중 구조상 구분된 여러 개의 부분이 독립한 건물로서 사용될 수 있을 때에는 그 각 부분은 이 법에서 정하는 바에 따라 각각 소유권의 목적으로 할 수 있다.

① 1동의 건물 중 구분된 각 부분이 구조상, 이용상 독립성을 가지고 있는 경우에 그 각 부분을 1개의 구분건물로 하는 것도 가능하고, 그 1동 전체를 1개의 건물로 하는 것도 가능하기 때문에, 이를 구분건물로 할 것인지 여부는 특별한 사정이 없는 한 소유자의 의사에 의하여 결정된다. 구분건물이 되기 위하여는 객관적, 물리적인 측면에서 구분된 각 부분이 구조상, 이용상의 독립성을 갖추어야 하고, 그 건물을 구분소유권의 객체로 하려는 의사표시, 즉 구분행위가 있어야 한다(대판 1999.7.27, 98다35020).

② 여기서 구분행위는 처분권자의 구분의사가 객관적으로 외부에 표시되면 인정된다. 따라서 구분건물이 물리적으로 완성되기 전에도 건축허가신청이나 분양계약 등을 통하여 장래 신축되는 건물을 구분건물로 하겠다는 구분의사가 객관적으로 표시되면 구분행위의 존재를 인정할 수 있고, 이후 1동의 건물 및 그 구분행위에 상응하는 구분건물이 객관적·물리적으로 완성되면 아직 그 건물이 집합건축물대장에 등록되거나 구분건물로서 등기부에 등기되지 않았더라도 그 시점에서 구분소유가 성립한다(대판 전합체 2013.1.17, 2010다71578).

③ 「집합건물의 소유 및 관리에 관한 법률」상의 담보책임을 물을 수 있는 자는 수분양자이나, 수분양자가 집합건물을 양도한 경우 양도 당시 양도인이 이를 행사하기 위하여 유보하였다는 등의 특별한 사정이 없는 한 하자담보추급권은 현재의 집합건물의 구분소유자에게 귀속한다(대판 2003.2.11, 2001다47733).

④ 임대아파트가 분양전환된 경우에도 하자담보책임에 관한 「집합건물의 소유 및 관리에 관한 법률」 제9조 제1항이 적용되고, 이 경우 하자담보책임기간은 최초 임차인들에게 인도된 때부터 10년간이다(대판 2012.4.13, 2011다72301).

⑤ 완공된 집합건물의 하자로 인하여 계약의 목적을 달성할 수 없는 경우 수분양자는 이를 이유로 분양계약을 해제할 수 있다(대판 2003.11.14, 2002다2485).

⑥ 「집합건물의 소유 및 관리에 관한 법률」 제9조의 담보책임은 건물의 건축상의 하자 외에 대지부분의 권리상의 하자에까지 적용되는 것은 아니다(대판 2002.11.8, 99다58136).

기출&예상 문제

집합건물의 소유 및 관리에 관한 법률에 관한 설명으로 옳지 <u>않은</u> 것은? (다툼이 있으면 판례에 따름)

① 1동의 건물이 구분소유권의 목적이 되기 위해서 구분건물로 등기할 필요는 없다.

② 공용부분은 구분소유자 전원의 공유에 속하지만 공용부분에 대한 지분을 그가 가지는 전유부분과 분리하여 처분할 수 없다.

③ 각 공유자는 규약에 달리 정함이 없는 한 그 지분의 비율에 따라 공용부분의 관리비용 기타 의무를 부담하여, 공용부분에서 생기는 이익을 취득한다.

④ 관리비가 체납된 구분소유건물을 취득한 자는 자신의 의사에 관계없이 관리규약에 따라 공용부분에 관한 체납관리비뿐만 아니라 전유부분에 관하여 체납된 관리비도 지급할 의무가 있다.

⑤ 전유부분이 속하는 1동의 건물의 설치 또는 보존의 흠으로 인하여 타인에게 손해를 가한 때에는 그 흠은 공용부분에 존재하는 것으로 추정한다.

> **해설** ① 대판 전합체 2013.1.17, 2010다71578
> ② 대판 2013.12.12, 2011다78200, 「집합건물의 소유 및 관리에 관한 법률」 제13조 제1항·제2항
> ③ 동법 제17조
> ④ 집합건물의 전입주자가 체납한 관리비가 관리규약의 정함에 따라 그 특별승계인에게 승계되는 것은 공용부분에 한한다(대판 2007.2.22, 2005다65821).
> ⑤ 동법 제6조

정답 ④

공용부분 多빈출

> **제3조 【공용부분】**
> ① 여러 개의 전유부분으로 통하는 복도, 계단, 그 밖에 구조상 구분소유자 전원 또는 일부의 공용에 제
>   공되는 건물부분은 구분소유권의 목적으로 할 수 없다.
> ② 제1조 또는 제1조의2에 규정된 건물부분과 부속의 건물은 규약으로써 공용부분으로 정할 수 있다.
> ③ 제1조 또는 제1조의2에 규정된 건물부분의 전부 또는 부속건물을 소유하는 자는 공정증서로써 제2항
>   의 규약에 상응하는 것을 정할 수 있다.
> ④ 제2항과 제3항의 경우에는 공용부분이라는 취지를 등기하여야 한다.

① 아파트 지하실은 구분소유의 목적이 될 수 없다(대판 1995.3.3, 94다4691).

② 공동주택의 공용부분인 공동대피소로 건축된 부분을 주거용 방실로 개조하여 주거용
   으로 사용케 하더라도 구분소유의 목적이 될 수 없다(대판 1992.4.10, 91다46151).

③ 집합건물인 상가건물의 지하주차장은 독립된 구분소유의 대상이 될 수 있다(대판 1995.
   12.26, 94다44675).

대지사용권

> **제20조 【전유부분과 대지사용권의 일체성】**
> ① 구분소유자의 대지사용권은 그가 가지는 전유부분의 처분에 따른다.
> ② 구분소유자는 그가 가지는 전유부분과 분리하여 대지사용권을 처분할 수 없다. 다만, 규약으로써 달
>   리 정한 경우에는 그러하지 아니하다.
> ③ 제2항 본문의 분리처분금지는 그 취지를 등기하지 아니하면 선의로 물권을 취득한 제3자에게 대항
>   하지 못한다.
> ④ 제2항 단서의 경우에는 제3조 제3항을 준용한다.

① 매수인이 전유부분에 대한 소유권이전등기만 경료받고 대지지분에 대하여는 이전
   등기를 경료받지 못하였더라도 그 매수인은 매매계약의 효력으로써 건물의 대지를
   점유·사용할 권리를 가지고, 이러한 대지의 점유·사용권은 「집합건물의 소유 및 관리
   에 관한 법률」 제2조 제6호에서 정한 대지사용권에 해당한다(대판 전합체 2000.11.16,
   98다45652).

② 집합건물의 전유부분에 대하여만 소유권이전등기를 받은 매수인이 대지지분에 대한 소유권이전등기를 받기 전에 대지사용권을 전유부분과 분리하여 처분할 수 없으며, 또한 매수인이 전유부분 및 장래 취득할 대지지분을 다른 사람에게 양도하여 그중 전유부분에 대한 소유권이전등기를 경료하여 준 다음 사후에 취득한 대지지분을 전유부분의 소유권을 취득한 양수인이 아닌 제3자에게 분리처분할 수도 없으므로 이에 위반한 대지사용권만의 처분행위는 무효이다(대판 전합체 2000.11.16, 98다45652·45699).

③ 구분건물의 전유부분에 대한 소유권이전등기만 경료되고 대지지분에 대한 소유권이전등기가 경료되기 전에 전유부분만에 관하여 설정된 저당권 또는 압류의 효력은, 대지사용권의 분리처분이 가능하도록 규약으로 정하였다는 등의 특별한 사정이 없는 한 대지사용권에까지 미친다(대판 2001.9.4, 2001다22604).

④ 전유부분과 대지사용권의 일체성에 반하는 대지의 처분행위는 효력이 없다(대판 전합체 2013.1.17, 2010다71578).

⑤ 「집합건물의 소유 및 관리에 관한 법률」 제20조 제3항의 분리처분금지로 대항할 수 없는 '선의'의 제3자라 함은 원칙적으로 집합건물의 대지로 되어 있는 사정을 모른 채 대지사용권의 목적이 되는 토지를 취득한 제3자를 의미한다(대판 전합체 2013.1.17, 2010다71578).

빈출키워드 140 　구분소유자의 권리·의무

제5조【구분소유자의 권리·의무 등】
① 구분소유자는 건물의 보존에 해로운 행위나 그 밖에 건물의 관리 및 사용에 관하여 구분소유자 공동의 이익에 어긋나는 행위를 하여서는 아니 된다.
② 전유부분이 주거의 용도로 분양된 것인 경우에는 구분소유자는 정당한 사유 없이 그 부분을 주거 외의 용도로 사용하거나 그 내부 벽을 철거하거나 파손하여 증축·개축하는 행위를 하여서는 아니 된다.
③ 구분소유자는 그 전유부분이나 공용부분을 보존하거나 개량하기 위하여 필요한 범위에서 다른 구분소유자의 전유부분 또는 자기의 공유(共有)에 속하지 아니하는 공용부분의 사용을 청구할 수 있다. 이 경우 다른 구분소유자가 손해를 입었을 때에는 보상하여야 한다.
④ 전유부분을 점유하는 자로서 구분소유자가 아닌 자(이하 '점유자'라 한다)에 대하여는 제1항부터 제3항까지의 규정을 준용한다.

① 공유자가 공용부분에 관하여 다른 공유자에 대하여 가지는 채권은 그 특별승계인에 대하여도 행사할 수 있다. 이 경우 아파트의 특별승계인은 전입주자의 체납관리비 중 공용부분에 관하여는 이를 승계하여야 한다(대판 전합체 2001.9.20, 2001다8677).

② 공용부분 관리비에 대한 연체료는 특별승계인에게 승계되는 공용부분 관리비에 포함되지 않는다(대판 2006.6.29, 2004다3598·3604).

③ 구분소유권의 특별승계인은 구분소유권을 다시 제3자에 이전한 경우에도, 이전 구분소유자들의 채무를 중첩적으로 인수하므로 여전히 자신의 전구분소유자의 공용부분에 대한 체납관리비를 지급할 책임을 진다(대판 2008.12.11, 2006다50420).

④ 구분소유자가 집합건물의 규약에서 정한 업종준수의무를 위반할 경우, 단전·단수 등 제재조치를 할 수 있다고 규정한 집합건물 규약의 내용은 특별한 사정이 없는 한 유효하다(대판 2004.5.13, 2004다2243).

⑤ 제3자의 불법점유에 대한 방해제거와 부당이득반환 또는 손해배상청구는 제1차적으로 구분소유자가 각각 또는 전원의 이름으로 할 수 있고, 나아가 집합건물에 관하여 구분소유관계가 성립하면 관리단이 구성되고 관리단집회의 결의에서 관리인이 선임되면 관리인이 사업집행에 관련하여 관리단을 대표하여 그와 같은 재판상 또는 재판 외의 행위를 할 수 있다(대판 2003.6.24, 2003다17774).

⑥ 입주자대표회의는 공동주택의 관리에 관한 사항을 결정하여 시행하는 등의 관리권한만을 가질 뿐으로, 공동주택의 구분소유자를 대리하여 공용부분 등의 구분소유권에 기초한 방해제거청구 등의 권리를 행사할 수 없다(대판 2003.6.24, 2003다17774).

민사특별법

기출&예상 문제

집합건물의 소유 및 관리에 관한 법률에 관한 설명으로 옳은 것을 모두 고른 것은?

• 31회

> ㉠ 각 공유자는 공용부분을 그 용도에 따라 사용할 수 있다.
> ㉡ 전유부분에 관한 담보책임의 존속기간은 사용검사일부터 기산한다.
> ㉢ 구조상 공용부분에 관한 물권의 득실변경은 그 등기를 해야 효력이 발생한다.
> ㉣ 분양자는 원칙적으로 전유부분을 양수한 구분소유자에 대하여 담보책임을 지지 않는다.

① ㉠   ② ㉢   ③ ㉠, ㉡
④ ㉠, ㉣   ⑤ ㉡, ㉢, ㉣

해설 ㉠ 각 공유자는 공용부분을 그 용도에 따라 사용할 수 있다(집합건물의 소유 및 관리에 관한 법률 제11조).
㉡ 전유부분에 관한 담보책임의 존속기간은 구분소유자에게 인도한 날부터 기산한다(동법 제9조의2 제2항 제1호).
㉢ 공용부분에 관한 물권의 득실변경은 등기가 필요하지 않다(동법 제13조 제3항).
㉣ 분양자는 원칙적으로 전유부분을 양수한 구분소유자에 대하여 담보책임을 진다(대판 2003. 2.11, 2001다47733).

정답 ①

> **제23조【관리단의 당연설립 등】**
> ① 건물에 대하여 구분소유관계가 성립되면 구분소유자 전원을 구성원으로 하여 건물과 그 대지 및 부속시설의 관리에 관한 사업의 시행을 목적으로 하는 관리단이 설립된다.
> ② 일부공용부분이 있는 경우 그 일부의 구분소유자는 제28조 제2항의 규약에 따라 그 공용부분의 관리에 관한 사업의 시행을 목적으로 하는 관리단을 구성할 수 있다.

① 관리단은 어떠한 조직행위를 거쳐야 비로소 성립되는 단체가 아니라 구분소유관계가 성립하는 건물이 있는 경우 당연히 그 구분소유자 전원을 구성원으로 하여 성립되는 단체이다(대판 2002.12.27, 2002다45284).

② 관리단집회에서 적법하게 결의된 사항은 그 결의에 반대한 구분소유자에 대하여도 효력을 미치는 것이다(대판 1995.3.10, 94다49687).

③ 분양대금을 완납하였음에도 분양자 측의 사정으로 소유권이전등기를 경료받지 못한 수분양자도 관리단의 구성원이 되어 의결권을 행사할 수 있다(대결 2005.12.16, 2004마515).

④ 관리단 설립 후 집합건물의 관리로 인한 책임은 종국적으로 관리단에게 귀속되고, 만일 관리단이 그의 재산으로 채무를 완제할 수 없는 때에는 구분소유자는 규약으로써 그 부담부분을 달리 정하지 않는 한 그가 가지는 전유부분의 면적비율에 따라 결정되는 공유지분의 비율로 관리단의 채무를 변제할 책임을 진다(대판 1997.8.29, 97다19625).

> **제47조【재건축 결의】**
> ① 건물 건축 후 상당한 기간이 지나 건물이 훼손되거나 일부 멸실되거나 그 밖의 사정으로 건물 가격에
> 　비하여 지나치게 많은 수리비·복구비나 관리비용이 드는 경우 또는 부근 토지의 이용 상황의 변화나
> 　그 밖의 사정으로 건물을 재건축하면 재건축에 드는 비용에 비하여 현저하게 효용이 증가하게 되는
> 　경우에 관리단집회는 그 건물을 철거하여 그 대지를 구분소유권의 목적이 될 새 건물의 대지로 이용
> 　할 것을 결의할 수 있다. 다만, 재건축의 내용이 단지 내 다른 건물의 구분소유자에게 특별한 영향을
> 　미칠 때에는 그 구분소유자의 승낙을 받아야 한다.
> ② 제1항의 결의는 구분소유자의 5분의 4 이상 및 의결권의 5분의 4 이상의 결의에 따른다.
> ③ 재건축을 결의할 때에는 다음 각 호의 사항을 정하여야 한다.
> 　1. 새 건물의 설계 개요
> 　2. 건물의 철거 및 새 건물의 건축에 드는 비용을 개략적으로 산정한 금액
> 　3. 제2호에 규정된 비용의 분담에 관한 사항
> 　4. 새 건물의 구분소유권 귀속에 관한 사항

① 하나의 단지 내에 여러 동의 건물이 있는 경우,「집합건물의 소유 및 관리에 관한 법률」
　소정의 재건축결의는 각각의 건물마다 있어야 한다(대판 1998.3.13, 97다41868).

② 재건축비용의 분담액 또는 산출기준을 확정하지 않은 재건축결의는 특별한 사정이
　없는 한 무효이다(대판 2005.4.29, 2004다7002).

③「주택법」에 의하여 설립된 재건축조합은 민법상의 비법인사단에 해당하고, 재건축
　조합이 주체가 되어 신축 완공한 상가건물은 조합원 전원의 총유에 속하며, 총유물의
　관리 및 처분에 관하여 재건축조합의 정관이나 규약에 정한 바가 있으면 이에 따라야
　하고, 그에 관한 정관이나 규약이 없으면 조합원 총회의 결의에 의하여야 한다(대판
　2001.5.29, 2000다10246).

④「집합건물의 소유 및 관리에 관한 법률」제48조 소정의 구분소유자 등의 시가매도
　청구권은 재건축의 결의가 유효하게 성립하여야 비로소 발생하는 것이므로 재건축의
　결의가 법이 정한 정족수를 충족하지 못하였다는 등의 사유로 무효인 경우에는 시가
　매도청구권을 행사할 수 없다(대판 2000.11.10, 2000다24061).

⑤「집합건물의 소유 및 관리에 관한 법률」제49조에 의하여 의제된 합의내용인 재건축
　결의의 내용의 변경을 위해서는 조합원 5분의 4 이상의 결의가 필요하고, 재건축 결의
　내용을 변경하는 결의는 서면결의로도 가능하다(대판 전합체 2005.4.21, 2003다4969).

⑥「집합건물의 소유 및 관리에 관한 법률」상 주거용 집합건물을 철거하고 상가용 집합
　건물을 신축하는 재건축결의도 허용된다(대판 2008.2.1, 2006다32217).

집합건물의 재건축에 관한 설명으로 옳지 않은 것은? (다툼이 있으면 판례에 따름)

① 관리단집회에서 재건축의 결의를 할 때에는 구분소유자의 5분의 4 이상 및 의결권의 5분의 4 이상의 다수의 결의가 있어야 한다.

② 재건축의 결의가 있는 경우 집회를 소집한 자는 지체없이 그 결의에 찬성하지 않은 구분소유자에 대하여 재건축에의 참가 여부에 대한 회답을 서면으로 촉구하여야 한다.

③ ②의 촉구를 받은 구분소유자가 2월 이내에 회답하지 않은 경우 그 구분소유자는 재건축에 참가하겠다는 회답을 한 것으로 본다.

④ 관리단집회에서의 의결권은 서면 또는 대리인에 의해 행사할 수 있다.

⑤ 한 단지 내에 있는 여러 동의 건물을 일괄하여 재건축하는 경우, 재건축결의는 각각의 건물마다 있어야 한다는 것이 판례이다.

해설　① 「집합건물의 소유 및 관리에 관한 법률」 제47조 제2항
　　② 동법 제48조 제1항
　　③ 재건축에 참가하지 아니하겠다는 뜻을 회답한 것으로 본다(동법 제48조 제3항).
　　④ 동법 제38조
　　⑤ 하나의 단지 내에 여러 동의 건물이 있는 경우, 「집합건물의 소유 및 관리에 관한 법률」 소정의 재건축 결의는 각각의 건물마다 있어야 한다(대판 1998.3.13, 97다41868).

정답　③

04 가등기담보 등에 관한 법률

多빈출키워드

145 가등기담보권의 실행
23, 24, 25, 27, 28, 30, 31회

학습 포인트

① 「가등기담보 등에 관한 법률」의 적용범위에 대해 논점별로 정리하고, 가등기담보권의 일반적 성질을 저당권과 비교하여 정리하기
② 「가등기담보 등에 관한 법률」의 가등기담보권의 실행, 특히 권리취득에 의한 실행에 대한 판례를 알아두기
③ 「가등기담보 등에 관한 법률」이 후순위권리자 보호를 위해 어떤 방안을 강구하고 있는지 이해하기

빈출키워드 143 가등기담보 등에 관한 법률 – 적용범위

┌─ 목적물을 공시할 수 있을 것

├─ 예약 당시의 가액이 차용액과 이에 붙인 이자를 합산한 액수를 초과할 것

├─ 채권담보 목적의 계약이 있을 것

└─ 소비대차에 기한 채권일 것

① 동산의 양도담보에 대해서는 「가등기담보 등에 관한 법률」이 적용되지 않는다(대판 1994. 8.26, 93다44739).

② 대물변제약정을 하였으나 그에 기한 소유권이전등기를 경료하지 않은 경우에는 「가등기담보 등에 관한 법률」이 적용되지 않는다(대판 1999.2.9, 98다51220).

③ 「가등기담보 등에 관한 법률」은 재산권 이전의 예약에 의한 가등기담보에 있어서 그 재산의 예약 당시의 가액이 차용액과 이에 붙인 이자를 합한 액수를 초과하는 경우에만 적용된다(대판 1993.10.26, 93다27611).

④ 가등기담보부동산의 예약 당시의 시가가 그 피담보채무액에 미달하는 경우에는 청산금 평가액의 통지를 할 필요가 없다(대판 1993.10.26, 93다27611).

⑤ 재산권 이전의 예약 당시 재산에 대하여 선순위근저당권이 설정되어 있는 경우에는 재산의 가액에서 피담보채무액을 공제한 나머지 가액이 차용액과 이에 붙인 이자를 합한 액수를 초과하는 경우에만 적용된다(대판 2006.8.24, 2005다61140).

⑥ 공사대금채권을 담보하기 위한 가등기에는 「가등기담보 등에 관한 법률」이 적용되지 않는다(대판 1996.11.15, 96다31116).

⑦ 가등기의 주된 목적이 매매대금채권(또는 공사대금채권)의 확보에 있고, 대여금채권의 확보는 부수적 목적인 경우에는 「가등기담보 등에 관한 법률」이 적용되지 않는다(대판 2002.12.24, 2002다50484).

⑧ 매매대금채권을 담보하기 위하여 소유권이전등기를 경료한 경우에는 「가등기담보 등에 관한 법률」이 적용되지 않는다(대판 2001.1.5, 2000다47682).

⑨ 매매대금채권의 담보를 위하여 양도담보권이 설정된 후 대여금채권이 그 피담보채권에 포함되게 된 경우 「가등기담보 등에 관한 법률」이 적용되지 않는다(대판 2001.3.23, 2000다29356·29363).

⑩ 물품대금선급금반환채권을 담보할 목적으로 이루어진 가등기에 관하여 「가등기담보 등에 관한 법률」이 적용되지 않는다(대판 1992.10.27, 92다22879).

⑪ 불하대금채권을 담보할 목적으로 이루어진 가등기에 관하여 「가등기담보 등에 관한 법률」이 적용되지 않는다(대판 1995.4.21, 94다26080).

⑫ 매매계약의 해제에 따른 대금반환채권을 담보할 목적으로 이루어진 가등기에 관하여 「가등기담보 등에 관한 법률」이 적용되지 않는다(대판 1996.11.29, 96다31895).

⑬ 가등기담보채권자가 그의 권리를 보전하기 위하여 가등기담보채무자의 제3자에 대한 선순위가등기담보채무를 대위변제하여 가지는 구상금채권도 담보가등기의 피담보채권에 포함된다(대판 2002.6.11, 99다41657).

甲은 乙에게 빌려준 1,000만원을 담보하기 위해 乙 소유의 X토지(시가 1억원)에 가등기를 마친 다음, 丙이 X토지에 대해 저당권을 취득하였다. 다음 설명 중 옳은 것은? (다툼이 있으면 판례에 따름)

• 28회

① 乙의 채무변제의무와 甲의 가등기말소의무는 동시이행의 관계에 있다.
② 甲이 청산기간이 지나기 전에 가등기에 의한 본등기를 마치면 그 본등기는 무효이다.
③ 乙이 청산기간이 지나기 전에 한 청산금에 관한 권리의 양도는 이로써 丙에게 대항할 수 있다.
④ 丙은 청산기간이 지나면 그의 피담보채권 변제기가 도래하기 전이라도 X토지의 경매를 청구할 수 있다.
⑤ 甲의 가등기담보권 실행을 위한 경매절차에서 X토지의 소유권을 丁이 취득한 경우, 甲의 가등기담보권은 소멸하지 않는다.

해설
① 乙의 채무변제의무가 선이행의무이다.
② 대판 2017.5.17, 2017다202296
③ 乙이 청산기간이 지나기 전에 한 청산금에 관한 권리의 양도는 이로써 丙에게 대항할 수 없다 (가등기담보 등에 관한 법률 제7조 제1항).
④ 후순위권리자는 청산기간에 한정하여 그 피담보채권의 변제기 도래 전이라도 담보목적 부동산의 경매를 청구할 수 있다(동법 제12조 제2항). 따라서 丙은 청산기간이 지나면 그의 피담보채권 변제기가 도래하기 전이라도 X토지의 경매를 청구할 수 없다.
⑤ 담보가등기를 마친 부동산에 대하여 강제경매 등이 행하여진 경우에는 담보가등기권리는 그 부동산의 매각에 의하여 소멸한다(동법 제15조).

정답 ②

빈출키워드 144   가등기담보권 일반

① 채권담보를 목적으로 가등기를 하는 경우에는 원칙적으로 채권자와 가등기명의자가 동일인이 되어야 하지만, 채권자 아닌 제3자의 명의로 가등기를 하는 데 대하여 채권자와 채무자 및 제3자 사이에 합의가 있었고, 나아가 제3자에게 그 채권이 실질적으로 귀속되었다고 볼 수 있는 특별한 사정이 있거나, 채권자와 제3자가 불가분적 채권자의 관계에 있다고 볼 수 있는 경우에는, 그 제3자 명의의 가등기도 유효하다(대판 2002. 12.24, 2002다50484).
② 담보가등기인지 여부는 등기부상의 등기원인에 의하여 형식적으로 결정될 것이 아니고 거래의 실질과 당사자의 의사해석에 따라 결정된다(대판 1992.2.11, 91다36932).

③ 가등기의 원인증서인 매매예약서상의 매매대금은 가등기절차의 편의상 기재하는 것에 불과하고 가등기의 피담보채권이 그 한도로 제한되는 것은 아니며 피담보채권의 범위는 당사자의 약정 내용에 따라 결정된다(대판 1996.12.23, 96다39387).

④ 채권자와 채무자 또는 물상보증인이 가등기담보권설정계약을 체결함에 있어 가등기 이후에 발생될 채무도 피담보채무의 범위에 포함시키기로 한 약정은 유효하다(대판 1993.4.13, 92다12070).

⑤ 일반적으로 담보목적으로 가등기를 경료한 경우 담보물에 대한 사용·수익권은 가등기 담보권설정자인 소유자에게 있으나, 가등기담보권의 실행으로 청산절차가 종료된 후 담보목적물에 대하여 사용·수익권을 가지는 자는 가등기담보권자인 채권자이다(대판 2001.2.27, 2000다20465).

빈출키워드 145 가등기담보권의 실행 多빈출

> 변제기 도래 ⇨ 실행통지 ⇨ 청산기간(2개월) 경과 ⇨ 청산금지급 ⇨ 소유권취득

① 가등기담보권의 사적 실행에 있어서 채권자가 청산금의 지급 이전에 본등기와 담보 목적물의 인도를 받을 수 있다거나 청산기간이나 동시이행관계를 인정하지 아니하는 '처분정산'형의 담보권실행은 「가등기담보 등에 관한 법률」상 허용되지 않는다(대판 2002.12.10, 2002다42001).

② 「가등기담보 등에 관한 법률」에 기한 귀속청산절차에 있어서 통지의 상대방은 채무자 등이다. 이때의 채무자 등에는 채무자와 물상보증인뿐만 아니라 제3취득자(담보가등기 후 소유권을 취득한 제3자)가 포함되므로 실행통지는 이들 모두에게 하여야 한다. 따라서 실행통지 흠결 시 가등기담보권자는 소유권을 취득할 수 없다(대판 2002.4.23, 2001다 81856).

③ 채권자가 나름대로 평가한 청산금의 액수가 객관적인 청산금의 평가액에 미치지 못한 다고 하더라도 담보권 실행통지로서의 효력은 인정된다(대판 1996.7.30, 96다6974).

④ 「가등기담보 등에 관한 법률」 제3조, 제4조 소정의 청산절차를 거치지 아니하고 가등기 담보권자가 경료한 소유권이전등기는 원칙적으로 무효이다(대판 2002.6.11, 99다41657).

⑤ 「가등기담보 등에 관한 법률」에 위반하여 이루어진 본등기는 무효이다. 다만, 청산금 미지급으로 본등기가 무효로 되었더라도 그 후 청산절차를 마치면 이는 실체적 권리 관계에 부합한 등기이므로 유효하게 된다(대판 2002.6.11, 99다41657).

⑥ 가등기담보권자는 선택적으로 청산금지급에 의한 소유권취득이나 저당권실행의 경우와 같이 경매청구를 할 수 있다(대판 1988.12.20, 87다카2685).

⑦ 채무자 등은 청산금채권을 변제받을 때까지 그 채무액을 채권자에게 지급하고 그 채권담보의 목적으로 경료된 소유권이전등기의 말소를 청구할 수 있으므로 청산기간이 경과된 후에도(정당하게 평가된 청산금을 지급받을 때까지) 채무자는 피담보채무 전액 등을 지급하고 가등기의 말소를 구할 수 있다(대판 1994.6.28, 94다3087·94다3094).

기출&예상 **문제**

가등기담보 등에 관한 법률의 설명으로 옳은 것은? (다툼이 있으면 판례에 따름) • 30회

① 가등기가 담보가등기인지, 청구권보전을 위한 가등기인지의 여부는 등기부상 표시를 보고 결정한다.

② 채권자가 담보권실행을 통지함에 있어서 청산금이 없다고 인정되면 통지의 상대방에게 그 뜻을 통지하지 않아도 된다.

③ 청산금은 담보권실행의 통지 당시 담보목적 부동산의 가액에서 피담보채권액을 뺀 금액이며, 그 부동산에 선순위담보권이 있으면 위 피담보채권액에 선순위담보로 담보한 채권액을 포함시킨다.

④ 통지한 청산금액이 객관적으로 정확하게 계산된 액수와 맞지 않으면, 채권자는 정확하게 계산된 금액을 다시 통지해야 한다.

⑤ 채권자가 채무자에게 담보권실행을 통지하고 난 후부터는 담보목적물에 대한 과실수취권은 채권자에게 귀속한다.

━━ **해설** ━━ ① 담보가등기인지 여부는 등기부상의 등기원인에 의하여 형식적으로 결정될 것이 아니고 거래의 실질과 당사자의 의사해석에 따라 결정된다(대판 1992.2.11, 91다36932).

② 채권자가 담보권실행을 통지함에 있어서 청산금이 없다고 인정되는 경우에는 통지의 상대방에게 그 뜻을 통지하여야 한다(가등기담보 등에 관한 법률 제3조 제1항).

③ 동법 제4조 제1항

④ 채권자가 나름대로 평가한 청산금의 액수가 객관적인 청산금의 평가액에 미치지 못한다고 하더라도 담보권 실행통지로서의 효력은 인정된다(대판 1996.7.30, 96다6974).

⑤ 가등기담보권의 실행으로 청산절차가 종료된 후 담보목적물에 대하여 사용·수익권을 가지는 자는 가등기담보권자인 채권자이다(대판 2001.2.27, 2000다20465).

정답 ③

가등기담보권의 소멸

① 「가등기담보 등에 관한 법률」의 규정에 따른 청산절차 진행 전에 신청된 강제경매에 의하여 제3자에게 소유권이전이 된 경우 가등기담보권자는 더 이상 가등기에 기한 본등기를 청구할 수 없다(대판 1992.2.11, 91다36932).

② 담보가등기가 경료된 부동산이 경매되어 경락인이 소유권을 취득한 후 담보가등기에 기하여 경료된 본등기의 효력은 무효이다(대판 1994.4.12, 93다52853).

가등기담보 등에 관한 법률 – 양도담보

① 일반적으로 부동산을 채권담보의 목적으로 양도한 경우 특별한 사정이 없는 한 목적 부동산에 대한 사용·수익권은 채무자인 양도담보설정자에게 있다(대판 1988.11.22, 87다카2555).

② 양도담보의 목적물인 돼지가 출산한 새끼돼지에 대하여 양도담보의 효력이 미치지 않는다(대판 1996.9.10, 96다25463).

③ 피담보채권의 범위에 관한 민법 제360조 규정은 양도담보에도 준용된다(대판 1992. 5.12, 90다8855).

④ 양도담보권자는 양도담보 목적물의 소실되어 양도담보권설정자가 취득한 화재보험금 청구권에 대하여 양도담보권에 기한 물상대위권을 행사할 수 있다(대판 2009.11.26, 2006다37106).

⑤ 양도담보권자는 담보권의 실행으로서 채무자에 대하여 목적 부동산의 인도를 청구할 수 있고, 채무자로부터 적법하게 목적 부동산의 점유를 이전받은 제3자에 대하여도 목적 부동산의 인도를 청구할 수 있다. 그러나 직접 소유권에 기하여 그 인도를 청구할 수는 없다(대판 2007.5.11, 2006다6836).

⑥ 채권담보의 목적으로 소유권이전등기를 한 경우 채권의 일부가 설사 무효라고 하더라도 나머지 채권이 유효한 경우에는 채무자는 그 채무를 변제함이 없이는 말소등기절차의 이행을 청구할 수 없다(대판 1970.9.17, 70다1250).

⑦ 채무의 담보를 위하여 채무자가 자신의 비용과 노력으로 신축하는 건물의 건축허가 명의를 채권자 명의로 한 경우, 이는 완성될 건물을 양도담보로 제공하기로 하는 담보권설정의 합의로 볼 수 있다(대판 2001.1.5, 2000다47682).

⑧ 완성된 건물에 관하여 소유권보존등기를 마친 채권자는 피담보채무가 이행지체에 빠진 경우 담보권실행으로서 채무자 또는 채무자로부터 점유를 이전받은 제3자를 상대로 그 건물의 명도청구를 할 수 있다(대판 2001.1.5, 2000다47682).

⑨ 토지매도인과 매수인이 매매대금의 지급을 담보하기 위하여 매도인 명의로 건축허가를 받아 건물을 신축하고 그 건물을 처분하여 그 대금으로 토지매매대금에 충당하기로 약정한 후 그 약정에 기하여 매수인이 그 신축건물을 제3자에게 임대한 경우, 그 건물에 대한 매도인의 담보권은 이미 실행되어 소멸된 것으로 보거나 매도인이 그 부분에 한하여 담보권 주장을 포기한 것으로 볼 수 있다(대판 2001.1.5, 2000다47682).

05 부동산 실권리자명의 등기에 관한 법률

학습 포인트

① 부동산실명법 제정 전 판례이론과 제정 후 법률관계의 차이점을 이해하기
② 부동산실명법 제정하에서도 동법이 적용되지 않는 경우와 적용상의 특례를 정리하고, 명의신탁의 효력을 정하고 있는 부동산실명법 제4조 내용을 암기하기
③ 명의신탁의 유형별로 소유권 귀속관계와 수탁자의 처분 시 제3자의 권리취득 여부를 파악하고, 특히 계약명의신탁을 점검하기

빈출키워드 148 부동산실명법 제정 전의 논의

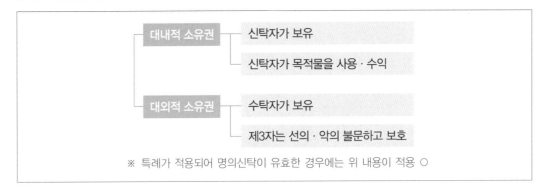

※ 특례가 적용되어 명의신탁이 유효한 경우에는 위 내용이 적용 ○

① 동산에 관하여는 공부상 그 소유관계를 공시할 수 없으므로 명의신탁관계가 성립할 수 없다(대판 1994.10.11, 94다16175).
② 신탁자와 수탁자 사이의 내부관계에 있어서 그 목적물의 소유권은 언제나 신탁자가 보유한다(대판 1996.5.31, 94다35985).
③ 신탁자는 언제든지 명의신탁약정을 해지하여 소유권이전등기를 청구할 수 있다. 그리고 신탁자의 일반채권자도 신탁자를 대위하여 명의신탁해지권을 행사하여 신탁재산을 신탁자 명의로 환원시킬 수 있다(대판 1960.4.21, 4292민상483).
④ 대내적인 관계에 있어서 신탁자가 소유자이므로 명의신탁자가 신탁부동산을 매도하더라도 타인의 권리매매에 해당하지 않는다(대판 1996.8.20, 96다18656).

⑤ 대외적인 관계에 있어서는 수탁자만이 소유권자로서 그 재산에 대한 제3자의 침해에 대하여 배제를 구할 수 있으며, 신탁자는 수탁자를 대위하여 수탁자의 권리를 행사할 수 있을 뿐 직접 제3자에게 신탁재산에 대한 침해의 배제를 구할 수 없다(대판 전합체 1979.9.25, 77다1079).

⑥ 명의신탁재산에 대한 침해배제를 구하는 것은 대외적 소유권자인 수탁자만이 가능한 것이며, 신탁자는 수탁자를 대위하여 그 침해에 대한 배제를 구할 수 있을 뿐이므로 명의신탁사실이 인정된다고 할지라도 신탁자는 제3자에 대하여 진정한 등기명의의 회복을 원인으로 한 소유권이전등기청구를 할 수 있는 진정한 소유자의 지위에 있다고 볼 수 없다(대판 2001.8.21, 2000다36484).

⑦ 부동산의 소유자로 등기된 수탁자는 그 점유권원의 성질상 자주점유라 할 수 없으므로 신탁부동산의 소유권을 시효취득할 수 없다(대판 2002.4.26, 2001다8097).

⑧ 명의신탁된 토지상에 수탁자가 건물을 신축한 후 명의신탁이 해지되어 토지소유권이 신탁자에게 환원된 경우 수탁자는 관습법상의 법정지상권을 취득할 수 없다(대판 1986. 5.27, 86다카62).

⑨ 대지의 소유 명의를 타인에게 신탁한 경우에 신탁자는 제3자에게 그 대지가 자기의 소유임을 주장할 수 없고 따라서 대지와 그 지상건물이 동일인의 소유임을 전제로 한 법정지상권을 취득할 수 없다(대판 1993.6.25, 92다20330).

⑩ 건물의 등기부상 소유 명의를 타인에게 신탁한 토지소유자는 제366조 소정의 법정지상권을 취득할 수 없다(대판 2004.2.13, 2003다29043).

⑪ 명의신탁계약해지의 효과는 소급하지 않고 장래에 향하여 효력이 있음에 불과하므로 수탁자가 신탁자 앞으로 등기 명의를 이전하기 전에 수탁자로부터 부동산을 취득한 자는 그 취득행위에 무효 또는 취소사유가 없는 한 적법하게 소유권을 취득한다(대판 1991.8.27, 90다19848).

⑫ 명의신탁재산이 처분된 경우 수탁자로부터 부동산을 양수한 제3자는 선의·악의를 불문하고 소유권을 취득한다(대판 1987.3.10, 85다카2508).

⑬ 부동산취득자가 명의수탁자의 범죄적인 처분행위에 적극 가담하여 처분이 이루어진 경우 그 취득행위는 반사회적 법률행위로써 무효이다(대판 1992.3.31, 92다1148).

甲은 조세포탈·강제집행의 면탈 또는 법령상 제한의 회피를 목적으로 하지 않고, 배우자 乙과의 명의신탁약정에 따라 자신의 X토지를 乙 명의로 소유권이전등기를 마쳐주었다. 다음 설명 중 **틀린** 것은? (다툼이 있으면 판례에 따름)   • 28회

① 乙은 甲에 대해 X토지의 소유권을 주장할 수 없다.

② 甲이 X토지를 丙에게 매도한 경우, 이를 타인의 권리매매라고 할 수 없다.

③ 丁이 X토지를 불법점유하는 경우, 甲은 직접 丁에 대해 소유물반환청구권을 행사할 수 있다.

④ 乙로부터 X토지를 매수한 丙이 乙의 甲에 대한 배신행위에 적극 가담한 경우, 乙과 丙 사이의 계약은 무효이다.

⑤ 丙이 乙과의 매매계약에 따라 X토지에 대한 소유권이전등기를 마친 경우, 특별한 사정이 없는 한 丙이 X토지의 소유권을 취득한다.

> **해설** 명의신탁이 유효한 경우 대외적인 관계에 있어서는 수탁자만이 소유권자로서 그 재산에 대한 제3자의 침해에 대하여 배제를 구할 수 있으며, 신탁자는 수탁자를 대위하여 수탁자의 권리를 행사할 수 있을 뿐 직접 제3자에게 신탁재산에 대한 침해의 배제를 구할 수 없다(대판 전합체 1979. 9.25, 77다1079).
>
> 정답 ③

빈출키워드 149 부동산실명법의 적용범위 多빈출

① 「부동산 실권리자명의 등기에 관한 법률」 제8조 제2호 소정의 '배우자'는 법률상의 배우자를 말하므로 사실혼관계의 배우자는 포함되지 않는다(대판 1999.5.14, 99두35).

② 명의신탁등기가 「부동산 실권리자명의 등기에 관한 법률」에 따라 무효가 된 후 신탁자와 수탁자가 혼인하여 그 등기명의자가 배우자로 된 경우에는 혼인한 때로부터 같은 법 제8조 제2호의 특례가 적용된다(대판 2002.10.25, 2002다23840).

이자 간 명의신탁(이전형 명의신탁)

① 신탁자는 명의신탁 해지를 원인으로 수탁자에게 소유권이전등기를 청구할 수는 없고, 소유권에 기한 방해제거청구권을 행사하여 수탁자에게 소유권이전등기의 말소를 청구할 수 있다(대판 1999.1.26, 98다1027).

② 「부동산 실권리자명의 등기에 관한 법률」 소정의 유예기간 내에 실명등기를 하지 아니하여 명의신탁약정이 무효로 된 경우, 종전에 명의신탁 대상 부동산에 관하여 소유권이전등기를 경료한 적이 있던 명의신탁자는 명의수탁자를 상대로 진정명의회복을 원인으로 한 소유권이전등기를 청구할 수 있다(대판 2002.9.6, 2002다35157).

③ 「부동산 실권리자명의 등기에 관한 법률」에 위반되어 무효인 명의신탁약정에 기하여 타인 명의의 등기를 경료하더라도 불법원인급여에 해당하지 않는다(대판 2003.11.27, 2003다41722).

④ 이자 간 명의신탁에서 수탁자가 신탁부동산을 처분하여 제3자가 유효하게 소유권을 취득한 경우 신탁자의 소유권에 기한 물권적 청구권은 상실한다. 따라서 그 후 명의수탁자가 우연히 신탁부동산의 소유권을 다시 취득하더라도 신탁자는 수탁자에 소유권에 기한 물권적 청구권을 행사할 수 없다(대판 2013.2.28, 2010다89814).

등기명의신탁(중간생략형 명의신탁) 多빈출

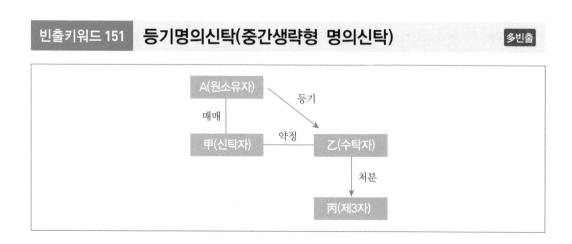

① 등기명의신탁(중간생략형 명의신탁)의 경우 신탁자는 자신에게 소유권이전등기를 하기 위해서는 매도인을 대위하여 수탁자를 상대로 등기말소를 구하고 다시 매도인을 상대로 매매계약에 기한 소유권이전등기를 청구하여야 한다(대판 2002.3.15, 2001다61654).

② 이른바 3자 간 등기명의신탁에 있어서 명의수탁자가 「부동산 실권리자명의 등기에 관한 법률」에서 정한 유예기간 경과 후에 자의로 명의신탁자에게 바로 소유권이전등기를 경료해 준 경우 그 등기는 결국 실체적 권리관계에 부합하는 등기이므로 유효하다(대판 2004.6.25, 2004다6764).

③ 3자 간 등기명의신탁에 의한 등기가 유효기간 경과로 무효로 된 경우, 목적 부동산을 인도받아 점유하고 있는 명의신탁자의 매도인에 대한 소유권이전등기청구권은 소멸시효가 진행되지 않는다(대판 2013.12.12, 2013다26647).

기출&예상 문제

2019.10.26. X부동산을 매수하고자 하는 甲은 친구 乙과 명의신탁약정을 하고 乙 명의로 소유권이전등기를 하기로 하였다. 그 후 甲은 丙에게서 그 소유의 X부동산을 매수하고 대금을 지급하였으며, 丙은 甲의 부탁에 따라 乙 앞으로 이전등기를 해주었다. 다음 설명 중 **틀린** 것은? (다툼이 있으면 판례에 따름) • 30회 수정

① 甲과 乙 사이의 명의신탁약정은 무효이다.
② 甲은 乙을 상대로 부당이득반환을 원인으로 한 소유권이전등기를 청구할 수 있다.
③ 甲은 丙을 상대로 소유권이전등기청구를 할 수 있다.
④ 甲은 丙을 대위하여 乙 명의 등기의 말소를 구할 수 있다.
⑤ 甲과 乙 간의 명의신탁약정 사실을 알고 있는 丁이 乙로부터 X부동산을 매수하고 이전등기를 마쳤다면, 丁은 특별한 사정이 없는 한 그 소유권을 취득한다.

해설 등기명의신탁의 경우 신탁자는 매도인을 대위하여 수탁자를 상대로 등기말소를 구하고 다시 매도인을 상대로 매매계약에 기한 소유권이전등기를 청구하여야 한다(대판 2002.3.15, 2001다61654). 따라서 甲은 乙을 상대로 직접 부당이득반환을 원인으로 한 소유권이전등기를 청구할 수 없다.

정답 ②

계약명의신탁(위임형 명의신탁)

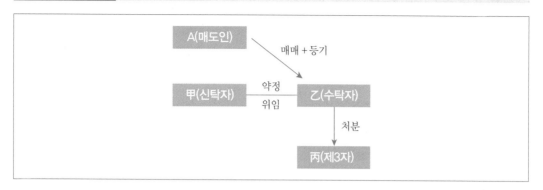

① 타인을 통하여 부동산을 매수함에 있어 매수인 명의를 그 타인 명의로 하기로 하였다면 이때의 명의신탁관계는 그들 사이의 내부적인 관계에 불과하므로, 설령 계약의 상대방인 매도인이 그 명의신탁관계를 알고 있었다고 하더라도, 계약명의자인 명의수탁자가 아니라 명의신탁자에게 계약에 따른 법률효과를 직접 귀속시킬 의도로 계약을 체결하였다는 등의 특별한 사정이 인정되지 아니하는 한, 그 명의신탁관계는 계약명의신탁에 해당한다고 보아야 함이 원칙이다(대결 2013.10.7, 2013스133).

② 「부동산 실권리자명의 등기에 관한 법률」 제4조 제2항 단서에 따라 계약명의신탁에 있어서 매도인이 선의인 경우 매매계약과 등기에 의한 물권변동은 유효하다(대판 2000. 3.24, 98도4347). 따라서 계약명의신탁에 있어서 매도인이 선의인 경우 수탁자는 당해 부동산의 완전한 소유권을 취득한다(대판 2002.12.26, 2000다21123).

③ 계약명의신탁에 있어서 매도인이 악의인 경우 매도인과 수탁자 사이의 매매계약은 원시적으로 무효이므로 부동산의 소유권은 여전히 매도인에게 있다. 그리고 신탁자는 소유자와 매매계약관계가 없기 때문에 소유자를 상대로 부동산에 관하여 소유권이전등기청구를 할 수 없다(대판 2016.6.28, 2014두6456).

④ 「부동산 실권리자명의 등기에 관한 법률」 '시행 전'에 이른바 계약명의신탁에 따라 명의신탁약정이 있다는 사실을 알지 못하는 소유자로부터 명의수탁자 앞으로 소유권이전등기가 경료되고 같은 법 소정의 유예기간이 경과하여 명의수탁자가 당해 부동산의 완전한 소유권을 취득한 경우, 명의수탁자가 명의신탁자에게 반환하여야 할 부당이득의 대상은 당해 부동산 자체이다(대판 2002.12.26, 2000다21123). 그리고 명의신탁자가 당해 부동산의 회복을 위해 명의수탁자에 대해 가지는 소유권이전등기청구권은 그 성질상 법률 규정에 의한 부당이득반환청구권으로서 10년의 기간이 경과함으로써 시효로 소멸한다(대판 2009.7.9, 2009다23313). 한편 「부동산 실권리자명의 등기에 관한 법률」 '시행 후'에 이른바 계약명의신탁약정을 한 경우, 명의수탁자가 명의신탁자에게 반환하여야 할 부당이득의 대상은 매수자금이다(대판 2005.1.28, 2002다66922).

⑤ 계약명의신탁에 있어 명의신탁자는 명의수탁자에 대하여 가지는 매매대금 상당의 부당이득반환청구권에 기하여 유치권을 행사할 수 없다(대판 2009.3.26, 2008다34828).

⑥ 계약명의신탁의 경우 부동산의 소유권을 유효하게 취득한 수탁자가 명의신탁약정 외의 적법한 원인에 의하여 신탁자 앞으로 부동산에 대한 소유권이전등기를 경료한 경우 그 소유권이전등기는 유효하다(대판 2003.9.5, 2001다32120).

⑦ 부동산경매절차에서 부동산을 매수하려는 사람이 매수대금을 자신이 부담하면서 다른 사람의 명의로 매각허가결정을 받기로 약정하여 그에 따라 매각허가가 이루어진 경우, 경매목적 부동산의 소유권을 취득하는 자는 명의인이고, 매수대금의 실질적 부담자와 명의인 간에는 명의신탁관계가 성립한다(대판 2005.4.29, 2005다664). 또한 이 경우에는 경매목적물의 소유자가 명의신탁약정 사실을 알았더라도 명의인의 소유권취득은 무효로 되지 않는다(대판 2012.11.15, 2012다69197).

⑧ 부동산경매절차에서 매수대금의 실질적 부담자와 명의인 간에 명의신탁관계가 성립한 경우, 그들 사이에 매수대금의 실질적 부담자의 지시에 따라 부동산의 소유명의를 이전하거나 그 처분대금을 반환하기로 약정하였다 하더라도, 이는 「부동산 실권리자명의 등기에 관한 법률」에 의하여 무효인 명의신탁약정을 전제로 명의신탁 부동산 자체 또는 그 처분대금의 반환을 구하는 범주에 속하는 것이므로 역시 무효이다(대판 2006.11.9, 2006다35117).

⑨ 명의수탁자로부터 명의신탁된 부동산의 소유 명의를 이어받은 자(오로지 명의신탁자와 부동산에 관한 물권을 취득하기 위한 계약을 맺고 단기 등기명의만을 명의수탁자로부터 경료받은 것 같은 외관을 갖춘 자)는 「부동산 실권리자명의 등기에 관한 법률」 제4조 제3항의 제3자에 해당하지 않으므로 그 제3자 명의의 등기는 무효이다. 또한 무효인 등기에 기초하여 새로운 법률원인으로 이해관계를 맺은 자 명의의 등기 역시 무효이고, 위 이해관계를 맺은 자는 동법 제4조 제3항 소정의 제3자에 해당하지 않는다(대판 2005.11.10, 2005다34667).

2019년에 한 X토지 경매절차에서 甲이 실질적으로 매수자금을 부담하지만 친구인 乙의 이름으로 매각받기로 명의신탁약정을 하였고, 그 후 매각허가결정에 따라 乙은 대금을 완납하고 자신의 명의로 등기를 마쳤다. 다음 중 옳은 것은? (다툼이 있으면 판례에 따름)

① 甲과 乙 사이의 명의신탁약정은 유효하다.

② X토지에 대한 소유권을 취득하는 자는 甲이다.

③ 甲이 X토지를 丙에게 매도하는 계약은 무효이다.

④ 甲의 지시에 따라 乙이 X토지를 매각한 후 그 처분대금을 甲에게 반환하기로 한 약정은 무효이다.

⑤ 乙이 X토지를 丁에게 처분하였는데 丁이 악의라면 丁은 소유권을 취득할 수 없다.

해설
① 甲과 乙 사이의 명의신탁약정은 무효이다(부동산 실권리자명의 등기에 관한 법률 제4조 제1항).
② 위 사안은 일종의 계약명의신탁에 있어서 매도인이 선의인 경우와 동일하게 취급된다. 따라서 소유권을 취득하는 자는 수탁자 乙이다.
③ 소유권은 수탁자에게 있으므로 신탁자 甲이 X토지를 丙에게 매매하는 것은 일종의 타인권리의 매매가 된다. 따라서 매매계약 자체는 유효하다(민법 제569조).
④ 부동산경매절차에서 매수대금의 실질적 부담자와 명의인 간에 명의신탁관계가 성립한 경우, 그들 사이에 매수대금의 실질적 부담자의 지시에 따라 부동산의 소유 명의를 이전하거나 그 처분대금을 반환하기로 약정하였다 하더라도, 이는 「부동산 실권리자명의 등기에 관한 법률」에 의하여 무효인 명의신탁약정을 전제로 명의신탁부동산 자체 또는 그 처분대금의 반환을 구하는 범주에 속하는 것이므로 역시 무효이다(대판 2006.11.9, 2006다35117).
⑤ 乙이 소유권을 취득하므로 丁은 선의·악의를 불문하고 소유권을 취득한다.

정답 ④

① 수인이 1필의 토지를 각 위치와 면적을 특정하여 그 일부씩 매수하고 편의상 그 소유권 이전등기를 공유지분이전등기로 경료한 경우에는, 관계당사자 내부관계에 있어서는 각 특정매수부분의 소유권을 취득하고, 각 공유지분등기는 각자 특정매수한 부분에 관하여 각 상호명의신탁하고 있는 것이다(대판 1980.12.9, 79다634).

② 구분소유적 공유관계에 있어서 각 공유자는 자신의 특정 구분부분을 단독으로 처분하고 이에 해당하는 공유지분등기를 자유로이 이전할 수 있다(대판 2009.10.15, 2007다83632).

③ 상호명의신탁의 경우에는 공유물분할청구를 할 수 없다(대판 1989.9.12, 88다카10517). 공유물분할청구는 공유자의 일방이 그 공유지분권에 터 잡아서 하는 것이므로 목적물의 특정부분을 소유한다고 주장하는 자는 그 부분에 대하여 신탁적으로 지분등기를 가지고 있는 자들을 상대로 하여 그 특정부분에 대한 명의신탁해지를 원인으로 한 지분이전등기절차의 이행만을 구하면 될 것이고 공유물분할청구를 할 수 없다(대판 1996. 2.23, 95다8430).

④ 구분소유적 공유관계에 있어서, 제3자에 대해서는 그 지분의 범위 내에서만 토지에 대한 권리를 행사할 수 있다. 이 경우 공유물의 보존행위로서 전체 토지에 대한 방해배제를 청구할 수 있다(대판 1994.2.8, 93다42986).

빈출판례지문 OX

PART 4. 민사특별법

01 사무실로 사용되던 건물이 주거용 건물로 용도 변경된 경우 「주택임대차보호법」이 적용된다.
· 27회 (O | X)

02 주택임대차에 있어서 주민등록의 신고는 행정청에 도달한 때가 아니라, 행정청이 수리한 때 효력이 발생한다. · 26회 (O | X)

03 임차인이 타인의 점유를 매개로 임차주택을 간접점유하는 경우에도 대항요건인 점유가 인정 될 수 있다. · 32회 (O | X)

04 甲이 그 소유의 X주택에 거주하려는 乙과 존속기간 1년의 임대차계약을 체결한 경우 乙이 2기의 차임액에 달하도록 차임을 연체한 경우, 묵시적 갱신이 인정되지 아니한다. · 30회
(O | X)

05 상가임차인이 임차한 건물을 중대한 과실로 전부 파손한 경우, 임대인은 권리금회수의 기회 를 보장할 필요가 없다. · 30회 (O | X)

06 乙은 甲 소유의 X상가건물을 보증금 1억원에 임차하여 인도받은 후 「부가가치세법」 등에 의한 사업자등록을 구비하고 확정일자도 받았다. 이 경우 사업자등록은 대항력 또는 우선 변제권의 취득요건일 뿐이고 존속요건은 아니다. · 20회 (O | X)

정답과 해설		
01 ○	**04** ○
02 ○	**05** ○
03 ○	**06** X, 존속요건이기도 하다.

PART 4

민사특별법

빈출판례지문 OX

07 甲은 乙의 저당권이 설정되어 있는 丙 소유의 X주택을 丙으로부터 보증금 2억원에 임차하여 즉시 대항요건을 갖추고 확정일자를 받아 거주하고 있다. 그 후 丁이 X주택에 저당권을 취득한 다음 저당권실행을 위한 경매에서 戊가 X주택의 소유권을 취득하였다. 이 경우 戊가 임대인 丙의 지위를 승계한다. • 28회 (O | X)

08 전유부분에 대한 처분이나 압류 등의 효력은 특별한 사정이 없는 한 대지사용권에는 미치지 않는다. • 20회 (O | X)

09 공용부분 관리비에 대한 연체료는 특별승계인에게 승계되는 공용부분 관리비에 포함되지 않는다. • 25회 (O | X)

10 관리단은 구분소유관계가 성립하는 건물이 있는 경우, 특별한 조직행위가 없어도 당연히 구분소유자 전원을 구성원으로 하여 성립하는 단체이다. • 20회 (O | X)

11 재건축의 결의가 법정정족수 미달로 무효인 경우에는 구분소유자 등의 매도청구권이 발생하지 않는다. • 20회 (O | X)

정답과 해설

07 X, 경락으로 소멸되는 선순위저당권보다 뒤에 등기되었거나 대항력을 갖춘 임차권은 함께 소멸하는 것이고, 따라서 그 경락인은 「주택임대차보호법」상의 임차주택의 양수인에 해당하지 않는다.

08 X, 대지사용권에까지 미친다.

09 O
10 O
11 O

12 甲은 乙에게 빌려준 1,000만원을 담보하기 위해 乙 소유의 X토지(시가 1억원)에 가등기를
마친 다음, 丙이 X토지에 대해 저당권을 취득하였다. 이 경우 甲이 청산기간이 지나기 전에
가등기에 의한 본등기를 마치면 그 본등기는 무효이다. •28회   (O | X)

13 甲은 乙의 X토지에 대하여 가등기담보권을 취득하였으나, 乙은 변제기에 채무를 이행하지
않고 있다. 청산기간 전에 乙의 다른 채권자의 강제경매로 제3자가 X토지의 소유권을 취득
한 경우에도 甲은 가등기에 기한 본등기를 청구할 수 있다. •25회   (O | X)

14 2019.10.26. X부동산을 매수하고자 하는 甲은 친구 乙과 명의신탁약정을 하고 乙 명의로
소유권이전등기를 하기로 하였다. 그 후 甲은 丙에게서 그 소유의 X부동산을 매수하고 대금
을 지급하였으며, 丙은 甲의 부탁에 따라 乙 앞으로 이전등기를 해주었다. 이 경우 甲은 丙을
대위하여 乙 명의 등기의 말소를 구할 수 있다. •30회   (O | X)

12 O

13 X, 청산기간 전에 乙의 다른 채권자의 강제경
매로 제3자가 X토지의 소유권을 취득한 경우
에는 甲은 가등기에 기한 본등기를 청구할 수
없다.

14 O

내가 꿈을 이루면
나는 누군가의 꿈이 된다.

– 이도준

MEMO

2022 에듀윌 공인중개사 민법 빈출판례집

발 행 일	2022년 4월 7일 초판
편 저 자	심정욱
펴 낸 이	이중현
펴 낸 곳	(주)에듀윌
등록번호	제25100-2002-000052호
주 소	08378 서울특별시 구로구 디지털로34길 55
	코오롱싸이언스밸리 2차 3층

ISBN 979-11-360-1663-8

www.eduwill.net
대표전화 1600-6700

여러분의 작은 소리
에듀윌은 크게 듣겠습니다.

본 교재에 대한 여러분의 목소리를 들려주세요.
공부하시면서 어려웠던 점, 궁금한 점,
칭찬하고 싶은 점, 개선할 점, 어떤 것이라도 좋습니다.

에듀윌은 여러분께서 나누어 주신 의견을
통해 끊임없이 발전하고 있습니다.

에듀윌 도서몰 book.eduwill.net
- 부가학습자료 및 정오표: 에듀윌 도서몰 → 도서자료실
- 교재 문의: 에듀윌 도서몰 → 문의하기 → 교재(내용, 출간) / 주문 및 배송

합격자가 답해주는 ——————

에듀윌 지식인

공인중개사
무엇이든지
궁금하다면

?

접속방법

에듀윌 지식인(kin.eduwill.net) 접속

에듀윌 지식인 신규가입회원 혜택

5,00원 쿠폰증정

발급방법 | 에듀윌 지식인 사이트 (kin.eduwill.net) 접속 ▶ 신규회원가입 ▶ 자동발급

사용방법 | 에듀윌 온라인 강의 수강 신청 시 타 쿠폰과 중복하여 사용 가능

※ 본 혜택은 예고 없이 다른 혜택으로 대체될 수 있습니다.

에듀윌
지식인

합격하고 꼭 해야 할 것 1

에듀윌 공인중개사
동문회 가입

에듀윌 공인중개사 동문회와 함께 9가지 특권을 만나보세요!

1. 에듀윌 공인중개사 합격자 모임

2. 동문회 사이트

3. 정기 모임과 선후배 멘토링

4. 동문회 인맥북

5. 동문회와 함께하는 사회공헌활동

6. 개업 시 동문 중개업소 홍보물 지원

7. 동문회 주최 실무 특강

8. 동문회 소식지 무료 구독

9. 최대 공인중개사 동문회 커뮤니티

※ 본 특권은 회원별로 상이하며, 예고 없이 변경될 수 있습니다.

에듀윌 공인중개사 동문회 | us.eduwill.net
문의 | 1600-6700

공인중개사
동문회

12년간[*] 베스트셀러 1위
에듀윌 공인중개사 교재

6년간 합격자 수 1위를 만들어낸
에듀윌 공인중개사 명품 커리큘럼 교재

기초서 2종

기본서 1차 2종

기본서 2차 4종

단원별 기출문제집 2종

문제집 1차 2종

문제집 2차 4종

* KRI 한국기록원 2016, 2017, 2019년 공인중개사 최다 합격자 배출 공식 인증 (2022년 현재까지 업계 최고 기록)
* YES24 수험서 자격증 공인중개사 베스트셀러 1위 (2011년 12월, 2012년 1월, 12월, 2013년 1월~5월, 8월~12월, 2014년 1월~5월, 7월~8월, 12월, 2015년 2월~4월, 2016년 2월, 4월, 6월, 12월, 2017년 1월~12월, 2018년 1월~12월, 2019년 1월~12월, 2020년 1월~12월, 2021년 1월~12월, 2022년 1월~3월 월별 베스트, 매월 1위 교재는 다름)
* YES24 국내도서 해당분야 월별, 주별 베스트 기준

약점 보완을 위한 이론서

부동산공법 체계도

부동산세법 체계도

한손끝장 5종

핵심요약집 2종

2주끝장 부동산학개론

7일끝장 부동산학개론 계산문제

민법 빈출판례집

부동산공법 합격노트

우선끝장 민개공

쉬운민법+체계도

그림 암기법(공인중개사법령 및 중개실무)

실전 대비를 위한 기출문제집과 모의고사

7일끝장 회차별 기출문제집 2종

기출OX 6종

실전모의고사 2종

봉투모의고사 2종

더 많은
공인중개사 교재

취업, 공무원, 자격증 시험준비의 흐름을 바꾼 화제작!

에듀윌 히트교재 시리즈

에듀윌 교육출판연구소가 만든 히트교재 시리즈!
YES24, 교보문고, 알라딘, 인터파크, 영풍문고 등 전국 유명 온/오프라인 서점에서 절찬 판매 중!

공인중개사 기초서/기본서/핵심요약집/문제집/기출문제집/실전모의고사 외 12종

주택관리사 기초서/기본서/핵심요약집/문제집/기출문제집/실전모의고사

7·9급공무원 기본서/단원별 기출&예상 문제집/기출문제집/기출팩/실전, 봉투모의고사

공무원 국어 한자·문법·독해/영어 단어·문법·독해/한국사 흐름노트/행정학 요약노트/행정법 판례집/헌법 판례집

7급공무원 PSAT 기본서/기출문제집

계리직공무원 기본서/문제집/기출문제집

군무원 기출문제집/봉투모의고사

경찰공무원 기본서/기출문제집/모의고사/판례집/면접

소방공무원 기출문제집/실전, 봉투모의고사

맞춤형 화장품 조제관리사

검정고시 고졸/중졸 기본서/기출문제집/실전모의고사/총정리

사회복지사(1급) 기본서/문제집/핵심요약집

직업상담사(2급) 기본서/기출문제집

경비 기본서/기출/1차 한권끝장/2차 모의고사

전기기사 필기/실기/기출문제집

전기기능사 필기/실기

※ YES24 수험서 자격증 공인중개사 베스트셀러 1위 (2011년 12월, 2012년 1월, 12월, 2013년 1월~5월, 8월~12월, 2014년 1월~5월, 7월~8월, 12월, 2015년 2월~4월, 2016년 2월, 4월, 6월, 12월, 2017년 1월~12월, 2018년 1월~12월, 2019년 1월~12월, 2020년 1월~12월, 2021년 1월~12월, 2022년 1월~3월 월별 베스트, 매월 1위 교재는 다름)
※ YES24 국내도서 해당분야 월별, 주별 베스트 기준

1위 21. 2월

한국사능력검정시험 기본서/2주끝장/기출/우선순위50/초등

1위 22. 3월

조리기능사 필기/실기

1위 22. 3월

제과제빵기능사 필기/실기

1위 21. 10월

SMAT 모듈A/B/C

1위 22. 3월

ERP정보관리사 회계/인사/물류/생산(1, 2급)

1위 22. 3월

전산세무회계 기초서/기본서/기출문제집

1위 22. 3월

어문회 한자 2급 | 상공회의소한자 3급

1위 22. 2월

KBS한국어능력시험 | ToKL

1위 22. 3월

한국실용글쓰기

1위 22. 3월

매경TEST 기본서/문제집/2주끝장

1위 22. 3월

TESAT 기본서/문제집/기출문제집

1위 22. 2월

운전면허 1종·2종

1위 22. 3월

스포츠지도사 필기/실기구술 한권끝장

1위 22. 3월

산업안전기사 | 산업안전산업기사

1위 22. 3월

위험물산업기사 | 위험물기능사

1위 22. 3월

무역영어 1급 | 국제무역사 1급

컴퓨터활용능력 | 워드프로세서

정보처리기사

1위 20. 2월

월간시사상식 | 일반상식

1위 22. 3월

월간NCS | 매1N

1위 22. 2월

NCS 통합 | 모듈형 | 피듈형

1위 22. 7월 1주

PSAT형 NCS 수문끝

1위 22. 1월 4주

PSAT 기출완성 | 6대 출제사 | 10개 영역 찍기출

1위 22. 3월 1주

한국철도공사 | 서울교통공사 | 부산교통공사

1위 21. 10월 1주

국민건강보험공단 | 한국전력공사

1위 22. 2월 4주

한수원 | 수자원 | 토지주택공사

1위 21. 10월

행과연 | 휴노형 | 기업은행 | 인국공

1위 22. 3월

대기업 인적성 통합 | GSAT

1위 22. 3월

LG | SKCT | CJ | L-TAB

1위 22. 3월

ROTC·학사장교 | 부사관